金边
见44~61页
柬埔寨北部
见86~101页
吴哥
见62~85页
南海
柬埔寨南部
见102~119页
芒咸
沙湾拿吉
老挝中部和南部
巴色
占巴塞
柬埔寨北部
磅同
磅湛
金边
金边

目击者旅游指南

柬埔寨和老挝

目击者旅游指南

柬埔寨和老挝

中国旅游出版社

www.cttp.net.cn

www.dk.com
www.dkchina.com

项目策划： 高　瑞
责任编辑： 朱铁佳 neverland1220@hotmail.com
责任印制： 冯冬青

图书在版编目(CIP)数据

柬埔寨和老挝 / 英国DK公司编；于佳宁等译. --北京：中国旅游出版社，2013.4
（目击者旅游指南）
书名原文：Eyewitness Travel Cambodia and Laos
ISBN　978-7-5032-4616-6

Ⅰ.①柬…　Ⅱ.①英…　②于…　Ⅲ.①旅游指南－柬埔寨　②旅游指南－老挝　Ⅳ.①K933.59　②K933.49

中国版本图书馆CIP数据核字(2012)第286059号

北京市版权局著作权合同登记号：图字：01-2012-6973
审图号：GS（2013）700号，本书插图系原文原图

书　　名：柬埔寨和老挝

原　　著： Dorling Kindersley 公司
译　　者： 于佳宁、唐澄等
出版发行： 中国旅游出版社
（北京建国门内大街甲9号　邮编：100005）
http://www.cttp.net.cn　E-mail:cttp@cnta.gov.cn
营销中心电话：010-85166503
排　　版： 北京中文天地文化艺术有限公司
经　　销： 全国各地新华书店
印　　刷： 北京华联印刷有限公司
版　　次： 2013年4月第1版
2013年4月第1次印刷
开　　本： 889毫米×1194毫米　1/32
印　　张： 9.25
印　　数： 10000册
字　　数： 430千
定　　价： 62.00元
ISBN　978-7-5032-4616-6

《目击者旅游指南》责任说明

我们将尽可能地确保本书在其出版时书中内容的时效性。然而，一些细节性资料，如电话号码、开放时间、价格、艺术馆的安排以及旅行信息等均有可能发生变化。对于任何因为利用本书或第三方网站上所获资料产生的后果，出版商概不负责。出版商也不能保证书中所列网址上的旅行资料一定有效。

我们热烈欢迎来自读者的建议和意见。来信请寄：Publisher, DK Eyewitness Travel Guides, Dorling Kindersley, 80 Strand, London WC2R 0RL, UK.

◁ 丰沙里省Boun Neua附近广袤翠绿的稻田

游人在万荣的南松河中划独木舟顺流而下

目录

巴戎寺的僧人在神秘的石雕旁享受宁静时光

柬埔寨

沙湾拿吉的法式临街家庭商店

老挝

香曼寺精细的雕刻品

万象南普广场附近的一家繁忙的街边咖啡馆

游客指南

游客须知

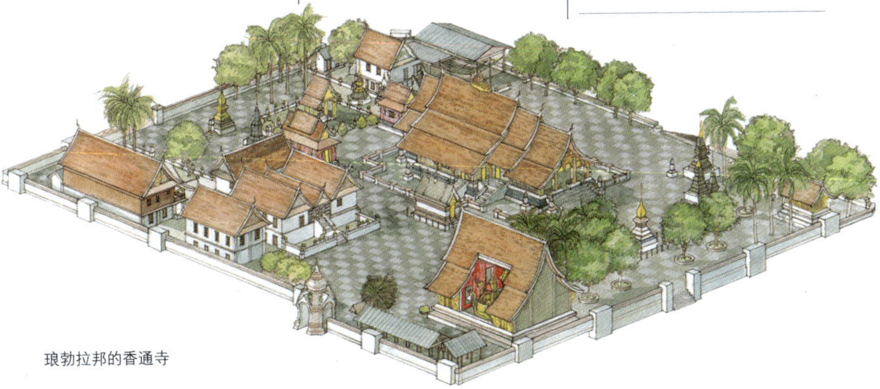

琅勃拉邦的香通寺

如何使用本书

这本书会帮你游遍整个柬埔寨和老挝，并为你提供详细的实用信息和专家级的建议。“柬埔寨和老挝概览”一章列出了两国的地图，并分别介绍了它们的历史文化背景。“柬埔寨各区”和“老挝各区”两章的内容则主要介绍了旅游观光景点，除了详细的文字介绍，还包含重要景点的地图、照片和插图。“游客指南”包含了酒店、餐馆、商店、市场及娱乐信息。“游客须知”将为你提供医疗服务、邮局等方面的实用信息。

柬埔寨和老挝的地图

这张方位图显示了柬埔寨和老挝及其邻国的位置关系，每个国家都划分出4个主要观光区，这8个区组成了本书8个独立的章节。

*景点介绍信息栏中的“地图”指后环衬页大地图，“城市地图”特指该城市最后部分地图。

定位地图显示了柬埔寨和老挝与其他东南亚国家的位置关系。

柬埔寨和老挝各区

8个章节的分区介绍都以概况和地图为开篇，最值得游览的景点列在每节开篇的“区域地图”上。图例列在地图边缘空白处。

1 介绍

这部分内容向你介绍了每个地区的历史、景点以及特点，告诉你这个地区是如何发展起来的，以及如今它们会为游客提供些什么。

页边上的彩色编码使读者能轻松地找到每个区域，不同区域的颜色不同。

2 区域地图

这张地图显示了该地区的路网并给出了图文并茂的概述。区域内的景点都进行了编号，游览小贴士也标注在地图上。

景点一览按类别罗列出宗教圣地、国家公园、博物馆以及市场。

5 街区地图
每个重要地区都会提供鸟瞰图。

推荐线路用红色标出。

专题篇介绍了该地区的一项特色。

3 详细信息
所有的重要旅游景点都有详细介绍，并提供了地址、电话、营业时间、入场票价以及轮椅通道等信息。

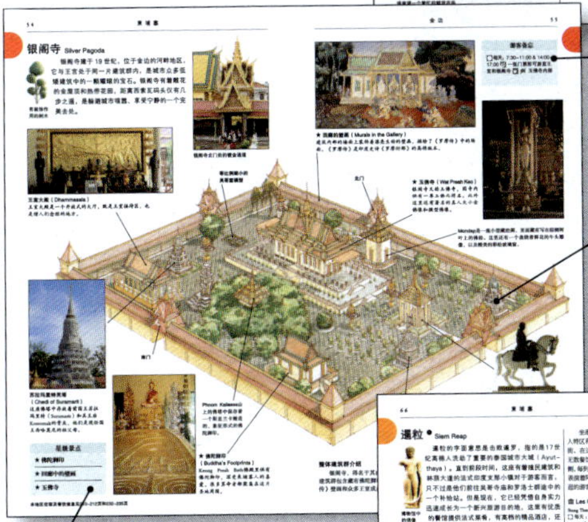

游客备忘提供的实用信息有助于你安排行程。

4 柬埔寨和老挝的精华景点
每个景点都至少有两页介绍，并用插画显示了该景点的格局，对有游览价值的部分都加以标注。

用星星符号标示的是一些不容错过的旅游景点。

6 城镇地图
每个重要的小镇和城市都有特别介绍，并对景点进行推荐。简易地图标出了小镇主要景点及交通枢纽的位置。

柬埔寨和老挝
概览

走进柬埔寨

常见的荷花

柬埔寨（Cambodia）是一个小国，与泰国、老挝和越南相邻，它的北侧和东南侧环绕着山脉，中心地区是洞里萨湖。湄公河从北部贯穿全国，途经越南的湄公三角洲，这条河流为洞里萨湖带来了丰富的营养物质，也在雨季使得湖水泛滥。柬埔寨南方443千米的海岸线上点缀着众多未经开采的小岛。除了曾在20世纪70年代遭受了战争的摧残外，蓬勃发展的金边和暹粒等城市都是令游人向往的目的地。

金边的柬埔寨国家博物馆内部的庭院

金边

- 殖民时期的建筑
- 吴哥的手工艺品
- 熙熙攘攘的市场

人们一度称金边为东方明珠，现在从街道两侧的法式餐馆和装有百叶窗的联排民居中，仍旧能看出其保留的法式魅力。柬埔寨**王宫和银阁寺**（见52~55页）修建于法国统治时期，是典型的高棉风格建筑，其中收藏着传说中的佛家宝藏。附近就是金边的中心地区——西索瓦码头的滨水区，以及**柬埔寨国家博物馆**（见50页），该博物馆收纳了从吴哥时期以来的各式工艺品。坐落在西南方的是**吐斯廉屠杀博物馆**（见51页），从博物馆到**琼邑克灭绝中心**（见58页）的途中，曾有成千上万的人遭受折磨。城里繁忙的市场中，各类商品应有尽有。

吴哥

- 吴哥的寺庙
- 漂浮的水上村庄
- 流光溢彩的夜生活

吴哥的寺庙是这片地区的一大亮点，也是世界上最知名的古代建筑群之一，它们能让游客一睹柬埔寨鼎盛时期的文化和建筑风采。游览这些宏伟寺庙的最佳线路要经过河畔小镇**暹粒**（见66～67页）。随着高级精品酒店、高档商店以及温泉SPA会所等设施的发展，暹粒迅速受到了时尚生活杂志的追捧。这个小镇极具吸引力的地方之一是**老市场**（见66页），这里新鲜果蔬、旅游纪念品、衣服、首饰应有尽有。流光溢彩的夜生活围绕着酒吧街展开，更为小镇增添了迷人魅力。

来到柬埔寨的大部分游客会前往吴哥的印度佛教寺庙参观。寺中的雕像经受住了内战和掠夺，得以保存下来，巨大的蓄水池巧妙地将河水引入吴哥的稻田，激发了无数游客的遐想。其中最著名的景点就是**吴哥窟**（见68~69页），这是世界上最大的宗教建筑，也是观赏日出日落的绝佳地点。**塔布隆寺**（见80~81页）矗立在神秘的吴哥遗址中，好像随时会被延伸而来的丛林吞没——这正是由安吉丽娜·朱莉主演的

僧人们坐在大吴哥巴戎寺的神秘石脸中间

◁ 琅勃拉邦的石窟的内部墙壁上，鲜艳的壁画详细地描绘出19世纪的军事场面

在三坡布雷卡充满神秘色彩的遗迹周围环绕着密林

《古墓丽影》中的场景。宏伟的**大吴哥**（见 72~75 页）、巴戎寺以及 216 张据说是观音菩萨的微笑石脸都充满了神秘感，仿佛来自另一个世界。

在暹粒的南面不远处是洞里萨湖，在这里你会欣赏到迷人的自然奇景。与之相邻的是被誉为东南亚最重要的大型水鸟繁殖地的**普列托尔鸟类保护区**（见 84 页），**磅克良**（见 85 页）是洞里萨湖上最大的固定居住地，在此能够体验到柬埔寨最真实的传统乡村生活。

白头鹳

柬埔寨北部

- 雨林中的寺庙
- 观赏濒危的短吻海豚
- 郁郁葱葱的稻田

柬埔寨北部自然风光迷人，是个令人着迷的地方，肥沃的稻田和野生动物聚集的密林组成了这里多彩的景色。洞里萨湖的西侧坐落着柬埔寨的第二大城市——**马德望**（见 90 页），人们称它为“柬埔寨的饭碗”，这里分布着肥沃的稻田和人迹罕至的废弃寺庙。离马德望不远就是**普农三伯的屠杀山洞**（见 91 页），这个冷酷的地方会让人们想起柬埔寨血腥的过去。**柏威夏寺**（见 94~95 页）的壮观遗迹对游客来说比附近的稻田和小村庄更具吸引力，这座吴哥寺庙离柬埔寨与泰国的边境线很近。位于**三坡布雷卡**（见 98 页）的建于 7 世纪前的吴哥遗址与柏威夏寺同属柬埔寨的古代奇景。湄公河岸上的**桔井**（见 100 页）是观赏稀有短吻海豚的最佳地点，它的另一端是东北方的荒野，那里布满森林和种植园，还居住着山地少数民族部落。**森莫诺隆**（见 101 页）是柬埔寨最大的省的省会，由于这里气温较低，地势多是起伏的丘陵，故被人们称为“柬埔寨的瑞士”。

柬埔寨南部

- 在美丽的海滩上享受日光浴
- 海岸上的水上国家公园
- 丰盛的海鲜

从豆蔻山脉西部到越南东部的中间地带就是风景如画的柬埔寨南部，这里拥有碧绿的海湾、细软的沙滩，以及由长满绿植的小岛组成的大片未经开发的群岛。**西哈努克市**（见 106~107 页）是通往欧特斯、奥克提尔等美丽的白色海滩的入口，附近的 **Koh Rong Samloem 岛**和 **Koh Ta Kiev 岛**（见 108~109 页）幽静喜人，这里适合潜水和雨林徒步项目。相对开发较少的**云壤国家公园**（见 108 页）占地 150 平方千米，是濒危猛禽和蝴蝶的家园，也是组织雨林徒步活动的绝佳地点。**波哥国家公园**（见 115 页）中的小岛是亚洲虎的家园，废弃的波哥避暑山庄也坐落于此，它曾是法国人的居住点，很多电影都选择这里为外景拍摄地。南方更远的地方便是**白马**（见 116 页），这里曾是受法国殖民者青睐的度假地，因其日落美景和海鲜而闻名。

在西哈努克市附近，Koh Rong Samloem岛周围的水面波光粼粼

走进老挝

佛头纪念品

老挝（Laos）与五个国家接壤，特殊的地理位置决定了其景色和人种的多样性。湄公河横穿老挝，对于这样一个与众不同的内陆国家来说，这条河流是它至关重要的生命线。在北方，弥漫着薄雾的雨林是众多少数民族的居住地，他们均拥有独特的文化和语言。在南方，阳光充沛的平原上居住着说老挝语的稻农，但城市中的精英都住在首都万象和君王曾经的居所——琅勃拉邦。无数佛教寺庙和法国殖民建筑的遗迹为这些城市增添了极大魅力。

万象

- 塔銮寺
- 在湄公河畔喝着酒欣赏夕阳
- 佛祖公园中风格多样的雕塑

亚洲其他国家的首都都受到交通堵塞的困扰，但是老挝的首都万象并不存在这个问题，在这里前往大部分热门景点都不是难事。通过前往**塔銮寺**（见143页）的佛塔去朝圣，你能更好地了解老挝的国家精神，从严格意义上来说，当今的老挝是个无神论社会主义国家，但其国家精神仍与佛教信仰有十分紧密的联系。游客们可以乘坐公交车从别的城市前往万象，所以这里成为和老挝当地人交流的绝佳地点。湄公河畔有一些餐馆，不远处便是作为城市中心的南普广场，其附近的建筑体现出法国殖民时期的影响。**佛像公园**（见146页）也坐落在河岸边，那里收集了很多雕像。澜沧大街的尽头是**凯旋门**（见142页），它的设计灵感显然源于巴黎的凯旋门。这座城市里随处可见佛教寺庙，其中包括**沙格庙**（见141页）和**玉佛寺**（见140页），后者已经改建为佛教艺术博物馆。

走在老挝国家纪念馆前的塔銮寺僧人

琅勃拉邦湄公河上的夕阳美景

琅勃拉邦

- 香通寺的佛教建筑
- 国家综合博物馆
- 在湄公河上乘船游览

1995年，联合国教科文组织将老挝过去的皇城定为世界遗产保护区，这里也是老挝的热门旅游景点。琅勃拉邦位于湄公河与南康河的交汇处，因此这里既汇集了宏伟的佛教建筑，也不乏建于19世纪法国殖民时期的别墅，现在这些别墅多被改为了别具风格的小旅馆。琅勃拉邦最著名的景点是**普西山**（见154页），从这里能够将这座历史悠久城市的风光及其周边的美景尽收眼底。街边上一个挨一个地排列着许多金碧辉煌的寺庙，如**香通寺**（见160～161页）、**香门寺**（见157页），还有**首木宫寺**（见157页）都十分值得游览。琅勃拉邦的老城区并不算大，只要花几个小时悠闲步行就能逛完。这里有众多建于法国殖民时期的建筑，以及各种提供当地佳肴和世界美食的雅致餐馆。游客们可以和性格开朗的僧人们聊聊天，帮他们练练英语。这座城市的另一大魅力就是位于西萨旺冯大街的**夜市**（见156～157页），在这里可以买到当地洪族人做的有趣的手工艺品。离夜市不远处就是老挝的**国家综合博物馆**（见156页），早在1975

年老挝成为共产主义国家之前，这里曾是老挝王室的居所。

老挝北部

- 神秘的坛子平原
- 芒咸山谷中有深厚历史意义的山洞
- 琅南塔的原始森林和河流

荒蛮的老挝北部地区是个多山且与世隔绝的地方，这里的风貌和老挝其他地区大相径庭。很多老挝的高地少数民族居民都生活于此，比如阿卡族、洪族、瑶族以及佧木族，他们的民族语言和低地的老挝人截然不同，这一点与泰国不同的民族说不同的语言相似。位于西北方的小镇**琅南塔**（见180页）可以作为在**南哈国家保护区**（见180页）附近进行多种户外活动的出发点，徒步旅行、山地自行车骑行、白水泛舟都是体验山区风景的好办法，从琅勃拉邦顺湄公河乘船前往边境小镇会晒也是不错的选择。东北方的**石坛平原**（见175页）以巨石遗迹而闻名，现在考古学家还不能完全解释这个现象产生的原因。更靠北的地方临近越南边境，偏远的**芒咸山谷**（见174页）就坐落于此，20世纪60~70年代之间，社会主义革命者为了躲避美军密集的炮轰而来到这里寻求庇护。喜欢探险的人也可以前往著名的背包客天堂——**万荣**（见172~173页）去探索山洞、瀑布，并在南松河中划皮艇。

位于川圹省的巨石坛子平原

老挝中部和南部

- 普占神庙
- 坦贡洛溶洞的泛舟之行
- 四千岛

万象南侧的湄公河边是广阔的平原，这里是传统稻农的故乡，拥有恬静迷人的自然风光。紧紧依偎在河边的美丽小镇**他曲**（见190页）、**沙湾拿吉**（见192 ~ 193页）和**巴色**（见194页）都值得前往游览，尤其是巴色，它是通向**普占神庙**（见196 ~ 197页）的前吴哥遗迹的入口，这片遗迹如今虽然已经破败，但其恢宏的气势依然令人叹为观止。南边的内陆群岛被称为**四千岛**（见202 ~ 203页），这里的瀑布和深潭为鸟儿和濒危的短吻海豚提供了独一无二的庇护所。湄公平原的深处便是宏伟的石灰石山脉，山中布满山洞，其中包括著名的**Mahaxai岩洞群**（见191页），坐船要走6000米的水路才能穿过它。柬埔寨东南部是**波罗芬高原**（见198页），这里居住着许多少数民族，农业发达，特产为咖啡。这里还能看到**胡志明小道**（见191页）的残迹，越南人曾在越南战争（1954 ~ 1975）期间使用这条路。

普占神庙的遗迹倒映在蓄水池中

地图上的柬埔寨和老挝

柬埔寨和老挝地处中印半岛的中间地段，老挝位于柬埔寨的北部。这两个国家的西侧与泰国相邻，东侧与越南相邻，此外老挝还与中国和缅甸接壤。柬埔寨的国土面积为 18.1035 万平方千米，约有人口 1500 万。老挝的面积为 23.68 万平方千米，虽然它比柬埔寨地域更广，但是它的人口却不足 600 万。能通往这两个国家的唯一海上通道要依靠位于泰国湾的柬埔寨海岸线，这条海岸线长达 443 千米，这种地理位置使得它们的交通、灌溉以及食物都依赖于河网，尤其是湄公河。湄公河从老挝的西北角流入，从柬埔寨的南部流出，注入南海。

柬埔寨首都金边的卫星图

东南亚
中华人民共和国
PEOPLE'S REPUBLIC OF CHINA
不丹
BHUTAN
尼泊尔
NEPAL
印度
INDIA
孟加拉国
BANGLADESH
缅甸
MYANMAR
老挝
LAOS
万象
Vientiane
越南
VIET NAM
泰国
THAILAND
柬埔寨
CAMBODIA
金边
Phnom Penh
斯里兰卡
SRI LANKA
马来西亚
MALAYSIA
新加坡
SINGAPORE
文莱
BRUNEI
菲律宾
PHILIPPINES
印度尼西亚
INDONESIA
图示
国际机场
国内机场
渡轮服务
主要公路
次要公路
未铺柏油道路
铁路
国界
河内
HA NOI
Vieng Xai
Thanh Hoa
北部湾
Beibu Gulf
Vinh
Vieng Thong
Pak Kading
Lak Sao
Hin Bun
Nyommalat
Mahaxai
他曲
Thakhek
Xai Bua Thong
Xaibuli
沙湾拿吉
Savannakhet
Sepon
Muang Phin
Dong Hoi
Dong Ha
Hué
Danang
Hoi An
沙拉湾
Salavan
Lao Ngam
Muang Tha Teng
Muang Lamam
Ubon Ratchathani
巴色
Pakse
Paksong
Champasak
Attapeu
Sanamxai
Quang Ngai
Quy Nhon
Kontum
Pleiku
Choam Khsant
Muang Khong
Voen Sai
Melu Prey
Ban Lung
Stung Treng
Lumphat
暹粒
Siem Reap
柬埔寨
CAMBODIA
Mekong River
越南
VIETNAM
Tuy Hoa
Kompong Thom
Pursat
Kratie
Sen Monorom
磅清扬
Kompong Chhnang
磅湛
Kompong Cham
Buon Ma Thuot
Nha Trang
Udong
Dalat
金边
PHNUM PENH
Prey Veng
Phan Rang-Thap Cham
Neak Luong
Svay Rieng
Takeo
Chhuk
Angkor Borei
Kep
Ho Chi Minh City
Phan Thiet
南海
South China Sea

自然风光与野生动物

常见的
红木槿花

柬埔寨和老挝拥有保存良好的亚洲雨林，所以这里的生物多样性十分丰富。高耸于地表的喀斯特石灰岩造就了老挝多山又崎岖不平的风貌，多产的河谷和碧绿的稻田也是这里的一大特色。柬埔寨中部的大部分地区地处平原，洞里萨湖和湄公河为它带来了丰富的养料，也为它划分出地形地貌。很多野生动物都生活在这里，其中不乏许多濒危动物，比如亚洲象和印支虎；这里也发现了一些新物种，比如与羚羊类似的中南大羚，以及被当地人称为“克哈纽”的啮齿动物。但是，非法的和国家认可的砍伐活动都在破坏这里的雨林，使之不断枯竭。

位于老挝万荣的宏伟的喀斯特石灰岩山脉

雨林保护区

柬埔寨和老挝拥有大面积的雨林，其中包含着两座非常重要的国家公园——老挝的南哈河（Nam Ha）和柬埔寨的波顿沙库（Botum Sakor）。这两座国家公园是众多野生动物的港湾，其中包括不同种类的鸟类、哺乳动物和爬行动物。

云豹生活在亚洲雨林中，是最灵活的猫科动物之一，十分善于爬树。

暹罗鳄属于淡水爬行动物，一般生活在雨林中的河流附近，野生的暹罗鳄已经非常稀少。

马来豪猪是亚洲雨林极为常见的夜行动物，也是这一地区啮齿类动物中数量最多的一种。

湄公河

湄公河（Mekong River）长4361千米，是世界第十二长河，它为柬埔寨和老挝之间划出了鲜明的界线。湄公河是很多大型鱼类的家，这里甚至生活着能长到4米的巨型湄公锯鳐以及世界上最大的鲇鱼。

湄公河中的短吻海豚的数量还不足100条，它们生活在海岸附近的淡盐水中及河口地带。

鸡蛋花树生长在热带及亚热带地区，叶片四季常绿，花香浓郁。

儒艮也称海牛，是生活在海洋中的哺乳动物。柬埔寨的海滨附近就生活着这种动物。

洞里萨湖

洞里萨湖（Tonlé Sap）是一个湖与河流相结合的系统，它不仅是柬埔寨最吸引人的自然特色和最重要的自然资源，也是东南亚地区最大的湖泊。这片泛洪平原拥有丰富的生物种群，是水鸟、水生动物和鱼类的理想栖息地。

灰头鱼鹰大多生活在洞里萨湖的西北部，这里也是亚洲最大的灰头鱼鹰的聚集地。它的名字说明了它的食物，但鱼鹰除了鱼以外也以水蛇为食。

黑头朱鹭生活在洞里萨湖岸边，现在由于污水排放和栖息地的破坏，这种奇特的涉水禽的生活已经受到了威胁。

渔猫是洞里萨湖附近很普遍的物种，它们在湿地上捕猎。渔猫的主要食物是淡水鱼，但是它们也吃老鼠和鸟类。

红树林

这个地区的红树林在保护海岸线方面起到了非常重要的作用，它们是幼鱼的保育院，也是海洋生物和鸟类的家。一些柬埔寨最好的红树生长在南部的平夸所自然保护区（Peam Krasaop Nature Reserve）中。

食蟹猕猴在这个地区分布广泛，当处于“粮食歉收”时期时，它们也会吃水果和种子。

懒猴生活在东南亚的热带地区。人们由于中医和宠物交易的需求而偷猎懒猴。

鹳，尤其是灰鹳和小秃鹳，虽然是稀有物种，但是人们在柬埔寨的红树林中仍可以发现它们。

沿海防护林

柬埔寨很多最重要的森林保护区都处在海岸线上。包括波顿沙库和云壤国家公园（Ream National Park）在内的保护区是各种哺乳动物、爬行动物和海洋生物的家，其中包括戴帽长臂猿、蟒蛇、眼镜王蛇和儒艮等。

蓝耳翠鸟是在柬埔寨发现的十种翠鸟的其中一种，它们住在沿海防护林中，以小鱼和昆虫为食。

玳瑁在柬埔寨海岸附近很常见，它们长着与众不同的鸟喙一样的嘴，背上的花纹也非常美丽。

爪哇野牛很可能是家养黄牛的祖先，它们的体型庞大且优美，喜欢群居在开放、干燥的落叶林中。

柬埔寨人

柬埔寨的人口95%是高棉族，这使得柬埔寨成为世界上民族种类最单一的国家之一。同时，这里也居住着其他一些民族的人，主要有占人、华人以及越南人；此外这里还有至少20个不同的山地少数民族，比如Kavet族、Tompuon族和普侬族，他们都生活在柬埔寨东北部的山区中。柬埔寨的大部分人口都生活在农村地区。

蒙多基里省的一位普侬族妇女和她的孩子

传统的高棉阿普萨拉舞蹈表演

高棉族

高棉族是柬埔寨最主要的民族，他们称自己是这个国家的标志——伟大的吴哥文明的后裔，并以此为傲。高棉人曾经统治着东南亚的大部分地区，也就是如今的泰国和越南。从复兴的古代艺术中能够明显看出柬埔寨高棉传统文化的印记，比如阿普萨拉舞蹈以及其伴奏音乐，这种舞蹈和音乐都能令人回想起吴哥辉煌的传统。

越南人

官方记录表明柬埔寨生活有大约10万越南人，但实际应该比这个数字更多，所以越南裔是柬埔寨除了高棉族以外最大的一个群体。他们生活在柬埔寨东南部和中部，围绕着茶胶河（Takeo）和洞里萨湖形成了庞大的捕鱼社区，很多越南人也种水稻。住在金边的越南人人口众多，他们的祖先很多都是法国人从越南带来的战仆。

一个越南人在船上售卖蔬菜

金边的华人店主

华人

据称，柬埔寨华人和柬中混血都是Khmer Chen的后裔。1975年的革命之前，华人就在柬埔寨从事商业活动，但是他们遭到了红色高棉的残酷迫害，很多人都移居国外。如今50万“Khmer Chen”都生活在柬埔寨，他们仍然主导着城市地区的经济，从事银行业、放债以及食品进出口等工作。

占人

占人起源于越南中部的占城，他们的人口至少有25万，已经在柬埔寨生活了500年以上。90%的占人是穆斯林，被人称作高棉伊斯兰教徒（见21页）。大部分占人生活在湄公河和洞里萨湖岸上的占人村庄里，除了捕鱼外，他们也参与耕种、畜牧以及种植水稻。占族男人穿一种被称作batik的布裙，女人通常用围巾或缠头巾把头包起来。

做完祷告，占族男人在一起交谈

老挝人

老挝是亚洲人口最少的国家之一，600万人居住在一个比英国国土面积还大的国家中。尽管这里生活着已知的160个少数民族，但是他们可以被笼统地分为两大类——低地老挝人和高地老挝人。这里还生活着大概14万越南人和占老挝总人口数量2% ~ 5%的华人，其中包括数量正在迅速增长的外来务工人员。

寺庙中的华人正在虔诚地祷告

寮龙族人是专业级的银匠，他们制作的精致首饰销路很好。

低地老挝人

低地老挝人占老挝总人口数量的68%，大部分寮龙族人，即低地老挝人的祖先是起源于中国南部的泰部落，他们居住在湄公河岸边以及全国各处的河谷处。他们的语言由五种方言组成，且两两之间都能相互交流。尽管几乎所有低地老挝人都信奉小乘佛教，但他们仍旧保留了一些与泛灵信仰相关的宗教仪式。他们是这个国家最富有的群体之一，在当地的政治、经济活动中都占有主导地位。

寮龙族人也是娴熟的稻农，他们把房屋修建在木桩上，以保护房屋不浸泡在水稻田中。谷仓也是挨着住宅修建的。

高地老挝人

老挝的少数民族可以被分为两大类：老听族，也称山地老挝人，占总人口的23%；老松族，也称高原老挝人，占总人口的9%。他们的生活水平比寮龙族人低，而且遭受歧视。Katu族等山地老挝人的祖先是孟－高棉人，而被宽泛定义为高地老挝人的少数民族，比如瑶族和洪族，都居住在高纬度地区。

洪族人是老挝少数民族中人口数量最多的，大约有47.5万人。洪族男人穿传统的黑色上衣和黑色宽腿裤子，但不同部落的洪族女人穿的服装有所不同。

Katu族居住在森林茂密的高山上，那里离越南边境很近；森林为他们提供了食物和生物必需品。Katu族女人的脸上通常文有图案，但是这种传统已经渐渐消亡了。

柬埔寨和老挝的宗教

佛龛

柬埔寨和老挝这两个国家中信众最多、分布面积最广的宗教是佛教。实际上，每个村子都有一座寺庙作为它的精神中心，僧人们就住在寺庙里。泛神论对这里的影响也很大，大部分信众认为这个世界上存在着很多神灵和鬼魂，它们影响着整个世界。虽然这些传统在农村地区最为盛行，但是城市里的人也会向萨满请教问题。柬埔寨还生活着一些穆斯林，此外，这两个国家中都生活着相当一部分基督教徒。

老挝的寺庙中，一位年轻的僧人正在诵读经文

佛教

小乘佛教明确限定了柬埔寨和老挝的大部分文化实践活动，这里的人相信皈依佛门能够为人生增加福祉。男人一生中一般都会出家一段时间，期限是 3 个月 ~ 3 年不等，出家期间他们会严格遵守僧侣的规矩。女人们也可以出家，但一般是在年龄比较大、丈夫去世之后。

柬埔寨的佛教受到了印度教和泛神论的影响，这不仅体现在宗教仪式和庆典上，也体现在一些寺庙建筑上，比如大吴哥的巴戎寺（见 74 ~ 75 页）里既有佛像也有印度教的神像。

塔銮寺是老挝最令人崇敬的佛教建筑之一。据说，这座寺庙最初是在公元前 3 世纪由阿育王（King Ashoka）派来传教的僧侣们修建的，并且传说佛祖的一块胸骨供奉在这里。每年的塔郎勃节这里都会举行庆祝活动。

泛神信仰

信仰泛神论的老挝人都是少数民族，他们遵从泛神论各种形式的宗教仪式和习俗。很多低地老挝人还保持着对神灵（phi）的信仰，这些神灵与日常生活的各个方面都息息相关，比如负责健康的神灵、负责房屋的神灵、掌管自然的神灵。信徒们信奉所有神灵，除了 mneang phteab 和 mrenh kongveal 外，它们据说会制造麻烦，也会引发严重的疾病。

少数民族遵从的泛神论习俗包括用摆放贡品和烧香来祭祀神灵。祭祀祖先对于很多人来说也是非常重要的，比如老松族、老听族，以及包括 Khmer Leu 在内的柬埔寨山区部落居民。

灵屋是神灵的圣堂，一般每个家庭、办公地点以及商店都会供奉一个，因为人们相信这些神灵会保佑他们不受邪恶力量的侵害。

伊斯兰教

柬埔寨有25万穆斯林，老挝有500穆斯林，其中大部分都有占族血统，还有一小部分是马来西亚人。柬埔寨占族曾经生活在红色高棉的压迫之下，他们属于逊尼派，生活在海岸地区，以捕鱼为生。老挝占族大部分生活在万象。

伊斯兰的宗教圣地曾经遭受过红色高棉的洗劫，估计有132座清真寺被摧毁。现在新的清真寺已经沿着柬埔寨的海岸修建起来。

柬埔寨的穆斯林被称为高棉伊斯兰教徒，以前他们信奉的是将泛神论与伊斯兰教相融合的宗教，但是近些年他们开始将宗教正统化了。

头巾是占族妇女最常戴的头饰

占族村民生活在柬埔寨的海岸边，他们经历了伊斯兰教文化和荣耀的复苏。

其他宗教

基督教、儒教和巴哈伊教在柬埔寨和老挝也拥有相当数量的信众。信仰基督教的人数量非常可观，而且在继续增长，但是信仰巴哈伊教和儒教的人还是少数。现在新教教堂和摩门教堂都非常活跃，但是曾经有传教士被指控利用提供免费食物和衣服来引导人们改变宗教信仰，所以从2007起年，柬埔寨政府禁止人们改变信仰。

阿圃杜尔·巴哈（Abdu'l-Baha）是巴哈伊教创始人巴哈欧拉（Baha'u'llab）的长子，也是他的接班人。老挝现在有8000巴哈伊教信徒，在其首都万象设有国家宗教议会，也称为选民议会，用以引领宗教发展。

儒教的信众多是生活在这里的华人。儒教又称孔教，以孔子为先师。儒家维护“礼治”，提倡“德治”，重视“人治”。是中国古代的主流思想，对中国、东亚乃至全世界都产生过深远的影响。

基督教于1556年就在这里扎了根，现在老挝有12万基督教徒，柬埔寨有2万。老挝政府认可了三个基督教派——罗马天主教、老挝新教和基督复临安息日会，但一些其他教派也是存在的。

柬埔寨和老挝的佛教

佛教和印度教在这片地区共存了多个世纪。扶南国早期，印度教是这里的第一大宗教，但它受到佛教的影响，所以在1世纪～6世纪期间，佛教成为第二大宗教。吴哥时期的柬埔寨涌现出大量佛像，它们和印度教的湿婆神（Shiva）、毗湿奴（Vishnu）神等共存。如今，佛教成为柬埔寨和老挝的第一大宗教。多数人信仰小乘佛教，属于小轮教派，据说这也是佛教最原始形式的再现。老挝的宗教现在依旧受泛神论和神灵崇拜、祖先崇拜的影响。

老挝翁得寺中的坐佛雕像

佛教习俗

对于大部分柬埔寨和老挝人来说，宗教仪式是日常生活的一部分。拜访寺庙、发放救济品、积累功德——佛教教义中教导人们要做好事——这些都是虔诚的教徒要做的事情。男人一生至少出家一次，即使只是很短的一段时间。

烧香是所有祈祷仪式中必不可少的一个程序。这种宗教仪式已经延续了很多年，其中也包括祷告者的默祷和浸水净身仪式。

橘黄色袍子是僧人们的传统服装。

向僧人布施食物是佛教新年庆典中非常重要的一部分。

向佛像或僧人行鞠躬或伏地跪拜礼在佛教文化中是一种谦逊的表现，人们也相信这种行为会带来好运。

向僧人布施是古代佛教的传统，以前僧人云游四方，唯一的财产是袍子和钵盂，这个传统就是那时建立的。如今传统延续下来并成为一种积累功德的行为，人们相信向僧人布施能够带来好的命运。庄严的布施活动在每天的黎明时分举行，那时僧人们会离开寺院外出求食。

新年是个特别的日子，每逢这时都会举办宗教仪式和 Baci Sukhuan 庆典（见 124 页）。庆典会持续很多天，第三天人们会用带香味的水清洗寺庙中供奉的佛像，据说这种活动会带来幸福和好运。

香蕉叶和香蕉花被塑造成极富艺术感的舍利塔形状，作为祭品供奉在寺庙中。

彩旗被人们用来在新年庆典时装饰寺庙。

向神祈祷的人

Phabang 是老挝最神圣的佛像，现在被收藏在位于琅勃拉邦的国家综合博物馆中。每逢佛诞日，人们会用圣水清洗佛像，并且有游行队伍将其送往迈寺。

佛教庆典

拜访寺庙、感恩庆典、祷告以及其他供奉活动都是佛教庆典中非常重要的内容。大部分节日都是根据佛教日历而定，是特定的传统或种族中所特有的。

佛诞日（Visak Bochea）一般都在 5 月的月圆之夜举行，庆祝活动包括传统的列队游行。

佛教标志

佛教有很多标志，每个标志都代表着不同的宗教方面，而且这些标志一般都能在寺庙、佛塔和其他佛教建筑中看到。例如，法轮就是佛陀所说教法的象征。

菩提树据说是佛祖坐在其下开悟的树木。

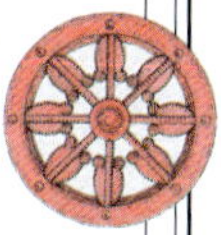

法轮（Dharmachakra）是一个有八根辐条的战车车轮标志。

莲花代表着灵魂的升华。

那伽（naga）也就是蛇神，龙形代表着智慧以及保护佛祖的力量。

柬埔寨和老挝的建筑风格

几个世纪以来，老挝和柬埔寨的建筑风格都受到多方面影响，尤其受到了佛教和印度教的寺庙建筑传统以及法国殖民时期的建筑技巧的影响。在城市中，苏联建筑风格的影响体现在钢筋水泥的城市建筑、市场和单元楼上。但是在农村地区，人们还在使用久经考验的传统建筑方式，他们就地取材，用木材、竹子和棕榈叶搭建房屋，这种建筑形式很适合热带季风气候。

洞里萨湖上的水上房屋

寺庙建筑风格

直到10世纪，老挝和柬埔寨的寺庙都是由砖砌成的。此后，高棉的庆典建筑是用砂岩建造的，建筑较低部分的材料是红土（经过一段时间会变硬的湿黏土块）。由手艺精湛的石匠雕刻的精美装饰花纹融合了宗教和超自然主题，也反映了历史、军事和王朝的重大事件。很多高棉传统建筑的特点，比如那伽形象、精美的三角楣饰以及楣石，后来都被融入佛教建筑中。现在，这两个国家的现代寺庙设计已和同时代泰国的设计同步，都有坡度陡峭且又高又尖的屋顶、前部游廊和精美的通道。

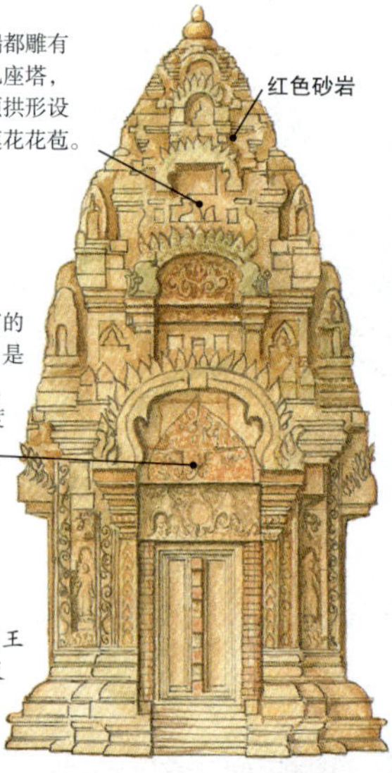

女王宫（见82页）是唯一一座非国王建造的重要吴哥寺庙，据说它是毁灭之神湿婆的神庙。这座寺庙以错综复杂的雕刻闻名。

豆蔻寺砖墙上的浅浮雕

琅勃拉邦迈佛寺外墙上的泰式印花

马诺隆寺（见164～165页）最初建于14世纪，坐落在早期高棉佛教教区内。它的主厅于1972年进行了重建，是现代老挝寺庙建筑中的一个典型例子。寺庙内部供奉着一尊建于13世纪70年代的铜铸大佛。

农村建筑风格

农村地区的建筑还是以传统的木头和竹子为材料，房子建在木桩之上以确保它们不受季节性洪水的侵害。房子的外形为长方形的两层小楼，其中的主要居住空间被分成卧室和厨房两部分，房屋的上层一般用来做储藏室。

湄公河附近建在木桩之上的房子

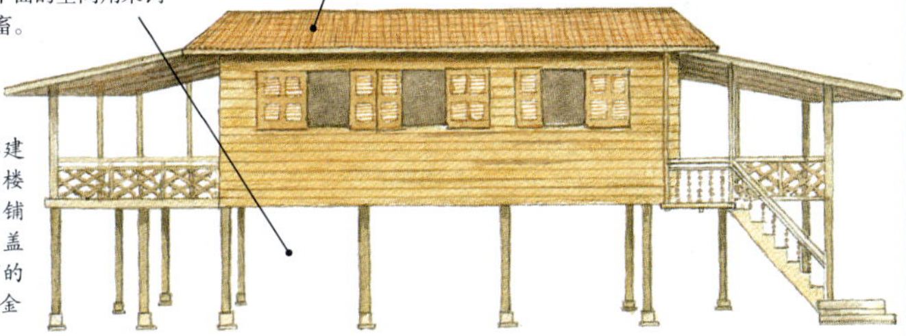

瓦片覆盖的屋顶

房子下面的空间用来饲养牲畜。

建在木桩上的木屋通常都建有一条陡峭的楼梯。有的屋顶铺有瓦片，有的盖着茅草，也有的是用波浪形的金属板搭建的。

殖民地建筑风格

位于金边、万象、马德望、暹粒、琅勃拉邦和贡布建于 19、20 世纪的建筑最能体现法国统治时期风格。白马拥有数量惊人的现代海滨别墅，人们重建了其中的一些，但是更多的别墅如今还只是废墟。

百叶窗能够避免阳光直射，同时保证微风吹进屋中循环空气，保持凉爽。

由砖和灰泥建造的二层别墅是殖民时期遗留下来的、保存时间最长的建筑，但是独立以后这些别墅并没有得到很好的保护。金边拥有大量的法国别墅，并以此为荣。

万象的总统府拥有新古典风格的外观和建有廊柱的漂亮阳台。以前，驻扎老挝的法国统治者就住在这里，现在这里则成为举办官方庆典的场所。

现代高棉建筑风格

1955~1972 年是现代派运动的顶峰时期，新高棉建筑风格也受到线条清晰的简约风的影响，同时大量利用了古代高棉寺庙中的设计元素。位于金边的国家综合体育馆（National Sports Complex）就是个例子，它的横轴为东西向，再现了修有蓄水池的传统高棉建筑风格。这个时期最具影响力的建筑家莫利万（Vann Molyvann）创造了很多建筑，包括金边教师培训学校（Phnom Penh's Teacher Training College）的图书馆，这座图书馆的屋顶呈放射状，像农民的帽子；此外还有西哈努克市的圣米歇尔教堂（St Michael's Church）和柬埔寨国家银行（National Bank of Cambodia），银行的外形呈现一种棱角分明的几何形。

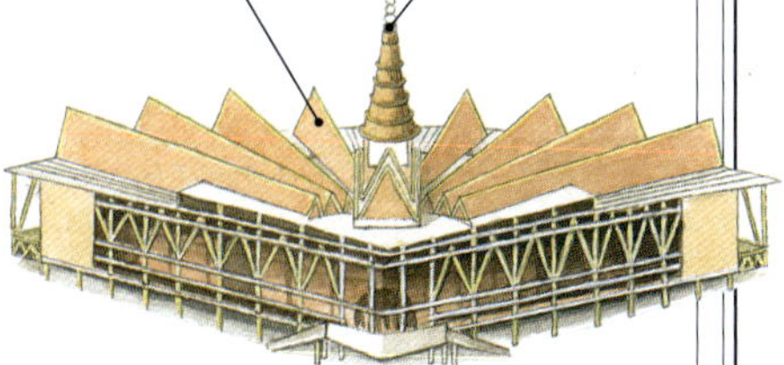

扇形屋顶

屋顶上建有佛塔形的高塔。

Chaktomuk 会议大厅由莫利万设计，于 1961 年竣工，它的底部由混凝土桩子支撑，外表很美。Chaktomuk 会议大厅在 2000 年经过修缮，现在用来举办会议、表演传统音乐和舞蹈。

法国的遗产

法式长松饼和夹心酥球

19世纪中叶，殖民者对柬埔寨和老挝的兴趣降至最低谷，只是零星有一些天主教传教士前来游说，说服人们改变信仰。但是由于泰国和越南的不断侵犯，1863年柬埔寨国王诺罗敦（King Norodom）向法国求助建立保护国，实际上相当于法国殖民地。老挝也被吞并入印度支那之中。虽然法国人于1954年撤离了，但是他们的遗产仍然留在了金边的林荫大道和新古典风格的建筑上，也留在了老挝的街道上——现在那里的人们还将咖啡称为café au lait（法语：牛奶咖啡）。

面包点心店出售法式长松饼和夹心酥球一类的法式甜点，以前它们在主要城镇里很普遍，现在也还有一些店家在继续营业。殖民时期的店主一般都是越南人。

法式菜肴

最能体现法式烹饪影响力的就是大受欢迎的点心，比如棍状面包和羊角面包。当地人一般拿这些食物当早餐或小吃，涂抹一层厚厚的酱料，或就着午餐肉、切片沙拉、蔬菜或腌菜一起吃。金边、万象以及其他旅游城市都建有时髦的法国餐馆、小饭馆和小酒馆，酒馆里提供开胃酒、餐后酒，传统的法式红酒也很受欢迎。

棍状面包是最典型的法式食物。现在每个城镇都有一间烘焙店，为人们提供经典的法式面包。万象的棍状面包是用传统的法国工艺制作的，味道绝佳。

柬埔寨的第一条铁路线是由法国人于1930~1940年建立的，它从金边延伸至泰国边境的波贝（Poipet）。

经济

法国殖民者专注于开采当地自然资源，并将木材、橡胶、玉米和水稻作为主要商品出口国外；此外他们还修建了第一条公路、铁路线以及橡胶种植园。除了建立更有效的税收系统以外，法国人基本没有为改变当地的农村型经济做出任何贡献。

橡胶种植园最初由法国人建立，现在仍然是柬埔寨的一大重要产业。

语言和文化

一位法国剧院艺人

法国的影响也体现在这两个国家的语言和文化上，这里的主要城市中都建有法语学校，私人机构也提供法语课程的教学。《革新者报》（*Le Rénovateur*）和《新柬埔寨报》（*Cambodge Nouveau*）等法语报纸很受欢迎，还有一些建筑，比如法国文化中心也在蓬勃发展。体育领域，起初由殖民者引入的足球现在仍旧是最流行的活动。

金边、万象和琅勃拉邦的法国文化中心试图复兴法国文化，那里放映法国电影，也举办展览和其他文化活动。

法式建筑风格

或许最能体现法国遗留下来的特点的还要数主要城镇中的新古典主义建筑。虽然这些一度辉煌的建筑现在大多已经崩塌，人们的忽视、政策的约束，或是当地人对它们曾经所代表的事物的厌恶导致了它们的毁灭；不过金边、暹粒、马德望和贡布等城市还是保留了大量现代派的时髦别墅、漂亮的法式老居民区，以及殖民风格的建筑外观。琅勃拉邦的国家综合博物馆和法国文化中心就是法式老挝建筑的代表。

宁静的河边林荫大道，比如金边的西索瓦码头，路两侧排列着高大的随风摇摆的棕榈树，呈现典型的巴黎风情。林荫大道为万象、马德望和贡布等城市都增添了不少特殊的魅力。

金边的殖民地别墅是最经典的例子，它们为法国人在热带地区提供了凉爽的休养之处。但是现在很多别墅都已经荒废了。

驻外记者俱乐部位于金边，内部设计就是传统的法国殖民地风格，这里有红木吧台、细长的柱子和能够俯瞰湄公河的雅座。

殖民地时期的办公建筑的一大特点就是宏伟的新古典风格外貌，这也体现出昔日殖民政府的权利。

柬埔寨贡布的法式住宅区中，有很多典型殖民地风格的小商店，其拱门上方装有带长方形气窗的百叶窗。但是现在大部分商店都坍塌了，急需修缮。

柬埔寨

柬埔寨风情

碧绿的稻田、丰富的野生物种、细软的沙滩和壮观的吴哥寺庙——柬埔寨既有浪漫的风光，也有令人振奋的户外活动，以及世界上极负盛名的考古奇迹。这一切再加上热情的当地人民，使得柬埔寨在旅游地图上拥有了稳若磐石的地位。

土地与生态

柬埔寨占地181035平方千米，北边与老挝和泰国相邻，西边连接泰国，东边与越南相依。在它的西南方坐落着最高峰达1764米的豆蔻山脉（Cardamom Mountains），北方则是高达550米，壮观的扁担山脉（Dangkrek Mountains）。这个国家最主要的特点还是要数伟大的湄公河（Mekong River）。这条源于中国西藏的世界第六大河流总干流全长4880千米，是亚洲最重要的跨国水系。每逢雨季，湄公河的水沿着其支流之一——洞里萨河流入洞里萨湖，充足的水量使得洞里萨湖成为东南亚最大的淡水湖。东北方是最偏远荒蛮的地区，那里的森林是老虎和大象的家园。西北方的马德望（Battambang）拥有肥沃的土地，并享有“柬埔寨饭碗”的盛名。南方的岛屿组成了荒芜的群岛，这里拥有完美的沙滩，淳朴迷人的自然风光，是舒适的热带休养之处，值得前往。

濒危的野生亚洲象

但是，石油钻探和树木砍伐等工业建设都在威胁着柬埔寨的原始风景、森林树木和野生动物的生存情况。亚洲虎以及其他濒危物种，比如白臀野牛、野生亚洲象和金猫的栖息地面积在逐渐减少。乱砍滥伐一直是湄公河水泛滥的罪魁祸首，淤泥的堆积也对洞里萨湖造成了威胁。幸运的是，如今的柬埔寨政府接受了多方建议，也在积极采取多种环境保护措施，建立了多个国家公园及保护区来保护野生动物，确保森林覆盖率。

政治与经济

在2011年的全球清廉指数排名中，柬埔寨位居第164位（共182名），这是根据它的政府有限透明度和民主贯彻程度而定的。在这里要想获得官职并不依仗个人能力，而是要靠财力和裙带关系。举一个实例，柬埔寨人民党（CPP）的领导人洪森（Hun Sen）自1993年开始接管政治事务，也因此成为东南亚各国领导人中任职时间最长的一位。虽然在理论上柬埔寨是多党制的民主国家，但是在2012年6月的选举上，柬埔寨人

游人在西哈努克市竹岛的美丽海滩上休息

民党获得了议会72%的支持率，并且国内几乎没有反对的声音出现。柬埔寨国内对洪森的批评也很少，尤其是其反对者的媒体被剥夺话语权之后，就更听不到与之相反的声音了。

除了这些隐患外，其实这个国家也在稳步发展中，年均经济增长率大概处在5%，而石油、橡胶资源和廉价劳动力都是其经济增长的基础。柬埔寨也在全球经济环境中找到了适合它自己的位置——国际服装行业的加工厂；同时，依赖于其国内丰富多样的旅游资源，旅游业也已经发展成柬埔寨挣外汇最多的产业之一。

吴哥窟是柬埔寨最受欢迎的景点

社会与宗教

官方记录表明，柬埔寨是东南亚各国中种族构成最单一的国家之一，在柬埔寨全国的1500万人口中的95%都是高棉人。但是实际上，这里也生活着10万越南人、50万华人、25万占族穆斯林，在东北部地区还生活着少数民族 Khmer Lue 族。

高棉社会很强调家庭的重要性。小辈要尊敬并顺从老人，妇女要克制自己并维护丈夫。妇女是柬埔寨社会的主导力量，也是家庭的道德标杆和经济支柱。虽然对于高棉家庭来说，妻子坚守忠贞是应尽的义务，但是丈夫们出轨的现象却很普遍——这也使得如今的柬埔寨成为东南亚艾滋病感染率最高的国家。

现在，大部分高棉人信仰佛教——佛教是在13～14世纪从印度传入柬埔寨的，而在之前的吴哥时期，柬埔寨地区的国教是印度教。大部分柬埔寨男人在其一生中都至少要出家一次，花少则几个星期，多则10年，甚至一辈子的时间到寺庙中学习小乘佛教的教义。但是柬埔寨的大部分少数民族信奉泛神论，占族信仰伊斯兰教。

传统的高棉阿普萨拉舞者

文化与艺术

虽然在红色高棉时期，所有柬埔寨的文化痕迹都被抹去了，但是如今，这个国家似乎又重新发掘了其艺术的影响力，曾经被流放在外的艺术家们纷纷回归故乡。

柬埔寨的舞蹈艺术是柬埔寨的瑰宝，分为民间舞蹈和古典舞蹈两大类。柬埔寨在历史上深受婆罗门教与佛教影响，因此，它的古典舞蹈也带有浓厚的宗教色彩。近些年，艺术大学大肆复兴了古典舞蹈，尤其是舞剧。音乐在柬埔寨文化中占有重要地位，不管是在各种庆典和宴会上，还是在娱乐场所，都离不开演唱和音乐。如今，吴哥的阿普萨拉（apsara）舞者曾经使用的单弦弓弦乐器（khsae muoy）和三弦提琴（tro khmae）仍然受到现代人的欢迎。

柬埔寨人制作的质地优良的丝绸纺织品、银器、雕像、木雕，以及暹粒的传统窑烧陶器等精巧手工艺品都很有名，对于游客来说，也是相当不错的旅游纪念品。

柬埔寨的季节与节庆

柬埔寨人喜欢庆祝节日，节日让散落在全国各地的家人有机会重聚，也重新确认了一家人在一起的重要性。大部分节日，比如Bon Chol Vassa和麦加宝蕉节都是以月亮周期（阴历）为基础制定的，所以很多节日的日期每年都不一样。而很多非宗教节日遵循的是格里高利历（阳历），其中几个节日，比如送水节都是吴哥时期流传下来的。节日除了是庄严的宗教活动，也让农村的高棉人有了一个回家探望的理由。庆祝行为一般包括聚会、露天娱乐活动和放烟花。柬埔寨的一年分为三个季节——热季、雨季和凉季——它们也是制定节日的依据之一，尤其是在农村地区，因为大部分柬埔寨人都以务农为主。

中国新年的鞭炮

庆祝中国新年的狂欢者

热季

柬埔寨属于热带气候，温度从2月就开始上升，一直持续到4月，所以每年的2月是热季的开端，4月是温度最高的月份，也标志着收获季节的结束。这段时期，难耐的酷热和高湿的空气对游客来说都是对耐力的一大考验。不过，位于东北方的腊塔纳基里省（Ratanakiri）和蒙多基里省（Mondulkiri）海拔较高，相对来说比较凉快。

1月～2月

胜利纪念日（1月7日）全国。节日当天会以举办展览及追忆仪式等活动来庆祝。

中国新年（1月底/2月初）金边。在这个激动人心的日子里，金边的街道上挤满了舞龙和游行的队伍，每个角落里都有烟花表演。虽然这不是一个全国性的节日，但仍有很多人庆祝，做生意的华人也会在节庆期间停业休息。金边居住着很多华人和越南人，大部分越南人也会庆祝他们的新年（Tet），而且时间与中国新年一致。想要炫富的有钱人会组织炫目的私人烟花表演。

麦加宝蕉节（Meak Bochea，1月底/2月初的月圆之日）全国。节日名称表示大型祷告之意，它是佛教中最神圣、最重要的庆典。秉烛游行是为了纪念佛祖的1250名弟子，他们在2500年前佛祖于印度北部圆寂之前聆听了佛祖的最后一场布道。柬埔寨家庭会在月圆之时前去当地寺庙聆听训诫并祭拜佛祖，同时还会通过点蜡烛、捐赠贡品和钱物等行为来为自己及家人积累功德。

3月～4月

妇女节（3月8日）全国。对于柬埔寨这样一个女性不受重视而且需要服从男性的国家来说，一个为现代女性而设的，关注强奸、家暴和不公平问题的节日非常重要，意义巨大。在过去几年中，联合国教科文组织通过赞助柬埔寨妇女事务部来支持这个重要的节日。全国各地在节日期间会举行游行，T恤上印有女性权利的字样，而且举着反对家暴的宣传牌。还会组织一些歌剧表演和研习班，首相一般也会前来参与。

柬埔寨新年（4月14～16日）全国。这个节日又被称作高棉新年（Chaul Chnam Thmey），持续3天。高棉人会把它看作一次全国范围的户外打水仗活动，在他们看来向别人泼水是给别人送去凉爽。佛教传入之前，印度教是柬埔寨的主要宗教，而柬埔寨新年就是印度教节日。节庆期间的好去处是塔山寺（见50～51页），晚上这里会举办音乐会。新

柬埔寨新年的舞者

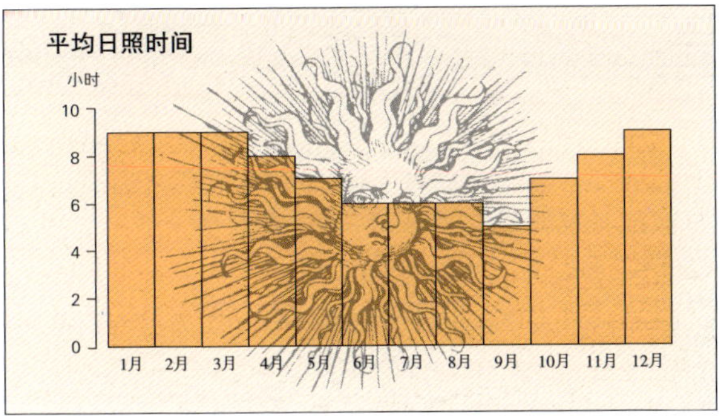

日照时间表

即使在雨季，这里的太阳也很毒，尤其是正午之时，所以随身带一瓶水并多吃水果保持体力都是明智的做法。这里的热度和湿度很容易让人虚脱，对于从未经历过热带天气的人来说更是如此，推荐带上遮阳帽和防晒霜。

年的最后一天信徒会用水清洗佛像，并且向僧人、老人以及祖父母等一年中可能冒犯过的人表示歉意，这种仪式被人们称为 pithi srang。老挝也有相同的习俗，所以这段时间前去旅游的人很可能会被泼一身水。

雨季

这个季节的特点是时间短、暴雨密集，湿润的地面闪闪发光，但是道路非常难走。这是一个游览寺庙的好时节，因为此时周边的人相对不那么密集。

5月～6月

卫塞节（Visak Bochea，5月的月圆之日）全国。这一天是佛祖的生日，为了庆祝他开悟并进入极乐世界，人们会举着蜡烛排队前去当地的寺庙，最受欢迎的寺庙就是吴哥窟（见68～69页）。

国际劳动节（5月1日）全国。传统上，工人们会在这一天举行示威游行活动，呼吁重视并为自己争取权利，比如要求提高最低工资，当然他们也会庆祝获得的成就。

种族灭绝日（5月9日）全国。这一天是为了纪念在推翻红色高棉统治的过程中失去生命的人们，这对于每一位高棉人来说都是沉痛的回忆。曾经处于红色高棉的血腥统治下的每一个家庭，无一例外，都变得支离破碎。

西哈莫尼国王诞辰（5月13日）全国。这一天中没有大型庆祝活动也没有游行队伍，取而代之的是夜晚在洞里萨湖畔举办的烟花表演。

卫塞节期间，僧人们在巴戎寺里举着点燃的蜡烛游行

御耕节（5月末）金边。这一天也称为 Bon Chrat Preah Nongkoi，是庆祝第一批水稻收获的日子。当地人盛装打扮，穿着五颜六色的传统服装，组成一支欢快的游行队伍。在国家博物馆（见50页）外，国王和其他王室成员引领着游行队伍，并给一头祭祀用的牛喂食喂水；之后，婆罗门祭司会根据牛吃的食物来预测此年丰收的粮食种类。很多柬埔寨人的贫富都与他们耕种的土地息息相关，所以御耕节对于这些人来说格外重要。而且国王的出席也证明了这个节日的重要性。

御耕节期间，牛为游行队伍开路

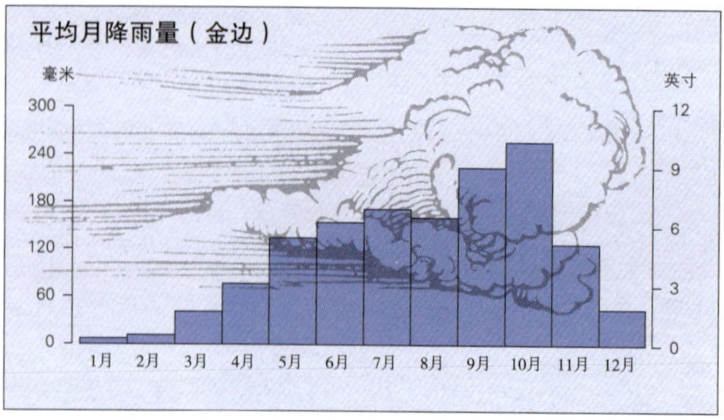

降雨量表

雨季来临时，每天的降雨都会持续几个小时，但是雨过天晴后，阳光明媚。在沿海和西南地区的山区中，降雨量最大时能达到2500～5000毫米。

7月～8月

Bon Chol Vassa 节（7 月的月圆之日）全国。这天正好是月亮周期中的第 8 次月圆之时，标志着长达 3 个月的佛教大斋节的开始，这段时间内人们要禁食并默祷。年轻男人的出家时间一般也选在这个时候。以前新入佛门的僧人要在寺庙中度过整个雨季，但是现在这个时间段已经被缩短至 3 个星期。

凉季

10 月末降雨量已经减少，11 月初，徐徐凉风吹遍了这片大陆。洞里萨湖也恢复了活力，鱼儿成群。来柬埔寨旅游的最好季节是 11 月～次年 1 月之间，因为这段时间降雨量较少。

9月～10月

Bon Dak Ben 节（9 月～10 月的月圆之日）全国。这一天是对亡灵表示敬意的节日，也是高棉传统节日中最重要的一个。它吸收了泛神论的因素。庆祝活动从月圆之日起共持续 15 天。人们会为僧人提供食物和饮品，因为在为祖先灵魂祈福的过程中，僧人们会为大家提供帮助。节庆形式就是集中到寺庙中聆听布道并摆放祭品以表达对祖先的尊重。人们认为让亡者的灵魂安息非常重要，因为它们会保护活着的人。

Bon Dak Ben节中募捐的僧人

亡人节（Bon Pchum Ben，9 月 / 10 月）全国。这一天也是故去之人的节日，与诸灵节的意义相同。高棉人会向逝者供奉煮鸡蛋、纸钱、食物以及饮品，以此避免受到亡灵的纠缠。

Bon Kathen 节（日期不定）全国。佛教大斋节的结束就是 Bon Kathen 的开始，整个节日会持续一个月，直到下个月圆之日。节日期间，僧人们会穿着信众捐献的长袍离开隐居所，缓慢地列队前往当地寺庙。人们会向他们捐赠物品以此积累功德，据说这种行为能使来世修得更好的命运。

西哈努克国王诞辰（10 月 31 日）全国。这一天用来纪念前国王西哈努克，他是一位有影响力的国王，但脾气反复无常。他的统治时期包含殖民时期和红色高棉时期，事实上，也正是他领导人们实现了柬埔寨的独立。人们认为领会他的精神就是理解柬埔寨国家精神的关键。节日当天，人们会在王宫前游行庆祝，追随前国王的王室成员们也会前来金边庆祝。

独立日在王宫前举行的彩车游行

11月～12月

独立日（11 月 9 日）全国。这是庆祝柬埔寨从法国统治之下独立的日子，人们会

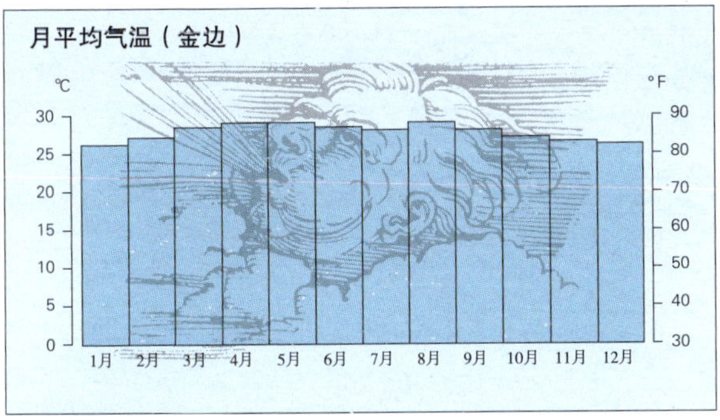

温度表

从5月持续到10月后期的雨季使整个大地呈现出一片翠绿。11月开始进入凉季，这时海滨和山区都变得格外凉爽。气温从2月开始上升，4月达到顶峰，使4月成为柬埔寨全年最炎热的月份。

吴哥节时在吴哥窟前举行的舞蹈表演

在王宫前组织精美的彩车游行。这一天对于高棉人来说是特殊的日子，全国各地都有烟花表演和游行的队伍，连小巷中都装点着彩旗。但主要的节庆活动还是在著名的独立纪念碑前举行，它位于诺罗敦大道和西哈努克大道的交叉路口。

泼水节（Bon Om Tuk，11月）全国。这个节日也被称为送水节（Water Festival），持续3天，是人们庆祝12世纪吴哥人推翻占族压迫的日子。其间洞里萨湖的水会改变流向流回湄公河，这标志着雨季的结束（这是世界上唯一一条在一年中不同时间改变流向的航道）。除了柬埔寨新年外，这是柬埔寨日历中最重要的节日。全国各地的人都被吸引到洞里萨湖畔观看划船比赛并享受狂欢的气氛，参赛的船只多达400余条，划手带着他们的船千里迢迢赶来参赛，同时带来了无数支持者。吴哥窟也会举办小型庆祝活动，但整个庆典的重心在金边的湄公河上。

吴哥窟传说节（日期不定）吴哥窟。节庆的表演艺术活动也会在吴哥窟举行。人们以寺庙遗迹做背景，表演传统舞蹈、古装戏以及音乐，再现高棉神话的史诗故事。王室成员一般会参与到表演中，整个节庆的夜晚精彩又迷人，令人十分难忘。

泼水节中跃跃欲试的赛船船员

公共假期

新年（1月1日）
胜利纪念日（1月7日）
麦加宝蕉节（1月/2月）
妇女节（3月8日）
柬埔寨新年（4月14日～16日）
卫塞节（5月）
国际劳动节（5月1日）
种族灭绝日（5月）
西哈莫尼国王诞辰（5月13日）
太后诞辰（6月18日）
行宪纪念日（9月24日）
亡人节（9月/10月）
加冕日（10月29日）
西哈努克国王诞辰（10月31日）
独立日（11月9日）
泼水节（11月）
人权日（12月10日）

柬埔寨历史

从辉煌的高棉帝国到残暴的红色高棉，柬埔寨经历了一段动荡的过去。自吴哥时代的衰落到社会主义兴起的这近6个世纪中，这个王国默默无闻，被世界遗忘。但是近几年，柬埔寨摆脱了先前的噩运，国家的经济开始发展。

高棉人很可能起源于中国，并于数千年前来到了现在的柬埔寨地区。考古学家们发现，早在公元前 4000 年，柬埔寨西北部就已经出现了使用石器的人类；公元前 2000 年左右这个地区就有了第一批水稻耕种活动，而青铜器的使用大概是 1000 年之后出现的。古代的柬埔寨人大多生活在建有防护设施的圆形村庄内，以水稻和鱼类为食，并饲养家畜。发现于当今柬埔寨中心地区 Kg Chhnang 的青铜制品证明当地人在当时已经掌握了先进的金属制造技术。

吴哥博瑞的印度神雕像

柬埔寨的第一个城市文明发源于现在越南南部的内陆地区和海岸地区，邻近柬埔寨的越南小镇奥克・艾奥（Oc-Eo）就曾出土了一处港口城市的遗迹。这个文明的统治者被中国人称作扶南（Fu-nan），意为“山岳”，辖境大致相当于如今柬埔寨全部国土以及老挝南部、越南南部和泰国东南部一带。奉印度教为国教，受印度文化影响甚深。他们将首都建在吴哥博瑞（Angkor Borei），并修建了大规模的运河系统用作排水和交通。扶南国还与中国建立了贸易关系，是历史上第一个出现在中国古代史籍中的东南亚国家。在奥克・艾奥（Oc Eo）还发现了罗马帝国的硬币。不幸的是，这个时期并没有留下什么可信的文字记录。

公元前 500 年～公元 500 年，柬埔寨经历了“印度化”的过程。其间高棉人吸收了大量印度文化的因素，比如印度教众神、佛教、语言（梵文）、书写系统、集中管理制度以及普遍王权的思想，这些因素和当地的祖先崇拜等习俗混合在了一起。

高棉语言中最早的铭文可以追溯到 7 世纪。5 ～ 8 世纪，柬埔寨中部和泰国东北部兴起了很多小型的城邦国家，它们被统称为真腊（Chen-la）。这个时期的石头碑文显示出了在一小群统治者的管理下公国缓慢统一的过程。9 世纪早期，权力统一的过程在如今的暹粒附近达到了顶峰，神秘的“万能君主”阇耶跋摩二世（Jayavarman II）建立了辉煌的高棉帝国。

时间表

公元前4200～公元700年：使用石器的人们占领了柬埔寨西北部的山洞。

公元前2000年：这个地区开始种植水稻。

公元前1000年：开始铸造青铜器。

公元前500～公元500年：柬埔寨的“印度化”。

公元前200年：扶南王国在柬埔寨南部建立。

用于贸易的罗马硬币

600～700年：真腊时期。

阇耶跋摩二世

802年：阇耶跋摩二世建立高棉帝国。

4000BC | 2000BC | AD1 | 200 | 400 | 600 | 800

◁ 1873 年由路易斯・德拉波特创作的平板描绘的是吴哥的一支法国远征队

吴哥的崛起

“吴哥”在高棉语中的意思是城市，从802年到1431年吴哥人占据了大部分东南亚大陆。9世纪末期，阇耶跋摩一世（King Yasovarman I）将首都迁至暹粒附近，并在此后的500年中未曾变更，他根据自己的名字将该城市称作耶输陀罗补罗（Yasodharapura）。这个帝国接连不断地涌现出众多国王，他们为自己、祖先以及毁灭之神湿婆（Shiva）等印度神灵都建立了寺庙。

阇耶跋摩七世的巴戎风格雕塑

1130 ~ 1150年之间，苏利耶跋摩二世（King Suryavarman II）建立了壮观的吴哥窟——它曾用作天文瞭望台、苏利耶跋摩二世的坟墓以及印度维护宇宙之神毗湿奴(Vishnu)的纪念碑。高棉帝国的势力一直在扩张，12世纪中期，它的统治范围延伸到如今的柬埔寨全国、泰国东北部、老挝南部以及越南南部；这个强大的帝国与中国建立了物物交换形式的贸易关系，因为吴哥人没有使用过任何形式的货币。

信仰大乘佛教的阇耶跋摩七世（Jayaverman VII，1178 ~ 1220）为吴哥增添了不少宏伟壮丽的建筑，比如耶输陀罗补罗城内的有城墙的大吴哥城市，以及巴戎寺等庄严的寺庙。但是印度的影响很快传入柬埔寨，13世纪，大部分柬埔寨人都转为信仰小乘佛教，这是一种以自我完善与解脱为宗旨的宗教；此外，这个时期石头寺庙的建造工程也结束了。

吴哥的衰落与灭亡

14世纪，很多信仰小乘佛教的王国从帝国中分离出去，1431年泰国军队攻打了耶输陀罗补罗，致使这个城市部分遭到遗弃，于是王都迁往南方靠近金边的地区。

之后的5个世纪被称为吴哥中期（Middle Period），这段时间柬埔寨与泰国发生了频繁的战争，越南人也在缓慢地非正式地征用柬埔寨的领土。19世纪30年代，越南在金边建立了一个保护地，并将从曼谷而来的泰国军队驱逐出去。但是1848年，这两个国家之间进入了脆弱的和平时期。

殖民时期

1863年，已经殖民了越南南部的法国开始向柬埔寨提供保护，并要求以主要经济特权作为交换条件。19世纪80年

19世纪的版画描绘了法国学者从吴哥运走珍贵手工艺品的场面

时间表

1130 ~ 1150年：吴哥窟建立。

1200 ~ 1250年：高棉人转而信仰小乘佛教。

吴哥窟

1431年：泰国人的袭击；部分吴哥遭到遗弃。

1010 1130 1250 1370 1490

巴戎寺的浅浮雕

1178 ~ 1220年：阇耶跋摩七世建立了巴戎寺和有城墙的大吴哥城。

吴哥窟的浅浮雕描绘了泰国的雇佣兵

诺罗敦·西哈努克王子在庆祝他的政党获得胜利的庆典上

代的一场反法运动被镇压以后，受保护国演变成了完全被法国控制的殖民地。但是柬埔寨对法国的记忆有好有坏：一方面，法国人修建了小镇、道路，设立了社会机构，经济繁荣发展，人口数量翻倍，并且几个世纪以来柬埔寨也第一次享受到了和平；法国也迫使泰国归还了吞并的土地，法国学者重建了吴哥庙宇重现了吴哥的历史。但是另一方面，在提升教育或健康的问题上法国人基本没有做出任何贡献，此外他们还提高了当地人的税收水平。

独立和起义

1941年，法国人将年仅19岁的诺罗敦·西哈努克（Norodom Sihanouk）王子扶上了柬埔寨的王位，他们还允许日本军队在二战期间驻扎在柬埔寨。1945年3月，日本人囚禁了印度支那（柬埔寨、老挝和越南）的法国统治者，并鼓励柬埔寨当地领导人宣布独立，但是西哈努克不情愿这么做；1945年10月，法国重新掌权，西哈努克便将法国人迎了回来。1952年，他发起了一场皇家改革运动，并在次年强迫法国承认柬埔寨独立。1955年，西哈努克退位并成为了全职政治家，他成立的人民社会同盟（Sangkum Reastr Niyum）在多次选举中获胜,无人反对。那时波尔布特（Pol Pot，1925 ~ 1998）领导的柬埔寨共产党只有小部分追随者，而且掌权的可能性很小。

1968年，当美军炸毁了柬埔寨共产党的补给基地，越南战争的战火也烧到了柬埔寨。这时，当地和国际上的压力削弱了西哈努克的控制，1970年3月，国民大会投票将其废黜。此后朗诺（Lon Nol）领导的亲美政权当权，但这个事件同时加速了柬埔寨内战的爆发。西哈努克发誓要回来，越南民主共和国、中国和柬埔寨共产党都对他给予了支持。战争和轰炸在共产主义者与美国支持的力量之间持续了几个月，最后共产主义者占领了柬埔寨的首都，并于1945年4月结束了内战。

1975年柬埔寨内战期间的士兵

柬埔寨的法国人

1593年：泰国人洗劫了柬埔寨首都Longvaek。

1610

1730

1794年：泰国吞并了柬埔寨西北地区。

1830 ~ 1849年：泰国和越南的战争在柬埔寨爆发。

1850

1863年：法国强制建立保护国。

1941年：法国人扶持诺罗敦·西哈努克登上王位。

1945年：法国重新掌权。

1953年：法国承认柬埔寨独立。

1968年：越南内战爆发。

1970

1970年：西哈努克以和平方式推翻了亲美政权。

1970 ~ 1975年：柬埔寨内战。

波尔布特的红色高棉政权

5年内战让柬埔寨人民苦不堪言，1975年4月17日，红色高棉推翻了朗诺军人政府，1976年1月5日，颁布新宪法，改国名为民主柬埔寨（Democratic Kampuchea，简称DK）后，同时宣布废除君主立宪制。同年4月，西哈努克亲王辞去国家元首职务后退休，接着召开了第1届人民代表大会，乔森潘任国家主席团主席，波尔布特任政府总理。

波尔布特领导红色高棉政权

红色高棉执政时期，认为城市是资本主义的丑恶象征，它会腐化干部和群众。要建设理想社会，就必须消灭城市。红色高棉宣布要在10~15年内使国家实现现代化，在将所有城市居民强行驱赶到农村的集体农场劳动，把柬埔寨变成一个农业社会后，它着手推广合作社制度。取消货币和市场，实行按需分配和全民供给制。男女老少集体劳动，在公共食堂集体就餐。红色高棉禁止私人拥有财产，取消家庭，甚至婚姻也由组织安排，婚后夫妇要分开居住。禁止人们从事宗教活动，勒令僧侣还俗。视知识为罪恶，不设正规学校，禁用书籍和印刷品。人们不能自由流动。全国没有邮政电信，也没有医院。

1975年，红色高棉政权处决了成千上万的老兵和战俘。由于怀疑不明敌人会推翻政权，他们从次年开始不分青红皂白地处决人民。在农村地区，红色高棉毫无道理地追求水稻一夜间达到三倍产量，无数人死于营养不良、过度疲劳和疾病。

1975年4月17日，进入金边的红色高棉战士在庆祝他们的胜利

柬埔寨人民共和国

1978年12月，越南的一支10万人的“志愿军”队伍兵分七路入侵柬埔寨。1979年1月金边沦陷，波尔布特和他的亲信们带领部分军队被迫退到柬埔寨西部和北部山区，开始了漫长艰苦的丛林游击战。柬埔寨人所称的“三年，八个月零十二天”的暴政于此时结束了，但是其间却有150万人因遭遇了意想不到的、残暴而死亡。越南人在柬埔寨建立了一个傀儡政府——柬埔寨人民共和国。在名义上由柬埔寨人民革命党统治，韩桑林为该委员会主席，洪森为委员会委员兼管外交部长。1981年，洪森出任柬埔寨人民共和国政府副总理兼外交部长，1985年当选为总理兼外交部长，成为当时世界上最年轻的政府总理。韩桑

时间表

红色高棉战士

1975年：红色高棉建立民主柬埔寨。

1976年：民主柬埔寨政府成立，波尔布特当选首相。

1977年：DK和越南之间的战争爆发。

1979年：越南人推翻了DK，建立了亲越政权。

1985年：洪森当选首相。

1989年：越南人撤走了军事支持。

1991年：巴黎和会

1991年：《巴黎和平协议》标志着柬埔寨和平进程的开始。

1993年：经过联合国主办的选举，联合政府上任就职。

1975 | 1980 | 1985 | 1990 | 1995

林和洪森均曾为红色高棉领导人，因红色高棉对其内部领导人的大清洗而对这一政权感到绝望，转而投靠越南，并迅速成为反对红色高棉的重要领袖。虽然柬埔寨人民共和国并未在联合国取得席位，但其在1979 ~ 1993年间为柬埔寨大部分领土的实际控制者。

2004年10月29日，诺罗敦·西哈努克国王的加冕典礼

最终的和平

1989年1月，越南军队从柬埔寨撤军。1991年10月23日，柬埔寨问题国际会议在巴黎召开，签署了《柬埔寨冲突全面政治解决协定》，历时13年之久的柬埔寨问题最终实现政治解决。

1993年5月，柬埔寨在联合国主持下举行首次全国大选，拉纳烈领导的亲王室的奉辛比克党大胜，洪森领导的人民党屈居第二。9月，柬埔寨制宪议会通过新宪法，恢复君主制及国名柬埔寨王国，西哈努克重新登基为国王，拉纳烈和洪森分别任第一、二首相。

柬埔寨士兵举着
诺罗敦·西哈努克的头像

1997年7月，联合执政的人民党和奉辛比克党爆发军事冲突，拉纳烈被废黜第一首相。1998年7月，柬埔寨举行第二次全国大选，人民党获胜成为第一大党，11月成立以洪森为首相的第二届联合政府，奉辛比克党国会议席居其次，拉纳烈出任国会主席。12月，前民主柬埔寨领导人乔森潘、农谢归顺政府，柬埔寨民族和解取得重大进展，进入和平与发展的新时期。

新千年中，外国的投资与援助不断流入柬埔寨，这一切都得益于成千上万的游客。西哈努克国王于2004年退位，王位由他的儿子诺罗敦·西哈莫尼（Norodom Sihamoni）继承。2007年，联合国建立了柬埔寨法院特别法庭审判红色高棉的领导者。1998年波尔布特逝世，他一生都没有受到法庭的审判。洪森领导的柬埔寨人民党紧紧掌控政治，有史以来第一次这个王国享受到了和平，也成为这个全球化的世界的一部分。

加冕典礼上的诺罗敦·西哈努克

997年：洪森废黜了他的联盟伙伴；红色高棉运动最终失败了。

2007年：国际法庭在金边公开审判DK领导者。

2012年：前国王诺罗敦·西哈努克因病于2012年10月15日在中国北京去世，享年90岁。

2000 2005 2010 2015

1998年：柬埔寨加入东盟。

2004年：西哈努克国王退位，他的儿子西哈莫尼即位。

首相洪森在金边

2010年：康克由（又名杜赫）因反人类罪被审判红色高棉的法庭判处35年有期徒刑。

柬埔寨掠影

有了湄公河和洞里萨湖的滋润，柬埔寨的中部平原成为一片极其肥沃的土地。北部宏伟的扁担山脉和西南部的豆蔻山脉为各种各样的濒危动植物提供了安全的栖息地。这里长达443千米的海岸线上有着细软的沙滩，温暖的热带水域中点缀着成千上万的小岛，这与山石嶙峋的北部地区形成了鲜明对比。虽然吴哥的寺庙群一直是柬埔寨最吸引人的景观，但是邦隆、马德望和西哈努克市也极具魅力。

暹粒（Siem Reap）（见66~67页）为前来探索宏伟的吴哥寺庙群和东南亚最大的淡水湖洞里萨湖的人们提供了一个理想的基地。

吴哥窟（Angkor Wat）（见68~69页）由苏利耶跋摩二世于12世纪早期修建，并在19世纪60年代被法国人重新发现。这片最大的也是保存最完好的寺庙建筑群坐落于大吴哥古城中及其周边地区。

虱头小瀑布（Kbal Chhay Cascades）（见109页）坐落于Prek Toeuk Sap河上，对于当地人和游客来说这里都是野餐和游泳的绝佳地点，雨季更是如此。

西哈努克市（Sihanoukville）（见106~107页）是一个熙熙攘攘的城市，也是通向葱郁树木覆盖的小岛群和众多美丽沙滩的入口。乘船游览、潜水以及风帆冲浪都是这里的特色娱乐项目。

柏威夏寺（Prasat Preah Vihear）（见94~95页）是吴哥时期的寺庙，先后由七位不同的高棉国王修建。它戏剧性地坐落于扁担山脉的一座悬崖上，整个建筑物长达800米，通向这座圣堂的宏伟阶梯向上攀升，途中会看到四座雕刻精美的华饰通路塔。

桔井（Kratie）（见100页）是濒危短吻海豚的家园，它们生活在湄公河浑浊的水中。

邦隆（Ban Lung）（见100~101页）是东北部偏远的腊塔纳基里的省会，它的瀑布、竹林和火山湖令游客们叹为观止。作为一个正在崛起的生态旅游中心，这里提供了很多令人激动的活动项目，比如徒步旅行、划独木舟和骑象。

磅湛（Kompong Cham）（见100页）是一个寂静的省会城市，这里有众多寺庙，还可以看见法式林荫大道。

柬埔寨王宫和银阁寺（The Royal Palace and Silver Pagoda）（见52~55页）都是金边引人注目的标志性建筑。王宫建于1866年，是柬埔寨国王的府邸。位于王宫南面的银阁寺，人们也称其为玉佛寺，得名于覆盖在其地面上的5000块银砖，它在众多王宫建筑中是最重要的一座，内部供奉着神圣的玉佛。

Live Music
Happy Hour
4pm-6pm
Angkor
Anchor

金边

柬埔寨的首都金边是一座不断延展的大都市，小摩托、嘟嘟车和豪华四驱车的声音组成了嘈杂的背景音乐。金边有着充满活力的、多彩的市场，但它们却紧挨着豪华的商场、由设计师专门设计的女装店、装有百叶窗的法式别墅，以及殖民时期遗留下来的巴黎式咖啡馆，这一切形成了鲜明又有趣的对比。对于游客来说，这里也是前往柬埔寨其他省市的绝佳跳板。

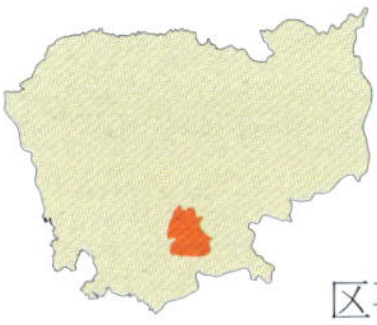

由于处在洞里萨河和湄公河的交汇处的战略性位置，吴哥时期的金边经过了高棉帝国的重新部署，于15世纪中叶成为首都。金边的含义是“奔夫人山”，传说有一位姓奔的夫人，一天到河边提水时，发现河中漂来一棵大树，树洞里露出金光闪闪的佛像。她便将佛像安置在了山上的寺庙中。这就是金边名称的由来。金边与老挝和中国一直互通贸易，直到17世纪它沦为越南和泰国征战的缓冲国才停止。实际上，1772年泰国将这片土地完全摧毁了。1863年，在法国人的统治下金边重建起来，直到1953年，西哈努克国王宣布独立。

波尔布特领导的黑衣军队于1975年4月17日攻占了金边，城市里的所有居民都被赶到臭名昭著的琼邑克灭绝中心。1979年，越南人将柬埔寨从残暴的政权中解放出来，但是10年后的金边才真正获得了管理自己地区事务的权利。度过了动荡的20世纪80年代，在外国的巨大帮助下金边重新塑造了自己，并大力发展公共建设工程。

这座首府城市一度享有东方明珠的盛名，现在它又重拾了昔日的一部分光辉：这里有世界级的精品酒店和国际餐馆。当地特色菜包括amok（用椰奶烹制的鱼）、kari（咖喱饭）和米粉汤。能够俯瞰洞里萨河的西索瓦码头是个很有气氛的地方，这里有很多法国餐馆、书店、时髦的女装店和特色小餐馆。值得游览的景点包括柬埔寨王宫、银阁寺、国家博物馆和吐斯廉屠杀博物馆。

在西索瓦码头树木成排的河畔，欣赏湄公河上的景色

◁ 金边的一间位于法式殖民建筑中的巴黎风格街边咖啡馆

探索金边

金边（Phnom Penh）是座充满生气的城市，它早已从痛苦的阴影中走了出来，并且吸引了源源不断的游客。整个城市的设计呈现网格状，并没有某个特别的地区可以称为市中心。绵延2000米的河畔地区就是西索瓦码头，可以说是金边最具吸引力的地方；这里有高档流行精品店、无数餐馆和酒吧，所以这里的夜晚充满魅力。这个城市最著名的建筑是美丽的柬埔寨王宫和银阁寺，它们横跨洞里萨河畔装点着旗子的散步区。更远处是国家博物馆的赤褐色楼阁。西边是熙熙攘攘的商店和著名的有着地中海风格穹顶的中心市场。城市南部坐落着吐斯廉屠杀博物馆和俄罗斯市场。

旅游景点分布示意图

宗教圣地

塔山寺 ❹

乌那隆寺 ❸

宫殿与博物馆

柬埔寨国家博物馆 ❷

琼邑克灭绝中心 ❽

吐斯廉屠杀博物馆 ❻

王宫与银阁寺

（见52~55页）❶

市场

俄罗斯市场 ❼

中心市场 ❺

自然风景区

达茅山野生动物救助中心 ⓫

洞里巴帝湖 ❿

Koki海滩 ❾

奇梳山寺 ⓬

位于金边中部的王宫的尖顶直伸向天际

游客备忘

地图：D7 200万 金边国际机场 每天 中国新年（1月底/2月初）、柬埔寨新年（4月）、御耕节（5月）、泼水节（11月）
www.tourismcambodia.com

图例

- 街区地图 见48~49页
- 国际机场
- 火车站
- 渡轮码头
- 河船码头
- 长途汽车站
- 出租车停靠站
- 邮局
- 医院
- 警察局
- 寺庙
- 主要公路
- 次要公路

主图所示区域

周边交通

金边没有综合性的公共交通系统，没有公交车甚至也没有火车。游览城市最好的交通方式就是乘坐嘟嘟车或摩的，不过游览西索瓦码头等地区还是步行最适合。出租车是这个城市最近新增的服务项目，价格合理，但不太多见。喜欢骑车的人也可以租一辆自行车环游金边。

另参见

- 城市地图 见60~61页
- 住宿信息 见210~212页
- 餐饮信息 见232~235页

街区纵览：河畔地区

高卢建筑使金边的河畔地区与众不同——拥有灰泥正立面的赭石色别墅，装有百叶窗的连栋房屋——周边地区建有众多大使馆、19 世纪及 20 世纪早期在法国统治下修建的市政建筑，以及中式风格的商店。

西索瓦码头是一片景色优美的河畔散步区，这里各种餐馆、生机勃勃的小酒馆以及精品店应有尽有，所以这里也是金边夜生活的中心。除此以外，其他有趣的景点还包括王宫和银阁寺、国家博物馆以及甘丹市场，它们之间距离很近，可以步行游览。

游客们在河畔的一家宁静的餐馆里用餐

★ 王宫和银阁寺
(Royal Palace and Silver Pagoda)
王宫修建于19世纪中期法国人统治时期，现在这里是现任国王诺罗敦·西哈莫尼的居所。旁边的银阁寺中供奉着最受人尊敬的玉佛。❶

王宫的庭院和观赏花园中点缀着佛塔和雕像。

图例

渡轮码头

银质品商店 (Silver Shops)
银店的店主都是占族穆斯林的银匠，他们制作优质银丝制品的手艺十分出名。银店里出售精美的腰带、首饰、槟榔锅以及其他纪念品。

驻外记者俱乐部 (Foreign Correspondents' Club)
俱乐部的墙上贴着老旧的战争照片。舒适的沙发沿着雅致的酒吧和餐馆外墙摆放，这里提供可口的食物和周到的服务。能够俯瞰河面景色的雅座也是俱乐部的一大特点。

星级景点

- ★ 柬埔寨王宫和银阁寺
- ★ 国家博物馆
- ★ 西索瓦码头

乌那隆寺（Wat Ounalom）
作为柬埔寨的佛教圣地，乌那隆寺有一段悲剧的历史。如今，这里供奉了惨遭杀害的僧王Samdech Huot Tat的塑像，主体建筑后面的佛塔中供奉着一位不知名圣人的眉毛。❸

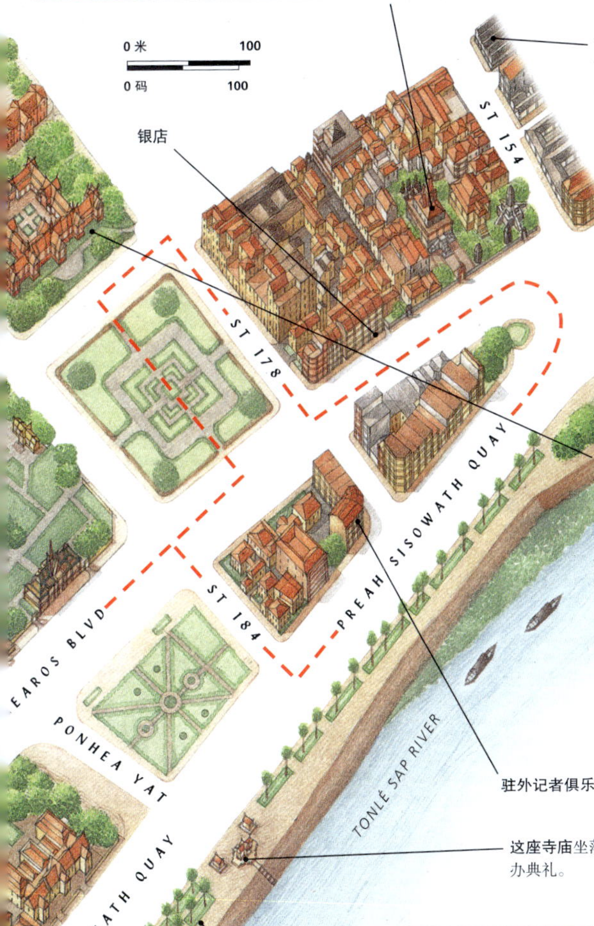

甘丹市场（Psar Kandal）是家杂货市场，从电子产品到盗版DVD应有尽有。游客还可以在这里买到堪称当地佳肴的油炸蟋蟀。

★ 柬埔寨国家博物馆（National Museum of Cambodia）
四座迷人的赤褐色楼阁组成了国家博物馆，这里收藏着象神伽内什（Ganesha）等印度教神灵的雕像，有陶制的，也有青铜雕像。❷

这座寺庙坐落在河边，用于节庆时期举办典礼。

★ 西索瓦码头（Sisowath Quay）
这是一处令人着迷的地方，生机勃勃的小酒吧和众多提供世界各地美食的餐馆吸引着无数游客。这里是河上庆典的起点，也是沿洞里萨河乘船游览的起点。

金边壮丽的柬埔寨国家博物馆的赤褐色外墙

王宫和银阁寺 ❶
Royal Palace and Silver Pagoda

见52~55页。

柬埔寨国家博物馆 ❷
National Museum of Cambodia

Sts 178&179. **城市地图：**E2 每天：8:00~17:00 16:30停止售票 博物馆内部
www.cambodiamuseum.info

柬埔寨国家博物馆由四座赤褐色的宏伟楼阁及迷人的庭院组成，其中展出的是柬埔寨规模最大的高棉雕刻。展品中既有史前物品也有现代物品，其中还包括印度雕刻比如印度神毗湿奴的八臂雕像和12世纪国王阇耶跋摩七世的砂岩盘腿坐像，这都是十分引人注目的展品。博物馆庭院中还伫立着死神阎魔（Yama）的石像。此外这里还有一批令人艳羡的当地陶器，以及扶南时期和真腊时期（见37页）的青铜雕像。

入口处有一间小型商店专门出售与柬埔寨历史和建筑相关的书籍，此外这里也出售种类丰富的纪念品。

伽楼罗
石头雕像

乌那隆寺 ❸
Wat Ounalom

Samdech Sothearos Blvd. **城市地图：**E2 全天开放

乌那隆寺建于1943年，是现代柬埔寨佛教僧伽之一——大宗派（sangha）的总部。20世纪70年代，最多时曾有500多位僧人住在这里。可悲的是，红色高棉以宗教信仰为借口谋杀了当时的僧王Samdech Huot Tat，并将他的一尊塑像投进了洞里萨河中。红色高棉被驱逐之后这尊塑像才被发掘出来，现在被摆放在寺庙的2楼。寺庙外面是一座细节精美的佛塔，据说里面供奉着一位不知名圣人的眉毛。主庙中还有一座大型佛教图书馆，但目前这座建筑还在修葺之中。来此游览的游客要注意防范私人导游，他们会通过介绍周围景色而向游客索取导游费。

通向塔山寺的阶梯两侧伫立着那伽石雕

塔山寺 ❹
Wat Phnom

Norodom Blvd, N of St 102. **城市地图：**D1 每天：日出~日落 柬埔寨新年

塔山寺建于1373年，供奉着在洞里萨河岸上发现的佛祖塑像，发现佛像的人叫Duan Penh，是一个为佛龛打地基的人。寺庙高约27米，是金边最高的建筑。如今，寺庙中烛光长明，周围还有骑象活动，这一切使得寺庙充满了节日气氛。

本地区住宿及餐饮信息见210~212页和232~235页

要想进入这座庄严的礼拜圣殿，游客们要先经过一条向东的雕刻着那伽的阶梯，这里既有乞丐和小贩，也有由僧侣喂养的猫狗。寺庙的墙上装饰着《本生经》（记录佛祖未成佛的前生故事）壁画，很多都被香熏黑了。精舍（Vihara）后面建了一处纪念Duan Penh的神龛。附近还有一些道观，香火也很旺，摆满了祭品。

俄罗斯市场中当地产的棉质衣服正在打折销售

中心市场 ❺
Central Market

E of Monivong Blvd, N of St 63. 城市地图：D2 每天：日出～日落

当地人称这座市场为新市场（Psar Thmei），它于1937年由法国人在一片沼泽上修建，外表是优美的赭石色艺术装饰建筑。市场中心的巨型圆顶很像罗马的哈德良神庙。这里有的摊位会出售各式各样的商品，这种一应俱全的店铺最受游客喜爱。

食品区既出售新鲜水果和蔬菜，也出售剥了皮的青蛙和油炸昆虫等佳肴。从市场主区向四个方向延伸的翼部有小贩叫卖金银首饰、手表、电子产品、佛像、衣服和鲜花。正午逛市场是最惬意的，因为售货的走廊非常凉爽。

金边中心市场独特的圆顶设计显得十分壮观

吐斯廉屠杀博物馆 ❻
Tuol Sleng Genocide Museum

St 113. 城市地图：C4 每天：8:00~17:30

吐斯廉屠杀博物馆隐藏在一个宁静的小巷中，周围环绕着花草。这是一个有纪念意义却令人不安的地方，这里曾经是一所学校，后来被红色高棉改成了拷问所。吐斯廉监狱（Tuol Sleng Prison）也被称为S-21，是这个国家最大的集中营，曾经有1.7万男人、女人和孩子被关在这里受刑，而后送往琼邑克灭绝中心（见58页），但很多人在路上就死去了。1979年当越南军队攻入金边的时候，S-21中只有7个人活了下来，他们都是艺术家或摄影家，正是他们的技术挽救了他们的生命。

这座监狱如今被改建为博物馆，之前的牢房和陈列室现在都贴满了令人难忘的照片，照片里是因犯受刑前和受刑后的样子。主楼2层的展览值得一看，其中展出了凶残政权的始作俑者的详细资料，还有受迫害的人们的照片、日记和他们写的诗。更高层的阳台现在还用铁丝网封着，曾经这是用来防止犯人们自杀的。传说这里仍在被鬼魂骚扰，但现在这里的草坪成了年轻的足球运动员踢球的地方，其中一个楼梯井还被蝙蝠占据了。

俄罗斯市场 ❼
Psar Tuol Tom Pong

S of Mao Tse Toung Blvd. 城市地图：D5 每天：日出～日落

这里被称为俄罗斯市场，是因为从20世纪80年代开始就有很多俄罗斯人在此开店。这里也是最适合讨价还价的市场。闷热的锡质屋顶下面是自由市场，出售手工艺品、假古董、真丝围巾和乐器等商品。这里的折扣商品包括假名牌服装和当地市场制造的正货，这些商品的价格仅相当于其国际价格的几分之一。

吐斯廉屠杀博物馆中由铁丝网封闭的阳台

王宫和银阁寺 ❶ Royal Palace and Silver Pagoda

王室办公室中圆柱的细节

经典高棉风格的王宫建于19世纪中期，是现任柬埔寨国王西哈莫尼的宅邸。这座王宫与泰国曼谷的王宫十分相似，在镀金斜顶周围装饰着那伽图案，它是金边最主要的地标之一，高棉语中称其为Preah Barom Reachea Vaeng Chaktomuk。王宫的前身是一座位于洞里萨河西岸的寺庙，由法国设计师在1866～1870年间设计建造，并将其设计为面朝太阳升起的方向。宫殿的某些区域不对游客开放。

建立在柬埔寨王宫内院中的拿破仑三世展厅

正门

正门（Main Entrance）位于整个建筑的东部，是游览王宫的入口，与售票处位于一处，游客们可以在这里花上几美元雇一位英语导游。游客们必须穿能够遮住手臂、肩膀和腿的服装才能入内，这样的服装在入口处也能租到。

银阁寺

见54~55页。

拿破仑三世阁

拿破仑三世阁（Pavilion of Napoleon Ⅲ）曾是一座法式别墅，由拿破仑三世为他的妻子尤金妮亚女皇（Empress Eugenie）修建于埃及的吉萨棉（Giza）。1876年，这座别墅被赠予给柬埔寨国王诺罗敦一世（King Norodom I），砖被全部拆下来运往金边，并在王宫的庭院中重新修建起来。这座建筑与整个建筑群不同，属于殖民风格，阳台上还有精美的铁艺浮雕。

1991年，在法国政府的帮助下这里进行了修整。如今这里用于举办摄影展和王室纪念品展，其中的展品包括半身雕像、来访外交使节赠送的礼物、玻璃器皿和王室服装。

王座大厅的正立面设计得既精细又错综复杂

王室珍藏室

王室珍藏室（Royal Treasury）是一座又高又窄的展厅，它的二层又称Hor Samritvimean，用来展出加冕典礼上所穿的华服。比较著名的展品包括胜利王冠、胜利之矛和圣剑。一层展出的是一些不太重要的王袍和器皿。

王座大厅

王座大厅（Throne Hall）始建于1917年，1919年由西索瓦国王（King Sisowath）举办了落成仪式。当地人称国王宝座为神圣审判之位（Preah Thineang Dheva Vinnichayyeah）。整个建筑的十字形结构和三座尖顶都体现出明显的巴戎建筑风格（见71页），中间的尖顶上还有一座59米的高塔，房顶上装饰着那伽和伽楼罗（garuda，“印度神经”中鹰头人身的金翅鸟）。如今这里用于接见外宾和举办加冕典礼。

东门通往正殿，被刷成了分别代表印度教和佛教的白色与黄色，这是体现两种宗教和谐融合的绝佳例子，这种融合正是12世纪的国王——阇耶跋摩七世所推崇的。天花板上装点着精美的壁画，描述的是印度史诗《罗摩衍那》（*Ramayana*）的高棉版本《罗摩传》（*Reamker*）中的内容。

1933年由中国赠予的莲

旅游景点分布示意图

入口 ①
银阁寺 ②
拿破仑三世阁 ③
王室办公室 ④
宴会厅 ⑤
王室珍藏馆 ⑥
王座大厅 ⑦
胜利之门 ⑧
王室等候室 ⑨
观舞亭 ⑩
王室宅邸 ⑪

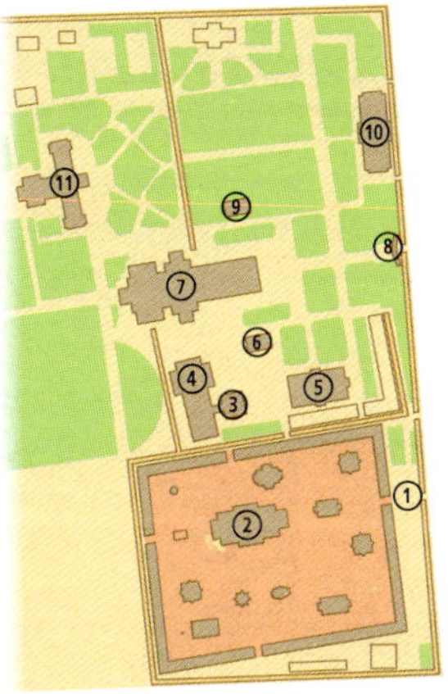

0 米 100
0 码 100

图例

所示区域（见54~55页）

游客备忘

城市地图： E2
Samdach Sothearos Blvd.
入口 每天：7:30~11:00 & 14:00~17:00 入口处租用 王座大厅
注： 王室宅邸不对外开放；王室接待外宾期间王座大厅暂时关闭。

花图案地毯与莲花花苞图案的地砖相辅相成。正殿里摆放着国王和王后的宝座，国王的宝座比较小并且摆在前面，王后的宝座更高，而且镶在一个装饰着那伽的底座上。王后的宝座周围有三条阶梯，其中两条供登基典礼上服侍王后的婆罗门祭司使用，第三条供王后自己使用。

胜利之门

胜利之门（Victory Gate）位于整个建筑群的东侧尽头，直接通往王座大厅。以前只有国王和王后能够通行，现在来访的外交使节也能够从此门通过。

王室等候室

王座大厅的右侧是王室等候室（Hor Samranphirum），是国王和王后在加冕当天等候典礼坐骑——大象用的。建筑的东侧是一座平台，国王和王后就从这里坐上象背前去参加典礼，在这里还能看到拴大象用的柱子。

观舞亭

胜利之门附近的观舞亭（Chan Chaya）始建于1914年，最初是一座木头建筑。以前是柬埔寨国王阅兵和欣赏传统高棉舞蹈表演的地方。展厅东部的阳台就是用来检阅王室庭院外的Sothearos大道上的游行的。

如今观舞亭用于举办王室庆典和王室、国家的宴会。值得纪念的是，这栋建筑是2004年西哈莫尼国王的加冕典礼的举办地。

王室宅邸

王室宅邸（Royal Residence）由高棉著名建筑师Oknha Tep Nimith Khieu建于20世纪中期，当时在位的国王是西索瓦·莫尼翁（King Sisowath Monivong）。王室宅邸也称作高棉宫殿，现在住在这里的是西哈莫尼国王，蓝色的王室旗帜升到旗杆顶端就标志着国王在王宫内。王室宅邸禁止游客入内。

这座美丽的建筑旁边坐落着王室接待处（Villa Kantha Bopha）。建于1956年，专门用于接待外宾。

夜晚，舞蹈展厅典雅的轮廓被灯光勾勒出来

银阁寺 Silver Pagoda

有装饰作用的树木

银阁寺建于19世纪，位于金边的河畔地区，它与王宫处于同一片建筑群内，是城市众多低矮建筑中的一颗耀眼的宝石。银阁寺有着雕花的金屋顶和热带花园，距离西索瓦码头仅有几步之遥，是躲避城市喧嚣、享受宁静的一个完美去处。

银阁寺北门处的镀金通道

王室大殿（Dhammasala）
王室大殿是一个开放式的大厅，既是王室接待区，也是僧人们念经的地方。

等比例缩小的吴哥窟模型

南门

苏拉玛里特灵塔（Chedi of Suramarit）
这座佛塔中存放着前国王苏拉玛里特（Suramarit）和其王后Kossomak的骨灰，他们是现任国王西哈莫尼的祖父母。

Phnom Kailassa山上的佛塔中保存着一个斯里兰卡赠送的，象征形式的佛陀脚印。

★ 佛陀脚印（Buddha's Footprints）
Keong Preah Bath佛殿里供有佛陀脚印，深受柬埔寨人的喜爱。很多算命者都聚集在这片圣地周围。

星级景点

- ★ 佛陀脚印
- ★ 回廊中的壁画
- ★ 玉佛寺

★ 回廊的壁画（Murals in the Gallery）
建筑内部的墙面上装饰着漂亮生动的壁画，描绘了《罗摩传》中的场面。《罗摩传》是印度史诗《罗摩衍那》的高棉版本。

游客备忘

每天：7:30~11:00 & 14:00~17:00 一张门票即可游览王宫和银阁寺 玉佛寺内部

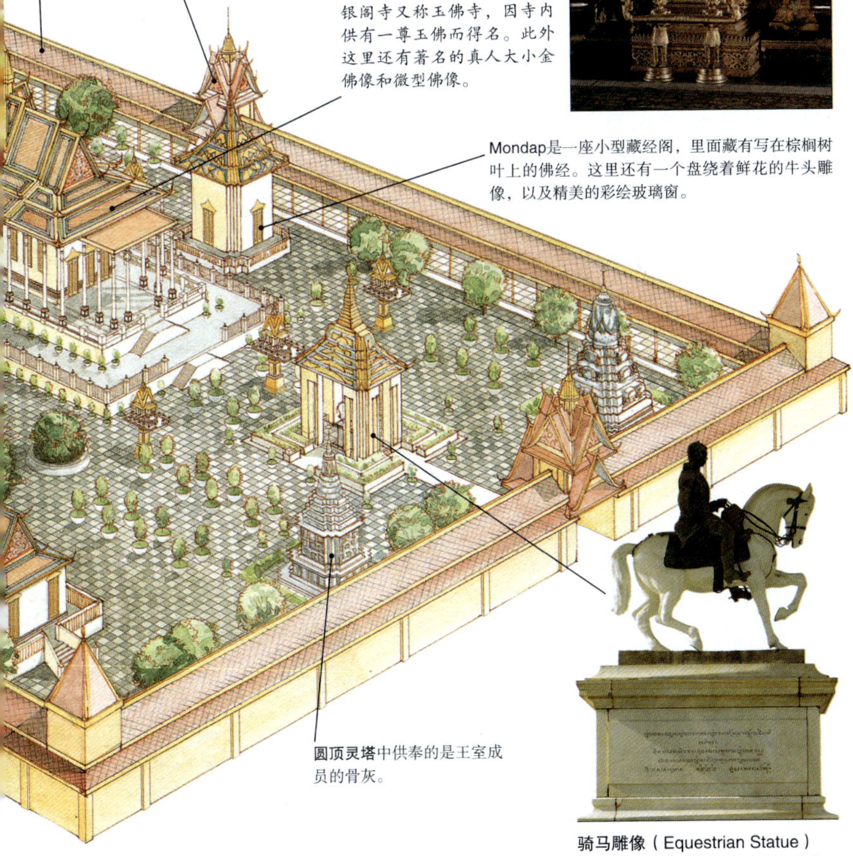

北门

★ 玉佛寺（Wat Preah Keo）
银阁寺又称玉佛寺，因寺内供有一尊玉佛而得名。此外这里还有著名的真人大小金佛像和微型佛像。

Mondap是一座小型藏经阁，里面藏有写在棕榈树叶上的佛经。这里还有一个盘绕着鲜花的牛头雕像，以及精美的彩绘玻璃窗。

圆顶灵塔中供奉的是王室成员的骨灰。

骑马雕像（Equestrian Statue）
诺罗敦国王与拿破仑三世是很要好的朋友——这尊穿着拿破仑三世全套皇袍的诺罗敦雕像就是仿照法国皇帝骑马雕像而造的。

整体建筑群介绍

银阁寺，得名于其由5000多块银砖铺成的地面。整个建筑群包含藏有佛陀脚印的佛殿、Mondapa藏经阁、《罗摩传》壁画和众多王室成员的灵塔。

柬埔寨王宫建筑群中的拿破仑三世阁的正面以及王座大厅 ▷

琼邑克灭绝中心 ❽
Killing Field of Choeung Ek

金边南侧8千米。 每天：7:00~17:30

琼邑克灭绝中心曾是一座桂圆果园，虽然表面看起来十分平静，但这里却是近代史上最令人发指的暴力行为的发生地方。大概有1.7万男人、女人和孩子被关在称为S-21（见51页）的吐斯廉监狱的行刑室中，之后送往这里处死，甚至为了节约子弹，他们都是被钝锄头杀死的。这里共有129座公共坟墓，其中49座保存完好，人们偶尔还能看见碎骨头和衣服碎片。坟墓附近的标识牌上标明了埋葬在这里的人数；此外值得一提的还有一棵恐怖的树，婴儿们就是在这里被抓住脚踝扔出去并杀死的。

标识牌上说明婴儿都是在琼邑克灭绝中心的这棵树下被处死的

1988年，这里建造了一座庄严肃穆的纪念馆，用来悼念在这里发现的9000位逝者。透过展馆的玻璃外墙，游客们能够看见8000个骷髅按照年龄和性别排列在内。位于角落里的博物馆不仅提供了红色高棉的创立者的详细背景信息，还提供了包括医生、政治家和演员在内的众多受害者的信息。

Koki海滩 ❾
Koki Beach

1号国道，金边东侧14千米。 从中心市场出发 每天：日出~日落

Koki海滩位于湄公河支流的岸边，是一处浪漫的野餐地点，风景怡人。这里很受高棉年轻人的喜爱，他们周末会来这里聚会。干净的沙子、有着茅草屋顶的水上屋和宁静的环境使这里成为一个放松身心的理想地点。游客可以坐价格便宜的小船沿河游览，或在海滩附近游泳——这里经常能看到游泳的人。岸边有一些当地小贩出售食品，有烤鱼、鸡，也有鲜椰子；附近还排列着一个个临时餐馆，专门提供当地餐饮，但是吃饭前一定要先问好菜价。

为红色高棉的受害者伸张正义

设立柬埔寨法院特别法庭（ECCC）的构想被提出是在1997年，2007年特别法庭正式设立；这是一座由联合国支持的审判厅，坐落于金边机场附近。ECCC是第一个为审判红色高棉领导人而成立的组织，是由国际观察员组成的独立法庭。审讯都是公平公开的，目的在于减轻大屠杀受害者的心理负担。但是本来就缺少资金的诉讼活动还受到了贪污行为的影响；而且洪森首相也反对进行审讯，因为他怕撕开以前的伤疤会引发新一轮的内战。

法庭审讯的第一个被告是杜赫（Duch），他是吐斯廉监狱的监狱长。2010年7月6日，杜赫因为犯战争罪和戕害人类罪被判有期徒刑35年。只有红色高棉建立的民主柬埔寨政府的高级领导接受了审判。

柬埔寨法院特别法庭的审讯一般不在电视上播放，除了一些特殊案例以外民众都可以出席审判。审判室中为旁观者提供了额外的座椅，但是旁观席和法官、被告所坐的区域中间由一面玻璃隔板隔开。

洞里巴帝湖 ⑩
Tonlé Bati

2号国道，金边南侧30千米。🚌 ◯ 每天：日出～日落 ♿ 🍴 ☕

宁静的洞里巴帝湖是周末的又一大好去处，湖边是茅草屋顶的水上屋，洋槐的树影笼罩其上；当地人经常来这个理想之地享受宁静的野餐或钓鱼。塔布隆寺（Ta Prohm）和依波寺（Yeay Peau）是12世纪阇耶跋摩七世统治之时修建的两座寺庙，它们保存良好的遗迹也在附近，并给这一带增添了不少魅力。

塔布隆寺的内殿主体由五个房间组成，每个房间中都设有一个湿婆的灵根雕像（lingam）以及很多描绘飞天舞女阿普萨拉的浮雕。每到周末，庭院内都会有音乐家和算命者为游客提供服务。塔布隆寺不远处就是依波寺，这个名字是根据塔布隆国王母亲的名字而起的。从这两处景点中都能看到红色高棉破坏的痕迹。

达茅山野生动物救助中心 ⑪
Phnom Tamao Wildlife Rescue Center

2号国道，金边南侧40千米。🚌 从中心市场，乘坐嘟嘟车 🚗 ◯ 每天：8:30~17:00 🎫 📷 ♿ ☕ 🛍

达茅山野生动物救助中心于1995年开放，是柬埔寨最大的动物园。保护林面积达26平方千米，人们只利用了其中的一小部分。这座动物园是动物们的康复中心，其中很多濒危动物都是从非法野生动物交易中救回来的。这个救助中心也是野生动物爱好者的天堂，它救助和保护稀有鸟类和动物，因为它们一般生活在无人区，很难在野外观察到。

动物们在各种围场中自在地生活着，这里最大的围场中住着一群马来熊，它们喜欢游客买给它们的鲜椰子。此外这里还有很多外来物种，其中包括世界上最大群落的戴帽长臂猿和暹罗鳄。保护中心里还有几头会画画的大象，以及多只成年亚洲虎。游客最好在下午前去参观，那时是动物们活动的时间。

达茅山中的亚洲虎

破碎的奇梳山寺遗迹俯瞰着下面的平原

奇梳山寺 ⑫
Phnom Chisor

金边南侧50千米。🚌 从中心市场，乘坐嘟嘟车 🚗 ◯ 每天：日出～日落 🎫

奇梳山寺是座建于11世纪的圣堂，曾被称为Suryagiri。它坐落于一座荒凉小山的东侧，从山上可以俯瞰平原美景。已经坍塌的寺庙内部还伫立着几尊佛像，木门上的雕刻描绘了一些站在猪背上的形象。游览这里的最佳时间是清晨或傍晚，到达寺庙之前要攀登大约400级阶梯，这条小路是由柬埔寨国王在900年前修建的。顶峰的正下方是Sen Ravang大殿、Tonle Om池塘，其上是Sen Ravang寺，所有的这一切组成了一条象征着通向吴哥的直线。

附近还屹立着两座建于10世纪的Prasat Neang Khmau寺的破败佛塔，旁边是一座现在还在使用的佛塔，该处曾经应该有过一座古代佛塔。

洞里巴帝湖附近塔布隆寺中的浮雕描绘出各种姿势的阿普萨拉

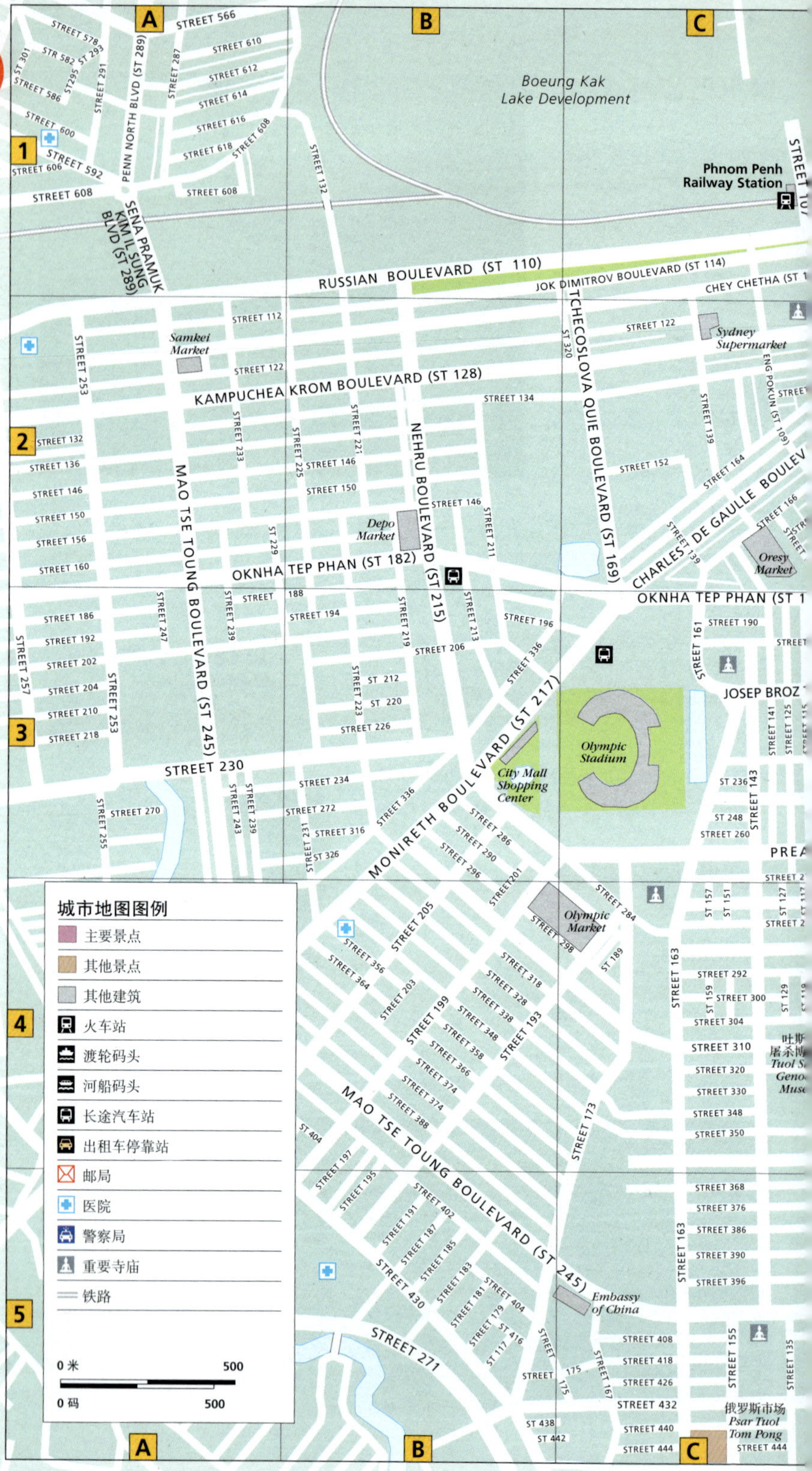
A
B
C
1
2
3
4
5
Boeung Kak Lake Development
Phnom Penh Railway Station
RUSSIAN BOULEVARD (ST 110)
JOK DIMITROV BOULEVARD (ST 114)
CHEY CHETHA (ST 1
SENA PRAMUK KIM IL SUNG BLVD (ST 289)
PENN NORTH BLVD (ST 289)
STREET 566
STREET 578
STR 582
ST 293
ST 301
ST295
STREET 586
STREET 291
STREET 287
STREET 600
STREET 592
STREET 606
STREET 608
STREET 610
STREET 612
STREET 614
STREET 616
STREET 618
STREET 608
STREET 132
STREET 107
Samkei Market
STREET 112
STREET 122
STREET 253
KAMPUCHEA KROM BOULEVARD (ST 128)
STREET 134
ST 320
TCHECOSLOVA QUIE BOULEVARD (ST 169)
STREET 122
Sydney Supermarket
ENG POKUN (ST 109)
STREET 139
STREET 152
STREET 164
CHARLES DE GAULLE BOULEV
STREET 166
STREET 139
Oresy Market
MAO TSE TOUNG BOULEVARD (ST 245)
STREET 233
STREET 225
STREET 221
NEHRU BOULEVARD (ST 215)
STREET 132
STREET 136
STREET 146
STREET 150
STREET 156
STREET 160
STREET 146
STREET 150
STREET 146
STREET 211
Depo Market
ST 229
OKNHA TEP PHAN (ST 182)
OKNHA TEP PHAN (ST 1
STREET 188
STREET 194
STREET 186
STREET 192
STREET 202
STREET 204
STREET 210
STREET 218
STREET 257
STREET 253
STREET 247
STREET 239
STREET 219
STREET 213
STREET 196
STREET 206
STREET 336
ST 212
ST 220
STREET 223
STREET 226
STREET 161
STREET 190
JOSEP BROZ
MONIRETH BOULEVARD (ST 217)
City Mall Shopping Center
Olympic Stadium
STREET 141
STREET 125
ST 236
STREET 143
ST 248
STREET 260
PREA
STREET 230
STREET 234
STREET 270
STREET 272
STREET 316
ST 326
STREET 231
STREET 255
STREET 243
STREET 239
STREET 336
STREET 286
STREET 290
STREET 296
STREET 201
STREET 284
Olympic Market
STREET 298
ST 189
ST 157
ST 151
ST 127
STREET 205
STREET 356
STREET 364
STREET 203
STREET 199
STREET 318
STREET 328
STREET 338
STREET 348
STREET 358
STREET 366
STREET 374
STREET 374
STREET 388
STREET 193
STREET 163
STREET 292
ST 159
STREET 300
ST 129
STREET 304
STREET 310
STREET 320
STREET 330
STREET 348
STREET 350
吐斯屠杀博
Tuol S
Geno
Muse
STREET 173
ST 404
STREET 197
STREET 195
STREET 402
STREET 191
STREET 187
STREET 185
STREET 183
STREET 181
STREET 179
ST 117
ST 416
STREET 404
STREET 430
MAO TSE TOUNG BOULEVARD (ST 245)
Embassy of China
STREET 368
STREET 376
STREET 386
STREET 390
STREET 396
STREET 163
STREET 271
STREET 175
STREET 167
STREET 408
STREET 418
STREET 426
STREET 432
STREET 440
STREET 444
ST 438
ST 442
STREET 155
STREET 135
俄罗斯市场
Psar Tuol Tom Pong
STREET 444
城市地图图例
主要景点
其他景点
其他建筑
火车站
渡轮码头
河船码头
长途汽车站
出租车停靠站
邮局
医院
警察局
重要寺庙
铁路
0 米
500
0 码
500

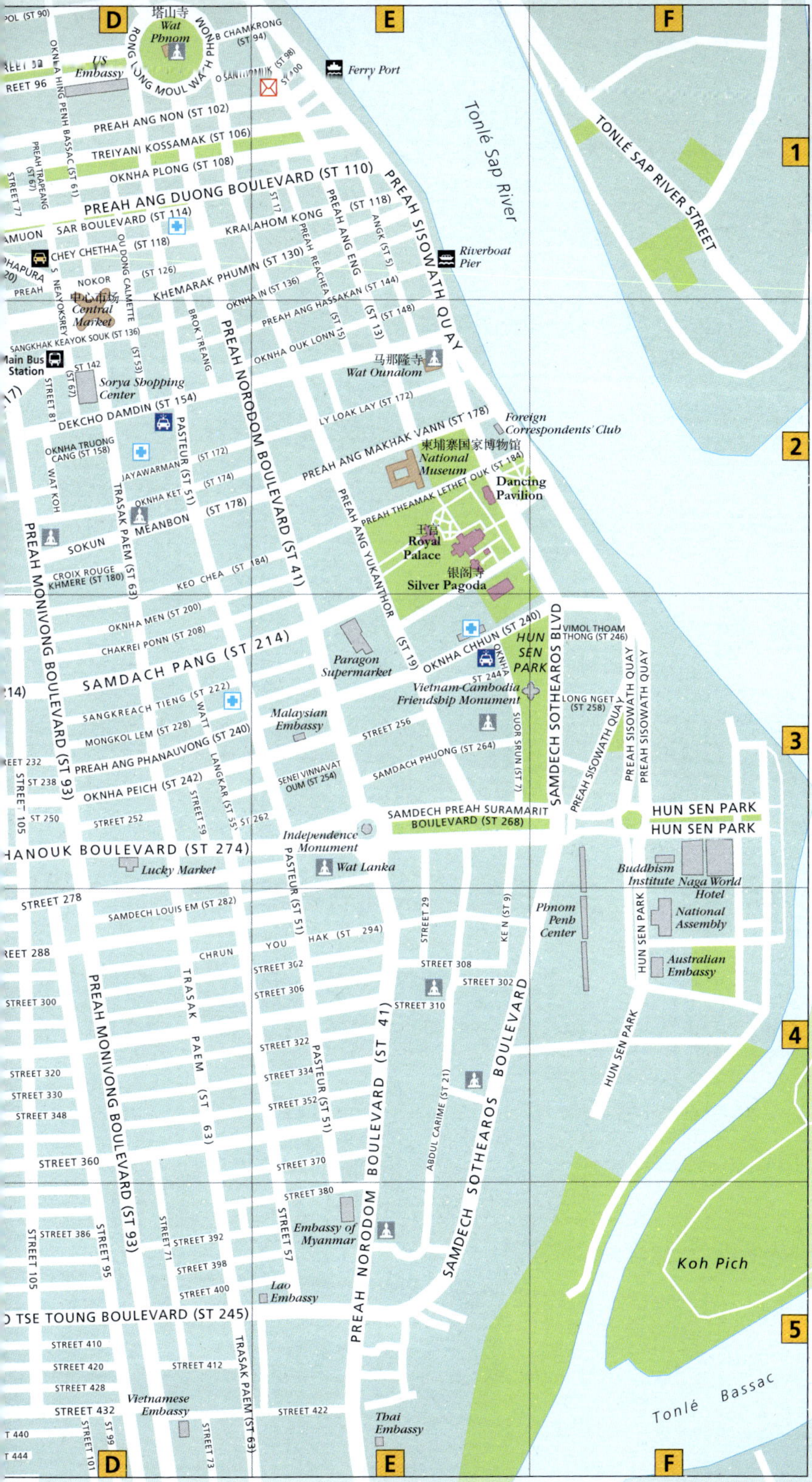
D
E
F
1
2
3
4
5
塔山寺
Wat Phnom
US Embassy
Ferry Port
Tonlé Sap River
TONLÉ SAP RIVER STREET
PREAH ANG NON (ST 102)
TREIYANI KOSSAMAK (ST 106)
OKNHA PLONG (ST 108)
PREAH ANG DUONG BOULEVARD (ST 110)
PREAH SISOWATH QUAY
KRALAHOM KONG
Riverboat Pier
KHEMARAK PHUMIN (ST 130)
中心市场
Central Market
Main Bus Station
Sorya Shopping Center
马那隆寺
Wat Ounalom
DEKCHO DAMDIN (ST 154)
Foreign Correspondents' Club
PREAH ANG MAKHAK VANN (ST 178)
柬埔寨国家博物馆
National Museum
Dancing Pavilion
王宫
Royal Palace
银阁寺
Silver Pagoda
PREAH NORODOM BOULEVARD (ST 41)
PREAH MONIVONG BOULEVARD (ST 93)
SAMDACH PANG (ST 214)
Paragon Supermarket
HUN SEN PARK
Vietnam-Cambodia Friendship Monument
Malaysian Embassy
SAMDECH SOTHEAROS BLVD
SAMDECH PREAH SURAMARIT BOULEVARD (ST 268)
Independence Monument
Wat Lanka
Lucky Market
Buddhism Institute
Naga World Hotel
Phnom Penh Center
National Assembly
Australian Embassy
HUN SEN PARK
SAMDECH SOTHEAROS BOULEVARD
Koh Pich
Embassy of Myanmar
Lao Embassy
MAO TSE TOUNG BOULEVARD (ST 245)
Vietnamese Embassy
Thai Embassy
Tonlé Bassac
TRASAK PAEM (ST 63)
PASTEUR (ST 51)

吴哥

作为伟大的高棉帝国的古老首都，吴哥无疑是世界上最壮丽的奇观之一，同时具有非常重要的考古意义。它坐落于柬埔寨西北方，身处炎热平原上的茂密雨林之中；那些令人惊叹的宏大寺庙遗址一下就把游客们带回了曾经那段令人陶醉的、神秘的、雄伟壮丽的古代世界。

柬埔寨的古代首都吴哥（Angkor）通常被称为世纪第八大奇迹，它是一个非凡的地方。在公元前802年到1432年这近6个世纪的时间里，吴哥一直是高棉帝国（Khmer Empire）的政治和宗教中心，这个帝国的疆土从南海一直扩展到了孟加拉湾。

阇耶跋摩二世（802~850）于公元前9世纪初期建立了高棉帝国，他宣称自己是这片土地上的天神（devaraja）。他修建了一座巨大的金字塔形的寺庙山，以此代表须弥山（Mount Meru），传说这座山是印度神居住的圣所；整座建筑以吴哥的建筑风格为基础。之后的几个世纪中，阇耶跋摩二世的继任者将首都从罗洛士迁到了吴哥，并在这一带地区建造了巴肯山、吴哥窟、班黛喀蒂、塔布隆寺等优美的建筑以及大吴哥这座喧闹繁华的城市。如今，吴哥城的遗址占地200平方千米，位于柬埔寨西北部；虽然当年那些木质的房屋和壮丽的宫殿早在多个世纪以前就腐烂倒塌，但众多石头寺庙跨越历史，仍旧屹立于此。吴哥城建于两座水库之间，如今这里还保存有大约70座寺庙、坟墓及其他古代遗址。遗迹的中心就是璀璨的吴哥窟——这座世界上最大、最著名的宗教建筑群。

作为世界上最重要的考古遗址，吴哥每年都吸引着成千上万的游客，大大促进了柬埔寨经济的发展。这个地区的其他遗迹还包括迅速发展的小镇暹粒，在这里可以迈着悠闲的步伐走在绿树成荫的大道上；暹粒是通往吴哥寺庙的入口，寺庙群位于离小镇北侧6千米处。

僧人们在巴肯山顶的吴哥窟欣赏美丽的晚霞

◁ 女王宫雕刻精美的墙壁和门，暹粒

探索吴哥

吴哥这座巨大的历史遗迹坐落在浓密的绿色森林和整齐的稻田之间，它是东南亚最重要的建筑杰作。位于暹粒省暹粒镇北侧的吴哥窟有着宏伟的高塔，伟大的大吴哥城中则有美丽的堤道和巴戎寺巨大的微笑石脸，这些景点在日出日落之时美得令人窒息。北侧坐落着小而独特的圣剑寺和涅槃寺。大吴哥东侧是神奇的塔布隆寺，这里的树木生长在寺庙的墙壁中。再远的东北方是女王宫的粉红色沙石建筑，东南方是吴哥最古老的罗洛士群寺庙。

旅游景点分布示意图

城镇和村庄

空尼 ⓯
空邦鲁 ⓱
磅克良 ⓲
暹粒（见 66~67页）❶

历史遗迹

斑黛喀蒂寺 ❿
巴肯山 ❹
比粒寺 ❽
大吴哥（见 72~75页）❸
东巴戎 ❼
豆蔻寺 ⓬
罗洛士群 ⓮
涅槃寺 ❻
女王宫 ⓭
圣剑寺 ❺
塔布隆寺（见80~81页）⓫
王室浴池 ❾
吴哥窟（见68~69页）❷

国家公园和保护区

普列托尔鸟类禁猎区 ⓰

塔布隆寺的这棵树曾出现在电影《古墓丽影》中

暹粒和吴哥之间的道路上可见嘟嘟车等着载客

周边交通

游览吴哥的寺庙既需要花费时间也需要乘坐交通工具。游览主要遗迹可以选择乘坐摩托车，但在这个炎热又满是尘土的地方，最舒适的方式还是雇一个司机和一辆有空调的汽车。殖民时期法国人在此开设了两条环形道，出发点均位于吴哥窟，现在这两条道路仍可以使用。“小环线”长18千米，需要花一天时间游览，沿线可以参观建筑群的中心寺庙以及塔布隆寺，之后沿斑黛喀蒂寺的道路返回吴哥窟。“大环线”长27千米，处于小环线和外圈寺庙的外部，沿途景点包括涅槃寺、塔松寺和南部的比粒寺。这条线路需要两整天才能游完。

图例

- 城市地区
- 国际机场
- 寺庙
- 考古遗迹
- 主要公路
- 次要公路

大吴哥巴戎寺中精美的阿普萨拉雕像

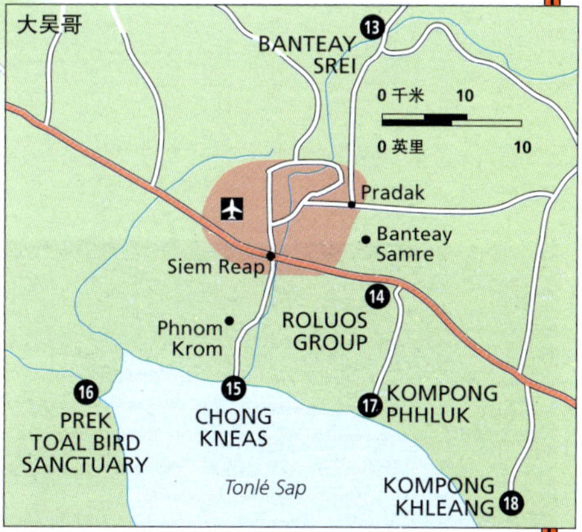

主图所示区域

另参见

· 住宿信息 见212~214页

· 餐饮信息 见235~238页

暹粒 ❶ Siem Reap

博物馆中的佛像

暹粒的字面意思是击败暹罗，指的是17世纪高棉人洗劫了重要的泰国城市大城（Ayutthaya）。直到前段时间，这座有着殖民建筑和林荫大道的法式印度支那小镇对于游客而言，只不过是他们前往吴哥寺庙和罗洛士群途中的一个补给站。但是现在，它已经凭借自身实力迅速成长为一个新兴旅游目的地，这里有优质的餐馆提供法式菜肴，有高档的精品酒店，还新建了一座机场。

吴哥国家博物馆（Angkor National Museum）

968 Charles De Gaulle Blvd.
电话：(063)966-601 每天：8:30~18:30
www.angkornationalmuseum.com

吴哥国家博物馆于2007年对外开放，建筑面积庞大，还有一片修剪整齐的草坪。博物馆由八个独立展厅组成，展出了大量古代吴哥时期的手工艺品。进入博物馆，游客们首先看到的是放映纪录片的屏幕，纪录片讲述了吴哥的奇迹，片名为《传奇背后的故事》。1号展厅展出的是精美的木头佛像、石头佛像和珍奇珠宝。其他展厅分别展出了前吴哥时代、高棉国王时期和从吴哥窟发现的物品。此外博物馆中还设有一个购物中心。随着游客的大量涌入，当地人迅速经营起出售丝巾等纪念品的商店并开设了旅行社，提供按摩服务的小贩也一下子出现了。

大受欢迎的酒吧街上灯火辉煌的餐馆和酒吧

老市场及其周边（Psar Chaa and Around）

Corner of Pokamobor Ave. 每天：日出~日落

曾经的小摊贩聚集地，如今要与林立在周边街道的精品店展开激烈竞争。不过这个集市还是受到了当地人和游客的青睐，大家喜欢它凉爽的走廊并不仅因为货品价格合理，也因为这里应有尽有。在这里可以买到木雕、漆器、银器，还有食品和杂货。

坐落在集市附近的是法国人特区和颇有气氛的酒吧一条街。在这个生机勃勃的地方，无数餐馆和酒吧排列在街道两侧，每到夜晚这里播放着音乐，表演着阿普萨拉舞蹈，来此闲逛的游客人山人海。

Les Chantiers Écoles

Stung Thmey St. 电话：(063)963-330
每天：7:00~17:00
www.artisansdangkor.com

这是一所建立于20世纪90年代的贫困儿童学校，位于一条小巷中。孩子们在这里学习制作石雕、漆器、丝绸绘画和木雕。游客们可以进入作坊参观，这里的导游会解释复杂工艺的每个阶段；参观大概需要1个小时。学校里设有商店，名为“吴哥的工匠”（Artisans d'Angkor），出售学生们制作的商品。

想看养蚕抽丝过程的人可以前往Les Chantiers Écoles桑蚕养殖场，距离暹粒16千米，整个旅程需花费3小时，从Les Chantiers Écoles可以坐公交车到达那里。

高棉陶器国家中心（National Centre for Khmer Ceramics）

Charles De Gaulle Blvd. 电话：(063)963-330 8:00~18:00
www.khmerceramics.com

高棉陶器国家中心是一个非营利性非政府的组织，成立目的是将高棉古代制陶技术重新引入柬埔寨。中心还为暹粒省的人提供了大量就业机会，暹粒是柬埔寨最穷的一个省，

高棉国家博物馆1号展厅中展出的佛像非同寻常

本地区住宿及餐饮信息见212~214页和235~238页

但是它能够从前往附近的吴哥窟的游客那里获得可观的收益。这里的学生学习免费，而且在学业结束时，中心会鼓励他们创立自己的工作室。他们学会了用黏土制作作品、操作陶土旋盘，这里的窑也完全是古代高棉设计。中心里一般都是实习生做导游，如果愿意，你也可以尝试一下陶土转盘。这里还设有一个可爱的纪念品店，出售中心制作的陶器成品，顾客们可以淘到一些物美价廉的好东西。此外，游客们还可以在中心迷人阴凉的热带花园中休息。

国家中心的陶罐

洞里萨展览馆（Tonlé Sap Exhibition）

暹粒中心北侧 26 千米。
每天：8:00~17:30

非政府组织 Krousay Thmey 是一个收养孤儿的机构，它在暹粒郊区建立了这座极富教育性的洞里萨展览馆，其内容是关于东南亚最大的淡水湖——洞里萨湖的生态。这座湖及其混合了海水的湖水养育了 300 多万人口，每年为柬埔寨渔业提供 75% 的鱼量。展览内容包括模型、渔网、插图和各种捕鱼装备，主题内容是关于洞里萨湖的各种野生动物和浮村及居住其中的居民。一天结束了，游客们可以在展览馆旁边的“着眼于手”（Seeing Hand）传统按摩院好好放松一下疲劳的肌肉，这个按摩院是专门为帮助盲人就业而建的。

柬埔寨文化村（Cambodian Cultural Village）

6 Airport Rd, Khum Svay Dang Kum, Krus Village. 电话：(063)963-098
每天：8:00~19:00
www.cambodianculturalvillage.com

柬埔寨文化村极受当地人欢迎，对于想了解柬埔寨的人口多样性、宗教和建筑风格的外国游客来说，在这里也能获得感兴趣的知识。这里不仅建有占族（穆斯林）房屋、高棉（佛教）房屋、普侬族房屋、Kroueng（泛神论者）的房屋，也有浮村。此外这里还有柬埔寨著名的当代建筑的微型复制品和国家历史人物的蜡像。阿普萨拉舞蹈表演、捕鱼庆典演示和舞狮表演都体现出了大量丰富的柬埔寨古代传统元素。这个景点很有游览价值，带孩子旅游的人更值得一去。

游客备忘

地图：C6
金边西北 250 千米。14 万
从金边或马德望出发
高棉吴哥旅游指南（Khmer Angkor Tour Guide），Pokambor Ave，(063)964-347 每天 泼水节（11 月）

柬埔寨文化村里的传统舞蹈表演

吴哥窟 ❷ Angkor Wat

吴哥窟是世界上最大的宗教历史遗迹，它的字面意思为寺庙城市。这座壮观的建筑群由苏利耶跋摩二世国王修建于12世纪，最初用来供奉印度教的毗湿奴神，整个布局也都是依据曼陀罗（mandala，印度教的寺庙模型）设计的。在建筑群的正中央，金字塔式寺庙的最高层，矗立着五座塔，形状像一朵莲花的花蕾，它就代表着须弥山——神话中众神的居所，也是宇宙的中心。墙壁上错综复杂的雕刻使得整个寺庙的围墙显得光彩夺目，其中包括长达600米的浮雕和阿普萨拉的雕刻。最外层的墙壁和围绕着整个建筑群的护城河分别象征着世界的边缘和无尽的海洋，而由高棉寺庙包围着的与众不同的吴哥窟面朝东方，代表着死亡。

中心建筑外墙上的精致雕刻

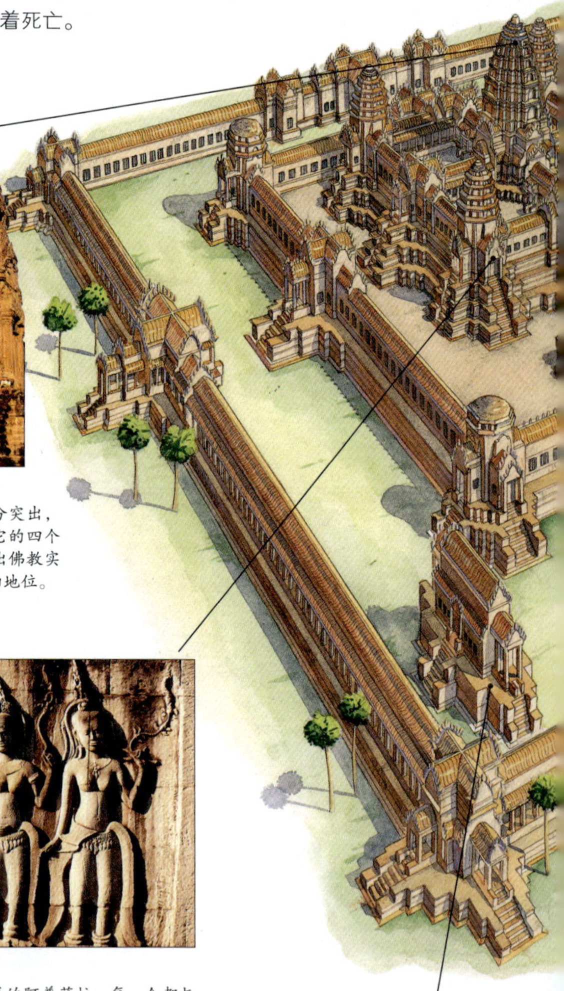

★中心建筑（Central Sanctuary）
中心建筑在整片建筑群中显得十分突出，需要登上陡峭的阶梯才能进入。它的四个入口处都有佛像雕刻，这就体现出佛教实际上已经取代了印度教在柬埔寨的地位。

★阿普萨拉（Apsara）
寺庙的墙壁上雕刻着成千上万性感的阿普萨拉，每一个都与下一个不同。它们身披华丽的珠宝，头戴精美的饰品，而且摆出的姿势都十分迷人。

藏经阁能够从高处欣赏吴哥窟的景色

本地区住宿及餐饮信息见212~214页和235~238页

塔景（View of Towers）
象征须弥山的五座莲花全塔由大、中、小三层以长方形回廊为边的须弥座围绕。从巨大的水池到堤道左侧的整片塔景都非常美，日出之时水面倒映着高塔则更加迷人。

游客备忘

地图：C6
暹粒以北6000米。
暹粒 从暹粒出发 高棉吴哥导游协会，暹粒Pokambor Ave, (063)964-347
每天：5:00~18:00 普通吴哥门票 **www.**khmerangko-rtourguide.com

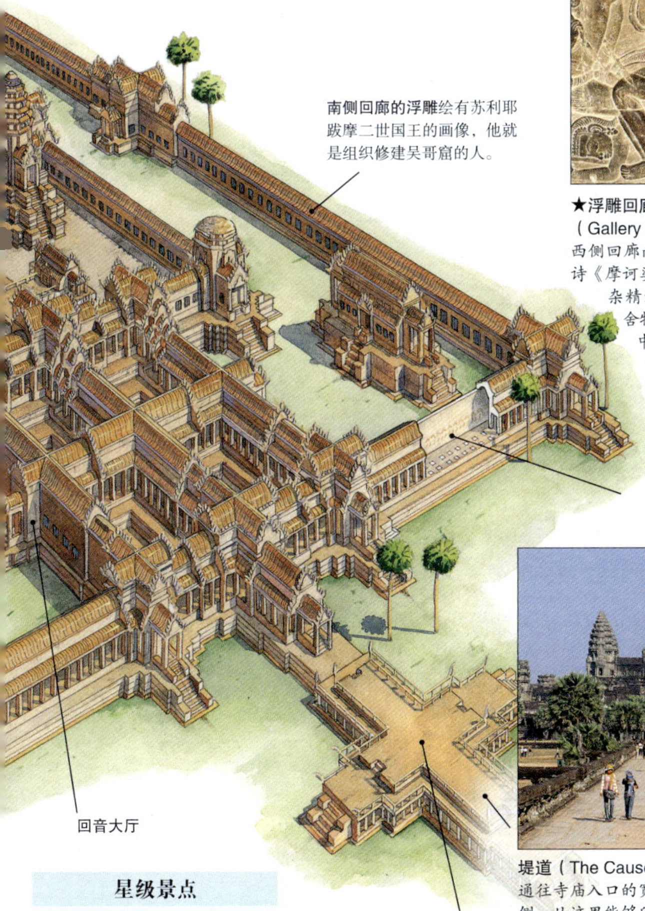

南侧回廊的浮雕绘有苏利耶跋摩二世国王的画像，他就是组织修建吴哥窟的人。

回音大厅

荣誉平台是国王用于接见节庆游行队伍和外国高官的地方。

★浮雕回廊（Gallery of Bas-Reliefs）
西侧回廊南侧部分描述了印度史诗《摩诃婆罗多》中的场面。复杂精细的浮雕表现出库鲁克舍特拉（Kurukshetra）战争中成千上万的勇敢战士，他们拿着武器激烈地战斗着。

堤道（The Causeway）
通往寺庙入口的宽敞大路位于建筑群西侧，从这里能够欣赏到吴哥窟外部的壮观景色。石栏雕刻成那伽形态，它们曾经排列在大道两侧。

星级景点

- ★ 中心建筑
- ★ 阿普萨拉
- ★ 浮雕回廊

吴哥的建筑风格

吴哥窟的戴瓦达雕塑

9世纪，阇耶跋摩二世在罗洛士（Roluos）附近建立了高棉首都，吴哥时期的建筑风格就是从那时流传下来的。艺术历史学家将9~15世纪吴哥的所有建筑风格分为五类，最早的神牛寺风格体现了吴哥东侧的三坡布雷卡（见98~99页）的前吴哥传统，Kompong Preah属于8世纪寺庙风格，它的遗迹位于西池旁的阿约寺（Prasat Ak Yum）。吴哥窟的修建使得高棉建筑风格的发展达到了顶峰。

建于女王宫内部场地的粉色沙石藏经阁

神牛寺（875年~890年）

神牛寺（Preah Ko）风格的特点是寺庙布局很简洁，一般一个红土基座上会修建一座或几座正方形的砖塔。罗洛士群（见82~83页）是最先应用同心围墙的建筑，进入围墙要通过通路塔。另外一个特点就是作为附属建筑的藏经阁，它曾经是用来保护圣火的。

这座保存完好的守护者雕像是在沙石上雕刻出来，并镶在建于9世纪的罗莱寺（Lolei Temple）的圣塔的外部砖墙中。

巴空寺（Bakong）的东侧堤道从主要通路塔直接延伸至中心高塔。这座建筑坐落于一座金字塔形的正方形基座，象征着神秘的寺山。

从巴肯到比粒（890年~965年）

寺山风格的灵感来源于须弥山，于巴肯时期逐渐形成。巴肯山寺（见78页）、科荣寺（Phnom Krom）和布寺（Phnom Bok）都是经典的五塔梅花形布局——四边每边设有一座塔，第五座位于其他四座的中心。比粒风格形成于罗真陀罗跋摩二世（Rajendravarman II，944~968）统治时期，是巴肯风格的延续，但是它的塔更高更陡，而且层数更多。

巴肯山寺就是典型的巴肯风格建筑，其历史能够回溯到9世纪晚期，是高棉第一个首都吴哥的官方寺庙。它威严地从一座正方形底座的金字塔式须弥座直升入五座圣塔的主群。

比粒寺的沙石雕刻门楣比其早些时候的建筑风格更加细致。根据它的体积和要通过陡峭的寺山才能达到主体神堂的结构能够推测出，这座建筑曾经用作火葬场——比粒（pre rup）的意思就是翻转尸体。

从女王宫到巴方寺（965 年 ~1080 年）

女王宫风格的特点就是性感的阿普萨拉和戴瓦达舞者的华丽雕塑，其代表性建筑就是与之同名的精美的女王宫。11 世纪中期，当高棉建筑风格发展到顶峰时，它演变成了巴方寺风格，其特点就是巨大的面积和有拱顶的回廊。这个时期的雕塑越来越体现出现实主义和叙事顺序性。

女王宫建于 967 ~ 1000 年，因其体现在精美浮雕细节和雕花石头门楣上的精湛建筑工艺而出名。

五层的巴方寺（见 72 页）是优陀耶迭多跋摩二世（Udayadityavarman II，1050~1066）时期的官方庙宇。13 世纪的中国旅行者周大观这样形容这座建筑："它的一个基座上就有十余间房间，这是一座真正惊人的奇观。"

吴哥窟（1080 年 ~1175 年）

艺术历史学家普遍认为吴哥窟（见 68~69 页）的风格代表着高棉建筑和雕刻才能的顶峰。令吴哥窟引以为豪的就是宏伟的寺山和精致的叙述性浮雕。这段时期中门楣雕刻艺术的发展也达到了顶峰。

从空中看吴哥窟，它那巨大的规模和典型的建筑布局一览无余。吴哥的每个部分都有着丰富的象征意义，最明显的就是中部耸入天空的梅花形塔群，它们代表着神圣须弥山的五座顶峰。

苏利耶跋摩二世的浮雕雕刻在南侧回廊的西部，其中描绘了国王坐在王座上，周围是举着扇子和阳伞的朝臣；国王下方是坐在轿子中的公主和宫女。另一篇浮雕中描绘的是国王坐在战象背上的场景。

巴戎（1175 年 ~1240 年）

巴戎风格是之前风格的综合体，也是最后一个伟大的吴哥建筑风格，虽然它如今仍旧华美，但是质量明显已经不如之前了。建筑中更多用到的是红土，沙石的应用有所减少；佛像出现的更多，而印度主题变少了。

大吴哥的南门顶上有一尊象征国王阇耶跋摩七世的巨大的四面佛像。佛像脸带安静又神秘的微笑，这就是令吴哥蜚声世界的"高棉的微笑"。

描绘战争场面的浮雕位于大吴哥（见 72~75 页）的巴戎寺中记录了同时代发生在高棉帝国和占婆王国之间的战争；1181 年的这场战争中高棉帝国在国王阇耶跋摩七世的带领下取得了胜利。

大吴哥 ❸ Angkor Thom

癞王台的塑像

规模宏大、建筑精巧的古城大吴哥（Angkor Thom）由阇耶跋摩七世修建于12世纪晚期，其名称含义是高棉的伟大城市。这里曾是高棉帝国最大的城市，外侧由高8米、长12千米的墙和护城河保护。城市有五个入口，其中四个分别对应东、南、西、北，第五个入口设在东边，每个入口之上都建有巨大的四面佛。城市中有很多遗迹，其中最著名的是气氛浓厚的巴戎寺，它位于建筑群的正中。

探索建筑群

防御严密的大吴哥城占地近10平方千米。城市的五条堤道中应用最频繁的就是南门，可以直接通往巴戎寺。除了巴戎寺外，这里还有其他著名历史遗迹值得一看，其中包括巴普昂寺和空中宫殿。

南门

宏伟的南门（South Gate）是大吴哥的五个通路中保存最完好的。通往入口的通路两侧共有154尊石雕——左边是神，右边是恶魔——每一尊雕像手中都握着一条巨大的蛇。

南门本身是一座高23米的高大建筑，顶上的三重塔上雕刻着巨大的四面佛，它们分别面对着东、南、西、北。南门侧翼雕刻着三头象神Erawan的图案，传说中它是印度神因陀罗（Indra）的坐骑。

巴戎寺

见74~75页。

南门宏伟的微笑四面佛注视着前方

巴方寺

巴方寺（Baphuon）由优陀耶迭多跋摩二世建于11世纪，它是吴哥寺庙群中最宏伟的一座。它的金字塔山形基座代表着传说中的众神居所——须弥山。山形建筑的顶部中央曾经有一座有四个入口的中心塔，但在很久之前已经倒塌了。

通向寺庙的堤道长达200米，寺庙的四条通道都装饰着浮雕，描绘的是印度史诗《摩诃婆罗多》和《罗摩衍那》（高棉版本为《罗摩传》）中的场景。巴方寺内部的一尊巨大卧佛占据了西侧很长一部分空间。这里曾经是一座印度教寺庙，因此这尊佛像应该是15世纪才被安放至此的。寺庙经历了彻底的翻修，现在已完全恢复对游人开放。

空中宫殿

这座王族寺庙由国王罗真陀罗跋摩二世建于10世纪，此后阇耶跋摩七世也曾为它添砖加瓦。空中宫殿（Phimeanakas）是一座印度教寺庙，人们也称它为“天上的宫殿”（Celestial Palace），它与曾矗立于此的黄金塔的传说息息相关，据说黄金塔中住着一条九头蛇，这个有魔力的生物会变成女人迷惑国王，而国王会在与妻妾在一起之前先与她发生关系。人们认为，如果国王没有和蛇变成的女人睡觉，他就会死，而如果国王和她睡觉，那么王室血统就能得到延续。

这座金字塔形的寺庙有一个长方形的基座，外围由一圈5米高的墙围出了一片15公顷的内院。它有五个入口，围墙四面都有阶梯，阶梯侧翼都设有守护狮子，金字塔的四角同时还有大象雕塑。在上方的平台上能够看见巴方寺北部的美景。

游客们正在攀登通往空中宫殿顶端的阶梯

普拉帕利雷寺和提琶南

大吴哥中的两座建筑普拉帕利雷寺（Preah Palilay）和提琶南（Tep Pranam）虽然规模较小，但仍然很雄伟，它们的位置在癞王台西北方，距离不远。

普拉帕利雷寺的历史可以回溯到13或14世纪，这是一座小型寺庙，周围设有一圈长方形的50米的围墙。佛殿的一部

本地区住宿及餐饮信息见212~214页和235~238页

旅游景点分布示意图

南门①
巴戎寺②
巴方寺③
空中宫殿④
普拉帕利雷寺和提琶南⑤
癞王台⑥
斗象台⑦
南北喀霖寺⑧

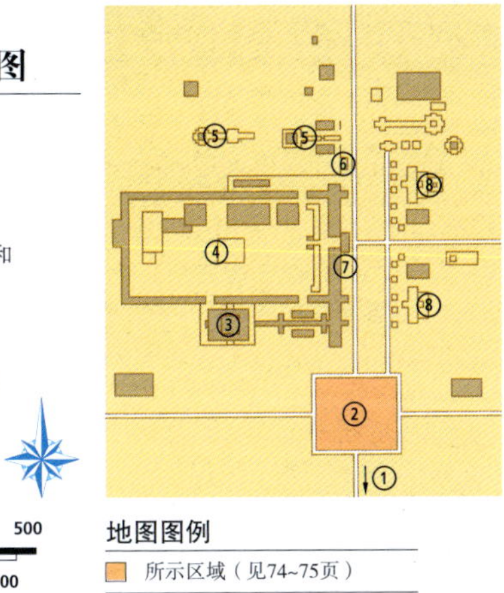

地图图例

所示区域（见74~75页）

分已经倒塌，入口处接有一条简单的通路，上方有一座高耸的尖顶石塔。通往佛殿东侧平台的是一条长33米的堤道，它的一大特点就是蛇形栏杆。东侧不远处就是提琶南，这座佛教殿建于16世纪，曾经可能是一座大乘佛教学校。现在这里崇尚小乘佛教，一大特点就是“触地印”（mudra）坐姿的砂岩佛像。

癞王台

这个小平台建于12世纪晚期。伫立在平台上面的无头雕像就是癞王（Leper King），曾经有人认为癞王就是阇耶跋摩七世国王，因为他患了疾病才有了这样的形象，但实际上这个雕像代表的是阎魔。这尊雕像其实是一尊复制品，原件

修复中的癞王台

已经被保存在柬埔寨国家博物馆（见50页）中。平台有两面保存完好的墙，上面装饰着精美浮雕。两面墙壁中靠内的一面更加引人注目，上面雕刻着阴间的神、国王、仙女、多头蛇、舞者戴瓦达和阿普萨拉、战士以及奇特的海洋生物等。

这个平台只是斗象台的延伸部分，其实际用处尚未明确。它有可能是王室接待处或火葬场。

游客备忘

地图：C6
吴哥窟北侧2千米，暹粒北侧8千米。
从吴哥窟出发
高棉吴哥导游协会，暹粒 Pokambor Ave，(063)964-347
每天：5:00~18:00
普通吴哥门票

斗象台

阇耶跋摩七世国王修建了这座长达300米的建筑，它从巴方寺一直延伸到与之相连的癞王台。斗象台（Terrace of Elephants）共有三处主要平台和两处小平台，最初它是国王用来检阅军队和游行队伍的地方。平台上装饰着与真象等大的沙石大象队伍，以及象夫。此外还雕有老虎、蛇和毗湿奴的老鹰坐骑伽楼罗等形象。

南北喀霖寺

这是两栋很相似的建筑，它们坐落于途经斗象台的主路东侧。阇耶跋摩国王于10世纪末期修建了北喀霖寺（North Khleang），南喀霖寺（South Khleang）则由苏利耶跋摩一世国王于11世纪早期修建。两座喀霖寺的建筑特点包括沙石门楣和简洁的、装有栏杆的石窗。可惜这两座建筑原始的功能并不为人所知。“喀霖”的意思是储藏室，这是现代人给它们的名称，误导了人们对它们的作用的理解。

斗象台工艺复杂的浮雕和大象雕塑

巴戎寺 Bayon

巴戎寺位于大吴哥的中心地带，是这座城市中最特别的建筑，也是吴哥“失落文明”的缩影。这座标志性的寺山呈现金字塔形，共分三层，其中矗立着54座塔和200多张巨大的神秘微笑石脸。巴戎寺有八个十字形的塔作为入口，相互之间由回廊相连，回廊曾经有屋顶覆盖，现在每隔一段时间就会重新修整一次。回廊中雕有吴哥最著名的浮雕，描绘了日常生活场景和打仗的画面，尤其是反抗占族人的场面。

在通向大吴哥南门的小路旁排列着神像

★神秘的微笑（Enigmatic Faces）
寺庙的中部石塔上都雕有四张巨大的神秘的微笑石脸，它们分别向外注视着四个基本方向。据说这些石脸代表着望穿万物且无所不知的观世音菩萨，阇耶跋摩七世称自己是观音的化身。

西侧回廊（The Western Gallery）
西侧回廊是巴戎寺众多走廊中的一条，其南部建有一座印度教毗湿奴神的雕像，据说其修建时间可以追溯至寺庙修建的时候。上图中虔诚的信徒正在雕像前烧香。

★ 南侧回廊的浮雕（Bas-Reliefs in the Southern Gallery）
南侧走廊墙壁上的浮雕线条深邃有力，描述了12世纪吴哥的日常生活，其中的场景包括斗鸡、烹饪、节庆活动和市场。

星级景点

- ★ 神秘微笑石脸
- ★ 南侧回廊的浮雕
- ★ 巴戎寺南侧的风景

★ 巴戎寺南侧的风景
（Southern View of the Bayon）
从远处看巴戎寺建筑是一座复杂的不规则的寺庙，但从近处看，它的54座庄严的石塔和216座怪异的石雕还是形成了一种固定的形式——建筑的富丽堂皇使得参观者的敬畏之情油然而生。

戴瓦达雕像的细节
（Devada）
舞者戴瓦达与性感的阿普萨拉不同，有男也有女；雕刻中描绘的戴瓦达的姿势也不如阿普萨拉诱人。

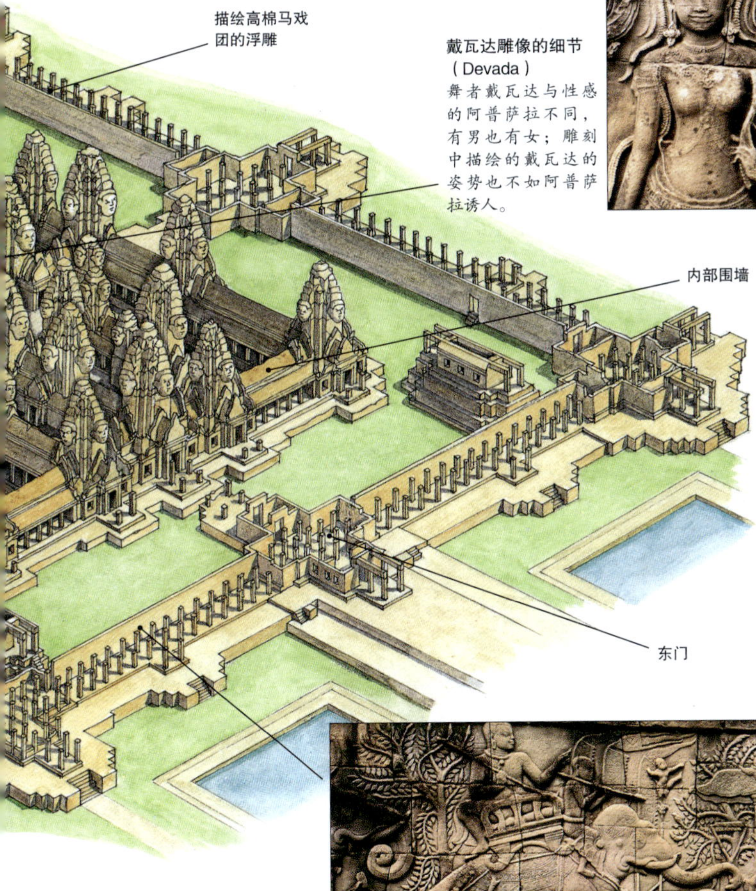

高棉的行军队伍
（Khmer Army in Procession）
东侧回廊中的浮雕描绘了高棉人和占族人之间较量的场面，细节雕刻得十分精致。这幅浮雕中的高棉国王正坐在大象上，领导着他的军队前去参战。

大吴哥巴戎寺中，石塔上的神秘微笑石脸 ▷

游客们在巴肯山等着欣赏晚霞中的吴哥窟

巴肯山寺 ❹

Phnom Bakheng

地图：C6 大吴哥南侧550米。每天：日出~日落 普通吴哥门票

巴肯山寺是座古代印度教寺庙，位于一座67米高的小山上，从这里能够纵览周边平原风光，其中最著名的景色就是晚霞中的吴哥窟、洞里萨湖和巴戎寺。这座建筑由耶输跋摩一世国王修建，属于这个地区的第一批须弥山风格的建筑。曾经这座六层高建筑的每层周围都建有塔，共计109座，但现在大多数已经不复存在了。

圣剑寺 ❺

Preah Khan

地图：C6 大吴哥东北侧1千米。每天：日出~日落 普通吴哥门票

圣剑寺由阇耶跋摩七世修建，这座寺庙的名称来源于9世纪的统治者阇耶跋摩二世国王的一把圣剑。1177年，大吴哥遭到占族人的洗劫，在此后的修复期间，阇耶跋摩七世就将圣剑寺当作了临时住所。此外这里还曾是寺庙和宗教学院，有1000多名教师。1939年在这里发现了一块刻有铭文的石碑，上面的文字表明这座寺庙曾建在一座古城的中心，古城名为Nagarajay-aciri——jayaciri在暹罗语中的含义就是剑。最初这是一座佛教寺庙，之后遭到了印度教统治者的破坏，他们将墙上的佛像用印度神的雕塑替换下来。

圣剑寺中的祈祷的隐士塑像

如今这座建筑群的面积扩展为5平方千米，外围环绕着长达3千米的围墙。中心的正殿在东、南、西、北四个方向都设有入口。这里的一大亮点就是舞者大厅，它的墙上雕刻着形态各异、生动精美的阿普萨拉浮雕。建筑群中还包括一座巨大的蓄水池。整个寺庙群中最受瞩目的是四面佛塔。与塔布隆寺（见80~81页）相似，圣剑寺的红土和沙石建筑上也长满了古树，树根探进了建筑的缝隙中。但是圣剑寺与塔布隆寺的不同之处在于，世界古遗迹基金会对它进行了修缮，并在过程中砍掉了很多树。

涅槃宫 ❻

Preah Neak Pean

地图：C6 大吴哥东北侧5千米。每天：日出~日落 普通吴哥门票

涅槃宫是一座观音庙遗迹，位于十字形圣池的中心。主殿的基座周围雕刻着盘绕着蛇，这座建筑也因此得名——缠绕的蛇。现在这座寺庙建于已经干涸的北池（North Baray）上，周围是长方形的中心人造池塘，其长度为70米，周围还有四个小池塘。中心池塘代表的是印度神话中具有神力的阿那婆达多湖（Anvatapta），它位于宇宙最高的地方，为四条伟大的医疗之河提供水源；池塘的四角各有一个怪兽滴水嘴，它们分别代表的就是这四条河流；池塘东角的滴水嘴是人形，南角是狮子，西角是马，北角是大象。当寺庙的功能正常运转时，圣水会通过滴水口流入四个小池塘中，这些水用来为虔诚的信徒们治病。

圣剑寺的舞者大厅基座上雕刻精美的阿普萨拉雕塑

本地区住宿及餐饮信息见212~214页和235~238页

东池 ❼

East Baray

地图：C6 大吴哥东侧2千米。每天：日出~日落 普通吴哥门票

经测量，东池长6千米、宽2千米，是吴哥的第二大蓄水池，它由耶输跋摩一世国王修建于9世纪。水源来自上丁河（Stung Treng），总水量近500亿立方米，深度可能达3米。有人认为这个水池具有宗教上的象征意义，代表着须弥山周围的海洋，也有人认为它的功能就是灌溉一年三季的水稻，养育这里的100万人口。

蓄水池中央有一座小岛，岛上坐落着**湄本寺**（Oriental Mebon），这是罗真陀罗跋摩二世（Rajendravarman II）为了表达他对父母的敬意而修建的。寺庙周围有三面红土墙，顶上是梅花形布局的佛塔，塔身上有用来安装灰泥装饰的小洞。地面上的台阶侧翼摆有沙石狮子，四个角落各有一尊保存完好的沙石大象。

从王室浴池楼梯平台上看到的如画的湖面风景

比粒寺的莲花形尖塔

比粒寺 ❽

Pre Rup

地图：C6 大吴哥东侧5千米。每天：日出~日落 普通吴哥门票

比粒寺是供奉印度教神湿婆的寺庙，有五座莲花形状的佛塔。这座建筑曾经用作火葬场，其名称含义就是“翻转尸体”。在这里举行的一种宗教仪式是在骨灰中划出往生者的身体轮廓。

王室浴池 ❾

Srah Srang

地图：C6 大吴哥东侧5千米。每天：日出~日落 普通吴哥门票

比粒寺的西侧就是规模庞大的王室浴池。它建于7世纪，长800米、宽400米，专门供阇耶跋摩五世国王和他的妻子们使用。湖的西侧有一座楼梯平台，上面设有两尊沙石狮子和装饰着三头蛇的栏杆，三头蛇背上还雕有巨大的伽楼罗鸟。游览这座湖的最佳时间就是日出之时，那时水牛在浅水区吃着牧草，当地的孩子聚集在一起游泳。

斑黛喀蒂寺 ❿

Banteay Kdei

地图：C6 大吴哥东侧5千米。每天：日出~日落 普通吴哥门票

斑黛喀蒂寺的名字意为小房间组成的堡垒，建于12世纪晚期，地处王室浴池西侧。这座佛教寺庙有四个入口，每个都有一尊伽楼罗守护。斑黛喀蒂寺的一大亮点就是位于中心中央回廊的舞者大厅。

蓄水池 baray

蓄水池是组成高棉建筑不可或缺的一个元素，它们的作用有二：其一，它们象征着宗教意义上的创造海洋；其二，也是更重要的一个作用，就是灌溉庄稼，保证丰收。吴哥最著名的两座蓄水池分别是东池（见上文介绍）和西池（West Baray），后者建于11世纪，是史上最大的池塘，占地18平方千米。西池最深处可达7米，能容纳1.23亿立方米的水，池中生活着多种多样的鱼类。这两座水池中都建有人工岛屿，岛屿上修建着寺庙。

西池广阔的水道

塔布隆寺 ⓫ Ta Prohm

吴哥的寺庙建筑中，最有感召力、最神秘的就要数塔布隆寺，这是一座富裕的佛教寺庙，建于阇耶跋摩七世国王统治时期（1178~1220）。塔布隆寺名称的含义就是创造之神梵天（Brahma）的祖先。殖民时期，法国人对这座寺庙进行了考古修缮，他们发现它后经过深思熟虑决定保留这座建筑，并进行了有限的修缮，而且保留了周边的雨林。于是这座寺庙现在被榕树的树根覆盖得满满的，这种气氛正是19世纪探险家所经历过的，现在仍旧保持原样。

东侧入口处的浮雕描绘了正在跳舞的阿普萨拉

瀑布树（Waterfall Tree）
这个名字源于瀑布状的树根从内部走廊的墙上倾泻而下的场面，这种绞杀榕整个包裹住了承载它的建筑，并且耸立于寺庙之上。

★四面佛塔（Face Tower）
5号通路塔上的四张微笑石脸据说代表的是阇耶跋摩七世。这些石脸雕刻在西侧入口之上，它们会让人联想到巴戎寺（见74~75页）中的巨大石脸。

恐龙雕塑（Dinosaur Carving）
建筑群中有一根细石柱，上面雕有精致的圆圈形花纹，每个圆圈中都有一个不同的动物浮雕。其中一个浮雕看上去是一条剑龙。没人能够解释这个神秘的浮雕为什么会存在。

星级景点

- ★ 四面佛塔
- ★ 鳄鱼树
- ★ 古墓丽影树

本地区住宿及餐饮信息见212~214页和235~238页

★鳄鱼树（Crocodile Tree）
中心区域最东边的塔楼上生长着一棵绞杀榕，它的名字叫鳄鱼树。每年它的根都会穿过建筑向外延伸一些。

游客备忘

地图：C6 大吴哥东侧1千米。
高棉吴哥导游协会，暹粒 Pokambor Ave，(063) 964-347
全天开放 普通吴哥门票

东侧入口

舞者大厅是一座沙石建筑，其特点就是一排排精细复杂的阿普萨拉浮雕。

★古墓丽影树（Tomb Raider Tree）
这棵著名的绞杀榕曾出现在《古墓丽影》中，安吉丽娜·朱莉就是从它下面的门道中钻了出来，这是电影中最具戏剧性的场面之一。

回廊很多都已经坍塌了，不适宜游人进去探索。回廊之间由狭窄的小路相连，并依次连接着建筑群中的各处寺庙（prasat）。

《古墓丽影》

《古墓丽影》中的安吉丽娜·朱莉

安吉丽娜·朱莉（Angelina Jolie）现在已经成为好莱坞最著名夫妻档中的一员，但在很久之前，她就受到玩《古墓丽影》（*Tomb Raider*）的青少年的喜爱，这是一部很有影响力的电脑游戏。她有着性感的面容和轻盈的身形，她似乎就是把这个长期流行的游戏角色带入大屏幕的最佳人选。电影中有些场景是在柬埔寨拍摄的，而且就是这里唤起了朱莉的社会公益意识。她现在是柬埔寨的企业资助人、联合国大使，也是儿童事业的捍卫者。

豆蔻寺的砖墙上装饰着女神浮雕

豆蔻寺 ⑫
Prasat Kravan

地图：C6 大吴哥东南侧3千米。每天：日出~日落 普通吴哥门票

豆蔻寺由高级官员修建于10世纪，那时正是曷利沙跋摩一世（Harshavarman I）的统治时期。它距离首都吴哥有一段路程，因为当时只有王室成员可以在城市中心附近兴建寺庙。这座印度教寺庙由五座佛塔组成，是吴哥建筑群中较小的一座。豆蔻寺的含义是豆蔻圣堂，建筑上长有一棵树。寺中的砖刻工艺十分出众，其他同样风格的已知建筑都属高棉艺术的产物。建筑中并没有应用灰泥，而是用了一种植物混合物。20世纪60年代，吴哥保护组织（CA）对豆蔻寺的部分建筑进行了修缮，恢复了砖刻曾经的荣耀，砖上刻的浮雕内容包括毗湿奴神、他的妻子拉卡斯密（Lakshmi）、坐骑伽楼罗、一条那伽，还有很多神的侍从。五座佛塔的门道和门楣都是沙石质地。最南边的塔上雕有毗湿奴骑在伽楼罗上的图像，而最北边的塔上雕的是拉卡斯密。最中间的塔上有一块突出的石头，是用来为涤罪仪式收集水的。

女王宫 ⑬
Banteay Srei

地图：C6 暹粒北侧32千米。每天：日出~日落 普通吴哥门票

偏远的女王宫寺庙建筑群位于荔枝山（Kulen Mountain）山脚下，其名称含义是“美人的城堡”，精雕细琢的浮雕装饰着整座建筑。这座粉色砂岩的寺庙群建于10世纪下半叶，建造者耶若婆罗诃（Yajnavaraha）是罗真陀罗跋摩国王的顾问之一，也是未来国王阇耶跋摩五世的宗教导师。因此与其他吴哥的历史遗迹不同，它不是王室建筑。耶若婆罗诃将寺庙建在暹粒河宽敞的河岸上。这座小寺庙与其他吴哥寺庙的不同之处在于它表面的装饰非常精细，“高棉艺术中的珍宝”的头衔也是名副其实。1914年法国人发现了女王宫，未来的法国文化部长安德烈·马尔侯（Andre Malraux）夺走了阿普萨拉雕刻中的四座，1923年他在法国总统夏尔·戴高乐（Charles De Gaulle）手下任职。但这四尊塑像很快就被归还回去并复原在建筑上。整个建筑区域呈三角形，由三面墙和护城河的废墟包围，正殿中供奉的是湿婆神。门楣上复杂的雕刻再现了印度史诗《罗摩衍那》中的场景：湿婆和他的妻子帕尔瓦蒂（Parvati）、猴神哈努曼（Hanuman）、神的牧牛者克利须那（Krishna）以及恶魔国王罗波那（Ravana）都雕刻得精美绝伦。佛塔上的神龛中同样也细致地雕刻着神的形象，以及无与伦比的精美装饰。男神形象威武，手握长枪，裹着缠腰布；女神则不同，她们的长发盘成圆发髻或编着辫子，身着宽松的传统长裙，几乎身体的每一寸都装点着华丽的珠宝。

保存在女王宫中的古代塑像

罗洛士群 ⑭
Roluos Group

地图：C6 暹粒东南侧12千米。每天：日出~日落 普通吴哥门票

罗洛士群是吴哥地区最早修建的寺庙遗迹，它的名字来源于距暹粒东侧13千米远的罗洛士小镇。这片寺庙标志了由因陀罗跋摩一世（Indravar-

女王宫的红色砂岩入口

本地区住宿及餐饮信息见212~214页和235~238页

man I，877 ~ 889）建立的第一个高棉首都——诃里诃罗洛耶（Hariharalaya）的位置。

三片主要的建筑群都位于这里。从暹粒到金边的途中，6号公路北侧的就是**洛雷寺**（Lolei）；这片由耶输跋摩一世修建的寺庙矗立在一座小池塘中央的人工小山岗上，基座为双层平台，周围还建有一圈红土围墙。令人惊喜的是，中央的四座砖制佛塔的假门和碑文都非常完好地保存下来。

巴空寺保存完好的门楣雕刻和狮子雕像

位于洛雷寺南侧的是**神牛寺**（Preah Ko），其名称的含义为神圣的公牛。因陀罗跋摩一世修建了这座湿婆神庙，用来表达对自己的父母和高棉帝国成立者阇耶跋摩二世的尊敬。寺庙主殿由两座矗立在红土平台上的砖制佛塔组成。附近有保存非常完好的三座神圣公牛南迪（Nandi）的塑像，这就是这座寺庙名称的由来。令人欣慰的是，门楣、假门和柱子上的装饰图案没有遭到太多破坏，图案的内容包括伽罗（Kala，露着满嘴牙齿，瞪大双眼，传说中会吞噬一切的神）、摩伽罗（Makara，象头鱼身的海怪）和伽楼罗。在周围宁静的乡村环境中，寺庙显得十分华丽。

洛雷寺中精美的砂岩雕像及门楣雕刻

神牛寺更远处是**巴空寺**（Bakong）巨大的废墟，它是罗洛士群中最大的遗迹，很有游览价值。881年这座寺庙还是湿婆的神庙，但是现在它已经成为了佛教徒朝拜的地方。1000多年前，这座代表着众神居所须弥山的寺山是诃里诃罗洛耶最重要的标志。通往寺山的道路两旁都有七条那伽守卫，还有为朝圣者准备的小旅馆。寺山共分四层，前三层的四个角落都分别设有石象。长方形正殿中央耸立着一座四层的莲花形的塔。寺山周围是八座巨大砖制佛塔，上面的砂岩雕刻非常精美。

寺山上的装饰图案

吴哥王国的百姓的生活都是围绕着宗教进行的，印度教分为毗湿奴和湿婆两个教派。吴哥被奉为神的统治者们修建寺山的目的就是为了象征并再造须弥山（见68页）。在这个时期的寺庙上几乎都能看到各种雕刻图案，其中混合着传奇人物、象征符号和装饰花纹。

南迪——神圣的公牛既是湿婆的坐骑也是他的首要信徒。

莲花被看作涤罪的媒介。

阿普萨拉是性感的舞女形象，一般出现在吴哥时期的寺庙的浮雕上。

火焰花纹通常雕刻在神圣的台阶和门道上，目的是为进入寺庙区域的人们进行道德上的净化。

伽楼罗是毗湿奴的坐骑，传说中半人半鸟的生物，也是那伽的天敌。

阿修罗是恶魔的化身，翻搅乳海的浮雕便以它们的形象为特征。

普列托尔鸟类保护区中的白头鹳在树上做窝

空尼 ⑮
Chong Kneas

地图：C6 暹粒南侧15千米。壁虎环境中心，(063)832-812 每天：日出～日落

空尼是从暹粒（见66~67页）出发最容易到达的漂浮村庄，也是商业化程度最高的一座。船屋是洞里萨湖上非常典型的一种建筑，其中居住着越南裔和高棉人。要想到达空尼既可通过陆路也可以坐船。徒步大概要花30分钟，从镇中心出发，途经葱翠的稻田和位于山顶的古代寺庙科荣寺（Phnom Krom）。虽然空尼不如磅克良迷人，但这里有漂浮的市场、诊所、鲇鱼渔场、学校和餐馆，值得一看。壁虎环境中心（Gecko Environment Centre）也是这里的一大亮点，其内的教育展展出了洞里萨湖的生态和与管理洞里萨湖生物多样性相关的介绍。在暹粒可以雇到前往空尼和附近其他村庄的船只，但是价格非常高。

空尼的旅客渡船

普列托尔鸟类保护区 ⑯
Prek Toal Bird Sanctuary

地图：C6 暹粒南侧31千米。从空尼出发 每天：日出～日落

普列托尔鸟类保护区是公认的东南亚地区最重要的大型水鸟繁殖基地之一，它位于洞里萨湖的西北角，占地311平方千米。普列托尔不仅是洞里萨洞的三大生物圈中最著名的一个，也是从暹粒最容易到达的景点。它最迷人的魅力在于季节性泛洪的森林中生活着众多濒危珍稀的美丽鸟类，比如大小秃鹳、灰鹳、白头鹳、黑头朱鹭、斑嘴鹈鹕和灰头鱼鹰等，堪称一座自然宝库。对于鸟类学家和野生动物爱好者来说，普列托尔是一日游的绝佳地点，最好的游览时间是每年的旱季（2月~4月）——这段时间正好是大量迁徙的鸟儿聚集回这里的时候。

游览普列托尔保护区的花销比较高，其中包含湖上交通的往返费用、生态区门票、饭钱和导游费。这里的家庭旅馆或旅行社一般都能为游客安排行程，当然，你也可以自行安排游览计划，那就需要乘坐出租车到空尼码头，然后你可以雇船前往普列托尔环境研究站。想欣赏日出或日落时分动人风景的游客也可以在研究站留宿，但是要另外支付住宿费和饭费。

空尼当地人用渡船进货出货

本地区住宿及餐饮信息见212~214页和235~238页

湖泊生态系统

哑铃形的洞里萨湖（Tonlé Sap）位于柬埔寨的最核心地区，它是这个国家最突出的特色，也是东南亚最大的淡水湖。旱季时，湖面面积会缩小到2500平方千米，但每逢雨季，面积会增长到1.2万平方千米。湖泊生态系统为周边泛洪平原上的各种生命提供了生存空间以及食物来源。生活在这里的包括200多种鱼类、众多水鸟，还有鳄鱼和乌龟等爬行动物。湖面上星星点点的漂浮村庄中住着成千上万的渔民家庭，构成了洞里萨湖上独特又生动的人文景观，也吸引了大量游客。柬埔寨每年产鱼量的一大半都来自洞里萨湖。

生活在船上的是漂浮村庄的居民

磅克良建在木桩上的寺庙和房屋组成如画般的风景

空邦鲁 ⑰
Kompong Phhluk

地图：C6 暹粒东南侧16千米。从空尼出发　每天：日出～日落

从洞里萨湖的湿地到湖上的村庄，这段旅程十分有气氛而且令人难忘。空邦鲁有着漂浮在水面上的动物围栏与寺庙建筑，这里的渔民生活节奏十分缓慢，在这里能观察到洞里萨湖真正的生活。游客们也可以参与到典型的村庄生活中来——当地妇女在长尾船甲板上卖菜，孩子们划着船放学回家；要是觉得累了，还可以在提供当地佳肴的饭馆里吃点心。在碧蓝的洞里萨湖上乘船游览也是不错的选择，接下来还可以在树木茂密的泛洪森林中游泳——游泳的人要在一片漆黑中涉水而过，这是种恐怖又叫人兴奋的体验。或者游客们也可以自己在湖上划独木舟。要想到达这座村庄，可以从位于其北侧5000米的罗洛士或空尼出发，参加旅行团会更方便。

磅克良 ⑱
Kompong Khleang

地图：C6 暹粒东侧35千米。2万　从空尼出发　从丹德出发　每天：日出～日落

虽然磅克良是洞里萨湖上最大的漂浮村庄，但来这里的游客并不算多，所以前来探险的人就能在此体验到最真实的水边生活。水上房屋建在水中20米高的木桩之上，在湿季，湖面的水位最高时会上涨到距离房屋只有不到1米的地方；之后，湖面的水位会逐渐下降至露出湿软的地面。

磅克良和空邦鲁同样都是固定社区，生活在这里的人们也是靠捕鱼为生。但是这座漂浮村庄在很多方面都比空邦鲁更令人惊叹，这里的一切建筑都漂在水上，从学校、商店到药店，甚至包括加油站都是。

村庄中间有一座小岛，小岛上的寺庙色彩鲜艳，在寺中可欣赏到精美的壁画，描绘了天堂和地狱的场景。村庄旁边有一片泛洪森林。人们一般从空尼划船前往磅克良，不过旱季时还是推荐游客们乘坐出租车或雇摩托车从丹德（Dam Dek）前往。

游客们在空邦鲁的泛洪森林中游览

柬埔寨北部

偏远的柬埔寨北部有着多样性的地貌特征，它的北部与泰国接壤，东北部与老挝相邻。告别昔日旱季暴土飞烟，雨季一片泥潭的红土地，如今这里的公路建设相对完善，游客们也能通过便利的交通到达曾经封闭的地区。从受联合国教科文组织保护的壮观柏威夏寺到桔井的濒危短吻海豚，游客们在北部一定能经历一次愉快的旅行。

这里最早的人类居住痕迹可以追溯回公元前4300年，那时的采猎者住在西北方的山洞中。6～7世纪期间，真腊统治者在这片地区修建了很多寺庙。16～17世纪，泰国军队入侵柬埔寨，无情地蹂躏了北部地区，将这片地区当成了进入这个国家，掠夺高棉帝国的入口。18世纪晚期，泰国吞并了柬埔寨北部的一部分地区，直到1946年，柬埔寨才重新收复了这片地区。20世纪，统治全国的红色高棉力量先于越南军队从金边撤退到了北部。

柬埔寨的第二大城市马德望是马德望省的首府，洞里萨湖平原西北部的经济中心，近年来已经迅速发展成为著名旅游城市，这里有很多崩塌的法国殖民别墅、临街家庭商店以及临河散步区。这个城市也出产柬埔寨全国最好的大米和橘子。附近的巴南寺和班台乍马寺都是非常值得进行一日游的景点。

位于偏远的东北部的腊塔纳基里省和蒙多基里省的旅游业均还处于发展初期，鲜有游客光临，保留着静谧的气氛。但是这两个省里都有很多少数民族村庄，分散的野象、瀑布和美丽的草原景观。雅龙湖是一座漂亮的火山湖，平静的湖水呈铜绿色，这里是一处绝佳的野餐地点。

东北地区有几家评价极佳的生态旅馆和生态徒步组织，更北侧地区坐落着小镇桔井，那里的日落美景和珍稀的短吻海豚都非常有名。三坡布雷卡和贡开的寺庙遗迹也十分值得游览。这一地区还以它的石头手工艺品和头巾（Kramas）、衬衫等丝绸制品闻名。

湄公河畔的Koh Trong沙洲岛上的茂密林地，桔井

◁ 通往山顶寺庙巴南寺的陡峭的石头台阶

探索柬埔寨北部

虽然北部省道的一些路段尚未铺上柏油，但这一地区的自然美景弥补了这一不利因素。独特的单轨竹火车是马德望的一大特点，要想到达这个城市，你可以沿着已完善的公路乘车，或者来一场风景如画的乘船旅行。柏威夏寺、贡开和三坡布雷卡的寺庙遗迹是有趣的游览场所，在有着碧绿稻田的磅同省（Kompong　Thom）能欣赏到迷人的湖丘山和湖丘丝绸农场。辽阔的腊塔纳基里省（Ratanakiri）和蒙多基里省（Mondulkiri）有连绵的小山、火山湖和茂密的森林，来此游览将是非常美好的经历。

湖丘山上的雕在石头中的佛像

被雨林覆盖的贡开遗址

周边交通

在北部，尤其是东北部地区旅行是十分困难的。雨季期间最好不要前往，因为路况很难保证。但是西北地区的道路状况已经得到显著改善。前往偏离了道路的景点还是要选择乘坐出租车和嘟嘟车。善凯河和湄公河上的渡船和内河船都等待着游客光顾。在北部地区，坐轻型摩托车旅行很受欢迎，因为它不会因为道路状况不好而受到阻碍。

旅游景点分布示意图

城镇
邦隆 ⓳
磅湛 ⓰
磅同 ⓬
Choob ❻
桔井 ⓱
马德望 ❶
森莫诺隆 ㉑
上丁 ⓲

名胜古迹
湖丘丝绸农场 ⓯

宗教圣地
埃普农庙 ❸
巴南寺 ❹
湖丘山 ⓮

历史遗迹
班台乍马寺 ❽
柏威夏寺（见94~95页）⓾
贡开 ⓫
军队堡垒 ❾
普农三伯屠杀山洞 ❷

三坡布雷卡 ⓭
屠杀大坝 ❺

国家公园和保护区
昂德罗本特莫保护区 ❼

自然风景区
Bonsraa瀑布 ㉒
雅龙湖 ⑳

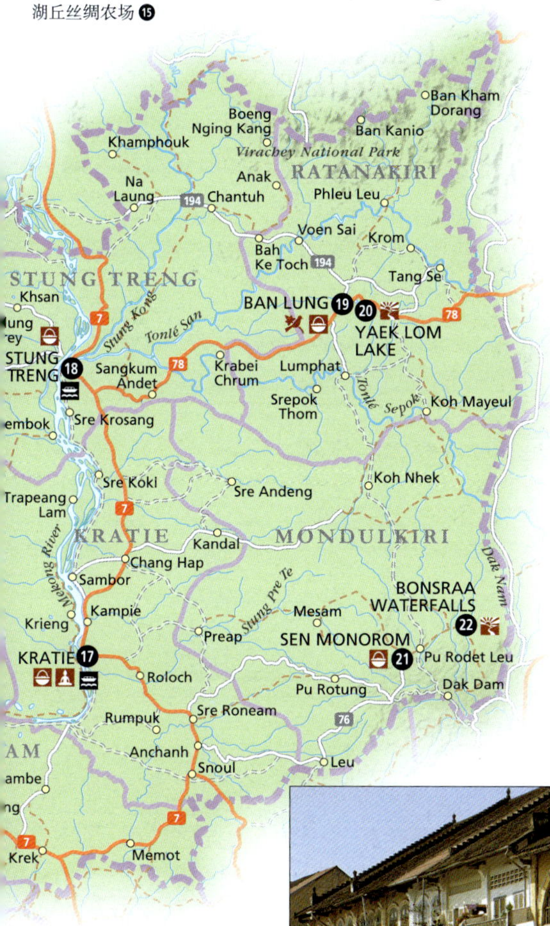

图例
- 主要公路
- 次要公路
- 无柏油道路
- 乡间土路
- 铁路
- 国界
- 省界
- 山峰

0 千米 50
0 英里 50

另参见
- 住宿信息 见214~215页
- 餐饮信息 见238~239页

马德望的法国殖民风格临街家庭商店

马德望 ❶
Battambang

地图：C6 金边西北侧290千米。14万

马德望是柬埔寨的第二大城市，也是马德望省的首府，位于洞里萨湖西南侧不远处。它坐落在善凯河（Stung Sangker）的旁边，周围环绕着美丽青翠的乡村；历史上这个城市曾被泰国统治了很长时间，直到1907年柬埔寨才将它夺回来。

法国殖民统治的历史对马德望的影响体现在至今仍隐藏在街边和河滨的那些拥有独特风情的殖民别墅和临街小商店中。小城中心矗立着Psar Nath市场，这是一幢外形不规则的棕黄色建筑，极具艺术装饰效果，建于1936年，是个值得游览的地方。城市中最迷人的地方在河边，这座喧闹市场的南边——**马德望省博物馆**（Battambang Provincial Museum），里面收藏了吴哥和前吴哥时期的雕像、陶器和传统乐器等艺术品。现在马德望终于找到了它的定位——旅游城市，这里的众多咖啡馆和殖民风格的酒店马上就开张了。城市周边的乡村自然风景也是不容错过的美景。

马德望省博物馆中的塑像

马德望河滨地区的法国殖民风格建筑

郊区
马德望西北侧2000米处坐落着**Phare Ponleu Selpak中心**，这是一座为孤儿和弱势儿童开设的多艺术中心。通过参观游客们能够了解被救助儿童的生活，现在已经有些孩子可以随着表演团外出进行表演。傍晚表演每周举行五次。

马德望省博物馆
St 1, Kamkor Village, Svay Por Commune. **电话：**(053)730-007 周一至周五：8:00~11:00 & 14:00~17:00

Phare Ponleu Selpak中心
NH5, Anhchanh Village, O'Char Commune. **电话：**(053)952-424
www.phareps.org

马德望的竹火车
竹火车（Noris）是马德望省的本地交通工具，正是因为当地的公共交通设施不完善才有了它。对于当地人来说，这是便宜又高效的出行方式。人们根据 20 世纪 80 年代内战时应用的平板扫雷器创造出了竹火车。竹火车行驶的轨道通常弯弯曲曲，而且没有闸。乘坐这种火车旅行很值得尝试一下。

竹板放在带有轱辘的铁架子上，距离铁轨几十厘米高，这就大致组成了火车的结构。摩托车引擎为竹火车提供动力，后车轴由皮带带动。

在单轨上行驶的竹火车是运输货物和牲畜的理想工具。如果两列火车面对面遇上，负荷较轻的那一列就先挪开让另一辆先过去。

本地区住宿及餐饮信息见214~215页和238~239页

普农三伯的屠杀山洞 ❷

Killing Caves of Phnom Sampeau

地图：B6 马德望西南侧11千米。 每天：日出~日落

普农三伯（Phnom Sampeau）山顶坐落着众多寺庙，从这里能够欣赏到宁静的乡村风光。然而，这也是一处美丽与残忍并存的地方，臭名昭著的屠杀山洞位于半山腰，如今依然沉默地向人们讲述着红色高棉暴行的残酷故事。山洞见证了这段统治血腥且无情的暴行——受害者被钉锤打死，而后从山洞的天窗抛进去。这里有两座山洞，分别用来关押男性及女性。最大的洞穴用受害者的衣服装饰起来，这里还有一座玻璃纪念堂，摆放着逝者的头颅和骸骨，旁边是一座金质卧佛。如今，当地孩子会在山脚下徘徊，等着为前去山洞的游客做导游，挣点小费。

埃普农寺 ❸

Wat Ek Phnom

地图：C6 马德望北侧11千米。 每天：日出~日落

要想去埃普农寺游览，游客们要穿过茂密的森林、翠绿的稻田和风光怡人的乡村。村中的房屋是制作包春卷用的米纸的地方，这种圆形米纸做好以后要放在筛网上在太阳下晒干。这座吴哥寺庙建于11世纪苏利耶跋摩国王统治时期，由五座建在平台上、雕刻精美的佛塔组成，但现在部分寺庙已经倒塌。这座遗迹曾遭受洗劫，但从北门到中心塔的楣石依旧保存完好，楣石上的图案描绘的是印度神话中神和恶魔在翻搅乳海（见94页）的场景。

寺庙附近有一个宁静的小池塘，上面长满了睡莲。寺庙四周绿树成荫，坐落着很多露天咖啡馆，这种美景使得这里成为绝佳的午餐地点。埃普农寺对面还建有一座同名宝塔。

埃普农寺的雕刻描绘出翻搅乳海的场面

普农三伯的卧佛和玻璃纪念堂

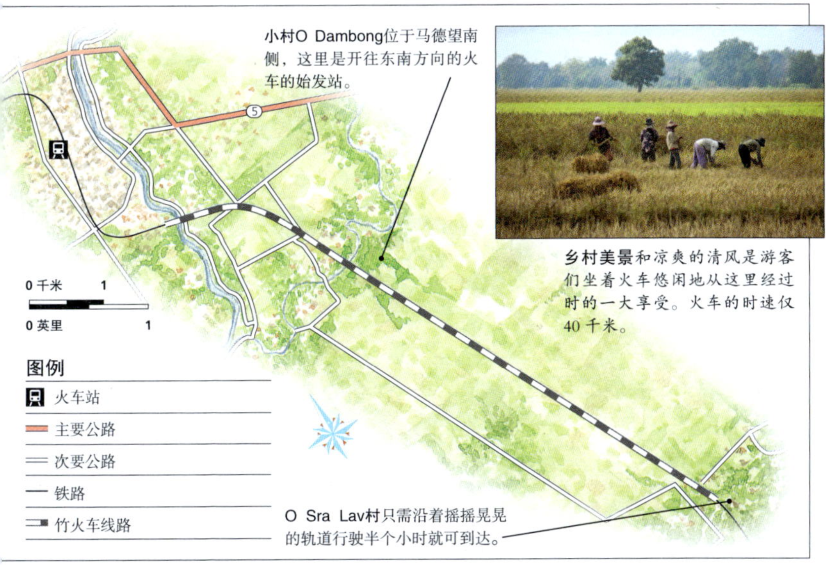

乡村美景和凉爽的清风是游客们坐着火车悠闲地从这里经过时的一大享受。火车的时速仅40千米。

崩塌的巴南寺废墟尽显吴哥寺庙的风格

巴南寺 ❹
Wat Banan

地图：C6 马德望南侧27千米。
每天：日出～日落

巴南寺的风格是吴哥寺庙所特有的，它位于巴南山（Phnom Banan）山顶，由358登台阶相通。石级两侧有装饰着那伽的栏杆，它通往11世纪的佛塔建筑，尽管在过去曾遭受过洗劫，但它们现在仍旧顽强地伫立在那里。这里的山顶景色是马德望全省最美的。那里还有小贩出售饮品，当地孩子会向游客兜售小扇子，挣点小费。

游客们可以在导游的带领下，从寺庙的一条狭窄的楼梯走下去探索一座山洞群，它由三座山洞组成。山洞里面很黑，手电筒是必备的。其中一座山洞还没有被开发，并不安全，所以禁止游客入内。山洞里面的空间非常狭小。

屠杀大坝 ❺
Kamping Poy

地图：C6 马德望西侧27千米。
每天：日出～日落

屠杀大坝又是一个令人想起红色高棉的残酷行径的伤心地，它位于两座山之间，绵延8000米。红色高棉时期，1万多人被迫成为奴隶，在这里修建这座巨大的、全无价值的大坝，他们都死于营养不良或被无情处死。据说修建大坝的目的是要重现古代吴哥时期的灌溉系统，但是最后这项工程以失败告终。如今，除了水闸大门，大坝的其他部分都已不复存在，当地人把这里当成了野餐地点。游客们可以乘坐当地男孩划的船到湖中间游览，但是价格非常昂贵。

Choob ❻

地图：C6 暹粒西侧89千米。
5000

Choob的石头雕塑

Choob是座小镇，距离柬埔寨西北侧的泰国边境很近。这里的街边坐着很多雕刻家出售他们的作品，品质不错，值得前往一逛。

Choob的雕塑家因为他们精湛的手艺在柬埔寨全国声名鹊起，经常有寺庙委托他们制作大型沙石塑像，这种工程一般需要几个月才能完成。可以在这里购买小型阿普萨拉雕像或佛像等精美的雕刻工艺品作为旅游纪念品。

昂德罗本特莫保护区 ❼
Ang Trapeng Thmor Reserve

地图：C6 暹粒西北侧100千米。
电话：(012)520-828 每天：日出～日落 www.samveasna.org

这片湿地鸟类天堂占地49

屠杀大坝碧蓝的水面十分适合乘船游览

本地区住宿及餐饮信息见214~215页和238~239页

平方千米，是1976年在红色高棉统治下由奴隶修建的，周围是一座蓄水库。

这里有大片的草地、龙脑香科树和稻田，2000年王室法令正式将这个地区定为赤颈鹤保护区。赤颈鹤是一种非常稀有的鸟类，巴戎寺（见74~75页）的浮雕上也描绘了这种优美的大鸟。昂德罗本特莫保护区除了是300只赤颈鹤的聚食场以外，这里还生活着200多种其他鸟类，其中18种在全球范围都是濒危物种。除了鸟类外，游客也许还会和大果蝠不期而遇，它们住在水库边半淹没在水中的树上。最幸运的人还能看到稀有的坡鹿。

游客可以乘船前往保护区，但此前一定要记得在附近村庄里的野生动物保护协会办公室登记。游客可以从暹粒出发在保护区一日游，或者也可以通过暹粒的桑维斯纳保护中心（Sam Veasna Center）安排住宿。

班台乍马寺墙上的精美石雕

班台乍马寺 ❽

Banteay Chhmer

地图：C5 马德望北侧130千米。
每天：日出~日落

穿过堤道和摇摇欲坠的大门，就到了吴哥时期最大也最神秘的建筑群——班台乍马寺。寺庙的正殿和巨大的蓄水池建于12世纪晚期，阇耶跋摩七世的统治时期。与深受佛教影响的巴戎寺相同，这里的特色也包括拥有神秘笑容的四面佛石雕和复杂的雕刻图案。但是与巴戎寺不同的是，知道班台乍马寺的人还不多，使得这里难得地保留着静谧的气氛，因此游览这里别有一番情趣。通常来这里的只有少数人家，他们就在这座草木丛生的遗迹附近耕种。

寺庙外侧围绕着两层城壕，外层城壕各边均长2000米。如今这些城濠都已干涸，当地农民就将它们改成了稻田。建筑群内还有很多条节庆用的走道、倒塌的佛塔和庭院，这些都是吴哥建筑的典型特征。这里的一大亮点是外墙上的巨大浮雕，描述了900年前的生活场景，其中包括大象游行队伍和与相邻的占婆打仗等生动的内容。游客可以在当地民居住宿，这样就有机会欣赏到日出日落时的寺庙美景。

军队堡垒 ❾

Banteay Tuop

地图：B5 马德望北侧121千米。
每天：日出~日落

军队堡垒与位于它北侧9千米处的班台乍马寺同样建于12世纪。这座建筑是阇耶跋摩七世国王在打败占族人以后送给军队的礼物。曾经这里矗立着五座佛塔，现在仅剩四座，其中一座在遭受了小贼的洗劫之后便倒塌了。剩下的四座至今保存完好，所用的木材还是12世纪时期的。

耸立在军队堡垒的稻田之上的宝塔

当地没有公交车，因此至今军队堡垒的交通很成问题。从班台乍马寺出发的游客可以在市场雇一辆摩托车，路上费时两小时左右；也可以选择乘坐出租车，更舒适。军队堡垒的最佳游览时间是在黄昏，这里的落日美景独具魅力，格外动人。

地雷警报

地雷危险警示牌

与老挝相邻的柬埔寨是世界上布地雷最密集的地区。据估计，这个国家埋有400万~1000万颗地雷。美国在20世纪60世纪晚期~70世纪早期在这里空投了很多炸弹，未爆炸武器（UXO）是最危险的。周边国家随着经济发展开始需要废金属，贫穷又无知的高棉人经常冒着不必要的危险挖掘这些“沉睡”的炸弹，就为了挣点额外的美元。结果4万多名高棉人（其中还有很多是孩子）现在都已经截肢了。但是柬埔寨全国只有某些地区遭受影响，70%的事故都发生在西北地区（红色高棉军队最后的庇护所）。1999年，红色高棉抵抗的炮火被熄灭以后，就再也没有地雷被埋在这里了。同年，柬埔寨签署了《禁雷公约》。

柏威夏寺 ⑩ Prasat Preah Vihear

那伽栏杆

柏威夏寺也被称圣地，高高地矗立在扁担山的悬崖上，靠近柬埔寨与泰国的边境。它是古代高棉建筑中地理位置最特别的一个，从这里看到的翠绿平原景色令人赞叹。柏威夏寺已被联合国教科文组织定为世界遗产地，这是一座建于9世纪，供奉印度教破坏神湿婆的神庙。建筑的重要部分是在苏鲁亚巴尔曼一世国王（1002~1050）和伟大的吴哥窟修建者——苏鲁亚巴尔曼二世国王（1113~1150）统治时期修建的，但最早修建部分的历史可以追溯回10世纪。随着高棉帝国对印度教的热情下降，柏威夏寺成为佛教寺庙。

纪念阶梯（Monumental Stairway）
纪念阶梯是一条陡峭的石头楼梯，由162级台阶组成，向上延伸120米，直达第一条那伽堤道。

★翻搅乳海浮雕
（Churning of the Ocean of Milk）
通往第三座通路塔的北侧入口是一座浮雕，其内容描绘了印度教的创世神话——毗湿奴创造宇宙。

上层

这一层包含气派的第三和第四个通路塔，以及通往中心大殿的堤道。堤道上装饰着那伽的图案，从侧面的走廊能够将寺庙建筑和平原景色尽收眼底。

星级景点

- ★ 翻搅乳海浮雕
- ★ 中心大殿和寺庙
- ★ Pei Ta Da悬崖

所有权问题

一直以来柬埔寨和泰国都在争夺柏威夏寺的所有权，1962年，海牙国际法庭将这个地方判给了柬埔寨。一直以来，有很多泰国人坚持认为这项判决不合理也不切实际，理由是从柬埔寨前往柏威夏寺很困难——尽管如今两国都有平整的公路与之相通。2008年，联合国教科文组织将这座寺庙定为世界遗产地，泰柬关系又一次恶化。近2年来，偶发性的武装冲突事件仍然存在，想前往此地游玩的人最好事先调查清楚当时形势，安全第一。

保护建筑群的柬埔寨士兵

本地区住宿及餐饮信息见214~215页和238~239页

第一座通路塔
（First Gopura）
第一座通路塔的门楣、锯齿形石头屋檐和柱子的外形保存较好。过去这里是朝拜者们休息的地方。

游客备忘

地图：C5 磅同西北侧260千米。从特崩棉则（Tbeng Meanchey）出发，然后搭乘摩托车 每天：8:00~16:00

★ 中心大殿和佛塔（Central Shrine and Prasat）
中心大殿和佛塔位于建筑的最上层，已经完全被毁坏，正待修复。目前这座大殿成为佛教寺庙，吸引了柬埔寨当地人和泰国游客前来朝拜。

景点列表

低层
纪念阶梯 ①
第一条那伽堤道 ②
第一座通路塔 ③

中层
第二座通路塔 ④
狮头水塘 ⑤

上层
第三座通路塔 ⑥
第二条那伽堤道 ⑦
第四座通路塔 ⑧
中心大殿和佛塔 ⑨

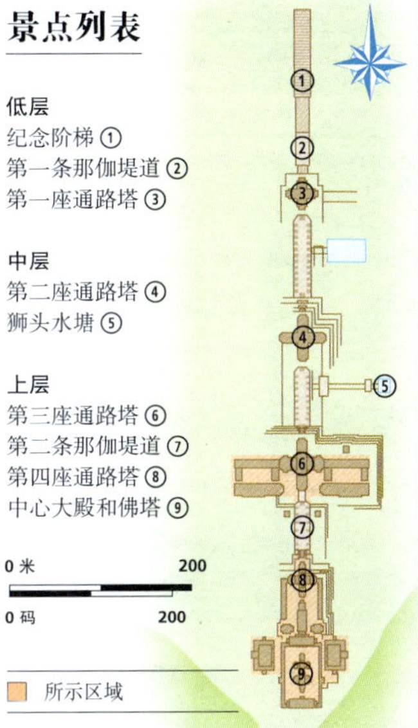

所示区域

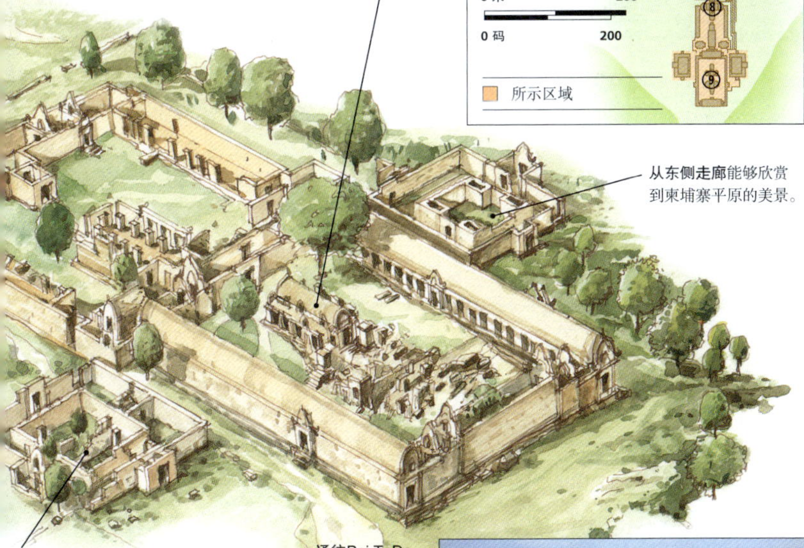

★Pei Ta Da悬崖
从陡峭的Pei Ta Da悬崖上能够欣赏到500米以下的平原美景。悬崖边缘下面有一个小山洞，从一条狭窄的裂缝可以到达那里，但是出于安全考虑，这条裂缝经常关闭。

气势宏大的贡开寺 ▷

贡开的七层金字塔形大塔寺令人赞叹，它耸立在雨林中的一块空地上

贡开 ⓫
Koh Ker

地图：C6 暹粒东北侧150千米。 每天：日出~日落

神秘的贡开隐藏在柏威夏省的茂密森林中，它最终得以出现在旅游地图上要得益于道路被改建，地雷被清理。这座建筑建于阇耶跋摩四世国王（926~942）统治期间，他曾在短期内将吴哥的首都迁到这里。不久前这里还未通道路且遍地地雷，但现在游客们可以从暹粒安全地到达，进行寺庙一日游。

整个建筑群含有100多座寺庙，其中42座意义非凡，而最令人敬畏的就是大塔寺（Prasat Thom）——一座高40米、宽55米的七层沙石金字塔。通过中央陡峭的台阶能够达到金字塔顶端，在那里能欣赏到西南侧荔枝山（Kulen Mountain）和西北侧扁担山（Dangkrek Mountains）的壮美景观。顶端还有一尊巨大的伽楼罗雕像。大塔寺的西北侧坐落着巨大的Pahal池，曾经注入池中的斯顿仙河（Stung Sen）已经改道用来灌溉贡开。红庙（Prasat Krahom）是寺庙建筑群内第二大寺庙，因其精美的楣石雕刻和由那伽守卫两侧的堤道而出名。Prasat Thneng寺和Prasat Leung寺也十分引人注目，它们都是柬埔寨最大的湿婆灵根象征。游客可以自驾游，但是最好的游览方式还是在暹粒参加旅行团。阿普萨拉管理局（Apsara Authority）的公共遗产巡逻队在这个景点进行巡逻，并对它进行修缮。

磅同 ⓬
Kompong Thom

地图：C6 暹粒东南侧150千米。 6.6万 Prachea Thepatay St 每天：日出~日落

这座位于交通要道旁的繁忙小镇沿着斯顿仙河畔坐落在柬埔寨的中心地区，可以为前往暹粒或金边的过客提供补给商品。最初它叫作Kompong Pos Thom，这个名字来源于posthom，意思是两条蛇，传说它们住在一个洞穴中，当地的佛教信徒都来供奉它们。现在人们已经忘记了洞穴所在的位置，但是三坡布雷卡的前吴哥寺庙历史遗迹和古怪的山寺湖丘寺（Phnom Santuk）将越来越多的游客吸引到了这里。磅同周围的乡村风景如画——水牛懒散地待在路边的水池中，村民坐着牲畜拉的大车穿过农田。游客们可以留意一下房屋外的自制假人，当地人都相信这种假人可以避邪。

三坡布雷卡 ⓭
Sambor Prei Kuk

地图：C6 磅同东北侧31千米。 从磅同出发 限制游览

这片17世纪的建筑群位于

三坡布雷卡的Preah Yeay Poun古代遗迹

本地区住宿及餐饮信息见214~215页和238~239页

磅同省的洞里萨湖东侧，修建于伊夏那伐摩一世国王（King Isanavarman I）统治的真腊时期（见37页）。

古代首都伊赏那补罗城（Isanapura）的遗迹占据了雨林中的一大片空地。这里的三座建筑分别是Preah Sambor（北侧建筑）、Preah Tor（中心建筑）和Yeay Poun（南侧建筑）。废墟中的一大亮点就是长方形的、闪着光斑的狮庙（Lion Temple），它的门口有狮子像把守。

三坡布雷卡的独特之处在于它有很多八角形的佛塔。有的佛塔已经被绞杀榕的根填满了，但其中一些佛塔还保有完好的楣石、柱子和半露方柱，上面的雕刻精细复杂，显示出当时工匠精湛的技艺。砖上的巨幅浮雕是这种建筑风格最初期的体现——不可思议的是，在强大的吴哥时代之前的150年，三坡布雷卡已开创了艺术新形式。游客们可以在附近的咖啡馆中雇用经过培训的导游带他们游览，但学生们会追着游客练英语。围着整片遗迹匆匆走一圈大概耗时一小时，这里氛围独特，非常值得游览，在这里不需要花太多脚力，还有森林投下树影可乘凉。从暹粒到这里只要花一天时间就能游览整个景区。

三坡布雷卡的狮子守卫

湖丘山 ⑭

Phnom Santuk

地图：D6 磅同东侧18千米。从磅同出发 每天：日出~日落

207米的湖丘山从青翠的稻田之上拔地而起，它是磅同省内最神圣的山。游客们可通过一条有809级台阶的石路上山，道路两侧坐落着华丽的抹灰雕塑。这里乞丐很多，他们会纠缠不休地向游人乞讨。此外游客可以驱车通过一条陡峭的道路，蛇行穿过茂密的雨林和猕猴栖息地。建筑顶端是一座镀金的白墙中心塔。石头表面雕刻着很多佛像，其中包括一些卧佛，它们的长度都超过10米。小佛殿之间由水泥桥相连。马和神的雕像以及一间雕刻工厂都为此地增色不少。寺院里的僧人很友好，他们喜欢和游客聊天。

从山顶远眺，四周的景色美得摄人心魄，山下碧绿的稻田一望无际。游客们爬山的时候最好间歇性地休息，并要多带些饮用水。

湖丘山的卧佛雕刻在石头上

湖丘丝绸农场的妇女将原丝纺成线

湖丘丝绸农场 ⑮

Santuk Silk Farm

地图：D6 6号路磅同东南侧18千米。电话：(012)906-604 周一至周六 7:00~11:00 & 13:00~17:00

湖丘丝绸农场位于Kakaoh村外，面对着通往湖丘山的道路起点，农场的经营者是经历过越南战争的老兵巴特·吉本斯（Bud Gibbons）和他的妻子。在这间农场中，游客们能够见到不同生命阶段的桑蚕，从卵到毛虫再到茧。蚕茧为纺线提供原丝，纺出的丝线可以织成漂亮的丝巾。农场里15个当地女孩为一组，现场纺织。游客可以在农场的商店中购买丝巾。农场中还种植着很多桑树，桑叶用来喂蚕。这里可以提供午餐，但是需要提前告知农场。

磅湛安哥寺的沙石红土废墟

磅湛 ⑯
Kompong Cham

地图：D7 金边东北侧120千米。人口 191.5万 从金边出发 从金边出发 每天

磅湛城坐落在湄公河的西岸，它的名字源于被放逐的占族人民。17世纪，占族人民遭到越南人的追捕，他们逃到了这座迷人的小城，并且定居下来。这里是柬埔寨的第三大城市，是人口最密集的磅湛省的省会，也是柬埔寨东北区的交通枢纽，但磅湛看上去只是一座小镇。城中有很多已经坍塌的法国殖民风格建筑，输电网也很有高卢风格；这里的林荫道很宽阔，广场上的雕像星罗棋布，人们还可以在河边悠闲地散步。晚上的城市热情洋溢，路灯装点着街道，照亮了喷泉。城市中心西侧2000米处的安哥寺（Wat Nokor）建于12世纪，也是一处十分有趣的景点。

郊区

在磅湛北侧19千米处坐落着一座建于16世纪的寺庙——Han Chey寺，它是吴哥建筑的幸存者。

桔井 ⑰
Kratie

地图：D6 磅湛东北侧70千米。人口 7.9万 每天

曾经的桔井是片与外界隔绝的穷乡僻壤，只有坐船才能到达，但现在一条修缮良好的道路将它与老挝边境、磅湛、上丁和金边相连，使得它成为外国人和当地商人必经的主要交叉路口。但是这座曾经被法国人统治的湄公河岸小镇至今还没有建起繁荣的市场，这里有少数印支别墅躲过了美国的轰炸，呈现出一派舒适的河畔风光。桔井曾经也是红色高棉的根据地，但现在这里因美丽的日落景观而出名，而且在Kampie村北侧15千米处也可以观赏到濒危的短吻海豚（Irrawaddy dolphin）。据估计，Kampie村和老挝之间的土黄色的湄公河中，生活着70~85只这种圆鼻小鳍的淡水豚。游客们可以乘坐嘟嘟车或摩的前往此地，一路上河岸风景如画，建在木桩上的水上房屋中居住着乡村家庭。从这里可以雇船出河，虽然不敢保证视野一定很好，但大多数情况是不错的。

Kampie村的木质海豚雕像

与桔井一水之隔的就是湄公河中的沙洲小岛Koh Trong。游客在这里能够欣赏到漂浮村庄和古老的佛塔，幸运的话还能遇上稀有的湄公淡水龟。小镇南侧2000米的Wat Roka Kandal寺是座19世纪的寺庙，这里景色优美值得一游。这里还出售当地妇女制作的柳条手工艺品。

上丁 ⑱
Stung Treng

地图：D6 桔井北侧140千米。人口 2.5万 每天

上丁小镇曾是老挝和法国统治的前哨，现在这里成为旅游景点，这得益于新建的桥梁和横穿柬埔寨全国的道路。说来颇有讽刺意味的是，这条道路也使得人们可以很方便地经过小镇却不需要在这里停留。上丁当地的主要交通方式还是水路交通；众多河流在这一带纵横交错，其中包括Tonlé Kong河、Tonlé Sepok河、洞里萨河和伟大的湄公河——湄公河在上丁镇东部奔腾绵延了10千米。游客在小镇及其周边乡村游览会有很多收获，这里有河畔日落游，但价格昂贵。不远处坐落着真腊时期的神牛寺遗迹。居住在当地人家中或进行徒步旅行活动等正在这里逐步兴起。

邦隆 ⑲
Ban Lung

地图：E6 上丁东北侧150千米。人口 2.5万 高地观光(Highland Tour) (088) 988-8098 每天
www.tourismcambodia.com

腊塔纳基里省位于柬埔寨最北端，人们常把它称为“狂

从桔井小镇欣赏到的湄公河美景

本地区住宿及餐饮信息见214~215页和238~239页

野东部”，而邦隆就是腊塔纳基里省的省会。

这座小城有个绰号——红色土地（dey krakhorm），因为这里的每样东西，从人们的脸上到树叶上都落着红色的尘土，使得这片地方呈现出一派离奇的秋天的感觉。游览邦隆的最佳时间是11月~次年2月，这时雨季已经过去，尘土也还未泛滥。从7月~9月是湿季，此时的小城中道路泥泞难走。

邦隆只是一个为周边景点提供交通和住宿的中转中心，周边景点包括瀑布、碧绿的火山湖、少数民族村落以及泛神教徒的公墓。位于邦隆北侧50千米处的**云晒国家公园**（Virachey National Park）也值得一游，游客们可以在此进行一次两天的徒步旅行。这里有很多生态徒步组织正在渐渐成形。大部分当地的家庭旅馆都能够组织游客骑大象前往瀑布游览，其中Ka Tieng瀑布是最令人印象深刻的。

雅龙湖 ⑳
Yaek Lom Lake

地图：E6 邦隆东侧5千米。

这座由于火山爆发形成的深绿色的火山湖诞生于70万年之前，它是邦隆周围最吸引人的景点。从空中俯看雅龙湖，湖水四周环绕着翠绿的雨林，形成一个完美的圆圈。这是个宁静的地方，游客可以起个大早在清凉的湖水中晨泳，也可以在码头上晒日光浴，这将是一段难以忘怀的旅程。游客中心能够为你提供腊塔纳基里少数民族的相关信息，他们大部分住在附近。很多当地少数民族认为这个湖是非常神圣的地方，在他们的传说中，这里清澈的水中住着怪物。湖泊周围有一条平整的小路，走完全程大概需要1个小时。当地

游客在雅龙湖上欣赏美丽的风光，享受清凉的湖水

Tompuon族负责管理湖泊，所获门票收入均用来改善村庄条件。游客可以徒步到达湖边，也可以从邦隆乘坐嘟嘟车去。

森莫诺隆 ㉑
Sen Monorom

地图：E6 金边东北侧370千米。 7千 从金边出发 金边 每天

森莫诺隆是柬埔寨最大的省蒙多基里的省会。由于美丽的草原、延绵的小山和两座巨大的湖泊，森莫诺隆又被称为“柬埔寨的瑞士”。这座人烟稀少的小城占地面积不算大，只有一座市场和几间家庭旅馆；但这里有众多河谷、瀑布和蓝绿色的落叶林，是老虎、熊还有一些小型濒危野生动物的家。让人觉得遗憾的是，过去15年中，非法砍伐势头上升，使得森林面积下降，动物们都被驱赶到了更远的内陆，这令自然资源保护论者十分震惊。

位于森莫诺隆的少数民族Phnong村里的房子

森莫诺隆周围的其他景点中值得游览的还有少数民族居住的Phnong村，这里最有名的是大象，游客可以进行一日游或两日游。在象谷（Elephant Valley）项目的帮助下，游客能够在这里了解到驯象的艺术。森莫诺隆也提供出租摩托车服务，但游客要注意这里的路并未修好，而且路标很少。

Bonsraa瀑布 ㉒
Bonsraa Waterfalls

地图：E6 森莫诺隆东侧35千米。 从森莫诺隆出发 每天：日出~日落

Bonsraa瀑布位于越南边境西侧35千米处，现在从森莫诺隆出发可以很容易地沿着道路到达那里。这里的瀑布共有两条，从35米的高度飞流直下，冲入茂密的雨林，这也是柬埔寨最著名、景观最具戏剧性的瀑布。高处的瀑布宽10米，震耳欲聋的水流十分有力，比较低窄的瀑布高25米，气势更为壮观。游客可以穿过河流，顺着蜿蜒的小路走下陡峭的阶梯，到达瀑布底部欣赏美景。森莫诺隆有摩托车出租，可供游客往返瀑布。

柬埔寨南部

柬埔寨南部是这个国家娱乐项目最丰富，自然风景最迷人的地区，这里有着闪闪发光的白色沙滩和树林茂密的国家公园。此外，这片人口稀少的地区还完好地保存着褪色的殖民建筑、活泼的海滩酒吧和未经开发的美丽小岛。游客们可以参与各种活动，从雨林漫步、乘船游览到潜水，应有尽有。

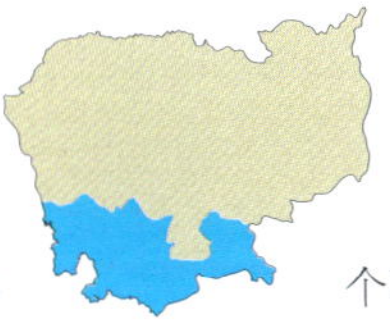

柬埔寨南部是片非常美丽的地方，它的西南侧是泰国边境，东南侧是越南湄公三角洲的边缘，北侧是难以逾越的豆蔻山，生物多样性十分丰富。直到20世纪80年代末，这些山脉都是红色高棉最后的根据地，正因为他们的存在，加上地形十分复杂，这里的森林幸运地逃过了被滥伐的命运。生活在豆蔻山中的野生动物包括大象、太阳熊、老虎、穿山甲、暹罗鳄和灵长类动物。

这个地区最吸引人的景致还要数原始的海滩和未经开发的小岛。西哈努克市中既有摇摇欲坠的老建筑，也有新建的高档酒店，持续吸引着游客，但这里的城市规划并不完善。细软的沙滩和碧绿的水面对于水上运动爱好者来说无异于天堂，此外这里还有很多旅行社和潜水公司，他们会为游客制订丰富精彩的活动计划。很多荒无人烟的小岛就坐落在距离西哈努克市海岸不远处，制定一趟一日游是个不错的选择。除了旅游外，沿海地区的主要收入来源还包括农业、渔业和盐业。

柬埔寨南部地区也是众多野生动物保护区的聚集地。云壤国家公园包括了很大一片拥有红树林和珊瑚礁的海岸地区，与它相对的就是长满松树的基里隆国家公园。在波顿沙库国家公园的雨林保护区内居住着大象和犀鸟，波哥国家公园中曾经坐落着一处老旧的法式山中避暑地，如今已被一座新建成的酒店建筑所取代。这里的其他美景还包括有着坍塌的现代主义风格建筑的迷你小城白马市，和茶胶省迷人的达山寺遗址。

贡布的码头上排列着鲜艳的渔船和建在木桩上的水上房屋

◁ 西哈努克市的沙滩很受欢迎，这里有小茅屋和太阳椅

探索柬埔寨

海滩、岛屿和国家公园使得柬埔寨南部成为旅游胜地。位于泰柬边境的戈公市将自己建设成为一个生态旅游中心，这里有风景如画的瀑布、森林以及红树林保护区。极富魅力的西哈努克市拥有东南亚最壮美的海滩和淳朴的海岛。位于西哈努克市东侧的贡布市地位十分重要，这里有优美的河流和浪漫的法国人特区，此外这里也是前往波哥国家公园的理想补给站。迷你白马曾是法国人常去的地方，现在这里仍然呈现出乡土气息。历史悠久的达山寺位于茶胶省，前往这里的唯一途径是从吴哥博瑞乘船。

波顿沙库国家公园里茂密的红树林

旅游景点分布示意图

城镇
白马 16
柴桢 22
茶胶 19
达乃良 21
贡布 11
戈公 5
西哈努克市（见106~107页） 1

宗教圣地
农诺山 14
农索萨山 15

历史遗迹
吴哥博瑞 20

岛屿和沙滩
戈公岛 8
兔岛 18

国家公园和保护区
波哥国家公园 13
波顿沙库国家公园 10
白马国家公园 17
豆蔻山 9
基里隆国家公园 4
平夸索自然保护区 7
云壤国家公园 2

自然风景区
达岱瀑布 6
虱头小瀑布 3
Tek Chhouu瀑布 12

周边交通

柬埔寨南部的交通系统发展较好，大部分路段道路平整，状况良好，但都是单行道。这里的公交网络效率很高而且距离不远，因此旅程不会过于劳顿。合乘出租车和乘坐公交都是不错的选择，在西哈努克市到贡布的路段更是如此。一般司机都会允许游客半路停车拍照。在西哈努克市，租车机构十分普遍，大部分小镇上也开设了租赁摩托车的公司。游客可能乘船前往小岛和河边的村庄，也可以去游览达山寺等公园和寺庙遗迹。

小城柴桢的繁忙街景

图例

- 主要公路
- 次要公路
- 未铺柏油道路
- 乡间土路
- 铁路
- 国界
- 省界
- 山峰

达岱瀑布的岩石边缘上环绕着郁郁葱葱的树林

另参见

· 住宿信息 见216~217页

· 餐饮信息 见231~241页

西哈努克市 ❶ Sihanoukville

交通环岛上的金狮雕像

西哈努克市有着闪闪发光的洁白沙滩和碧蓝的海水，这里是柬埔寨最重要的沙滩区。这座小城分为三个区，覆盖着巨大的港口地区，它的名字源于柬埔寨前国王西哈努克，但是当地人更喜欢称它为磅逊（Kompong Som）。虽然这里的建筑谈不上有特色，但是银行、餐馆、酒吧、网吧和高档酒店等现代化设施齐全，吸引了大量国际投资，也带来了游客。城中的国际机场经过改建，已于2011年重新开放。

独立海滩上的独立酒店泳池周边

胜利海滩的飞机俱乐部入口

胜利海滩（Victory Beach）

市中心西北侧3000米。

美丽洁白的胜利沙滩位于胜利山的山脚下。它的南侧尽头也被称为Lamherkay海滩。胜利海滩长约300米，它的西侧是绝佳的观赏夕阳的地点。飞机俱乐部就坐落在这里，每到夜晚，这里会播放流行音乐，人们尽情舞蹈，而且这里也提供饮品和食物。距离海岸2000米的海上是蛇岛（Koh Pos），坐船前往很方便。

独立海滩（Independence Beach）

市中心西南侧3千米。

独立海滩是又一个可爱的热带海湾，它的名字源于独立酒店，这家酒店就坐落在北侧海岸的小山顶上。这是一片私人海滩，有着细软的洁白沙子，是个游泳的好地方。游客可以在酒店的海滩咖啡馆买一两杯饮料，这样就可以免费进入海滩；或者可以顺着海岸一直走到北边，这里有一小块地方是对所有人免费开放的。海滩上到处都是小贩，贩卖小饰品和水果。

圣卡海滩（Sokha Beach）

市中心西南侧2000米。

圣卡海滩有闪光的白色沙子和碧蓝的梦幻般的海水，十分值得游览。月牙形的海滩绵延2000米，两端是悬崖峭壁。这片沙滩属于Sohka Beach Resort度假酒店所有（见217页），前去参观的游客需要购买门票，不过门票价格也包括使用酒店游泳池的费用。海滩上的折叠椅和棚屋都归酒店所有。

奥克提尔海滩（Occheuteal Beach）

市中心南侧2000米。

奥克提尔海滩是西哈努克市的一大旅游热点，也是离酒店地带最近的一个海滩。其北侧尽头已经建设得十分完善，这里有一片名为珍宝海滩（Serendipity Beach）的岩石小湾，虽然没有沙子，却是奥克提尔海滩上最美丽的区域。这一带有聚集着高档别墅和城中著名的酒吧和餐馆。相反，南边尽头几乎没有开发。

奥克提尔海滩上排列着无数酒吧和咖啡馆

本地区住宿及餐饮信息见216~217页和239~241页

长着大麻黄树的海滩是喜欢日光浴和水上活动的游客的天堂，可以在这里租赁潜水设备、香蕉船和水上摩托艇，并享受温暖的海水。海滩上开设了酒吧餐馆于一体的店铺，供应便宜的啤酒和海鲜。

不幸的是，海滩正在受到侵蚀，因为大多数建筑都离水面太近。游客可能会看见一些不美观的景色，如用于高速建设的沙包。但是在沙滩上走到一半就能看到洁白的沙子和浅滩处的海水了。

Prek Treng海滩

市中心西北侧6000米。

Prek Treng海滩位于海港北侧，这是一片荒芜、狭长的新月形海滩，这里沙子不多，浅海区域呈现蓝色。游客可以自带饮料和小吃，因为这里没有商店出售饮食。涨潮时海滩变得非常狭窄，海岸线上礁石嶙峋。

欧特斯海滩（Otres Beach）

镇中心东南侧6000米。

欧特斯海滩紧挨着奥克提尔海滩南侧，就在一片小海岬后面。这里有金黄色的沙子和大麻黄树。海滩本身狭长，约3000米，上面星星点点摆放着躺椅，购买了饮料或小吃的游客可以在上面休息。虽然很多区域被开发商买走了，但是这片地方还算是未开发之地。

海滨地区有很多小平房提供经济的住宿服务，这里没有交通嘈杂的声音打扰海滩的平静。海滩附近并没有公共交通线路，但是游客可以从市中心雇车或乘嘟嘟车前往，或者直接步行到达。

游客指南

地图：C7
金边西南侧180千米。
6.2万 corner of Sopheakmongkol&109Sts, (034) 933-894 每天 波浪音乐节（Wave Music Festival，10月~11月中旬）

Prek Treng海滩上宁静的沙滩和海水

云壤国家公园 ❷

Ream National Park

地图：C7 西哈努克市东南侧19千米。 Park HQ，(016)767-686 每天：7:00~17:00

云壤国家公园位于海滨地区，占地212平方千米，公园内的地貌特征十分丰富，其中包括白色的沙滩、红树林和布列达萨普河河湾（Prek Toeuk Sap Estuary）。公园的海洋区由密岛（Koh Thmei）和塞岛（Koh She）两座岛屿以及近海的众多珊瑚礁组成。渔乡Thmor Thom也坐落在公园内，共有200户当地居民如今依然生活在这里。

云壤国家公园也是众多鸟类的家，栖息在这里的鸟类品种，仅记录在案的就高达150多种，其中包括印度斑尾弯嘴犀鸟、海鹰、灰头鱼鹰和鹳等。此外，这里的森林中还生活着太阳熊、鹿、蟒蛇和眼镜王蛇、短尾猿、银叶猴和穿山甲等动物。在布列达萨普河附近，游客们有时可以见到猴子以及从水面上掠过的各种翠鸟。雨季时分，人们还能看见濒危的短吻海豚。

推荐乘船游览国家公园，这也是大部分游客的选择。顺河流驶向大海的过程中会穿过茂盛的红树林和森林，还能看见河岸边的野生动物。河岸边也可以游泳。会说英语的国家公园管理员可以为游客安排雨林徒步行程，但是游客不能擅自行动。

云壤国家公园水下五彩斑斓的珊瑚礁

西哈努克市的岛屿

这20座棕榈摇曳的田园小岛坐落在西哈努克市（见106~107页）的近海海域，从大陆前往岛屿一日游十分受欢迎。有的岛屿可以提供基础的住宿服务，但还有一些荒无人烟，也有的居住着一些靠打鱼和耕种为生的人。

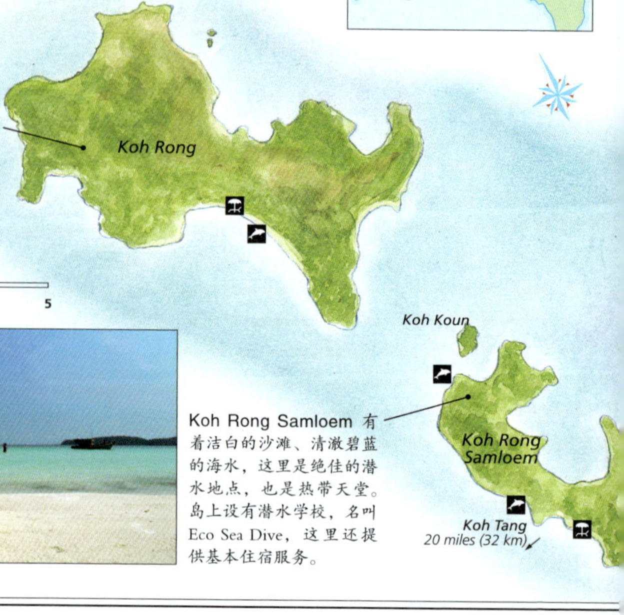

瓜隆岛（Koh Rong）是岛屿群中最大的一座，这里的海滩未经开发，是散步的绝佳地点。这里清澈的海水中生活着各种各样的海洋生物。

Koh Rong Samloem 有着洁白的沙滩、清澈碧蓝的海水，这里是绝佳的潜水地点，也是热带天堂。岛上设有潜水学校，名叫Eco Sea Dive，这里还提供基本住宿服务。

虱头小瀑布 ❸
Kbal Chhay Cascades

地图： C7　西哈努克市北侧18千米。
西哈努克市，(034)933-894

虱头小瀑布是柬埔寨南部的一处非常著名的景点，因为它曾出现在柬埔寨电影《巨蛇》（*Chao Pos Keng Kong*）中，游客可以在这里尽情游泳。上游岩石嶙峋，还有供人日光浴的小沙滩。但是雨季末期水流会变小，那时这里不适合游泳。

因为在当地十分有名，每到周日这里人山人海，垃圾处理很成问题。这里的设施包括经营当地小吃和纪念品的货摊、野餐平台以及流动摊位。游客可以乘坐摩的或摩托车前往瀑布景区。

虱头小瀑布

基里隆国家公园 ❹
Kirirom National Park

地图： C7　西哈努克市东北侧110千米。
每天：7:00~17:00

迷人的基里隆国家公园坐落在偏远的高原地区，从西哈努克市乘车前往需要2个小时。它的海拔高约700米，使得这里的气候比海岸地区要寒冷一些，广袤的松树林就是体现这里气温的标志。在公园管理员的带领下，游客们可以深入**世界尽头山**（Phnom Dat Chivit），站在这座山上能够一览西侧的大象山和豆蔻山的美景。乘坐牛车或缓慢徒步前往瀑布景区都是不错的选择，森林中的路网很发达。这里的野生动物种类很多，包括大象、老虎、戴帽长臂猿、白臀野牛、印度野牛和太阳熊，但是游客很难见到它们。

公园里有一座提供餐饮服务的小型家庭旅馆，在这里能欣赏到整片树林的美景，夕阳西下时更是美不胜收。对于周末休息的金边人来说，这个有着整齐草坪的地方也是极佳的休闲胜地。

潜水是热门项目，从Koh Rong Sam-loem、Koh Tas和唐岛（Koh Tang）的海岸下潜能够看见庞大的珊瑚礁，这里居住着各种海洋生物，比如狮子鱼、海马和鲸鲨。

游客备忘

蛇岛位于西哈努克市西侧2千米。岛与岛之间相通
西哈努克市的旅行社和家庭旅馆都可以为游客安排岛上旅游行程

图例
- 海滩
- 潜水点

蛇岛（Koh Pos）如今已成为房地产开发的热门地，但开发进度并不明显。

Koh Ta Kiev有着洁白的沙滩和神奇的海洋生物，也是个潜水的好地方。岛上也提供雨林野营和徒步的设备。

竹岛（Koh Russie）的西海岸覆盖着细软的沙滩。而东海岸就不如西边有意思，一般都是一日游的游客前来游览。

戈公 ❺
Koh Kong

地图：B7 西哈努克市西北侧220千米。
3万

由于红色高棉曾经占据豆蔻山的历史及复杂难行的地貌，戈公很多年来都无人问津。直到2001年，通往这里的途径还只有海路和航空，现在将小城与4号国道和整个国家联系起来的道路为这个地方带来了巨大发展。城中建起了旅馆和餐馆，它们为日益增加的泰国游客提供了食宿服务——泰柬边境距离此地只有10千米。戈公是生态旅游的绝佳地点，由此可以前往雨林环绕的河流和红树林。

从戈公向上游行进约1小时就到了**Koh Por瀑布**，这里有壮观的雨林景观。在瀑布下方游泳很安全，但游客要注意，瀑布主流下落时力量很大，仅次于暴雨的力度。12月~次年6月之间，可以在河岸小路上进行徒步活动。

郊区

泰柬边境附近的**戈公旅行世界**（Koh Kong Safari World）景观丰富，生活着众多动物，是一个进行全家远足的好地点。

戈公旅行世界
市中心西北侧6千米。**电话：**(016) 800-811 每天：9:00~17:00
www.kohkongresort.com

平夸索自然保护区茂密的红树林

达岱瀑布 ❻
Tatai Waterfalls

地图：C7 戈公东侧19千米。 从Koh Kong出发

风景如画的达岱瀑布坐落在茂密的绿色雨林中，它位于横跨达岱河（Tatai River）的桥梁上游。每逢雨季这里的水流速度非常快，而旱季期间水位就会降到岩石池中。游客可以通过划皮筏、沿小路徒步或坐船前往，在戈公雇摩托车也可以。附近还有两座极棒的生态旅馆（ecolodge）坐落在纯净的达岱河边。

平夸索自然保护区 ❼
Peam Krasaop Nature Reserve

地图：B7 戈公南侧6千米。

平夸索自然保护区占地240平方千米，是东南亚最重要的红树生长区之一。红树林是热带、亚热带海湾、河口泥滩上特有的常绿灌木和小乔木群落，不仅保护着海岸不受腐蚀，而且为当地动植物群落的生长发展提供了环境支持。广阔的海滨泥地为无脊椎动物提供了重要的栖息地，也为小青脚鹬和亚洲长嘴半蹼鹬等涉水禽类提供了丰富的食物。如今，森林中间已经修建了混凝土的道路，这样游客们就能方便地近距离观赏野生动物，比如锯缘青蟹、鹳和鹤。此外，这个保护区中还生活着穿山甲、猴子、蝙蝠和鹿。渔民据说偶尔还会遇到咸水鳄。通往保护区的主道旁坐落着Boeng Kayak定居点，其内耸立着一座15米的瞭望塔，从这里能够欣赏到海湾和海滨泥地的景色。从保护区入口处可以雇船前往戈公海湾，清晨前往是观看短吻海豚的最佳时机。

戈公岛 ❽
Koh Kong Island

地图：B7 戈公南侧26千米。 从戈公出发

热带天堂戈公岛还没有遭到人类发展工程的破坏，这里的海滩上自由生长着大片的椰子树等植物。碧蓝的海水和细软的白沙组成了七片美丽的沙滩，其中的3号沙滩上有一座小巧的咸水湖，是游客们来此的首要目的地。这座海滩幸福而平静，在充满田园风情的环境里，只有风声、海浪声和鸟儿的歌声才会暂时性地打破这里的宁静。有几种不同的海龟在这里做窝，但是一般游客很难见到它们，因为它们只有在夜间才会回到窝里。在这里潜水也是个不错的选择，水质清澈，视野很好，能够欣赏到一群群的镜鱼。

戈公岛并没有开通固定的

坐落在达岱河岸，被茂密的绿色雨林环绕的生态旅馆

本地区住宿及餐饮信息见216~217页和239~241页

戈公岛上晶莹剔透的海水和细软的沙滩

交通服务，游客需要在戈公雇船前往，并且要在登上沙滩之前先在岛上的警察检查站登记。乘快艇到3号沙滩大概需要75分钟路程，而乘坐极具特色的长尾船则要花费2个小时45分钟。建议游客随身携带驱虫剂，因为这里的沙蝇非常令人讨厌。

豆蔻山 ⑨
Cardamom Mountains

地图：C7 戈公东南侧119千米。从戈公出发

豆蔻山脉占地10100平方千米，是东南亚大陆上面积最大的荒野地带。山区中的两个区域已经划为保护区——一个是占地4013平方千米的中部豆蔻保护区，它与菩萨省（Pursat）相邻；另一个是戈公东侧的南部豆蔻保护区，占地1443平方千米。这片山区中包括多种不同的森林环境，其中栖息着各种野生动物。海拔比较低的地区生长的是干燥森林和落叶林，其中生活着众多哺乳动物，包括大象、老虎和桑珀尔鹿等。此外这里也是暹罗鳄最后的栖息地之一。高海拔地区的雨林地带是豆蔻条纹壁虎等地区性物种的主要生存区域。这里已经发现的鸟类大概有1400种。但是过度捕猎、乱砍滥伐以及土地整治都会对这些动物的生存带来极大威胁。2012年，柬埔寨著名环保人士恰乌提（Chut Wutty）在戈公省收集非法砍伐的证据过程中被枪杀。

戈公的旅行社可以帮助游客安排前往豆蔻山南部的山麓小丘的行程。Chi Phat村位于Anduong Tuek河港上游21千米，距离戈公南部98千米，这里已经开设了生态旅游项目，提供的项目包括山地自行车、徒步及观赏鸟类。工作于非政府组织——野生动物联盟的当地向导可以组织行船游览项目，前往距Chi Phat村6千米的Chhay Tameas激流。另一个选择是前往偏远的特莫邦公园（Thma Bang）站，这座位于Tatai河西侧2小时车程的公园，也可为游客提供基本住宿服务。

马来犀鸟

波顿沙库国家公园 ⑩
Botum Sakor National Park

地图：C7 戈公南侧102千米。西哈努克市，（034）933-894 每天：7:00~17:00

波顿沙库国家公园占地1832平方千米，位于戈公和西哈努克市之间的球根形半岛上，整个公园由海滨地区、低海拔雨林、草场和红树林组成，生态环境丰富、物种多样。公园内居住着大象、鲇鱼、太阳熊、豹子和戴帽长臂猿等动物。这里的豹子和大象的数量不多，却经常能看到树蛙等爬行动物和两栖动物，以及白腹海雕等鸟类。一直以来，这个公园都是开发者和环境保护主义者争论的焦点，前者的眼睛盯上了公园西部半岛的细软沙滩，而后者认为开发这片区域就违背了波顿沙库的国家公园身份，因为开发活动会破坏生态环境，给栖息在那一区域的动物带来灾难。此外，大片的红树林也会因开发而遭到砍伐。

通往公园的路很有限，但是位于Anduong Tuek西部3千米处的公园总部可以组织徒步旅行和乘船游览活动。行船路线穿过红树林，这里到处都是泥蟹和翠鸟。

游客徒步通过豆蔻山中的雨林

云壤国家公园中碧绿的海水环绕着纯净的白色沙滩 ▷

波哥山前风景如画的贡布河岸风光

贡布 ⓫
Kampot

地图：C7 西哈努克市东侧106千米。
3.6万 每天

贡布是柬埔寨最有气氛的小城之一，这里有着湿热的气候、轻松的气氛、顺畅的交通和精致的咖啡馆。因为坐落在贡布河边，夕阳时分在小镇的河畔散步十分惬意，可以看见渔民抛出鱼线，当地人背对着波哥山享受美酒。

贡布的渔船

贡布的中心区域景点密集，徒步游览就很方便。法式殖民建筑虽然是之前衰落王国的产物，但现在看来仍很迷人。游览的最佳起点是河畔靠近老桥的地方，这座桥在红色高棉统治时期遭到了严重的毁坏。游客从这里向东南方向走能够看到整修过的市场那不可思议的陡峭尖屋顶。这里的很多商店和房屋都有着明显的殖民地风格——百叶窗、赤褐色的瓦和精致的阳台。小镇中心的南侧有一个有趣的景点——**贡布传统音乐学院**（Kampot Traditional Music School），残疾学生在这里学习传统舞蹈和音乐。游客也可以前往省训练中心，它位于邮局背后，这里是教授妇女纺织工艺的地方，目的是让当地妇女掌握一门手艺，使她们能够有持续收入，但是当地对她们的产品并没有大量需求。想帮助她们的游客可以买一块丝绸或棉质头巾。

逗留时间较长的游客可以在小城周围游览。前往白马（见116页）的路上能看到巨大的盐田，位于贡布南侧3千米处，包含了1000多块田地。收获季节中成百上千的当地人会去捡拾成型的盐巴。在这条路上还有一座高棉穆斯林的小村庄——**Kabalromih村**，位于3千米开外，是一座处于广阔的红树林沼泽边缘的重要船只建造中心。

贡布传统音乐学校
Plauv Ekareach, 1 Ousaphear Khum Kampong Kandal. **电话：**(033)932-992
周一至周五：8:00~11:00 &18:30~21:00 **www.**kcdi-cambodia.com

Tek Chhouu瀑布 ⓬
Tek Chhouu Falls

地图：C7 贡布西北侧8千米。 从贡布出发

Tek Chhouu瀑布是个受欢迎的野餐地点，这里的水流很大，雨季过后是最佳旅游时间。游客可全家坐在竹筏子上，漂流在水面上，欣赏贡布河的美景。这里的天然水池很适合游泳，石台可用于晒日光浴。前往瀑布的路上会经过**Tek Chhouu动物园**，这里很适合孩子们。

Tek Chhouu动物园
电话：(011)768-470

音乐疗法

高棉的传统音乐和艺术在红色高棉统治期间几乎完全遭到破坏。尽管音乐家和艺术家试图外逃，但还是遭到了残忍的屠杀。现在，这些艺术形式不仅卷土重来，还形成了“艺术疗法”来帮助柬埔寨人走出历史的阴影。非政府组织如凯瑟琳·吉奇的贡布传统音乐学校和Arn Chorn-Pond的柬埔寨生活艺术中心不仅仅在努力复兴这些丢失的传统，也在利用音乐治疗红色高棉的受害者。

柬埔寨生活艺术中心的学生们正在学习演奏乐器

本地区住宿及餐饮信息见216~217页和239~241页

波哥国家公园 ⑬
Bokor National Park

地图：C7 贡布北侧42千米。从贡布出发

波哥国家公园是贡布省最具吸引力的景点之一，它占地1581平方千米，主要由雨林、草原和落叶林组成。虽然乱砍滥伐已经大大减少了波哥国家公园北部的植被面积，但这里仍旧生活着亚洲象、老虎、豹子、穿山甲、亚洲黑熊、马来太阳熊、戴帽长臂猿、懒猴和猪尾猕猴等多种动物。幸运的游客还能与在公园内居住的鸟类（共约300种）不期而遇，比如漂亮的灰头鱼鹰和斑腹鹰鸮。

除了多种鸟类和动物外，这里还有一大特点，是**波哥避暑山庄**（Bokor Hill Station），这个景点曾出现在2002年马特·达蒙主演的电影《幽灵城市》（*City of Ghost*）中。这座山庄位于1080米高的波哥山（Phnom Bokor）顶端，是20世纪20年代被法国人废弃的避暑小站，这里曾有一座四层的酒店兼赌场，一度辉煌，如今经过圣卡集团（Sokha group）的整修，这处古老的酒店兼赌场已经重新开放，欢迎那些驾车环游山林，穿越寒冷雾气的游客们在此停留歇息，吃一顿

波哥国家公园的古老的天主教遗迹

农诺山的7世纪湿婆砖寺

午餐，或者品尝一杯独具风味的咖啡。天气好的时候，从贡布能看到泰国湾的美景，但是山顶一般来说总环绕着雾霭。遗迹附近有一座**天主教堂**（Catholic Church），它在战争年代屹立不倒，最后被红色高棉占领。现在它的内部已经被破坏了，而建筑外层同样被橙色地衣覆盖。

还有一个有趣的景点是**波哥宫殿**（Bokor Palace），也称为黑色宫殿，位于避暑山庄东侧10千米处。这里曾经是西哈努克国王的宅邸，从这座废弃的建筑还能看出它曾经的富丽堂皇——大理石的地面、铺有瓷砖的浴室和壁炉还保存完好。

大多数来公园参观的旅游团还会前往**双重瀑布**（Popokvil Waterfalls），它位于避暑山庄东北侧5千米处。这座两层瀑布由一座能够涉水而过的浅水池隔开，瀑布水很浅，不能用于游泳。这里是个宁静的景点，总是浓雾弥漫，气温凉爽，值得花些时间慢慢品味。

农诺山 ⑭
Phnom Chhnork

地图：C7 贡布东北侧8000米。每天：8:00~17:00

农诺山是一座著名的山洞寺庙，位于贡布东侧平原的一座小山丘上。游客要先穿过一片稻田，而后攀上一条石级才能到达山洞，洞中的7世纪扶南砖庙是供奉破坏之神湿婆的神庙。从贡布乘坐摩托车或嘟嘟车都可以到达这里。

农索萨山的象头状石笋

农索萨山 ⑮
Phnom Sorsia

地图：C7 贡布东侧18千米。每天：7:30~17:00

农索萨山是一座位于山上的宗教寺庙，由一座色彩绚丽的佛教寺庙和一片布满山洞的喀斯特岩层组成。通往寺庙的台阶左侧是第一座山洞，里面有一座象头形状的石笋，山洞也因此得名**白象山洞**（Rung Damrey Sor）。东侧更远处是**蝙蝠山洞**（Bat Cave），里面住着成千上万的蝙蝠。山顶有一座佛塔，视野非常好。

白马曾经一度辉煌的殖民别墅只剩下了焦黑的残骸

白马 ⑯
Kep

地图：C7 金边南侧175千米。
4500

白马曾被称为白马小镇（Kep-sur-Mer），20世纪30年代，这里是法国印支有钱的人和有影响的人的高消费场所。现在这里只不过是一个杂草丛生的村子，但是它三面环海，一面环绕着森林覆盖的海岬，环境风景如画。大量的绿植和茂密的树木为小镇增色不少。近几年，白马成为柬埔寨最成功的微景点，大批生态旅馆和家庭旅舍如雨后春笋般出现在这座小城中。

1975年，红色高棉占据了小镇，他们烧毁了大部分殖民象征，一度辉煌的建筑和别墅只剩下了焦黑的空壳。尽管他们对这里大肆破坏，但白马的现代混凝土别墅又成为小城最大的魅力。虽然这些建筑已经破败、被烧焦，但它们仍旧见证了辉煌的时光，也很值得游客前往。

此外游客也会发现这里的海滩是很不错的去处。**白马海滩**（Kep Beach）位于白马半岛边缘，长约2000米，上面点缀着些许鹅卵石和日光躺椅。这里的沙子呈现出灰黑色，与加勒比天堂大相径庭。海湾里的水很浅，对儿童来说很安全，但是成人要向深海处走很远才能游泳。**椰子海滩**（Coconut Beach）位于白马海滩不远处，很受当地人欢迎。

这里最著名的美食是白马胡椒蟹（见229页），小镇北侧的螃蟹市场（Crab Market）一带的每家餐馆都供应这道菜肴，有机会一定要品尝一下。附近有很多辣椒农场，游客在那里能够看到很多藤蔓植物，也能买到辛辣味十足的白马胡椒子。

白马背后的小山顶部视野很好。热爱徒步的人可以顺着小路穿过雨林，前往Veranda自然保护区。

白马国家公园 ⑰
Kep National Park

地图：C7 白马西北侧2000米。 从白马出发

白马国家公园是柬埔寨最小的保护区，它位于白马镇背后的小山顶端。盘山小路长8千米，穿过常绿的森林，徒步需要大概3小时。其间游客能够看到贡布和Angkoul海滩以及一座佛塔，到达日落石（Sunset Rock）后能够鸟瞰海面和兔岛的美景。不幸的是，农民已经侵占了公园中海拔较低的区域，因此这里很少能看到野生动物了。山下有汽车能将游客载到公园。

兔岛的游客懒洋洋地躺在热闹的沙滩上

兔岛 ⑱
Koh Tonsay

地图：C7 白马南侧6000米。 从白马出发

兔岛是白马近海处的一座郁郁葱葱的美丽小岛，它的名字源于它的轮廓很像一只兔子。岛上住着约200人，他们依靠捕鱼、收割椰子及海草（为中国制造化妆品）为生。游览整个岛屿只需要几个小时。

这里是游泳的好地方，它的魅力就在于树荫遮蔽的海滩和狭长的金色沙滩。兔岛上有几座相似的，用木头和茅草搭的小平房，大部分里面没有设施，有的开发成了餐馆和存货颇丰的小酒吧。游客也可以前往附近的蛇岛和（Koh Pos）Koh Svai岛游览。

白马螃蟹市场的滨水区排列着修建在木桩上的餐馆

本地区住宿及餐饮信息见216~217页和239~241页

海岸国家公园的植物与动物

柬埔寨的海岸公园内有各种各样的动植物，其多样性令人不可思议。豆蔻山上的雨林从山上一直延伸到海边，亚洲保存最完好的红树河口也位于此处的海岸线上。浅水区是大量海草的温床，它们为儒艮和海龟提供了食物。柬埔寨的77座近海岛屿中有很多含有礁石，各种珊瑚和鱼类就在这里安家。但目前这种生态系统却面临着威胁，很多物种都因为失去栖息地、砍伐森林、非法野生动物交易、破坏性捕鱼及偷猎而成为濒危物种。农田和森林征用（包括国家公园内）导致野生动物的领地不断减少，森林也因为对木制产品的需求而遭到破坏。

白腹海雕

椰子树是海岸居民十分重要的生计来源，他们几乎能利用这种树木的每个部分。

木麻黄是一种十分优雅的海岸树木，只要是通风的地方都有它们的身影。

植物

柬埔寨的海岸地区有着东南亚最广阔的森林环境。低海拔区域生长着茂密的热带雨林，树木最高能达到将近 50 米高。

海草是海龟和儒艮的食物中不可缺少的一部分。

玳瑁生活在近海岸区域的浅水中，同样生长在这里的常见海绵是它们的主要食物。

动物

柬埔寨的海岸水域很浅，最深不超过 60 米。礁石分布广泛，其间夹杂着各种坚硬或柔软的珊瑚，生活于其中的海洋生物也多种多样，包括螃蟹、鱼类和龟类——这里是潜水天堂。

海马是一种独特的鱼类，它们生活在西哈努克市岸边的浅水中。

寄居蟹在柬埔寨的海域中，尤其是红树林遮盖的水域中十分常见。

海鞭珊瑚的特点就是其五颜六色的、长刷毛状的枝杈。它生长在礁石间，为众多鱼类提供了栖身之所。

白顶礁鲨能够长到1.5米长，除非激怒它，否则它一般不具攻击性。

茶胶风景如画的湖畔漫步区，四周环绕着椰子树

茶胶 ⑲
Takeo

地图：D7 金边南侧77千米。 4.2万
St 4, Takeo; (032) 931-323

茶胶是一座省会城市，位于辽阔的冲积平原边缘，是当地至关重要的湿地区域。虽然茶胶没有出现在旅游地图上，但仍有络绎不绝的游客穿梭于这里宽敞的街路间，他们经由这里前往附近的达山寺，拜访这座令人惊叹的古老高棉寺庙。因此，茶胶城里有许多旅游设施，包括舒适的酒店、网吧和几家带有自动提款机的银行。城里并没有许多令人称奇的景点，但湖畔的漫步区绝对值得一去，那里还有一个废弃的码头。漫步区不远处坐落着省博物馆，里面展出的是当地出土的考古文物。游客还可以品尝一下当地名菜大对虾（bong khorng）——煎制对虾配以大蒜和柠檬汁，在茶胶的大街小巷都可以找到。

吴哥博瑞 ⑳
Angkor Borei

地图：D7 茶胶东侧21千米。
1.4万 从茶胶出发

前往吴哥博瑞的水路风光令人心旷神怡，这座位于河边的小城是柬埔寨最古老的后吴哥时代遗迹之一。这座破旧偏远的小城曾被人们称为特牧城（Vyadapura），是远古印度教扶南王国的首府，1~6世纪期间远近闻名。然而城中未经铺设的街道和贫穷的状况令人无法想象昔日的辉煌；它还曾是印度教文明和文化至关重要的中心。当地居民中许多都是越南人——柬越边界位于这里东侧几千米处——游客还可以看到头戴斗笠的渔民，这是越南农民的经典形象。

达山寺中的7世纪的塑像

茶胶考古博物馆（Takeo Archaeological Museum）位于运河河畔之上，是这片地区辉煌历史的见证。馆内藏有一小组折中风格的当地手工艺品，包括拥有2000年历史的扶南风格陶瓷、灵根、一尊6世纪的站立佛像、一尊12世纪的拉克施米砂岩佛像、印度财神，以及印度神湿婆和毗湿奴神的远古画像。

吴哥博瑞的茶胶考古博物馆

郊区

达山寺（Phnom Da）位于吴哥博瑞以南3千米，这座部分已被损坏的寺庙仍保持着它典雅的风格。寺庙坐落在一座孤山的山顶上，独享壮美景色；翠色欲滴的稻田一直延伸入越南境内8千米，跨过湿地，直奔茶胶。

达山寺的遗迹高18米，需登上142级台阶方可到达，游客一般都由光脚行走的当

本地区住宿及餐饮信息见216~217页和239~241页

地孩子领路。寺庙的红砖建筑可以追溯到514年，上面复杂的雕刻在经历了几个世纪的雨水冲刷后，已渐渐褪色，墙壁也已龟裂，植物从其间穿插而出。尽管这里已经残破不堪，但保留下来的遗迹——精心雕刻的圆柱、那伽浮雕和华丽的石门入口仍让人惊叹。但大多数雕刻品如今都被保存在金边和吴哥博瑞的博物馆里。寺庙内还有几个洞穴神龛，现在仍用于宗教祭祀和祈福。

茶胶考古博物馆
吴哥博瑞河畔。**电话：**(012)201-638
每天：7:30~16:00

达山寺
从吴哥博瑞出发

吴哥博瑞的石级通往达山寺的寺庙废墟

乃良 21
Neak Luong

地图：D7 金边东南方63千米。2.4万 从金边出发

乃良位于湄公河东岸，是一个有着惨痛历史的交通枢纽城镇。越南战争时期，乃良曾遭到美国B-52轰炸机的轰炸，20吨炸弹被投掷到城中心，造成150人死亡。1984年拍摄的英国电影《战火屠城》（*The Killing Fields*）讲述的就是这段历史。

如今沿1号高速公路去往越南边界和胡志明市（Ho Chi Minh City）的游客通常会经过乃良。游客还可以搭乘摆渡车，高峰时间横跨湄公河需要长时间的耐心等待。日本虽然同意在这里建造一座37米的高桥，但该计划被一再延期。

乃良的轮船载着游客和货物穿过湄公河

乃良还有一个繁忙的大型市场，当地人在这里出售水果和各式各样的煎炸小吃，如蟋蟀。此外，乃良就没有什么值得逛的地方了。

柴桢 22
Svay Rieng

地图：D7 金边东南方113千米。2.3万 从金边出发

柴桢是一座省会城市，大概位于金边和越南的胡志明市中间，大多数游客都不会在这里停留，除非需要吃饭或喝一杯。位于巴维（Bavet）的越南边境离这里很近。

轰炸乃良

1973年8月6日，美国B-52轰炸机出人意料地炸毁了乃良，试图防止红色高棉的势力蔓延至金边。20吨炸弹被投掷到这座城镇，造成了150人死亡。这一事件被烙印在电影《战火屠城》（*The Killing Field*，1984年）中，由山姆·沃特森（Sam Waterstone）饰演的美国记者尚伯格（Schanberg）和他的柬埔寨翻译迪斯·潘迪（Dith Pran）在爆炸事件被报道后抵达乃良。他们看到了一个满目疮痍的城镇，满身鲜血的士兵请求尚伯格将这里的惨状拍摄下来。几日后，美国国会下令停止这场被人们称为“弧光”（Arclight）的轰炸。包括约翰·皮尔格（John Pilger）在内的记者认为这场轰炸行动迫使人们转而支持红色高棉。

电影《战火屠城》中的场景

老　挝

老挝风情

老挝有着丰富的社会和种族多样性，法国、越南、泰国和中国的文化因素都混合在了老挝的文化当中。这里也有着各种各样的地理自然环境，山峦起伏，森林密布，因而众多不同的植物和动物在这里安了家。自然美景、璀璨的佛教建筑加之和蔼可亲的人民，老挝之行将成为游客难以忘怀的记忆。

土地与生态

老挝是中南半岛上的唯一一个内陆国家，位于东南亚北部温带的边缘，同时延伸进入热带湄公河谷的中心地带。在这片肥沃的土地上生长着各种树木，从高大苍翠的阔叶林和山区的常绿树林到灌木和竹子，应有尽有。生活在这里的动物包括很多濒危物种，比如老挝黑长臂猿和亚洲虎。交错的河流汇入伟大的湄公河，它们养育着鱼类、灌溉着农田，也是人们往来交通和运送货物的重要途径。但是这些宝贵的资源现在却因乱砍滥伐等行为面临着威胁。政府为了解决这个问题，已经建立了20个国家保护区，它们覆盖了老挝全国10%的土地面积。最近，老挝政府极力将这个国家打造成一个旅游目的地，游客们通过徒步旅行或沿河漂流等方式欣赏景色，这种策略既为当地人民带来了经济利益，也在一定程度上保护了当地环境。

僧人在佛像面前祷告

政策与经济

1975年之前，老挝一直由国王统治，老挝人民革命党（原称老挝人民党）掌权后将这个国家建设成了共产主义国家。新政府决定与世界上的其他国家断绝联系，除了同属社会主义的越南和苏联以外。以农业为主，工业基础薄弱的老挝属于世界上最不发达的国家之一，但从1986年起推行革新开放，调整经济结构，取消高度集中的经济管理体制，转入经营核算制，实行多种所有制形式并存的经济政策。1991年，老挝人民革命党“五大”确定“有原则的全面革新路线”，提出坚持党的领导和社会主义方向等六项基本原则，对外实行开放政策。如今，老挝的经济处于平稳上升状态，每年经济平均增长七个百分点。很多老挝人现在也买了手机、摩托车和小汽车。同时越来越多的老挝年轻人也开始离开居住的小村庄到城市打工，并把钱寄回家。外国资本对老挝国内的水力发电项目、矿业和旅游业的投资日益增长，这些都极大地促进了老挝的经济发展。

巴色迷人的城市景致

◁ 琅勃拉邦省宏伟的喀斯特峭壁及其脚下的沿河咖啡馆

社会与宗教

现代化发展的影响并没有完全深入老挝，这里的大部分人民还在从事农业，受制于土地、季节和家族观念，遵守着已经沿袭了多年的古老习俗，过着传统又简单的生活。一个柬埔寨家族由族长统治，等级森严——长者要支持并庇护年少者，而年少者要回报以顺从和忠诚。此外，在老挝社会传统中，女性地位均低于男性。虽然工作群体的主要力量是女性，却很少有老挝家庭把女孩送进学校接受教育。令人欣慰的是，现在这种情况已经在逐步改变。

老挝全国85%以上的国民信奉佛教，全国的大中小城市以及乡村，都建有大小不一的寺庙，有的金碧辉煌，有的十分简陋。在老挝社会中，男人一生必须出家剃度当一次僧侣，一般数月，少至三五天，也有人终身不还俗。寺院一般还肩负教育文化作用。可以说，佛教已经根植于它的传统之中。佛教教义教导信徒：人生只是暂时的，而欲望和索取都是罪恶。老挝居民也允许信仰其他宗教，越南裔的基督教徒、南亚穆斯林和信仰泛神论的少数民族都巧妙地融入了这里的文化，如果不信仰这些宗教，就要遵守基本的佛教教义。因此，宗教是老挝社会中不可或缺的一部分，人们每日对僧人布施积德就是这一现象的体现。

万荣的泛洪稻田

老挝弹奏木琴的男人

琅勃拉邦附近的班桑海村中的纺织工

文化与艺术

与宗教一样，老挝的传统文化历史悠久，甚至老挝文化中的很多元素都比老挝的佛教更加古老。而且这个国家的文化、音乐、舞蹈、建筑和文学的表现形式都与佛教息息相关。老挝的音乐和舞蹈从形式到内容均与相邻的泰国和柬埔寨十分相似。老挝音乐主要使用笙簧（khene）来演奏，笙簧是一种历史悠久的竹制管乐器，也是老挝的传统民族乐器。老挝比较有代表性的音乐是一种安眠的笛子曲调，称为khuy，伴有笙簧、鼓及木琴（lanat）。音乐通常配有舞蹈，比如Phra Lak Phra Lam表演，这是老挝版本的印度史诗《罗摩衍那》（*Ramayana*）。这种有教育意义的故事也体现在寺庙艺术中，比如寺庙的门上和窗户上那些精巧美观、叙说佛教故事的壁画及浮雕。

老挝的棉质和丝质手工纺织品的水平十分专业，这些纺织品的设计都是独一无二的，每一个高地少数民族都设计出了属于他们自己的纺织图案。这个国家也因它的银匠而闻名，老挝银匠们创造出了精致又华丽的首饰，其中最著名的要数花纹繁杂的银质腰带，它一般用来搭配老挝女性的传统手工服装，被称为phaa sinh的裙子。

老挝的季节与节庆

老挝语中的 boun 就是节日的意思，指佛教的积德活动（见 22~23 页）。实际上很多老挝节日都与佛教息息相关，还有一些是为了庆祝农村地区的特殊事件，比如收获、种植或雨季的开始。老挝官方日历是格里高利历（阳历），但很多节日日期却是根据遵循日月周期的传统老挝日历制定的，全国不同地区的节日日期也不同。此外，老挝人还根据当地的一些特点过节，比如普占神庙节在占巴塞小镇附近的瓦普庙庆祝，而塔銮节只在万象庆祝。虽然每个寺庙的节庆日期都不同，大多数寺庙都会举办一年一度的庆祝活动。

稻农拿着收获的庄稼

热季

热季可能是一年中最难熬的时节，既潮湿又满是尘土，但是纬度高一些的地方，比如川圹高原就会凉爽一些。热季过后是水稻收获的时节，人们等待着雨季的降临，并开始了农耕周期。

万象的狂欢者在庆祝老挝新年

3 月

老挝妇女节（3 月 8 日）全国。这一天是老挝的公共假日，所有女性雇员都享受假期。

Boun Pha Vet 节（3 月底 / 4 月初）全国。庆祝活动包括在村庄寺庙中上演佛教《本生经》（*Jataka*）故事并配以传统音乐、狂欢以及寺院住持的布道。此时是老挝男人出家的黄道吉日。

4 月

老挝新年（2 月 14~16 日）全国。老挝语中称新年为 Boun Pi Mai，节日持续四天。和柬埔寨人一样，老挝人也会用泼水来庆祝。

新年的第一天人们在河岸用沙子搭建佛塔，或在寺庙中纪念一位印度国王——佛祖最早的信徒的虔诚行为。第二天，三个脸部涂红的演员在琅勃拉邦举行游行活动，在河边布施，当地人还会象征性地给他们食物，他们代表的是这座城市的三位守护神——Phu Noe、Na Noe 和 Sing Keaw Sing Kham。传统的选美活动在傍晚举行。第三天的庆祝活动是泼水，以及在家进行许愿仪式。琅勃拉邦的虔诚信徒会攀登普西山，前去宗西塔积累功德。第四天，人们会举行一场庄严的游行，将

许愿仪式

许愿仪式（Baci Sukhuan）是老挝文化的核心，指的是向神灵许愿。许愿的人要在手腕上系上许愿绳（baci），这种仪式举行的时间包括出生、结婚、旅行前后、找到新工作，或其他人生中重要的事件发生之时。系绳子的含义是要将神灵的力量集中起来，帮助人们精力充沛地面对下一人生阶段。

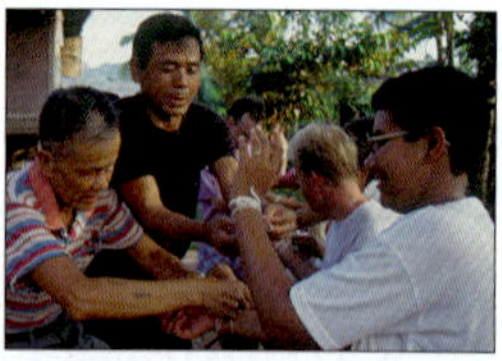

在许愿庆典中，人们在手腕上系上许愿绳

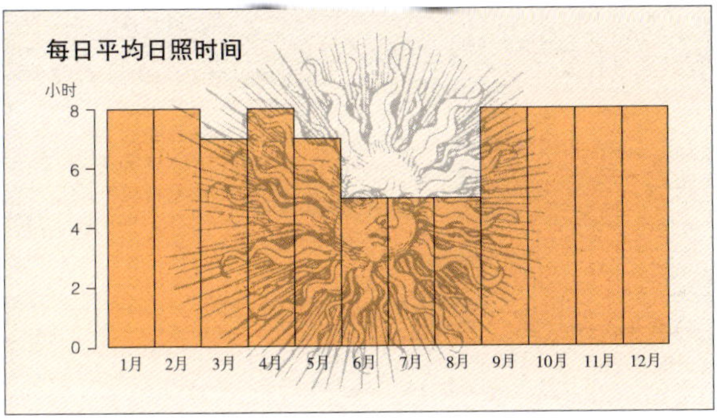

日照

即使在雨季，每天的大部分时间也是有阳光的。热带的太阳非常毒辣，游客们要做好充足的防晒准备，太阳帽、防晒霜和墨镜都是一定要准备的物品。此外，大量喝水也是必不可少的。

神圣的勃拉邦金佛从国家博物馆抬到迈寺，并在此举行浴佛仪式。节日以国家博物馆中的 Phra Lak Phra Lam 表演作为结束，这是老挝版本的《罗摩衍那》。

5月～6月

国际劳动节（5月1日）全国。传统上，这天会举行游行，万象城中还会组织体育赛事。

涅槃节（Boun Visakha Busaa，5月月圆之日，全国）：这个佛教节日用来纪念佛祖的诞生、死亡以及开悟。白天寺庙中会举行布道和吟诵佛经的活动，晚上还会举行秉烛绕寺游行的仪式。

火箭节（Boun Bang Fai，5月中旬，全国）：此时正值热季的顶峰时期，人们会将自己动手制作的火箭发射上天，以这种方式来祈求神灵降雨。这种竹火箭装饰精美，村民在发射之前还会带着它们游行。庆典要持续整整两天时间。

火箭节中人们将火箭发射上天

雨季

根据传统文化，这段时期是休养生息的时间，农耕活动都停止了。雨季期间，所有的僧人都要在寺庙中足不出户，潜心修炼。此外这时也是老挝男人短时间出家，积累功德的好时机。

7月

腊节（Boun Khao Pansa/Khao Watsa，7月上旬）全国。这个节日标志着佛教大斋节（Rains Retreat）的开始。其间，虔诚的信徒们严谨地遵守着信条戒律。当地人会前往寺庙施舍物品，并聆听吟诵和讲经。

8月～9月

亡灵节（Boun Haw Khao Padap Din，8月月圆之时）全国。人们在这个严肃的节日中纪念亡灵，他们会向逝世的家庭成员供奉祭品，并会向僧人赠送米糕，因为僧人被认为是能为往生者传输功德的媒介。在甘蒙省和琅勃拉邦，这个节日也是举办传统赛船活动的日子，比赛在琅勃拉邦的南康河上举行。

赛船节中，船员们都划着雕刻精美的船只你追我赶

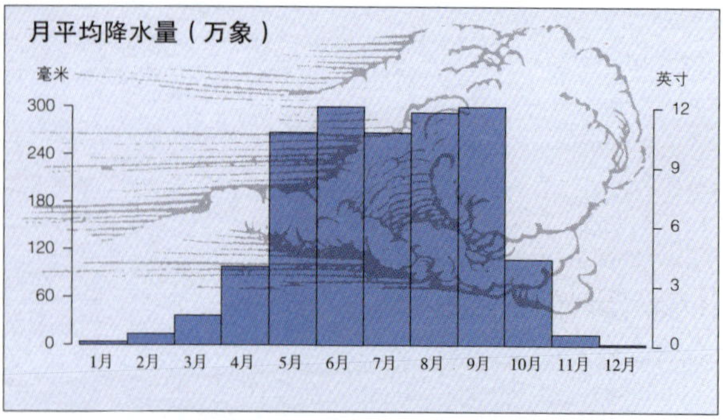

降水量

降雨几乎是不会间断的。北部地区比如川圹、丰沙里和琅南塔省的部分地区，以及东南部的波罗芬高原，年降水量会超过3000毫米，但是万象和琅勃拉邦的降水量仅达1700毫米。

赛船节期间，当地人会将获奖的最好的船放入湄公河

凉季

凉季或许是老挝一年中最舒适的季节，此时凉风习习，气温也降了下来。但是北方地区气温更低，对于当地人来说甚至有点难以接受。这也是一个农耕过渡阶段，一年中的许多节日都在此时庆祝，比如庆祝收获或为下一个农耕周期做准备。

10 月 ~ 11 月

出腊节（Boun Ok Pansa/Ok Watsa，11 月上旬）全国。佛教开斋期开始之后的三次满月结束就是这个节日的节庆时间，它标志着僧侣大斋节的结束和凉季的开始。僧人们的僧袍和物品都会更换一新。晚上寺庙中还会举行秉烛夜游仪式。

Boun Fai Payanak 节（11 月月圆之时）Pak Ngum 区。这个节日的庆祝时间是在大斋节结束后，11 月满月之日，下一次举行是在 5 月。代表蛇神那伽的红色火球从湄公河升上天空，当地人会聚拢在河畔欣赏这个壮观的景象。

塔銮节（Boun That Luang，11 月月圆之时）万象。实际上节庆活动是从神城寺开始的，这里是整座城市的核心地区，人们在这里祭拜万象守护之母 Sao Si。之后人群前往塔銮寺，在这里人们向僧人们布施，全国各个民族的代表组成一支游行队伍，聚集在佛塔之下。人们秉烛夜游，还可以欣赏烟花表演。附近的国际交易市场吸引了很多当地顾客。

灯船节（Lai Heua Fai/Boun Nam，时间不定）全国。这一天用来纪念泰国的水灯节（Loy Krathong）和印度的排灯节（Diwali）。人们举着点燃的蜡烛排队来到河边，将蜡烛放在竹叶做的小船上，船上载满花朵，然后让小船随意漂走。

琅勃拉邦的每一座寺庙中都会有一艘竹子制造的大船，上面缀满小灯。节日期间人们会将这些船都抬往香通寺，并选出船造得最好的胜者，然后这艘船将会放入湄公河漂走。

赛船节（Suang Heua，时间不定）全国。人们将在附近的河流赛船，因为他们相信船能够吸引蛇神那伽离开稻田，回到河流中。

12 月

老挝国庆节（12 月 2 日）万象。这一天是为了庆祝 1975 年老挝人民民主共和国的成立，庆祝活动包括军队游行以及政治演说。

That In Hang 节（12 月上旬，

老挝的少数民族在万象的塔銮寺参加游行

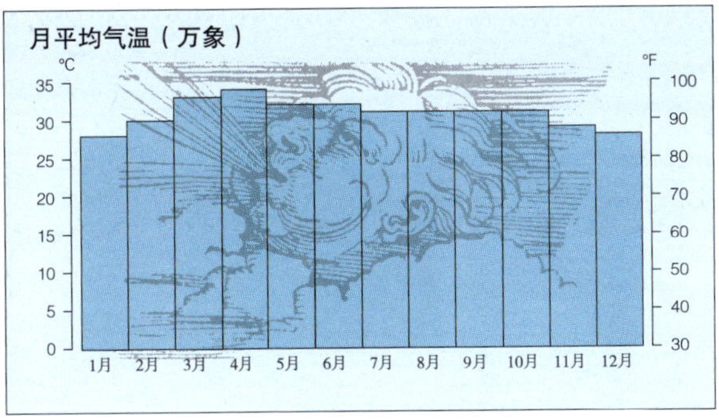

温度

除了11月～次年1月这段凉季期间，老挝的大部地区都很炎热。5月～9月是雨季，潮气更加令人难以忍受。除了热季以外，海拔较高的地区一直比较凉爽，夜晚气温甚至可能降到冰点以下。

沙湾拿吉）：That In Hang是一个重要的举行佛教朝拜活动的地点，全国各地的虔诚信徒都会来参加这里举办的主要寺庙活动。佛塔中通往内部圣殿的门也只有在这时才会打开，男性信徒会施舍财物以积累功德。活动内容包括商品交易会、音乐和舞蹈表演，以及体育比赛。

穿着传统服装的洪族女孩

新年（12月31日）全国。这一天，人们会在家举行许愿仪式，其他大型活动还包括万象的新年前夜倒计时。

洪族新年（时间不定）川圹。洪族人过自己的新年时，也举行盛大的庆祝活动。妇女们都会在这一天穿上传统服饰，年轻人会参与一种特别的仪式，其中一个环节是站在不同行列的男孩女孩们相互抛球。

1月

稻魂节（Boun Khun Khao，1月底/2月初）全国。这个农村节日对于稻农来说非常重要，他们在这一天庆祝庄稼收获。在当地寺庙中，农民会把剥了壳的稻谷堆成金字塔形，僧人们会聚在一起为稻谷念经。此后人们就开始大摆宴席，并进行传统音乐表演。

2月

越南新年/中国新年（1月底/2月初）沙湾拿吉和万象。越南和中国的新年是同一天，在这一天，伴随着鞭炮和敲锣打鼓的声音，五彩缤纷的舞龙队伍全穿过街道。依照传统，所有商业店铺都要停业三天。

老挝象节（2月中旬）沙耶武里。这个节日的目的是唤起人们对保护亚洲象生存环境的意识。人们可以参与游行，也有机会更深入地了解这种巨大的哺乳动物。

Boun Makha Busaa（2月月圆之时，全国）：这个重要的宗教节日在月圆之夜庆祝。人们会秉烛游寺。这一天也是庆祝丰收的米糕节（Boun Khao Chi）。

老挝象节期间的大象游行队伍

普占神庙节（Boun Wat Phu Champasak，2月月圆之时）占巴塞省普占神庙。全国各地的游客都被这场寺庙中的盛会吸引来了，朝圣者向寺里的圣地施舍物品。最后一天人们会举行老挝拳赛和斗鸡活动。

Boun That Sikhot（2月月圆之时，甘蒙省他曲南部）：这个节日在河畔地区十分受欢迎，甘蒙省的所有游客都会被吸引过来。

公共假日

新年（1月1日）
爱国战线节（1月6日）
建军节（1月20日）
妇女节（3月8日）
建党节（3月22日）
老挝新年（4月14日～16日）
国际劳动节（5月1日）
国际儿童节（6月1日）
腊节（7月上旬）
老挝伊沙拉节（8月13日）
自由日（8月23日）
脱离法国自由日（10月12日）
出腊节（11月上旬）
老挝国庆节（12月2日）

老挝历史

老挝如今的国界划分可以追溯到20世纪，但是这个地区的繁荣却从几千年前就已经开始的。泰—老语族人虽然是近期才迁到这里的，但他们拥有漫长且辉煌的历史。老挝曾经历了战乱与帝国时期，直到1975年其政府才正式稳定下来，现在它成为吸引无数游客的热门旅游目的地。

老挝最早的人类居住痕迹可追溯到公元前500年，那时，生活在石坛地区的老挝北部人的巨石文化十分繁荣。老挝南部人则生活在占婆王朝的统治下——这个由源自印度的占旗人建立的海岸王国就是如今的越南，后来柬埔寨的吴哥王朝接管了这片土地。吴哥的影响一直向北延伸直到如今的万象和琅勃拉邦。

万象的法昂王雕塑

老挝最初的居民是说东南亚语的种群，比如孟—高棉语族（Mon-Khmer）人。老挝人是在第一个千年之间迁入这里的，这批移民属于泰—老语族（Tai-Lao），他们最初住在中国南部山区，为了寻求更富饶的土地、更温暖的气候，也为了躲避不断庞大的汉族人而逃到这里。几个世纪以来，这些山地居民大部分还保留着多神信仰及部落结构，而搬到低地地区的人则与孟—高棉人民来往密切，他们接受了孟—高棉的农耕方法、治国之道、宗教，以及文字，同时他们也保留了自己的语言和社会结构因素。13世纪晚期，高棉帝国衰落了，小乘佛教在湄公河沿岸逐步发展起来。

澜沧王国

14世纪，老挝的澜沧王国（Lan Xang，意为“万象之邦”）逐渐发展成型，并定都于川铜（如今的琅勃拉邦）。建国者法昂（Fa Ngum）是个传奇人物，他属于老挝少数民族，人生中的大部分时光都在吴哥流亡。14世纪40年代，他受命带着1万人组成的军队前往北部，与附属国谈判，保证附属国继续处于泰国的大城王国的统治之下。但是法昂强行逃脱，经历了一系列的战役，最终于1353年建立了澜沧王国。法昂王是老挝历史上第一个统治整个老挝地区的国王，建立了信仰小乘佛教的中央集权国家，将国土扩张到了如今的泰国东北部。他拥有一支强大的军队，在他执政时期国家威望大增，在中南半岛曾强盛一时。

之后，法昂被他的儿子桑森泰（Samsenthai）罢黜，桑森泰王通过重新组织军队及与大城、兰纳两大王室联姻，进一步巩固了自己的权力。

时间表

公元前500年： 占婆王国统治着如今的占巴塞（老挝南部）地区；老挝北部的石缸平原的巨石文化十分繁荣。

900~1300年： 老挝大部分地区都从属于吴哥的高棉帝国。

1431年： 大城王国的军队洗劫了吴哥，导致了高棉帝国的灭亡。

500 BC	AD1	500	1000	1500

石缸平原挖掘出的石缸

1353年： 法昂建立了信仰小乘佛教的澜沧王国。

1374年： 桑森泰取代法昂，成为澜沧王国的统治者。

◁ 迈苏旺纳普玛哈姆寺的金浮雕建于14世纪的澜沧王国时期

16世纪苏里亚旺萨王（Surinyavong-sa）是澜沧王国经济繁荣的黄金时代，社会、经济、文化、商贸的方方面面都得到极大发展。17世纪40年代，西方人第一次到达老挝，他们描述这里是一个祥和繁荣的国度，有着热情好客的人民，它的首都装点着众多宗教建筑。一位荷兰商人说万象的僧人比“德国皇帝的军队还要数不胜数”。但是在1700年，这个王国被分裂成了四个半独立的附属国，而且强制向大城王国上交贡品。

暹罗军队带着托着大炮的大象向老挝前进，前去与法国战斗

暹罗与越南

18世纪下半叶，琅勃拉邦遭到了缅甸军队的洗劫，而万象遭到了暹罗军队的洗劫。暹罗王国的首都位于吞武里，昭披耶河西侧，正对着如今的曼谷。很快，它成为这个地区最大的国家，澜沧王国消亡了。在19世纪的大部分时间内，老挝的低地地区依附于暹罗王国，而越南统治着大部分北部山区。这段时期，老挝历史中的一大重要人物是昭阿努（Chao Anou），他于1804年在暹罗的保护之下登上了万象的王位。继位之初，他曾协同暹罗攻打缅甸。15年后，当昭阿努获得了南部占巴塞公国的统治权，他集合军队发起了对抗曼谷的运动，计划建立一个独立的老挝王国。这场运动是灾难：暹罗军队烧毁了万象，并将其人民转移至暹罗。昭阿努被捕并被押往曼谷，最后他死在了那里。昭阿努独裁统治与武力征伐的方式颇受争议，但因其争取独立的事迹，被视为老挝的民族英雄。

寺庙门上的图案描述了17世纪的荷兰商人

19世纪的其余时间里，暹罗统治着湄公河两岸的老挝人民，新掌权的越南阮朝控制着如今老挝北部的大部分地区。

法国统治时期

19世纪50年代末，法国对中南半岛（Indo-China Peninsula）地区的众多国家产生了兴趣，它先后入侵了越南南部和柬埔寨。1885年，法国吞并了越南中部和北部。8年后，在经历了与暹罗的全面战争之后，法国人获取了湄公河以东的地域，老挝沦为法国的保护国、被收入法属印度支那联邦之中。虽然法国拥有中南半岛的实际统治权，但之前各王国的王室仍被当作傀儡一般保留了下来。在19

时间表

荷兰东印度公司的顶部章饰

1637~1649年：苏里亚旺萨国王统治期间是澜沧王国的黄金时代。

1700年：澜沧王国分裂成为四个半独立的附属国，它们要向大城王国上贡。

1600 1650 1700 17

1563年：越南人利用澜沧王国对抗缅甸人的威胁。

1641年：荷兰东印度公司的代表格里特·冯·温斯特夫是老挝的第一个欧洲人。

昭阿努修建的佛像安置在沙格庙中

世纪末到20世纪初的一段时间内，法属印度支那曾经爆发了数次反抗法国殖民统治的战争，但都被法国统治者镇压下去了。

在法国与老挝之间建立起联系的先驱是一位探险地理学家奥古斯特·巴维（Auguste Pavie），他说服了老挝上流人士接受法国的“庇护”，声称只有这样才能使老挝摆脱暹罗的控制。在法国统治期间，老挝人口数量仅占中南半岛人口总数的7%，对外贸易产出仅1%，而在20世纪30年代，雇员数量比500名法国管理者还要少。在整个殖民时期中，老挝全国的人几乎都生活在农村地区，只有不到2%的人住在省城里。越南移民主导着老挝的行政管理部门和小商业部门。

西萨旺国王
（1885~1959）

20世纪早期

第二次世界大战爆发期间，法属印度支那诸国的独立意识越来越强烈，泰国（1939年暹罗更名为泰国）等国家已经开始奋起反抗。1940年，亲纳粹德国的维希法国政府默许了日本的军事力量进入越南南部。中南半岛独特的地形为日本的太平洋和东南亚战略提供了极大的方便。但日本保留了法国的政府结构，主要管理权仍在法国官员手中。1945年，日本决定全面加强对中南半岛的控制，驱逐了法国官员，宣称中南半岛为其保护下的“独立”国家。当时的老挝国王西萨旺·冯（Sisavang Vong）拒绝顺从日本，抵抗了一个月时间。日本对老挝的控制直到美国在广岛和长崎投下原子弹，日本投降才告终。

二战结束后，越南、老挝和柬埔寨国内都爆发了革命，寻求独立。三股对立阵营在老挝崛起——一股是国王领导的亲法贵族派系；一股是老挝民族主义者，也被称为自由老挝党（Lao Issara），他们于1945年成立了流亡政府；第三股是由越南人组成的共产主义者，他们获得了准独立的北越南的支持。这三股力量都希望自己的派系成为独立的国家。相互之间斗争不断。他们的争端显示出老挝不同地区之间，以及共产主义者、非共产主义者和老挝上流人士之间深深的裂痕。

19世纪晚期，老挝南部的湄公河支流上的一艘法国汽船

1771年：缅甸军队洗劫琅勃拉邦。

1782年：暹罗在万象夺取政权。

1804年：昭阿努成为万象国王。

1828年：暹罗军队烧毁万象。

1885年：法国吞并了越南中部和北部。

1893年：法国占领老挝的湄公河东岸地区。

1907年：“法暹条约”划出了如今的老挝国界。

1941年：泰法战争后，泰国吞并老挝湄公河西岸地区。

1945年：老挝国王被迫宣布独立。

1800 1850 1900

老挝的法国殖民地明信片

为独立而奋斗

老挝的外国殖民者和本地统治者都试图阻止老挝统一，他们将地方保护主义和竞争的意识灌输给老挝的上层人士，并试图阻断老挝各地区之间的联系，还通过第一次印度支那战争和越南战争对老挝造成大面积破坏。当老挝陷入第一次印度支那战争时，很少有人提出强硬的政治主张。能够提出政治主张的都是以越南人为主的印度支那共产党（ICP）以及与民族主义运动紧密相连的老挝自由党。自由党得到了泰国的反法力量的支持，成立了一个临时政府。

苏发努冯王子
(1901~1984)

1946年，法国重新掌权并成立了新的老挝王国，推举西萨旺为国王。1950年，法国允许老挝部分独立，但是仍然控制着老挝的国防和外交事务。4年后，日内瓦会议召开，随着《越南、柬埔寨、老挝三国交战双方停止交战协议》的发表，老挝终于获得了全面独立。

示威者在万象街道上游行，反对美帝国主义

在战后时期，有两位老挝王子在政治方面扮演着十分重要的角色。梭发那·富马（Souvanna Phouma）在1949年回到老挝之前一直在为老挝自由党服务，并在此后多年担任老挝首相。而他同父异母的弟弟苏发努冯（Souphanouvong）王子于1949年与自由党决裂，并加入由越南人领导的老挝激进党的抵抗运动。

越南战争

日内瓦会议规定老挝激进党的军队仅驻扎于老挝北部与越南交界的两个省内，直到被遣散为止——但是这种情况并未发生。很快，共产党掌权的地区和亲近西方的中立党成立的政府之间产生了裂隙。1960年，老挝激进党和懒散的老挝军队之间爆发了战争。为了建造一个稳固的王国，第二次日内瓦会议在1961～1962年举行，交战方承诺建立一个中立的老挝，但这个协议很快遭到了美国和北越南的破坏。从1964年开始，老挝东部遭到了密集的飞机轰炸，因为遭受了失败的美国力量试图切断被称为胡志明路（Ho Chi Minh）的北越南补给线。在老挝南部地区，美国为了对抗老挝激进党而支持的代理军队被北越南逼退

时间表

1950年：法国允许老挝部分独立。

1954年：日内瓦会议后，老挝全面独立。

1964年：美国开始对老挝进行轰炸。

人们在老挝的胡志明路上运输物资

1955　1965　1975

1954年~1975年：越南战争。

1973年：美国与北越南停火。

1975年：老挝的西萨旺国王退位；LPRP和平接管万象。

1946年~1954年：第一次印度支那战争。

1961年~1962年：第二次日内瓦会议支持在老挝成立中立政府。

1971年，南越南边境上的美国炮兵和老挝难民

了。在万象建立一个中立政府的努力付诸东流。直到1973年美国和北越南停火之后，老挝的战争才平息下来。

社会主义与稳定时期

1975年12月，老挝首届全国人民代表大会在万象召开。老挝历史上的最后一位国王——西萨旺·瓦达纳（Sisavang Vatthana）退位，在老挝历史上持续了600余年的君主制被废除，老挝人民民主共和国成立。老挝人民革命党（LPRP）是老挝的唯一政党和执政党。老挝是东南亚地区仅有的两个社会主义国家之一，另一个是越南。现任老挝国家主席、老挝人民革命党中央总书记为朱马里·赛雅颂（Choummaly Sayasone）。

20世纪80年代末期，冷战结束，大部分越南军队已经撤退，老挝人民革命党放松了自上而下的经济政策。市场经济重新复苏，佛教礼仪也复兴了，旅游业发展起来，可以说，老挝终于迎来了各方面发展的稳定时期，在这段时间，老挝与泰国的关系也得到了缓和。一个典型例子就是湄公河上的大桥，也是老挝历史上第一座大桥，于1994年竣工了。1997年7月，老挝加入了东盟（ASEAN）。

老挝的工业基础薄弱，以锯木、碾米为主的轻工业和以锡为主的采矿业是其重要的部门。农业人口占全国人口的90%。但在全球化的推动下，老挝的经济近年来保持着稳定增长的态势。外国援助也令老挝在交通、通信、水利设施等基础建设方面得到了完善。

湄公河上的代表着泰国和老挝友谊的桥梁

1988年：冷战结束，越南军队正式从老挝撤退。

1997年：老挝加入东盟（ASEAN）。

老挝人民民主共和国现任主席朱马里·赛雅颂

1995　2005　2015

1994年：湄公河上的第一座大桥举行落成典礼。

老挝人民民主共和国的国旗

2006年：朱马里·赛雅颂提名了老挝人民民主共和国的总理。

老挝掠影

老挝地域广阔，也因此拥有了令人惊叹的多样化地形。这个国家的大部分地区由陡峭、郁葱的山脉覆盖，逐渐变为长满了落叶林的高原。伟大的湄公河影响着这片土地的地形，而且几乎完全流经整个国家。首都万象有很多漂亮的佛教寺庙，但是最神圣的勃拉邦金佛位于老挝的古代首都琅勃拉邦。南部地区因壮美的内陆群岛而出名，与之相对的是北方偏远的山区。

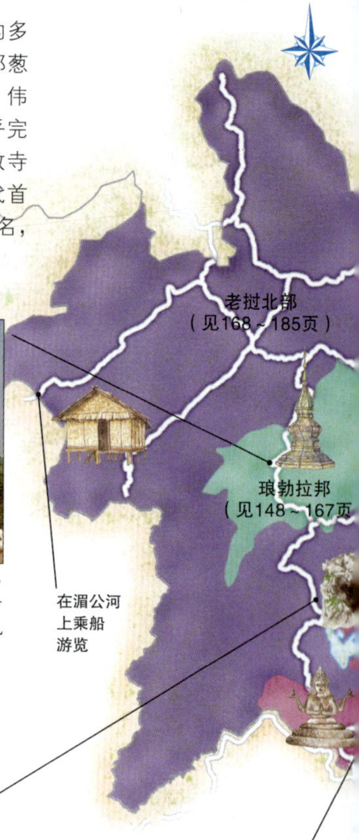

在湄公河上乘船游览

香通寺（见160~161页）位于琅勃拉邦半岛上的湄公河与南康河（Nam Khan）的交汇处，它是一座华丽的佛教寺庙，拥有很高的历史价值，因为这里是老挝国王举行加冕典礼的地方。

万荣（见172~173页）由于南松河上的壮观的沐浴活动而吸引了无数游客。周围的山景十分迷人，喀斯特石灰石悬崖是探索洞穴的绝佳去处。此外这里也十分适合攀岩和划皮艇。

香昆寺（见146页）也称为佛像公园，收集了众多神秘雕塑，它们都是由一位献身佛门的老挝圣人——Luang Phu Bounleua Soulilat制作的。雕刻的内容从印度教众神到美人鱼，还有一尊巨大的卧佛。

在湄公河上乘船游览（见184~185页）能够欣赏到这里最吸引人的喀斯特石灰石山坡、宁静的乡村生活以及象群。游船旅行从会晒开始，这是离泰国边境最近的一座小镇，这种旅行方式也是探索这片区域的最佳途径。

石坛平原（见175页）的名字源于平原上的巨大石坛，它们是古代巨石文化的遗产，极富考古价值。这片区域也见证了越南战争（1954~1975）期间的密集轰炸。

沙湾拿吉（见192~193页）是一座迷人的河畔小镇，泰—老友谊之桥将它与泰国相连。

普占神庙（见196~197页）是老挝最大的考古遗址，这里有众多非凡的高棉建筑。老挝的佛教徒都很崇拜这个地方，他们会将自己的宗教肖像放入寺庙。

波罗芬高原（见198页）居住着众多少数民族，比如嘎都族（katu），他们种植水稻、咖啡等温带作物。

四千岛（见202~203页）是湄公河上的一座内陆群岛，位于柬埔寨边境北侧。

万象

老挝的首都万象是亚洲最小的首都。这座城市中纵横交错的街道和林荫大道的设计可以追溯至20世纪早期，道路两侧都排列着佛教建筑和殖民时期的建筑。万象曾经停滞不前，但如今已逐渐繁荣，时尚的酒店和精品商店也开始吸引众多当地人和国际游客。

老挝的首都万象（Vientiane）坐落在宽阔的湄公河的转弯处，是老挝的第一大城市，过去几个世纪中经历了无数变化。1000年前，这里曾是高棉人的商栈。16世纪它成为老挝王国的首都，却在1828年被暹罗人摧毁。19世纪晚期，法国殖民者将老挝归为了法属印度支那联邦的一部分，而万象成为他们的行政首都。冷战（1945~1991）期间，老挝全国其他地区都在遭受密集的炮火轰炸，于是各地难民纷纷逃至万象。老挝人民民主共和国成立后，也把首都定在了这座历史悠久的古城。

如今的万象已经发展成了国际闻名的旅游城市，旅游业已成为当地的支柱产业，并带动了整个万象省的旅游业和经济的发展，万象的编织工艺品及金银首饰也很有名。老挝的重要学校大都集中在万象。

万象是一座佛教气氛浓厚的城市，随处可见各种宗教建筑，寺庙中总是挤满了虔诚的信徒。老挝国家博物馆内收藏着众多世界级的展品，其中展现的历史从史前老挝一直延续到1975年老挝人民民主共和国成立。玉佛寺中展出的佛教艺术是整个国家顶级的。

万象的餐馆和酒店都可为游客提供当地美食和世界各地菜肴，价格合理，并且都开设在法国殖民时期的建筑中。沿着法昂大道（Fa Ngum）的河畔地区正在修缮，之后这里会开发成一座河畔公园，想要寻求宁静气氛的游客可以顺着小溪逆流而上；Khun Bulom路的西侧则是在湄公河畔伴着日落小酌的好去处。

万象南普广场附近的一座法式餐馆提供露天餐饮服务

◁ 万象玉佛寺的迷人青铜佛像

探索万象

万象有很多有意思的去处，比如玉佛寺、沙格庙和翁得寺，它们都坐落在三兴泰大街（Samsenthai Road）与湄公河之间。游客们可以在生机勃勃的早市（Talat Sao）买到很多东西，它离澜沧大道（Lan Xang Ave.）很近，这条大道能够通往法式凯旋门纪念碑，而塞塔提腊路（Setthathirat Road）上坐落着众多咖啡馆、服装店和餐馆。香昆寺（佛像公园）位于湄公河畔，临近泰国边境，这里收藏着大量雕像。喜欢户外运动的游客可以前往牛角山国家保护区，在这里可以徒步旅行或在大自然中散步。

香昆寺内的一座沙石塑像

旅游景点分布示意图

宗教圣地
神城寺 ❶
沙格庙 ❸
索巴琅寺 ❽
塔銮寺 ❾
翁得寺 ❹

市场
早市 ❻

自然景区
川圹 ⓬
牛角山国家保护区 ⓭

博物馆
凯山·丰威汉纪念馆 ❿
老挝国家博物馆 ❺
玉佛寺 ❷

名胜古迹
凯旋门 ❼
“老挝啤酒”啤酒厂 ⓫

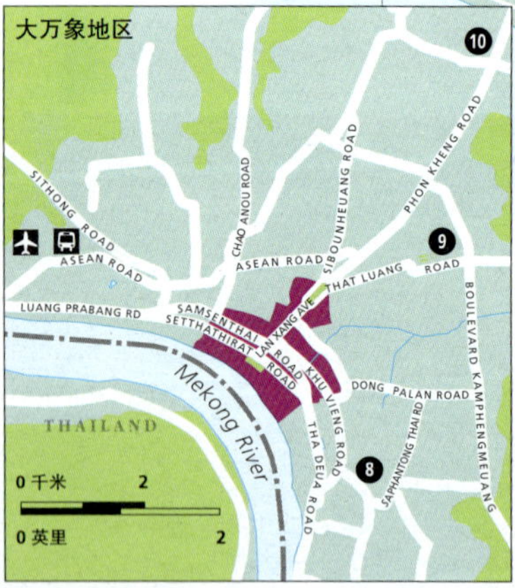

■ 主图所示区域

另参考

· 住宿信息 见218~220页
· 餐饮信息 见242~244页

周边交通

万象的主要景点之间距离步行可达，但是市里的众多家庭旅馆和出租商店也都提供自行车租赁服务。对于不想在热带高温下行走的人来说，骑车也是不错的选择。骑摩托车游览城市也很方便，花几美元就可以租到一辆。景点门口、酒店门口或在路边挥挥手都能拦到嘟嘟车。若是在万象周边游览，还是乘坐出租车或公交车更方便。

游客备忘

地图：B3 3万 瓦岱国际机场 老挝国家旅游局（Lao National Tourism Administration），Lan Xang Ave.，(021)212-248
每天 赛船节（10月）、塔銮节（11月）
www.tourismlaos.org

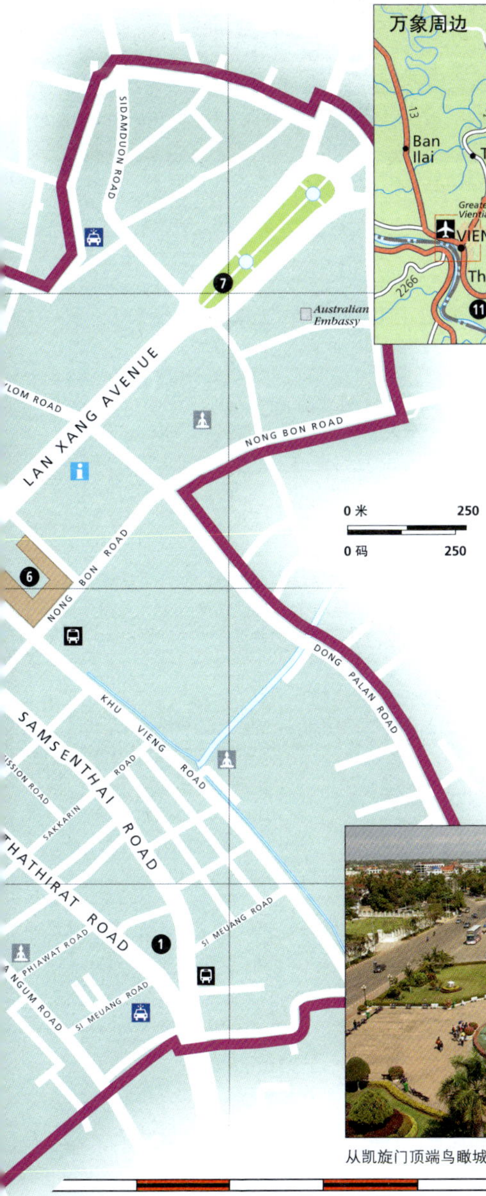

图例

- 主要景点
- 国际机场
- 长途汽车站
- 游客信息中心
- 邮局
- 医院
- 警察局
- 寺庙
- 主要公路
- 次要公路
- 未涂沥青道路
- 国界

从凯旋门顶端鸟瞰城市

神城寺 ❶
Wat Si Muang

Convergence of Setthathirat & Samsenthai. 地图：D5 每天：8:00~15:00

神城寺是万象最著名的寺庙之一，其内供奉着城市之柱拉克芒（lak muang）；1563年，塞塔提腊国王（King Setthathirat）从琅勃拉邦迁都万象时将城市之柱安置在此。这座寺庙曾于1827年遭到暹罗人洗劫而被摧毁，后又重建起来。

如今，这座寺庙成为朝拜圣地，而且人们认为在此举行宗教仪式能够获得好运。如今的佛殿（Sim）可以追溯到1915年，它分为两个房间。僧人在前部的房间用驱邪的圣水祝福信徒，并在他们的手腕上系上许愿绳（见124页）。之后信徒会在佛像面前拜倒，并献上贡品，但现在这尊佛像已经融化成了一块，暹罗人在焚烧这座寺庙时毁掉了佛像。宗教仪式包括将佛像举过头顶三次，同时许愿。寺庙的内殿就是安置城市之柱的地方，现在它已经被镀了金并裹上了圣布。人们在这里烧香、点蜡烛来祭拜城市神灵。黑色的天花板倒映着供奉在这里的祭品。

神城寺的祭品

寺庙的后面是古代高棉宗教场所的红土遗迹，旁边坐落着万象守护之母Sao Si的雕像。传说城市之柱安置之时，Sao Si跳到了柱子下面，以此抚慰邪恶的亡灵并将好运带给这座城市。如今，崇拜她的人供奉祭品来纪念她的牺牲。寺庙东侧伫立着一尊西萨旺·冯的塑像，手握老挝第一部法典。这尊塑像是苏联的礼物，于1974年放置于此。虽然王室成员都死在了东北部的监狱中，但这尊塑像被保存下来。

虔诚的信徒在神城寺的佛殿中祷告

修剪整齐的花园是通往玉佛寺的主要入口

玉佛寺 ❷
Haw Pha Kaew

Setthathirat Rd. 地图：C4 每天：8:00~中午&13:00~16:00

玉佛寺是一座由寺庙改建的博物馆，它的原始建筑于1827年被暹罗人摧毁。在老挝王子梭发那·富马的监督下，这座建筑重新被修建起来；梭发那是一位留法工程师，而且在法国殖民时期担任过老挝首相。老挝国王唯一的寺庙——玉佛寺失去了佛教寺庙的功能后，被改为国家博物馆，收藏着璀璨的佛教艺术。

玉佛寺的名字来源于一个特别的佛教艺术品——翡翠佛（Pha Kaew），但具有讽刺意味的是，这尊佛像如今已经不在这里了。它由玉石雕刻而成，在琅勃拉邦它与勃拉邦金佛（见153页）是一样重要的象征物品。1779年暹罗人将佛像掠走，从此它就被供奉在曼谷的玉佛寺中。玉佛寺里有一块牌子，上面用老挝语和英语表达了老挝人对这种行径的愤慨。但是，其实这尊游走四方的辟邪佛像最初属于印度，之后被泰国保存了一段时间，直到澜沧王国的塞塔提腊（Setthathirat）国王统治泰国北部时，又将佛像从清迈（Chiang Mai）拿了过来。

如今，这座充满魅力的博物馆的一大吸引人之处就是建筑周围的草坪上摆放的众多青铜佛像，它们来自老挝的各个寺庙。建筑内部展示的工艺品包括小佛像、高棉石碑、青铜青蛙鼓以及一尊大坐佛。博物馆的花园风景秀丽，郁郁葱葱的树木为躲避万象的热浪的人们提供了阴凉。

沙格庙 ❸
Wat Si Saket

Setthathirat Rd. 地图：C4 每天：8:00~中午&13:00~16:00

沙格庙是万象历史最悠久的寺庙，在暹罗人焚烧城内寺庙的时候幸免于难。沙格庙是由阿诺旺（Anouvong）国王——人们更习惯称他为昭阿努（Chao Anou）在1818年建造的，老挝权贵曾在这里发誓效忠于他。昭阿努背叛了他的盟友暹罗，并为此失去了首都和自己的生命。

这座庙宇的建筑风格的特点在于它环绕在佛殿周围的回廊，或有顶的走廊。回廊内侧的墙壁上均匀分布着许多壁龛，面朝佛殿的地方供奉了2000多座佛像。佛殿本身有一个精致的五层高的屋顶，是由法国人经两次修复完成的，屋顶的装饰也因此更具欧洲风格。祭台旁摆设着木雕烛台（hao thian）。这处古老又迷人的佛教艺术集中地还有一个特色，一个那伽头形式的水槽（haang song nam pha）。它隐藏在有屋顶的回廊里，老挝新年（见124页）泼水的时候，人们用它把净水洒在佛像上。

老挝国家博物馆展出的极具历史意义的展品

翁得寺 ❹
Wat Ong Teu Mahawihan

Setthathirat Rd. 地图：B3 每天：8:00~17:00

翁得寺复杂的外观

翁得寺的名称意为“巨大佛像之寺”，因为寺内有一座6米高的铜质佛像，自16世纪起就存放在佛殿内。佛像存放的位置是非常考究的，据说从3世纪起就被赋予了宗教意义。寺庙的大厅（开放式大厅）里还矗立着几个高棉石柱。老挝各地的僧侣们都会前往这里的佛学院学习。游客可以同这些知识渊博的年轻人进行富有启发意义的谈话。该佛学院由老挝佛教的老前辈Hawng Sangkhalat（副长老）直接管理。

老挝国家博物馆 ❺
Lao National Museum

Samsenthai Rd. 地图：B3 每天：8:00~中午&13:00~16:00

老挝国家博物馆曾被称为老挝革命博物馆（Lao Revolutionary Museum），但现已逐渐改头换面，如今这里主要展出具有老挝本土特色的不同历史阶段的艺术珍品，展览环境良好，还有信息丰富的英文说明博物馆展示了老挝从史前时期开始到现在的历史足迹。展品包括从老挝帕克遗址（Lao Pako）和石坛平原（见175页）出土的艺术品，还有高棉王国文化和佛教时代的珍品。佛教时代展厅中有一幅傣族佛像（Thai Lue Buddha）的图画装饰，与万物有灵论者的圣像十分相似。仿照普占神庙（见196~197页）门楣的等尺寸翻版令人印象深刻。还有包括湿婆神塑像和象神塑像等印度手工艺品。现代时期的展品主要包括革命英雄照片——生动形象地展出了那个时代；而记录美国向老挝投放炸弹的照片令人发指。博物馆2层展出内容中有很多关于少数民族文化的。

沙格庙里供奉着佛龛的回廊

早市上一家出售多种颜色的廉价纪念品的商店

早市 6
Talat Sao

Corner of Lan Xanga Ave & Khu Vieng Rd. 地图：D3 每天：8:00~18:00

特别是在过去，这处早市的功能相当于万象家庭主妇购物的水产市场，后来它逐渐转型成了一个很有意思的综合商店。大部分建筑始建于20世纪60年代，这里有许多出售电子产品，如冰箱和其他家用电器的商店，主要服务对象是当地居民。不过游客在这里也会发现销售手工艺品、古董、珠宝和24k金饰等各种商品的有趣店铺。其他吸引人的商品还包括纺织品，特别是手工编织的丝绸和老挝妇女穿的纯棉长管裙（pha sin），都是绝佳的旅游纪念品，感兴趣的人可以仔细逛逛。

与大管裙搭配的有华丽的手工银腰带和银饰品，如手镯和耳环。在这里买东西，讨价还价是很平常的，不要害羞。购买古董和宝石的任务最好交给在这方面经验丰富的人，因为赝品的数量众多。但是有一些来自越南的仿造品也很迷人。这些商品一般都会按照仿造品的价格标价和出售，但游客还是要小心别花冤枉钱。目前只有市场西南侧一小部分店面设有空调，一个以大型酒店为主体，加零售店的建设项目改善了市场的结构，但出售的商品品种并没有发生变化。

餐饮区位于商场3层，供应美味的当地菜品，是购物后的绝佳休憩地点。想要亲身体验在老挝市场购买新鲜的当地产品，如蔬菜、鲜花、肉和烟草的游客，可以前往位于早市东侧、公交车站旁的Khua Din市场。

凯旋门 7
Patuxai

Lan Xang Ave. 地图：D2 每天：8:00~17:00 仅塔楼

第一眼望去，凯旋门就是胜利之门（Victory Gate），会很容易让人联想到巴黎的凯旋门。该纪念碑建于1964年，为纪念在老挝内战（1953~1957）中逝去的生命。据说它是用美国人捐赠的用来修建新机场的水泥建造的。拱门基座的装饰是典型的老挝寺庙雕刻和装饰，精美的浮雕内容出自印度史诗《罗摩衍那》，描述的是阿普萨拉面对凶狠的恶魔的情景。

盘旋而上的楼梯通向纪念碑顶层。途中游客会经过众多出售T恤衫的纪念品商店。在顶层，万象市容尽收眼底，可以越过澜沧大街欣赏到景色秀丽的湄公河。游客最好在早上搭乘观光巴士抵达凯旋门并进行游览，以避开炎热的天气。

凯旋门拱顶上栩栩如生的浮雕

嘟嘟车的种类

大型彩色嘟嘟车

万象的街道上运行着三种嘟嘟车（tuk-tuk）。第一种是游客嘟嘟车，一般会排队等在主要游览区外。尽管车费不高，但司机往往会故意抬高价格，并自创了分段车费表来证明他们收取费用的合法性。第二种是漫游嘟嘟车，可以随时在路边搭乘，但最好不要在有一队嘟嘟车在旁边等候的时候上前搭乘。这种嘟嘟车的车费是可以商议的，而且比游客嘟嘟车便宜。最后一种是大型嘟嘟车，按座位收费，有固定线路。这种嘟嘟车是收费最便宜的，游客可以在嘟嘟车站搭乘。既然来到老挝，推荐一定要找机会搭乘这类嘟嘟车，进行一次有趣的当地旅行，这可以让你更好地体验最本色的城市风光。

万象往来于大街小巷的漫游嘟嘟车

塔銮寺的镀金老挝国家纪念碑

索巴琅寺 8

Wat Sok Pa Luang

Khu Vieng Rd. 地图：A5 🚌 ◯每天：8:00~15:00

索巴琅寺坐落在偏远的郊外，这座简朴的寺庙在万象街头众多宏伟的寺庙中为游客提供了一个别样的选择。寺庙的名字意为“森林寺庙”，院内树影婆娑。索巴琅寺的特别之处在于寺庙入口旁有一家按摩店，为游客提供老挝传统按摩服务，下午还有草药桑拿，周一至周五营业。寺庙每周六下午的16:00开始有免费的面向所有人的内观禅修课程，外国人和本国人都可以参加。

索巴琅寺的雕像

塔銮寺 9

Pha That Luang

That Luang Rd. 地图：B4 ◯ 每天：8:00~中午&13:00~16:00 塔銮节（11月）

塔銮寺意为“大佛塔”，是重要的宗教纪念碑，也是老挝国家地位的象征。它的形象还出现在老挝的货币和国徽上。据考古发掘显示，最初的高棉遗址可以追溯到12世纪，那时的塔銮寺远不是现在的样子。塞塔提腊国王在16世纪中期的时候将首都从琅勃拉邦迁到了万象，之后他下令修整塔銮寺。1827年暹罗人洗劫该城之后，塔銮寺无人看守，窃贼们在盗走黄金和珠宝后将其破坏殆尽。法国人借助当时法国探险者在1867年临摹的塔銮寺废墟的画像，于20世纪30年代重建了该寺。今天，塔銮寺坐落在塞塔提腊国王塑像背后一座大型砖石结构之上，两侧还有两间佛堂。主塔高45米，三层方座的体积由下至上递减，每一层都由小佛塔和莲花花瓣状的雕刻环绕。最外侧的回廊壁上描绘着老挝和高棉的佛像。每年的11月，塔銮节（见126页）都会在这里举办，塔銮节是万象最重要的节日，一般庆祝活动会持续几天。

凯山纪念博物馆 10

Kaysone Phom vihane Memorial Museum

NH13, Ban Sivilay, Muang Saythani. 地图：B4 🚌 ◯ 每天：8:00~中午&13:00~16:00

凯山纪念博物馆位于万象南部城外一条主路上，博物馆分为两大部分。第一部分是一座宏伟的凯山·丰威汉纪念碑，凯山·丰威汉（Kaysone Phomvihane）是已故的老挝主席，老挝共产党的创始人，第二部分则是1975年共产党掌权后凯山·丰威汉的故居。博物馆是一座高大、保存完好的大厅，馆内建有一座与实物大小相同的凯山主席童年时代在沙湾拿吉（见192页）的居所，以及其他革命纪念品。更有意思的是，他的家曾是美国军队和中央情报局的基地，后被老挝人民军（巴特寮）占领。这是一座朴素的单层平房，完好地保存着凯山·丰威汉住在这里时的样子，里面展出有他的书房、办公桌和其他私人物品。房屋离纪念厅不远，博物馆的员工很乐意为游客带路。

凯山纪念博物馆前的凯山·丰威汉的铜像

万象凯旋门纪念碑的四座拱门之一 ▷

ພັກປະຊາຊົນປະຕິວັດລາວທີ່ມີກຽດສະ

被许多小雕像环绕的香昆寺巨大卧佛

“老挝啤酒”啤酒厂 ⓫
Beerlao Brewery

Thadeua Rd.，万象东南部13千米。
电话：(021)812-001 每天：9:00~11:30 、13:00~16:00
www.beerlao.la

“老挝啤酒”啤酒厂曾获得许多国际大奖，“老挝啤酒”也是老挝销量第一的啤酒品牌，并且出口到了全球的13个国家。啤酒厂最初由法国人创建，1975年完成国有化。但自2002年起，该啤酒厂已改为与丹麦酿酒巨头嘉士伯合资。“老挝啤酒”生产的啤酒种类包括淡啤酒、黑啤酒和生啤酒，每年产酒量高达2.1亿升。酒厂位于万象郊区，游客可以免费参观其酿造车间、装瓶车间，并观看公司成立的历史。在参观结束时还可以免费品尝各类啤酒。虽然酒厂也接待零散游客，但大型旅行团往往更受重视。

老挝啤酒的官方标志

香昆寺 ⓬
Xieng Khuan

Thadeua Rd.，万象东南部26千米。从万象出发 8:00~17:00

香昆寺就是著名的佛像公园，坐落在湄公河畔的草坪之上，四周被绿树环抱。这里的塑像全都是用水泥混凝土制作而成的，数量之多远远超过了老挝大多数寺庙里收藏的印度佛像。这些塑像都出自老挝的一位奇怪的高僧Luang Phu Bounleua Soulilat生动的想象力。据传说他曾在越南的一个山洞中遇到了一位印度圣人，受到圣人的的启示后，他根据自己的理解，将佛教和印度教结合，创造出了这里的众多雕像。1975年他离开老挝，在河对岸泰国的廊开府（Nong Khai）的公园里建造了另一组塑像，从老挝这边可以眺望到那里的主塔。

按照Soulilat的指示，一些业余工匠创作了这群风格兼收并蓄的塑像，从巨大的卧佛、印度诸神、同鳄鱼和巨型昆虫决斗的圣人，到在巨大的眼镜蛇上跳舞的处女，涉及众多神灵以及动物形象，应有尽有。最有意思的莫过于公园前的球形佛塔，游客可以通过一个3米高的恶魔头颅张开的大嘴中进入到佛塔内部。里面共有三层，分别代表着地狱、人间和天堂。从佛塔顶层可以眺望整个公园。公园旁边有一家河畔咖啡馆，为游客提供了一处凉爽的放松休息地点。

“老挝啤酒”啤酒厂准备装进板条箱的瓶装啤酒

本地区住宿及餐饮信息见218~220页和242~244页

牛角山国家保护区 ⑬
Phu Khao Khuay National Protected Area

万象东北部48千米。🚌从南部公交总站到Ban Tha Bok村 🚌 ℹ 国家旅游局，万象，(021)212-251 📠 ✉
www.trekkingcentrallaos.com

牛角山国家保护区占地面积2000平方千米，是距离万象最近的国家保护区，也是那些没有时间或机会游览偏远自然保护区的游客的绝佳选择。栖息在该保护区内的野生动物包括老虎、亚洲黑熊、马来熊、云豹、大象和数量众多的小型哺乳动物以及鸟类。野生兰花和其他花草也一应俱全。游客可以选择徒步旅行、乘船漂流、游泳、散步、住农家屋等活动。在这里还可以观察野生大象。

游客可以沿13号公路从万象以南92千米处的Ban Tha Bok村去往牛角山国家保护区。左侧标有去往Long Xane的路口即可到达国家保护区。尽管游客可以租用摩托车或汽车独自游览该区，但最好还是聘请一位当地导游，他们对这里的解说会让旅程增色不少。独立导游在班哈凯村即可找到，但语言仍是最大挑战。位于万象的绿色发现（Green Discovery，见287页）可为游客提供去往Ban Na村旁的大象观察塔和牛角山其他地区的旅行。万象兰花（Vientiane Orchidees，见261页）可组织乘船旅游和自然徒步之旅，主要让游客欣赏盛开在国家保护区内的种类繁多的野生兰花。这两家公司都可以为游客提供从万象出发、为期一天或几天的旅行。

牛角山国家保护区内，游客乘船沿河游览

亮黄色的兰花

班哈凯村（Ban Hat khai）

Ban Tha Bok村北侧8千米。

班哈凯村是乘船或徒步深入牛角山的理想地点，特别是前往100米高、景色壮观的Pha Luang悬崖。班哈凯村以北约5千米就是景色如画的Tat Xai瀑布，是极受当地人喜爱的野餐地点。位于班哈凯村以西5千米的Tat Leuk瀑布，景色虽不及Tat Xai那样令人惊叹，但它脚下的池塘非常适合游泳。当地的游客中心可以安排徒步旅行，还可以根据季节变化为游客提供所有道路和河流的详细信息。游客还可以在中心低价租用帐篷和其他露营设备。

Ban Na村

Ban Tha Bok村西南侧6千米。

Ban Na村是一个典型的老挝村落，放眼望去尽是绿油油的稻田，这里是观察野生大象的最佳地点。距离这里6千米是位于Pung Xai的大象观察塔，它矗立在这些神圣的野兽喜爱舔食的盐渍地旁边。在恰当的时节，如果运气够好，还可以看到自然环境中的兽群。

图标含义见封底勒口

琅勃拉邦

琅勃拉邦位于湄公河岸，被翠绿的山峰环抱其中，它的迷人之处在于美丽的自然景观和华丽的金色寺庙。这座城市的反差很大——严肃的佛教僧人在时尚的酒店和餐馆出入自如。这里的殖民遗风体现在建筑风格和菜肴烹饪方式上，更为这座城市增加了魅力。

琅勃拉邦（Luang Prabang）曾经是14世纪的澜沧王国的首都，它位于湄公河与其支流南康河（Nam Khan）的冲击半岛上，依山傍水，气候凉爽。1353年，老挝王子法昂（Fa Ngum）被流放到吴哥的高棉首都，他回来后建立了第一个老挝王国，并将此国命名为Lan Xang Hom Khao，意思是“万头大象和白色阳伞的国度”，巧妙地反映出了这个王国的军事力量和王室特点。此后没过多久，法昂的捐助人将一尊神圣的金佛像——勃拉邦金佛从斯里兰卡送了过来。这座城市现在的名字就源于这尊佛像的名字。虽然1545年老挝的行政首都迁到了万象，但是直到1975年前，老挝王室一直居住在琅勃拉邦。

1995年，琅勃拉邦被联合国教科文组织列入《世界遗产名录》。已有1000多年历史的琅勃拉邦是老挝现存最古老的城镇，经联合国专家组考察，琅勃拉邦全市有679座有保存价值的古老建筑。可以说，它是老挝不争的文化首都。琅勃拉邦大学吸引了老挝北方省份不同民族的学子；这里不断增加的餐馆和商店是为了迎合源源不断涌入的游客的需求。

但是当地人如今依然保持着传统的生活方式，农耕和小规模贸易是他们两种最主要的谋生手段。因为这里民风淳朴、自然生态保存完好，且不像一般旅游城市的商业气氛那么明显，被公认为是东南亚传统与殖民风格保存最完好的城市，成为游客们心中的世外桃源。

琅勃拉邦的主要迷人之处要数为数众多的寺庙，它们之间的距离都很近，步行即可轻松游遍。城市中心周围的乡村地带坐落着很多富有乡间风格的村庄寺庙、山洞以及瀑布。乘船游览也是探索这片壮丽美景的绝佳途径。

香通寺的双轮战车大厅中，披着斗篷的佛像排列在描金的墙壁前

◁ 南康河岸风景及美丽的迈苏旺纳普玛哈姆寺

探索琅勃拉邦

琅勃拉邦的核心地区被称作古镇（Old Town），位于湄公河与南康河之间的半岛上。所有的景点、大部分酒店和餐馆都坐落在这片海岬及其以南地区。这片地区的中心是地标区域普西山，这里也是最受人尊敬的宗西佛塔的所在地。国家综合博物馆就在这座城市的商业中心附近，这里曾是老挝王室的住宅。此外，附近还有极具魅力的夜市，在那里能淘到少数民族做的精美手工艺品。半岛的东北部尽头地区点缀着美丽古老的寺庙，末端就是壮丽的香通寺。距离这座城市不远处是富有活力的赛尔瀑布和达关西瀑布。

这座环境宜人的咖啡馆总是坐满了人

巴派寺的佛殿有着镀金外表和错综复杂的纹饰

图例

- 街区地图 见152~153页
- 国际机场
- 渡轮码头
- 游客信息中心
- 邮局
- 医院
- 寺庙
- 主要公路
- 次要公路
- 未铺沥青道路
- 渡轮航线

游客备忘

地图：B2 9万 琅勃拉邦国际机场 Sisavang Vong Rd. 每天 老挝新年（4月中旬）、灯船节（11月）、赛船节（11月）

香通寺佛殿后墙上的马赛克生命之树

周边交通

琅勃拉邦半岛上有四条主要街道，它们相互之间平行排列，而无数垂直于两条河流的小街道与四条大街相交。但是街道名称让人有些困惑，因为有时同一条街会有不同的名字。街道名称通常与方向无关，而是根据附近的地标性建筑来命名，可不幸的是街道附近的景点相互之间距离很近，步行就能够到达。嘟嘟车会在琅勃拉邦的常规游览线路上等待游客，在这座城市的景点及其周围也都能雇到这种车。

旅游景点分布示意图

村镇

Ban Phanom村和
　享利·穆奥之墓 ㉓
香孔村 ㉔

宗教圣地

阿汗寺 ⑰
巴派寺 ⑨
和平塔 ㉒
吉利寺 ⑭
迈苏旺纳普玛哈姆寺 ④
迈佛寺 ⑫
玛诺隆寺 ⑲
普西山和宗西塔 ①
首木宫寺 ⑧
塔銮寺 ⑳
Wat Nong Sikhunmuang寺 ⑪
Wai Si Boun Huang寺 ⑬
Wat Siphoutabath寺 ②
Wat Visounarat寺 ⑱
香门寺 ⑦
西岸的寺庙群 ㉑
香通寺
　（见160~161页）⑯

博物馆

传统艺术和人类文化中心 ③
国家综合博物馆 ⑤
艺术学校 ⑩

历史名胜

联合国教科文组织文物楼 ⑮

市场

夜市 ⑥

自然景区

达关西瀑布 ㉖
赛尔瀑布 ㉕

另参考

· 住宿信息 见220~222页
· 餐饮信息 见244~245页

街区纵览：古镇

打着伞的僧人

琅勃拉邦半岛的南部尽头有很多吸引人的景点，包括湄公河和坎河（Khan）、生气蓬勃的早市以及宗教和非宗教的建筑。国家综合博物馆位于湄公河与普西山之间，它曾是西萨旺·冯国王的居所，于1904～1909年之间由法国人修建。通向博物馆的阶梯两侧排列着鸡蛋花树。小镇中的寺庙群中既可见到乡村风格的Wat Siphoutabath，也有气势辉煌的迈苏旺纳普玛哈姆寺。此外这里还有众多商店、精品酒店、艺术馆、咖啡馆和餐馆。

首木宫寺（Wat Choum Khong）
这座寺庙于1856年竣工，门口有两尊中国神像守卫。寺庙周围翠绿的花园是休息的绝佳去处。佛殿由不同姿势的佛像环绕四周。❽

★国家博物馆（National Museum）
这座建筑十分独特，集法国与老挝建筑风格于一体，神圣的勃拉邦金佛就收藏在这里。玻璃马赛克装点的王宫会客室与展出的王室用品都十分具有吸引力。❺

迈苏旺纳普玛哈姆寺（Wat Mai Suwannaphumaham）
这座寺庙的游廊上装点着复杂的镀金浮雕，其上的内容来源于老挝版本的《罗摩衍那》——*Phra Lak Phra Lam*。❹

星级景点

- ★ 国家博物馆
- ★ 普西山和宗西塔

本地区住宿及餐饮信息见 220~222 页和 244~245 页

Wat Xieng Mouan 寺中有一座由联合国教科文组织赞助的学校，向年轻僧人们教授与寺庙装饰相关的艺术，比如刻板图案和漆器制作。❼

巴派寺（Wat Pa Phai）
这座寺庙坐落在郁郁葱葱的树木之间，因其华美的装饰而出名。前门及周围区域不仅镀金，还覆盖着玻璃马赛克瓷砖。❾

图例

推荐线路

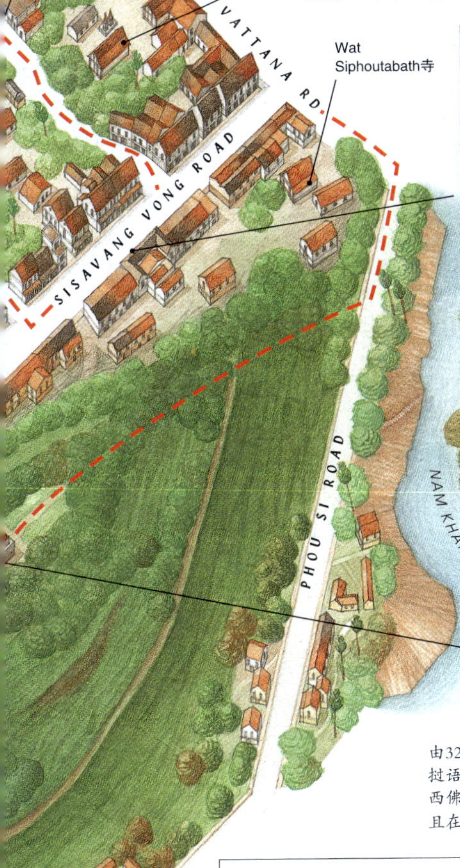

临街咖啡馆（Shophouse Cafés）
Sisavang vong Road两侧排列着很多殖民时期的临街店面，如今大部分已改为咖啡馆和餐馆，这里是休息和观察当地人生活的绝佳地点。

★普西山和宗西塔（Mt Phou Si and That Chomsi）
由328级台阶组成的阶梯通往普西山，这座山在老挝语中的意思是“圣神的山峰”。山顶坐落着宗西塔，从琅勃拉邦的各个地方都能看到它，而且在这里也能够将整座城市的景色尽收眼底。❶

虔诚的信徒抬着勃拉邦佛像

勃拉邦金佛

这尊金佛像高83厘米，它举着手掌，做出象征保护的姿势。勃拉邦佛赋予了这座城市名字。据说它也使老挝处于圣灵的保护之下，并让佛教在国家统治阶级中合法化。一位柬埔寨国王将它赠予了澜沧王国的创始人法昂国王，但后来却遭人偷窃，又先后两次被暹罗国王送回。如今它被保存于国家博物馆中（见156页）。

普西山和宗西塔 ❶
Mt Phou Si and That Chomsi

Sisavang Vong Rd. **地图：** C3 每天：8:00~18:00

普西山在老挝语中的意思是“神圣的山峰”，它是琅勃拉邦最著名的地标。山顶上坐落着高达 24 米的**宗西塔**——一座四边形佛塔；老挝新年（见 124 页）的第一天，当地人都会来此游览。

共有三条阶梯通往山顶，第一条从国家综合博物馆（见 156 页）出发，门票也在博物馆处购买；第二条在南康河岸边，第三条的起点位于 Wat Siphoutabath 寺背后。通往 Wat Siphoutabath 寺的阶梯有 328 级，游客们在山脚下能见到两座古老的寺庙。这座佛塔可追溯到 1804 年，从远处看它格外壮观；相比之下，附近的佛殿就比较平庸。攀登途中设有很多休息区域，但是山顶的夕阳美景十分出众，使得这趟攀爬活动物有所值。

Wat Siphoutabath寺呈现出华丽的泰式建筑风格

Wat Siphoutabath寺 ❷
Wat Siphoutabath

Phou Si Rd. **地图：** D3 每天：8:00~15:00

这座泰国风格的寺庙修建于 1851 年，它的名称来源于从寺庙后部通往普西山的路上的佛祖脚印。Wat Pa Khe 寺与 Wat Siphoutabath 寺位于同一座寺院中，有时人们也将整座寺院统称为 Wat Pa Khe。寺庙的一大特点就是门上以及窗户上的荷兰商人浮雕。浮雕极具老挝风格，荷兰商人戴着插羽毛的三角帽，穿着高筒靴，每人肩膀上还站着一只鹦鹉。窗户上的图案描绘的是一个长发西方人，脚边跟着一条狗。

传统艺术与民族文化中心展出的少数民族物品

传统艺术与民族文化中心 ❸
Traditional Arts and Ethnology Centre

Dara市场与普西山之间。**地图：** C4 **电话：** (071)253-364 周二至周日：9:00~18:00 预先安排
www.taeclaos.org

这是一座私人博物馆，地处普西山山脚下的一座经过了重修的法国法官的家中，在这里能够领略到老挝璀璨的民族文化。博物馆的主题就是保护并介绍传统艺术、物品、生活方式和文化。这里的固定展品是从 17 个少数民族收集来的 200 多件物品，包括衣服、宗教物品、家庭用品以及珠宝。

博物馆的商店出售当地艺术家制作的手工艺品，而且价格不高。这里还有一家咖啡馆提供食品和饮料，从那里能看到远方壮丽的山景。

迈苏旺纳普玛哈姆寺 ❹
Wat Mai Suwanna-phumaham

Sisavang Vong Rd. **地图：** C3 每天：8:00~15:00

作为琅勃拉邦最重要的寺庙之一，迈苏旺纳普玛哈姆寺华丽的外表上覆盖着红色、黑色和金色的刻板图案。它的修建工程始于 1788 年，而整个完成的过程却耗费了将近 70 年。这座建筑修缮过很多次，是琅勃拉邦少数几座仍能保持最初结构的寺庙之一。这座寺庙很受人尊敬，因为过去几十年中，它是老挝地位最高的僧人的居所；另一个原因是琅勃拉邦的守护神——神圣的勃拉邦佛像于 1894~1947 年间保存于此。

寺庙的结构同时受到琅勃拉邦风格和当地建筑风格影响。它的佛殿有着华丽的五层屋顶，前游廊上也装饰着镀金浮雕。生动的画面取材于老挝版本的《罗摩衍那》——*Phra Lak Phra Lam* 和老挝的乡村生活。

迈苏旺纳普玛哈姆寺的镀金刻板图案细节

老挝寺庙建筑风格

一座寺院一般由主要佛殿（Sim）及多座其他建筑物构成。老挝的不同寺院中的佛殿也各有不同，建筑风格各种各样，屋顶设计也各具特点。但是琅勃拉邦风格的寺院佛殿却有一大共同特点，那就是多层次的屋顶，屋檐距离地面很近；而万象的风格则是又高又窄的屋顶；另外，香昆风格（Xieng Khuan）的单层屋顶很低矮。老挝寺庙的基础装饰颜色为金色，象征着阳光。镂花版画、浮雕、彩色玻璃或瓷砖的马赛克都是为了描绘几何图形，同时体现出宗教教义。在这些地方，不同宗教信仰和文化的融合大量存在，印度教和多神论的因素随处可见。

那伽栏杆

僧人的住处

佛塔中供奉着佛祖的遗物。

藏经阁就是寺庙图书馆，里面收藏着神圣的经文。

佛殿是一座寺院的主要建筑，信徒在此祷告，僧人们在此受戒。

寺庙建筑群

一座寺院内的建筑能够反映出它的多种功能，不仅仅用于朝拜，一般在寺庙内也能找到学校、活动中心以及健康诊所。所有的寺院周围都设有围墙，而里面所有的建筑除藏经阁以外都直接修建在地面上，而不是木桩上。

鼓楼（Hor kang）中放置着寺院节庆时使用的鼓。一般来说，这些鼓用于在凌晨时分叫醒僧人们，并在清晨与傍晚时分集合僧人们前去祈祷。

装饰元素

用于装饰寺庙的元素包括各种壁画，木雕镶嵌板、刻板图案，镀金雕像以及玻璃马赛克瓷砖等。

壁画都是手绘或版画印刷而成的。其中描绘的内容都来源于《本生经》和 *Phra Lak Phra Lam*——老挝版本的《罗摩衍那》。

Dok heuang pheung是指佛殿正门上方的三角墙区域。

Dok so faa是屋顶上的金属装饰，一般是阳伞或佛塔的形状。

So faa是屋顶向上翘起的发冠，一般都是那伽造型的。

国家综合博物馆 ❺
National Museum Complex

Sisavang Vong Rd. 地图：C3 ◯ 周三至次周周一：8:30~11:30&13:00~15:30 馆内

国家综合博物馆曾是老挝贵族的住所，坐落在湄公河与普西山之间，由法国设计师设计。内部的宫殿是在西萨旺·冯国王（1904~1959）登基前不久为他建造的。当君主制于1975年被推翻之后，老挝共产党领导人将宫殿改建成了国家博物馆。

古巴皇家棕榈树矗立在通往国家博物馆道路的两侧

博物馆呈双十字形结构，只有一层，融合了老挝和欧洲建筑风格。道路两旁栽满了古巴皇家棕榈树，在主要入口上方形成一个三角墙。墙上雕刻着一只由阳伞保护着的三头大象，四周环绕着那伽——它也是澜沧王国的标志。背景是一座与佛塔很相似的尖塔，直指天空。琅勃拉邦最神圣的宗教圣像——勃拉邦金佛现在被保存在前侧殿的一个展厅里。它最终的所在地，位于大门旁边的**霍勃拉邦寺**（Wat Ho Pha Bang）目前正在重建中。

西萨旺·冯国王塑像

游客进入国家博物馆，会经过曾经的国王接待室，房间内的壁画是由法国艺术家亚历克斯·福特罗（Alex De Fautereau）在20世纪30年代完成的，展现了琅勃拉邦过去的田园风格。令人印象深刻的王座室（throne room）以红色为主色调，壁画上描绘的是老挝的田园生活，与香通寺（见160~161页）红色礼拜堂的图案相似。大量的图案在封闭的房间内形成的效果令人炫目。王座室背后是王室的私人住所，那里展出了许多王家私人物品，如一些唱片和一台发条留声机。国王和王后的卧室里的家具也按原样保存着，家庭气氛很浓郁，没有一点奢侈。宫殿的最后一站是一间用来存放外交礼物的大厅，其中包括著名的月岩石和美国总统理查德·尼克松赠送的徽章。这个展厅还有两幅出自苏联艺术家之手的西萨旺·瓦达纳（Sisavong Vatthana）国王和Kampoui皇后的画像。

西萨旺·冯国王的巨大雕像伫立在大门左侧、皇家芭蕾舞剧院的背面。这里每周会有三天在18:00开始上演由老挝版本的《罗摩衍那》——Phra Lak Phra Lam改编的史诗剧。

国家综合博物馆

大门 ①
国家博物馆 ②
霍勃拉邦寺 ③
西萨旺·冯国王塑像 ④
皇家芭蕾舞剧院 ⑤
莲花池 ⑥
皇家造船屋 ⑦

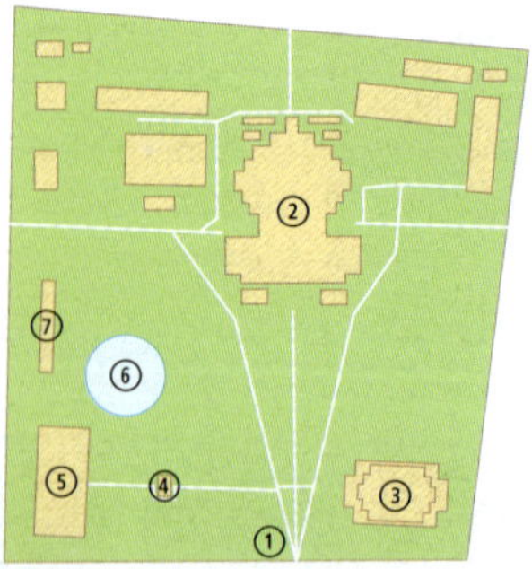

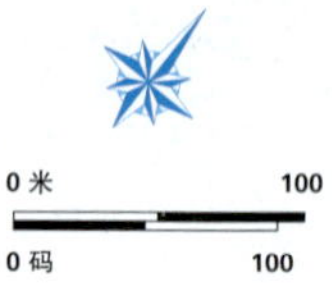

图例
建筑物
草坪

夜市 ❻
Night Market

Sisavang Vong Rd. 地图：C3 ◯ 每天：18:00~22:00

每天晚上，琅勃拉邦半岛的主商业街西萨旺·冯路（Sisavang Vong Rd.）边都会汇聚成一个露天的市场，出售各式色彩绚丽的当地手工制品。其中纺织品占多数，特别是编织复杂的老挝丝绸和纯棉制品。颇受欢迎的还有几何贴花制品——时尚元素无处不在，从床单到拖鞋，应有尽有。苗族人制作的产品尤为著名。此处，银饰、仿古瓷器、陶瓷制品、手编篮子和桑纸制品也一应俱全。印有老挝啤酒图案的T恤、老挝大米威士忌，还有泡制药酒的玻璃瓶中漂浮着的蝎子和蛇。都会令游客大开眼界。这里商品的质量远不如高档精品店，但胜在价格低廉，而且允许有礼貌的讨价还价。在市场最南边，饥肠辘辘的游客可以享受到美味的法棍三明治。

夜市里的一家摊位正在售卖各式各样的纺织品

香门寺 7

Wat Xieng Mouan

Sotika Kuman Rd. **地图**：C3 每天：8:00~15:00

这座寺庙的构造是由Chantarath国王（1851~1872）于1853年设计的，专门用于存放他收集的，能发出优美鼓声的寺庙鼓。因此，这座寺庙最早的名字意为“有美妙声音的寺院”。但后来不知是什么原因，寺院的名称被改为了“趣味城市寺院”。隶属该寺庙的学校由联合国教科文组织（UNESCO）创办、挪威政府拨款，旨在保证老挝传统艺术的延续。刚皈依不久的僧侣在这里创作了大量形态各异的传统艺术品和手工作品，如镂花模板、木雕、漆器制品和泥雕。经创作者同意后，这些作品会在一间小展厅内展出。寺庙的佛殿被一条回廊环绕，前面矗立着引人注目的圆柱。镇寺之宝的寺庙鼓则存放在院子左前角的小庙中。

首木宫寺 8

Wat Choum Khong

Sotika Kuman Rd. **地图**：C3 每天：8:00~15:00

首木宫寺位于Wat Xieng Mouan寺旁边，可以从连接两个庭院的通道直接进入。首木宫寺始建于1843年，后经多次翻修，最近的一次是在Wat Xieng Mouan寺内学校学生的帮助下完成的。据传说，该寺庙的名字来自于此地一尊由铜锣（khong）铸造的佛像。寺庙花园成排的灌木和树林中，手势（mudra）各异、风格迷人的佛像伫立于此，花园经过了精心打理，花红草绿，环境怡人。寺庙的佛殿大厅是经典的琅勃拉邦风格，三扇制作别具匠心的前门上是一根镀金门梁，屋檐的支架也经过精心雕刻，窗户则是凹嵌在墙中的。

巴派寺 9

Wat Pa Phai

Sisavang Vattana Rd. **地图**：C3 每天：8:00~15:00

巴派寺佛殿的大门上雕刻着的华丽的孔雀图案

巴派寺的名字意为“竹林寺庙”，最初的名字不详。寺庙的始建时间也存在争议，一部分人认为是1645年，另一部分人则坚称是1815年。寺庙的建筑风格受到了暹粒的影响，最明显的标志就是狭窄的底座和又高又陡的屋檐线。最有代表性的特色就是通往佛殿的走廊周围华丽的三角墙。与泰国清迈的寺庙十分相似，其中装饰着向外突出的孔雀图案，以色彩鲜丽的玻璃锦砖填色。拱门下方的通道分为三层，由巨大的那伽与飞鸟图案装饰。大门上描绘的是手握权杖跳跃着的罗摩（Rama），正在痛打一只狮子的头。回廊周围的壁画，则以简单，但颇具艺术风格的手法描绘了老挝乡村的生活景象。

香门寺中精心装饰的主佛殿外观

Wat Nong Sikhunmuang寺台阶两侧雕刻成那伽形象的栏杆

艺术学校 ⑩
School of Fine Arts

Sotika kuman Rd. 地图：D3 电话：(071) 212-047 ◻ 每天：8:00~16:00 ◻

这所学校还有个名字叫凡尔赛美术学院（Ecol Des Beaux Arts），其标志是用法语书写的，这座始建于20世纪20年代的迷人单层建筑坐落在一个绿树环绕的庭院中，是那个时代殖民建筑的杰出代表。这所旨在发扬传统老挝艺术的学校，向完成中等教育程度的学生颁发四年制的专业证书。专业课程包括油画、雕刻、图形艺术、陶艺、金属加工、传统绘画和漆器艺术。学校还有一个规定，学生在毕业后要在学生的家乡完成为期18个月的实习。学校对保护老挝的传统艺术和雕刻技艺，使之源远流长起到了关键作用。学校还有一个展览中心，展览并出售由学生创作的画作、雕刻品和塑像。

Wat Nong Sik-hunmuang寺 ⑪
Wat Nong Sikhunmuang

Sotika kuman Rd. 地图：D3 ◻ 每天：8:00~15:00

寺庙始建于1792年的因塔宋（Inta Som）国王时期，最早是木质结构。于1774年尽毁于一场大火，从这场火灾中唯一幸免于难的就是被称作Pha Sao Ong Sanesakid的佛像。这尊佛像最初由一名当地商人带来，他乘坐木筏从泰国一路顺流而下，经历了艰辛的旅程，最终神奇地停靠在了寺庙旁边。

现在的Wat Nong Sikhunmuang寺由泰国工匠在19世纪翻修而成，风格更加现代化，色彩鲜亮。最具艺术价值的就是别具匠心的屋顶，被称作Dok so faa（见155页）；它上面的15把阳伞显示出了寺庙与王室的关系——在老挝，阳伞是王室的象征。寺庙两旁的台阶都装饰有雕刻成那伽的栏杆。由于Pha Sao Ong Sanesakid佛的原因，这家寺庙吸引了众多信佛的游客，特别是在节日期间。现在，这尊神圣的佛像被保存在寺庙的佛殿中，据说它被赋予了特殊的力量，可以帮求助者实现愿望。

迈佛寺 ⑫
Wat Sene

Sakkarin Rd. 地图：D2 ◻ 每天：8:00~15:00

迈佛寺是泰式风格建筑，其名称来源于修建这座寺庙接受的第一笔10万基普的捐款——老挝语中称基普为sene。寺庙始建于1714年，1957年的翻修是为纪念佛历2500年。寺庙位于琅勃拉邦的中心道路Sakkarin上，非常抢眼，它是位于街边的一系列寺庙中宽度最长的一个，约有200米。寺庙的外观以亮红色和金色为主，令人目眩。令它声名鹊起的原因还有一个——一年一度的赛船节（见126页）中的两艘最大也最吸引人的船也保存在这里。佛殿被漆成明亮的红色，覆盖其上的镂花版画描绘的是神话中的动物乐园；寺院内部也经过了精心装饰。寺庙前方的小教堂中伫立着一尊站佛像

迈佛寺中的镂花版画图案

颇具泰式风格的迈佛寺的正面，以金、红两色为主

本地区住宿及餐饮信息见220~222页和244~245页

令人印象深刻的联合国教科文组织遗产楼——老挝殖民遗产的杰出典范

和巨大的鼓和锣——它们曾被用于预示佛教圣日（wan sin）的到来。旁边还有一座垂直放置的雕刻石碑，上面正是佛祖的足迹。

西布昂寺 ⑬
Wat Si Boun Huang

Sakkarin Rd. 地图：D2 每天：8:00~15:00

西布昂寺同迈佛寺位于同一条大街上，经过 Wat Sop 寺即是；寺庙外有绿树环绕的草坪，相比其他位于琅勃拉邦，用水泥铺设地面的寺庙，感觉上要亲切许多。多彩多姿的九重葛和棕榈树不仅为游人提供了阴凉，还为整个被绿意环绕的庭院增加了一抹亮色。

据说这座寺庙建于索提卡库曼（Sotika Kuman）国王（1749~1768）在位时期。相对较小的佛殿的走廊前有四个圆柱，柱顶饰以含苞待放的莲花雕刻形象。这里的最大看点是寺庙大门上的三角墙，描绘的是佛教象征法轮（Dharmachakra），意为重生。寺庙的屋顶是典型的琅勃拉邦风格，虽然只有两层，但边沿装饰得既朴素又不失典雅，模仿的是被称作 so faa 的经典寺庙的屋脊装饰。

吉利寺 ⑭
Wat Khili

Sakkarin Rd. 地图：D2 每天：8:00~15:00 灯船节（11月初）

吉利寺华丽的风格与建在川圹（Xieng Kuang）省山区的寺庙如出一辙，非常罕见。寺庙全名为苏旺纳吉利寺（Wat Souvanna Khili），意为“金色山峰寺庙”。吉利寺是由 Chao Kham Sattha 王子于 1779 年建造的，他在这片地区被拥戴为王。据说这座寺庙帮助当时的川圹和琅勃拉邦这两个敌对侯国建立了友谊。

川圹风格的佛殿外形以矮、宽为特色。吉利寺前面的墙壁由六棵生命之树的图案装饰——是著名的香通寺佛殿（见 160~161 页）后墙图案的缩小版。寺庙的百叶窗被雕刻成华丽的人形图案，人们认为那是悉达多（Siddhartha）王子，即后来的佛祖；三角墙上则是栩栩如生的动物形象浮雕。寺庙前面有一座看似不太协调的两层建筑，融合了殖民时期建筑和传统佛教建筑风格，为这座寺庙增色不少。

西布昂寺用黄金版画精心装饰的大门

联合国教科文组织遗产楼 ⑮
UNESCO Maison du Patrimoine

Sakkarin Rd. 地图：E2

联合国教科文组织遗产楼位于琅勃拉邦半岛最北部，是一座既壮观又雅致的建筑，与佛教寺庙形成了强烈的对比，周围坐落着朴素的民宅。遗产楼分为两层，始建于 1932 年，曾是法国殖民政府的海关，法国人曾在这里向所有老挝出口的商品收税，其中最有利可图的莫过于鸦片。现在这座迷人的建筑属于老挝政府，是联合国教科文组织的老挝总部，负责向当地政府提出城市保护建议，它还在 1995 年被列入了《世界遗产名录》。遗产楼有着宽大的窗户和挑高的天花板，凸显出殖民时期建筑风格的特点。虽然这里并不对公众开放，但游客可以在遗产楼外精心修剪的宽敞花园中漫步。

香通寺 ⑯ Wat Xieng Thong

装饰有马赛克的佛塔

香通寺名称的含义是“黄金城市寺院”，它被当地人认为是他们国家的宗教遗产中最重要的象征，它的特点就是华丽的彩色玻璃马赛克，在这座寺院中很多建筑的外表都是这样装饰的。马赛克描绘的是标准的佛教图案，比如莲花座，还有一些源自佛教经文中的场景，以及老挝人民的日常生活。佛殿由塞塔提腊国王修建于1560年，而且在1975年之前一直在接受老挝王室的捐助。曾经有很多位老挝国王在这里举行他们的加冕典礼。

红色礼拜堂的马赛克描绘出渔民和僧人

三藏藏经阁（Tripitaka Library）
藏经阁中存放着经文以及勃拉邦金佛像，据说这尊佛像能够发起洪水。

坐佛阁

禅堂

城市入口处延伸出的一条不长的小道将寺院和Sakkarin路连接起来。

僧院（Monks Quarters）
在这座寺院中受戒的僧人和年轻信徒就居住在其中的僧院中。

★ 红色礼拜堂（Red Chapel）
法国人将其命名为红色礼拜堂（La Chapelle Rouge），它的外墙呈红色，上面镶嵌的玻璃描绘出宗教内容和乡村场景。礼拜堂内供奉着一座工艺精良的青铜卧佛。

星级景点

- ★ 红色礼拜堂
- ★ 佛殿
- ★ 皇家葬礼马车车库

★佛殿（Sim）
除了分层的屋顶外，佛殿有着镀金的生命之轮浮雕，支撑入口的柱子顶端有绿色马赛克组成的莲花座。侧墙上覆盖着大量金色和黑色的版画图案，其中的场景描绘出阿普萨拉舞者和狮子；而后墙上有一棵由马赛克组成的精美绝伦的生命之树。

游客备忘

城市地图： D2 Sakkarin Road和湄公河之间。◯ 每天: 8:00~16:00

鼓楼（Drum Pavilion）
楼阁中的大鼓一般会在特殊的祈祷日敲响，赛船活动等节庆活动中也会用到它。

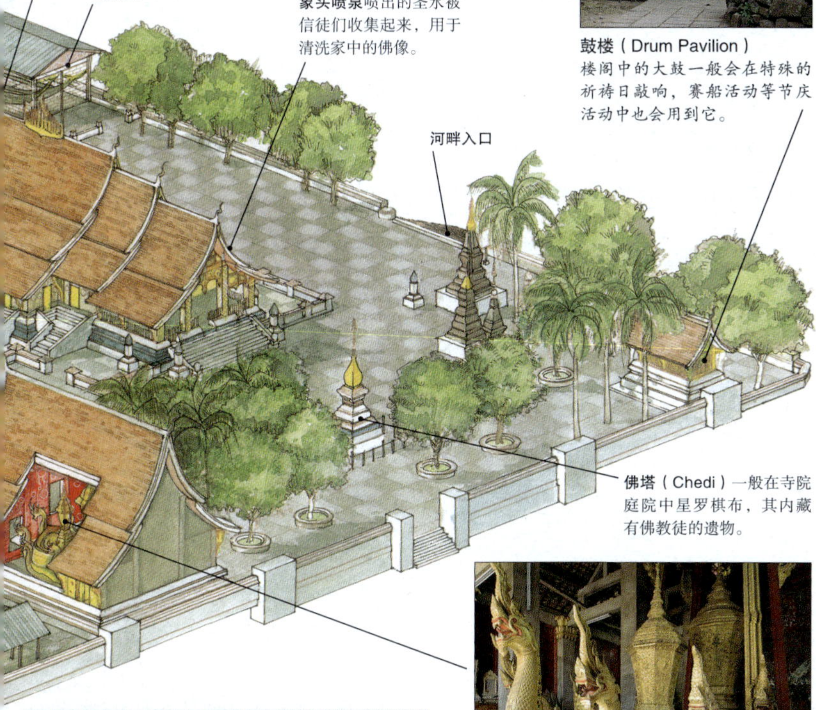

造船室

象头喷泉喷出的圣水被信徒们收集起来，用于清洗家中的佛像。

河畔入口

佛塔（Chedi）一般在寺院庭院中星罗棋布，其内藏有佛教徒的遗物。

★ 王室葬礼马车车库（Royal Funerary Carriage House）
王室葬礼马车车库是一座镀金的、雕刻精美的建筑，其中的双轮战车高达12米，曾用于将西萨旺·冯国王的遗体运往火葬场所。

造船屋（Boat Shelter）
这里造的船帮助很多船员在一年一度的赛船活动中取得了胜利，赛船举办于每年的老挝新年和赛船节（见126页）期间。

阿汗寺入口前雕刻精致的佛塔

阿汗寺 ⑰
Wat Aham

Phommathat Rd. 地图：C4 ◻ 每天：8:00~15:00

阿汗寺位于古镇所在的半岛以外，对面是蜿蜒排列的迷人民居。寺庙庭院中有两棵高大的菩提树，据说城市守护神 Phu Noe 和 Na Noe 的灵魂就居住在树中。头发蓬松的红脸雕像代表的就是保留在寺庙院中的灵魂，在老挝新年的时候，这尊雕塑一般会位于游行队伍最前面。寺庙中还有一座佛殿，老挝版本《罗摩衍那》——*Phra Lak Phra Lam* 中的守卫塑像伫立在前门。佛殿中科林斯风格的圆柱被艺术化成含苞待放的莲花状，佛殿背后的三角墙上的壁画描绘着正在布道的佛祖。

阿汗寺里的守护神

维苏寺 ⑱
Wat Visounarat

Phommathat Rd. 地图：C4 ◻ 每天：8:00~15:00

这座寺庙始建于 1512 年，由于建于维苏（Visounarat）国王在位时期，便以该国王的名字命名，它是城中现存历史最为久远的佛教圣地。维苏寺位于阿汗寺旁边，有一条带拱门的小路将两座寺庙连接在一起，维苏寺也被称作 Wat Visoun。佛殿的门板上描绘着印度的众神，里面的镀金屏风则描绘了印度史诗《罗摩衍那》。位于佛殿前方的是琅勃拉邦最著名的地标玛莫塔（That Makmo），意为西瓜塔；官方称为莲花塔（That Phatum），是根据它圆球状的外观命名的。最初该塔于 1887 年遭到掠夺者的破坏，在 Sakkarin Kamuk 国王的资助下于 1898 年再建。1914 年寺庙遭到雷击，露出了当年曾幸免于难的由黄金、青铜和水晶制作的佛像。这些宝物现在被保存在老挝国家综合博物馆（见 156 页）中。

马诺隆寺 ⑲
Wat Manolom

Manomai Rd. 地图：C5 ◻ 每天：8:00~15:00

马诺隆寺矗立在由澜沧王国的创始人法昂国王早期建造的寺庙之上，位于琅勃拉邦老城区以西 2000 米的一处安静居民区中。马诺隆寺是第一个保存勃拉邦佛像的寺庙，保存时间长达 11 年之久。现存的佛殿建于 1972 年，北边入口有一扇雕刻复杂的大门，两旁

维苏寺内的僧侣们走过西瓜塔

由一对狮子守护。这里有一座令人敬畏的青铜佛像，高 6 米，重 2000 千克，于 1887 年遭到了掠夺者的严重破坏，现在存放在佛殿里。这座年代久远的塑像具有明显的泰—素可泰风格。寺庙内部有一组黄金佛塔，与万象的塔銮寺（见 143 页）非常相似。

塔銮寺 ⑳
Wat That Luang

Wat That Luang Rd, Phu Vao Rd附近。**地图：**B5 每天：8:00~15:00

塔銮寺始建于 1818 年，是琅勃拉邦最重要的寺庙之一，离马诺隆寺很近。塔銮寺内存放着西萨旺·冯国王（1904~1959）的骨灰，他的葬礼马车则保存在香通寺（见 160~161 页）。“塔銮”意为“王室佛塔”，佛殿的 dok so faa 屋顶和 15 把阳伞装饰显示出这座寺庙的王室地位。值得人们注意的是佛殿的金银漆大门，上面描绘的是各位神佛。佛殿旁边有一座精致的佛塔，经过岁月的磨砺，现已变成了黑色。每年的 10 月 29 日，琅勃拉邦的王室成员都会聚集在这里纪念西萨旺·冯国王。

香曼寺的孔雀雕刻

西岸的寺庙群 ㉑
Wats on the West Bank

湄公河西岸。**地图：**D2 从香通寺或老挝国家综合博物馆背面乘船
每天：8:00~15:00

琅勃拉邦老城的宏伟寺庙的确很吸引人，但游客也可以尝试抛开常规线路，欣赏一下位于湄公河西岸的偏远寺庙，名气虽不大，但也别有一番风味。游客可以从香通寺出发跨过湄公河，这些寺庙之间的距离都不太远，步行即可到达。可以同船夫协商，让他驾船在寺庙周围绕上一圈。

隆昆寺入口处的壁画

寺庙群中的第一个就是**隆昆寺**（Wat Long Khun），意为快乐或祝福歌曲的寺院，未来的国王在登基前必须在这里冥想三天，然后才可以在香通寺接受加冕。前面装饰着的壁画虽然已经褪色，但非常有意思，描绘的是身着华美服饰的中国绅士。佛殿内铺设着略显铺张的油地毡，并不像琅勃拉邦的其他寺院一样散发着欢迎游客来访的朴素气息。寺院内绿树茂密，是极佳的放松地点，可以令人充分享受乡村中的自然氛围。

从隆昆寺出发，在河流上游不远处的一处岩洞中，隐藏着一座很小的荒庙，名为**坦香曼寺**（Wat Tham Xieng Maen）。游客可以聘请当地的年轻志愿者带领进入洞穴，并游览周边地区。从隆昆寺出发，沿河流下游不远处有一座山，山脚下有一条陡峭的阶梯，直接通往**宗佩寺**（Wat Chom Phet）。这座寺庙最著名的游览活动是俯瞰周边地区的美景，并非观赏其装饰或文物古迹。

最后还有**香曼寺**（Wat Xieng Men），沿河流下游方向，离刚才提到的这几座寺庙约有 3000 米。游客可以步行到达，但最省力的方法还是乘船。寺庙建于 16 世纪下半叶，寺庙的佛殿虽小，但结构匀称，屋顶是精致的三层式设计，分开的屋檐覆盖在走廊上方。前门上方的圆柱门廊无论里外都设计得复杂精细。现在的寺庙建于 20 世纪 20 年代，但旧寺中的工艺品被保存了下来，包括一件有着 300 多年历史的绣布。

湄公河西岸香曼寺里的精致三层屋顶

信徒在和平塔的佛像前祷告

和平塔 ㉒
Santi Chedi

琅勃拉邦东侧5千米。每天：8:00~17:00

这座塔还有一个不太为人熟知的名字，叫 Wat Phra Pone Phao，它于 1988 年由老挝富裕的海外侨胞捐款建立，是一处森林冥想圣地。和平塔是前往琅勃拉邦旅游的游客们的必选之地，在城市中的各个角落都可以看见这座金黄色、铃铛形的佛塔，尤其是在普西山（见 154 页）上，景色绝佳。位于南康河畔山顶之上的宝塔也是欣赏城市美景的不二选择，特别是在上层的平台上，绝对值得游客辛苦攀爬。到达平台的途中，游客将会欣赏到色彩明亮的壁画，颜色自然柔和。这些壁画除了描绘了《本生经》中关于佛祖生活和行为举止的故事外，还详细勾勒出了有罪之人将要在地狱受到的惩罚。

Ban Phanom村和亨利·穆奥之墓 ㉓
Ban Phanom and Mouhot's Tomb

琅勃拉邦东侧6千米。从琅勃拉邦出发 每天：9:00~17:00

Ban Phanom 村建于西萨旺·冯国王当政时期，村中居住着泰国的傣族人，他们一直生活在琅南塔省（Luang Nam Tha）和芒新地区。傣族妇女擅长编织和舞蹈，她们过去一直为王室服务。尽管传统舞蹈最终绝迹了，但使用棉和丝绸的编织手艺流传到了今天。妇女们在家中或在村庄手工艺中心出售这些产品。价格和质量相当于在琅勃拉邦夜市（见 156~157 页）上出售的产品。游客可以在购买前同她们砍砍价。

从 Ban Phanom 村沿南康河出发约 5 千米处有一条未经铺设但标识清晰的道路，坐落着法国探险家亨利·穆奥的墓。他是第一个来到琅勃拉邦的西方人，被人称为吴哥窟的“发现者”，正是他对吴哥窟绘声绘色的描述（因为法国人对他的游记不感兴趣，所以文章是以英文发表的），才让欧洲人知晓了这一古迹。后来，穆奥从泰国来到了琅勃拉邦，并在这里停留了三个月，在这里他不幸患上了疟疾，于 1891 年去世，年仅 35 岁。他的坟墓于 1990 年被人发现，来自其家乡法国的代表重建了他的坟墓。这座外观简单大方的白色坟墓被绿树环绕，旁边伫立着一座亨利·穆奥的小塑像，这也是到琅勃拉邦游玩的游客们必选的景点。

Ban Phanom 村的当地编织衣物

亨利·穆奥

亚历山大·亨利·穆奥

亚历山大·亨利·穆奥（Alexander-Henri Mouhot，1826~1861）是一位胆量过人的冒险爱好者，他在俄罗斯教书的时候学习了路易·达盖尔的银板摄影技巧、学习了植物学，最终出发前往亚洲进行研究。在游览了吴哥后，他来到琅勃拉邦，同其他外国人一样，他感到极度惊讶，把他所看到的形容为“一个微型天堂”。穆奥还称湄公河拥有“超越极致的壮丽”，并认为可以在其中航行——这一线索激发了早期法国殖民者展开了从水路进入中国的旅行计划，但这个计划最终以失败告终。

香孔村 ㉔
Ban Xang Khong

琅勃拉邦东侧5千米。每天：9:00~17:00

风景如画的香孔村坐落于湄公河岸，是传统老挝艺术和手工艺品的天堂。村子最早以出产编织工艺复杂的纺织品而闻名，制作这些纺织品的艺术家们在一座建在与河水平行的

本地区住宿及餐饮信息见 220~222 页和 244~245 页

土路旁的屋子里生活、工作。直到今天，当地的艺术家们还在制作着迷人的手绘桑皮纸（sa paper），桑皮纸是由桑树树皮制成的。被剥去的树皮会重新长好，所以这是一种可重复利用资源。游客不仅可以观看当地人工作的过程，还可以获得绝佳的购物时机——直接从制作者手中购买产品。价格并不见得比夜市便宜，但购物环境非常放松，光线明亮，游客可以看清编织复杂的衣物和桑皮纸。

游客要想前往香孔村，可以选择步行或骑车从琅勃拉邦出发，经过在特定季节使用的竹桥或老桥跨过河流后即可抵达。

达塞瀑布 ㉕
Tat Sae Waterfalls

琅勃拉邦东南18千米。**电话：**(020) 4290848（预定旅行）嘟嘟车从琅勃拉邦出发 从Ban En出发 每天：9:00~17:00

美丽的达塞瀑布位于南康河的一个支流，常常被人拿来同位于其不远处，更加宏伟的达关西瀑布相比较。达塞瀑布牛奶般的水流冲刷过天然石灰岩，落入清澈的蓝绿色池水中。这里是极佳的游泳和沐浴

野餐的人们享受着达关西瀑布的绝美景色

地点。不过，达塞瀑布的气势远不如达关西瀑布，一到旱季，这里的瀑布就会萎缩成涓涓细流。但它仍然深受游客和当地人的喜爱。

周末来这一带野餐的当地人很多，常常人满为患，平常日子则要安静许多。附近还有几个值得一去的经典景点，包括深受户外运动爱好者们青睐的飞跃森林树顶的绳索滑行，以及刺激有趣的山林骑象之旅。

Ban En 村位于琅勃拉邦以南16千米处，沿着前往这座村庄的道路前行，再在美丽的南康河上乘船行驶一段时间，便可抵达风景怡人的达塞瀑布。

达关西瀑布 ㉖
Tat Kuang Si Waterfalls

琅勃拉邦西南32千米。 从琅勃拉邦出发 从琅勃拉邦乘船，再乘嘟嘟车 每天：9:00~17:00

在欣赏完琅勃拉邦数量繁多的寺庙后，游客可以选择多层的达关西瀑布作为另一个游览目的地。在这里你会看见澎湃的水流从石灰岩上奔流而下，全部倾泻在瀑布脚下那一汪碧蓝的池水中。

瀑布下层是野餐的绝好地点，这里摆满了摊位，小贩们叫卖着烤鱼和烤鸡。瀑布左边有一条通往另一处池水的小路，位于主瀑布60米处，环境相对比较安静。还有一条通往一处有若干水池和一个山洞的小路。游客在攀登过程中一定要注意安全，因为瀑布的水雾不仅让这里绿树茂盛，但也让道路非常湿滑。

游客可以选择走陆路，或从湄公河乘船，再搭乘嘟嘟车抵达达关西瀑布。从琅勃拉邦到这里游玩的话，安排一天的时间是比较理想的，时间相对充裕一些，可以慢慢欣赏风光，但由旅行社组织的行程一般为半天，多在下午，只要天气比较温暖宜人，就可为你安排行程。

苍翠茂盛的树木环抱着风景如画的达塞瀑布

老挝北部

老挝北部能为你提供的是壮美的山区风景、偏远的河畔小屋、广阔多样的少数民族文化，以及沿着踩出来的小路徒步旅行的机会，而善于观察的游客还能发现更多。游客可以去石坛平原和芒咸悼念战争时光，也可以去万荣乘船和攀岩，人们会因为选择太多而眼花缭乱。

老挝北部拥有极为纯朴静谧的风景，看起来似乎与世隔绝，其实它位于老挝政治和地理的交叉地带。这里与泰国、缅甸、越南和中国都接壤，而这种极具战略意义的地理位置使得这片区域在历史上经历了多年的动荡。这片区域在因为与泰国人和越南人频繁的跨境交易而获得收益的同时，还必须忍受来自其贸易伙伴的敌意。对它同样抱有敌意的还有缅甸人，他们曾于16世纪侵略了老挝。法国人、荷兰人等西方人也一直觊觎着老挝北部的资源和河道，19世纪期间，这里被作为战略缓冲区，消耗非常严重。

老挝北部的平均海拔高于1000米，使得这里的气温明显比其他区域要低，而且地形也大不一样。在崎岖山脉中流淌的河流不仅仅是当地的主要交通通道，也使得捕鱼成为一项重要生计。这里居住着24个以上的少数民族，其中包括洪族、瑶族和阿卡族，他们的生计来源主要是种植玉米、水稻等农作物，以及制作纺织品、银饰等手工艺品。

如今，这片地区的迷人小镇、树木茂密的小丘和山脉都渐渐向全球旅游业敞开了大门，游客们在这里能够欣赏到自然迷人的美景，也有很多有趣的活动可以参与。南哈国家保护区以及博胶自然保护区等国家保护区中居住着各种各样的野生动物，因此这片地区也是野生动物爱好者的天堂。而户外运动爱好者会发现万荣是一座令人激动的小镇，这里安排了众多活动，比如洞穴探险、划皮船和攀岩等。神秘的石坛平原被称为“世界四大石器之谜”之一，已于2006年被列入《世界遗产名录》，也是值得前往的一个景点。

芒新的一个当地水果蔬菜市场，这里出售的食物都很新鲜

◁ 琅勃拉邦省的帕乌洞窟中放置着大小不等的古老佛像

探索老挝北部

老挝北部的旅行会是非常难忘的经历，因为在这里有各种活动可以参与——既可以投身到户外活动中来，也可以去欣赏美丽的佛教寺庙。万荣作为老挝北部的探险首府，能够提供各种户外活动。丰沙湾以及东部的石坛平原也都是非常受欢迎的景点。或者游客们也可以乘船或乘车从会晒（Huay Xai）出发，前往曾经的王室首都琅勃拉邦，这将是一次愉快的短途旅程。事实上，不管在会晒和琅勃拉邦之间的湄公河上行船，还是在琅勃拉邦与丰沙里（Phongsali）之间的南乌河（Nam Ou）支流上泛舟，都会成为你老挝北部之旅中非常重要的时刻。

芒新的南高琅寺中，僧人在装饰辉煌的大殿中做功课

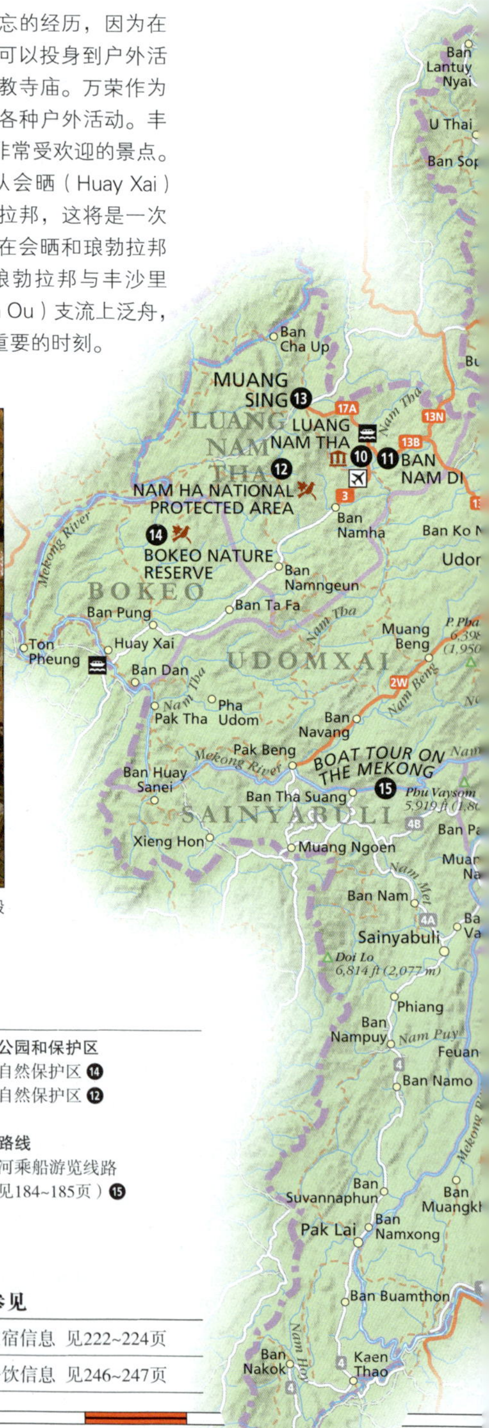

旅游景点分布示意图

村镇

Ban Nam Di村 ⓫
丰沙里 ❾
丰沙湾 ❷
琅南塔 ❿
朗多 ❻
孟夸 ❽
孟威 ❼
芒新（见182~183页）⓭
桑怒 ❸
万荣 ❶

历史遗迹

芒咸 ❹
石坛平原（见175页）❺

国家公园和保护区

博胶自然保护区 ⓮
南哈自然保护区 ⓬

旅游路线

湄公河乘船游览线路（见184~185页）⓯

另参见

· 住宿信息 见222~224页
· 餐饮信息 见246~247页

琅勃拉邦与巴本之间的湄公河景色

图例

- 主要公路
- 次要公路
- 未铺沥青道路
- 泥铺道路
- 国界
- 省界
- 山峰

周边交通

如今，老挝北部的交通网已经完善了很多，但还有很多景点需要长途旅行才能到达。交通设施水平也有所提高，新增了豪华大巴，还可以乘坐一种面包车，比有的公交车更舒适、条件也更好。游客也可以从琅勃拉邦乘船前往丰沙里；从会晒出发，乘船沿湄公河前往琅勃拉邦，也是不错的游览线路。

万荣的背包客们在路上漫步

万荣 ❶
Vang Vieng

地图：B2 万象北侧150千米。4万

万荣位于南松河（Nam Song）畔，四周环绕着壮丽的石灰岩喀斯特山峰，一直以来都对游客有着极大吸引力。最初来到这里的，只有个别热爱这里的自然美景的游客，而现在万荣已经成为一个繁荣的城镇，并且是参加附近各种冒险运动的出发地。然而，盲目建设的旅游设施破坏了这里古朴的氛围，街道两边挤满了现代化的酒店和忙碌的酒吧。

即便如此，万荣还是吸引了大批游客，他们在喀斯特山峰窝状的岩洞中攀岩、滑绳和洞穴探险；有的岩洞中有河水流过，游客也可以选择乘橡皮圈漂流。泥滩排球、秋千和河畔酒吧源源不断供应的lao lao（用大米制作的烈酒）越来越受到人们的欢迎。要注意的是，近来万荣的安全问题日益突出，从事任何冒险运动都请慎重。

郊区

坦江溶洞（Tham Jang）也被人称为塔木常（Tham Chang），它位于南松河附近、万荣度假村（Vang Vieng Resort）对面，是万荣最容易进入的溶洞之一。19世纪它曾被用作地堡，攀过一段台阶即可进入洞内。游客可以沿着洞内的路标前进，到达第二个更高的入口处，在那里可以欣赏整个山谷的秀丽景色。游客还可以在洞口的泉水中游泳，水池延伸进洞内50米深。

塔帕普岩洞（Tham Phu Kham）位于万荣以西8千米处，也是一个不错的景点。因洞口前流淌的碧蓝色溪水，它也被人们称为蓝色珊瑚（Blue Lagoon），是人们戏水的好去处。塔帕普岩洞很受当地人敬重，里面存放着几尊铜佛像。徒步穿过景色壮丽的喀斯特地区就可以直接到达这里，当然游客也可以选择租自行车或嘟嘟车代步。

大象洞三角洲迷人的贝壳洞的入口

大象洞的大象形钟乳石

位于万荣以北13千米的**大象洞三角洲**（Tham Sang Triangle）由四个洞穴组成，每个洞穴间隔都不远，游客可以徒步前往，这里是很受欢迎的一日游景点。其中第一个洞穴就是大象洞，之所以叫这个名字，是因为它有一座大象形状的钟乳石。从这里出发，穿过稻田不到400米即可到达贝壳洞（Tham Hoi）和峡谷洞（Tham Loup）。贝壳洞的入口处有一尊高大的佛像，因此它被视作神圣的洞穴；峡谷洞的景致更加迷人，有着千奇百怪的钟乳石。最后一个洞穴水洞（Tham Nam）位于贝壳洞以南400米处。根据季节的不同，游客可以涉水或租橡皮圈进入洞穴内。回程时，游客可以选择乘坐皮艇或橡皮圈。

万荣周边洞穴

图例

- 公交车站
- 考古遗址/洞穴
- 主要道路
- 次要道路

坦江溶洞
8:00~11:30&13:00~16:30

塔帕普岩洞
8:30~16:30

大象洞三角洲
8:30~16:30 包括乘橡皮圈和皮船

本地区住宿及餐饮信息见222~224页和246~247页

万荣的户外活动

陡峭的山峰、石灰岩洞和波涛汹涌的南松河让万荣成为冒险爱好者的天堂。一直以来都备受欢迎的山地自行车运动不仅能让游客欣赏到绝美的风景，还是一项很好的体能训练，洞穴探险和在山洞中陡峭的水道上航行也别有一番风情。一些游客还想要尝试令人胆战的攀岩运动。坐在一个大橡皮圈上在南松河顺流而下是来万荣游玩不能错过的一项娱乐。橡皮圈漂流、索道滑行、大秋千和泥滩排球等运动，尤其受到年轻游客的欢迎。而喜欢不那么刺激的运动 的游客则可以选择悠闲、放松的南松河上的皮划艇之旅。

在万荣骑车旅行的游客

橡皮圈运动是万荣最有特色的游玩项目——游客可以使用拖拉机的可充气轮胎在南松河上漂流，出发点在城镇以北5千米处。漂流沿途挤满了喧闹的酒吧，对酒吧没有兴趣的游客则可以选择从上游更远处通往Ban Tham Sang的大桥出发。

洞穴探险是一项充满刺激的运动，来这里游玩的游客都很喜欢。这片区域有着大量的未开发山洞。

攀岩和绕绳下降可以在距城镇北边3千米处的Tham Non附近体验。这里为不同级别的游客提供了不同的线路和基础课程。

山地自行车运动是游览万荣的绝佳方式。修葺完好的13号公路比过去更加适合自行车旅行，南松河西岸的小路颇具田园风格，但路途较为艰辛。

索道滑行一般从河畔的酒吧出发，游客手握连接在滑轮上的手柄，顺着倾斜的缆绳向下滑行。参与者握住手柄，滑到另一边后落入水中。

划艇运动不仅限于南松河上，在旁边水流湍急的南俄河（Nam Ngum）上也有同样活动。游客还可以在旅行社的帮助下乘划艇从万荣抵达万象，绿色发现旅行社（见261页）就可以安排。

丰沙湾的地雷咨询小组的游客信息中心中收藏着拆除的未爆炸军火

对于前往附近的芒咸山谷或Nam Xoi东侧80千米长的越南边境的游客来说，这座必经小镇是他们的补给地。

桑怒因其错综复杂的手工纺织品而闻名。这些商品可以在河边的市场找到，也可以在纺织者的家中找到。游客们通过坐落在主街的当地旅游信息问讯处可以直接前往纺织者的家中。

丰沙湾 ❷
Phonsavan

地图：C2 琅勃拉邦东南部220千米。 5万 从万象和琅勃拉邦出发 (061)312-217

川扩省（Xieng Khuang）的省会丰沙湾是于1975年越南战争结束后修建的。之前的省会Muang Khoun和省里大部分地区一样在战争中被完全摧毁。由于附近修建了机场，丰沙湾成了旅游胜地，最著名的景点就是石坛平原。不过小镇上也不乏别的迷人景点，对游客们也很有吸引力。位于镇中心的地雷咨询小组的**未爆炸军火游客信息中心**（Mines Advisory Group's Vxo Visitor Information Centre）是个很不错的地方，这里展出的战争大事件让人看了心生惆怅，还有视频文件向大家展示密集的炮火和其他武器对这里造成的灾难性摧毁。游客能在7号路线刚过公交站的地方看到桑树丝绸农场（Mulberries Silk Farm），也是一处极富吸引力的景点。桑树丝绸农场是一家公平贸易公司，就是它使得当地村民复兴了高品质的丝绸艺术产品，这里不仅种植桑树，还生产丝绸，制作高品质且别具风格的衣服和装饰品。

站在周围的小山顶上能够将小镇、山区和平原的壮观美景一览无余。两座山顶战争纪念碑——老挝战争纪念碑和越南战争纪念碑位于小镇南侧不远处，值得一游。从山冈回来的路上，如果感到疲惫，可以在颇有气氛的Auberge de Plaine des Jarres客栈（见223页）休息一下，在Phu Padaeng山顶端喝一杯新鲜的饮料，享受一下舒适开放的空气。

桑怒 ❸
Sam Neua

地图：C2 丰沙湾东北部220千米。 35000 从丰沙湾出发 (064)312-567

桑怒是东北省份华潘（Hua Phan）的首府，离一座经常被浓雾环绕的小山谷很近。但是在晴朗的日子里，闪闪发光的南桑河（Nam Sam）流遍这座宁静的小镇，看上去非常美。

正要进入芒咸的一座山洞的游客

芒咸 ❹
Vieng Xai

地图：C2 桑怒东侧32千米。 从桑怒出发 从桑怒出发 凯山·丰威汉纪念山洞旅游办公室，(064)314-321 每天：9:00~16:00 旅行团于9:00和13:00出发

这座与世隔绝的小山谷位于越南边境的安南山脉（Annamite Mountain Range）的喀斯特群山的包围之中，越南战争期间，它是包括凯山·丰威汉和西萨旺·冯王子在内的激进派老挝领袖的住所和庇护所。小山谷里的山洞不仅是他们的家，也是他们的交流中心、医院和小工厂。此外这里也是秘密军事区域，战俘营就设在这里，里面曾关押着前政权的重要成员——显要的王室成员。如今这些山洞对游人开放了。旁边的一座更大的山洞是用于举办政治集会、音乐和戏剧表演的地点，游客们也可以进入参观。

游览山洞最好的方式就是跟随义务导游从桑怒出发在这里进行一日游，租一个耳机听它讲这里的历史故事。但如果时间充足，也可以找一家当地家庭旅馆住上一夜，然后租一辆自行车去探索这座壮观宁静的山谷的乡间小路。

石坛平原 ❺ Plain of Jars

丰沙湾的嘟嘟车

这些奇特的石头坛子覆盖了50个相互独立的景点，正是它们赐予了这片平原名字，而这些石坛从20世纪30年代开始就让考古学家们困惑不已。这些石坛取材于当地的多种石料，高度从50厘米～3米不等。这里发现的人类遗迹以及葬礼祭品证明这些石坛的历史可追溯回2500年之前，使得说这些石坛是瓮棺的理论更加可信，但是也有理论认为它们用于储存谷物和葡萄酒。现在其中的七个景点已经清除了未爆炸军火，并对公众开放。

游客备忘

地图：C2 丰沙湾西南侧10千米。从丰沙湾出发 丰沙湾(061)312-217 每天：8:00~16:00

注：游客必须注意警示牌，并按照标出的线路行走。

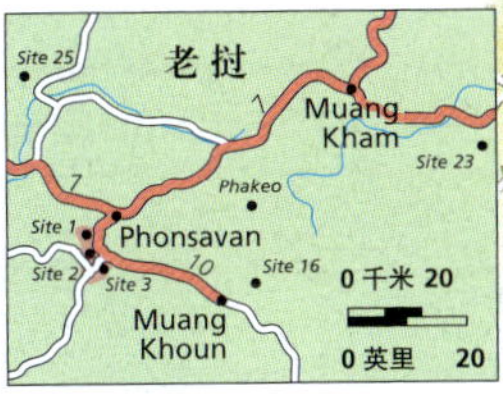

定位图图例

- 对公众开放景点
- 图示区域

1号景点（Thong Hai Hin）
这个景点位于山坡上，共有331个石坛。发现的最大的石坛也在这里，相传它是传奇国王Khun Cheum的酒杯，据说是这位国王将当地人从压迫中解放出来。

这辆老旧的俄国坦克在战争中被密集的炮火摧毁，游览石坛平原的旅游线路中包含了这处景点。

图例

- 国内机场
- 自然景区
- 寺庙
- 观景点
- 主要公路
- 次要公路
- 乡间土路

2号景点（Hai Hin Phu Salato）位于两片毗邻的树木覆盖的山坡上，共有93个石坛。这里的一大亮点是一个形状类似青蛙的石坛。从这里出发可以前往附近的洪族村庄游览。

3号景点（Hai Hin Lat Khai）
迷人的3号景点位于山顶，也是观景的好去处。它位于Ban Xieng Di郊区，这里居住着普安族。附近的佛教寺庙和佛塔都在战争中遭到了摧毁。

爆炸坑（Bomb Craters）
包括1号景点在内的很多景点都坐落在越南战争的大规模冲突爆发地附近，现在那里还能看到巨大的爆炸坑。

丰沙湾的石坛平原上散落着神秘的石头坛子 ▷

琅多的南乌河上架着由中国援建的水泥桥

琅多 ❻
Nong Khiaw

地图：B1 琅勃拉邦东南126千米。 6000 从琅勃拉邦出发 从琅勃拉邦或孟威出发

琅多镇坐落在南乌河两侧，连接两岸的是一座于1976年由中国援建的高桥。多数游客都是从琅勃拉邦乘船或经陆路来到这里，新建的13号公路路面铺设良好，大部分路程都与旁边的河流平行，沿途可以欣赏如画美景。

Tham Pha Tok岩洞位于该城镇以东3千米处，附近的村民曾在越南战争时在这里躲避B-52轰炸机的袭击，现在这里也因此吸引了许多游客。佧木族居住的村庄坐落在13号公路以南不远处，很受游客欢迎。希望能彻底放松身心的游客还有一个绝佳的选择——坐在河畔的酒店阳台上欣赏群山的壮美景色。打算在这里长待的户外爱好者还可以选择徒步旅行和山地自行车旅行。酒店的服务生可以为入住的顾客组织这些活动。

孟威 ❼
Muang Ngoi

地图：B1 琅多东南32千米。 2000 从琅多或孟夸出发

位于南乌河东岸的孟威是一个沉睡的村庄。由于地处一块小平原上，这片山区很适合种植大米。但是这里没有通公路、没有汽车，村里也没有通电——正是这个原因才使得这个村庄如此迷人。当地除了宁静的环境和令人窒息的美景外，村子以东5千米处还有几个位于森林地区的岩洞，游客蹚过一条山间小溪即可到达。参观山洞最好有当地导游陪伴。

孟夸的船只停靠在河边码头

孟夸 ❽
Muang Khua

地图：B1 孟威北侧107千米。 2万 从琅勃拉邦出发 从琅多或Hat Sa出发

忙碌的孟夸城位于南乌河上游地区。孟夸附近的河流两旁是险峻的群山，与琅多很相似，但气氛远不及琅多平静——满载商品的火车源源不断地从越南涌向这里，使得该城成为一处繁忙的商业中心。想避开繁华的游客可以穿过位于南帕河（Nam Phak）——南乌河一条支流——上的木质吊桥去游览当地寺庙Wat Srikkhoun-moung。这座有趣的寺庙中保存着以《罗摩衍那》为基础创作的浮雕和塑像，反映了与自然融为一体的老挝佛教。这里还有一座以美国集束炸弹为原型设计的寺钟。

孟夸的一条公路向东蜿蜒60千米到达位于Tai Xang的一个边防哨所，它位于国界的十字路口，允许任何国籍的游客从这里进入或离开老挝。

本地区住宿及餐饮信息见222~224页和246~247页

边境另一侧就是奠边府（Dien Bien Phu），1954年发生在这里的战争结束了法国对东南亚的占领。除非游客提前办好签证，否则不可以从这里直接前往越南。

郊外

Hat Sa是丰沙里一座人烟稀少的村庄，几乎一年四季都雾气缭绕。这里没有什么真正的景点，而且电力供应也不规律，只有一些简陋的旅店。游客在游览过南乌河后，可以从这里搭乘公交车前往丰沙里。户外爱好者们还可以继续乘船向北，到达更偏远的村庄Ou Tai，据说那里的群山景色最令人赞叹。

Hat sa 村
孟夸北侧90千米。
从孟夸出发

Ou Tai村旁的稻田

丰沙里的当地人在早市出售新鲜产品

丰沙里 ⑨
Phongsali

地图：B1 琅勃拉邦北侧386千米。1万 从乌多姆赛出发 从琅多出发

位于海拔1430米处的丰沙里是老挝海拔最高的省会，夏天气温舒适，冬天潮湿寒冷。从乌多姆赛（Udomxai）乘车出发只要10小时即可到达，但路途艰辛；此外还可以从琅多乘船前往，需历时两天。来这座城镇游玩的旅客并不多。该省拥有22个少数民族，人数最多的就是被称作Phunoy的中国藏族人。位于市中心的**丰沙里省少数民族文化馆**（Phongsali Provincial Museum of Ethnic Minority Cultures）记录着这些民族的信息。游客还可以沿着Phunoy村纵横交错的鹅卵石小路前往旁边的早市，那里是体验当地风俗的绝佳地点。城镇东北边缘的**天山**（Phou Fa）顶端有一座佛塔，登上400级台阶即可到达。

郊外

城镇东南4千米处、通往乌多姆赛的道路上坐落着Ban Komaen，这里的一个现代种植园中心生长着一棵400年的茶树，游客还可以在这里品尝当地茶。该省东北部更偏远的地区是**Phu Den Din国家保护区**，占地约1310平方千米，景色宜人，游客可以在这里徒步旅行。

丰沙里省少数民族文化馆
Ban Sansary, Muang Phongsali, Khoueng Phongsali.
周一至周五：7:30~11:30 & 13:30~16:30 周六至周日

Phou Fa
城中心东北侧

与中国的联系

游客很容易把丰沙里和中国的城镇混淆——人种、语言，甚至是街上的路标都与中国十分相似，反而不太像老挝。实际上，从中国前往丰沙里要比从老挝前往容易得多，现在这里只对老挝人和中国人开放，边界位于70千米开外。中国对这里的影响源于越南战争时期，红色高棉时期在这里建立的领事馆现在仍然存在，但已改建为Phou Fa餐馆（见247页）。今天这里受到商业化的影响：老挝进口中国的玩具、服装和加工食品等，还有许多中国人在这里开设茶园。事实上，这里的野生茶叶品种都源于中国云南。这里曾经出产大块被压成饼状的发酵普洱茶，这种茶随着时间的沉淀味道和价值都会增加。

一位Phunoy族妇女正在采茶

琅南塔 ⑩
Luang Nam Tha

地图： B1 琅勃拉邦西北200千米。 2.5万 从万象出发 从会晒、勐新或琅勃拉邦出发 省旅游办公室，（086）211-534 **注：** 在会晒和琅南塔间的南塔河上乘船旅行（1月至2月）
www.luangnamtha-tourism.org

琅南塔是一座省会城市，曾亲历了内战时期激烈的战争，现在的城镇实际上是最近才建成的——位于几千米以南的原始城镇早已被炸弹夷为平地。现在这里充满了欢乐，琅南塔更是成为生态旅游的中心。城镇位于南哈国家保护区内，吸引了大批户外爱好者来此进行徒步旅行、划船和骑车。直到下午，这座妙不可言的城镇都被云雾包围，这里有优质的餐馆和小型夜市，**琅南塔博物馆**（Luang Nam Tha Museum）中展出了种类繁多的当地手工艺品，其中包括民族风格服装和陶瓷。

郊外

渴望体验半乡村生活的游客可以通过竹桥前往南塔河（Nam Tha）对岸的繁荣村庄。另一个值得一去的景点就是 That Phum Phuk，这是一座位于山顶的镀金佛塔，站在这里可以俯瞰整个山谷。可惜最初的佛塔早已被空投炸弹破坏殆尽。

南哈国家保护区广袤的梯田

琅南塔博物馆
凯山纪念碑后。
周一至周四：8:30~11:30，周五：13:30~15:30

That Phum Phuk
琅南塔东南6千米。

Ban Nam Di村 ⑪
Ban Nam Di

地图： B1 琅南塔东侧6千米。 500

去往琅勃拉邦方向的 1 号公路旁边就是 Ban Nam Di 村，这里以 Lanten 族人制作的独特纸张闻名。这些纸张不仅可以用来宣传道教教义，作为一种手工艺品还可以为当地人增加收入。离村庄不远处还有一个迷人的瀑布，也是不错的游览景点。

南哈国家保护区 ⑫
Nam Ha National Protected Area

地图： A1 琅南塔西侧16千米。
www.ecotourismlaos.com

南哈国家保护区是老挝国家旅游局在联合国教科文组织的帮助下建立的 20 个国家保护区之一，占地 2224 平方千米，一直延伸到老挝与中国的边境。该项目旨在保护环境，以可持续发展的生态旅游方式增加当地村庄居民的收入，避免他们参与破坏环境的活动。

这片地区有广袤的原始森林，还是四条河流的分水岭，其中最有名的就是南哈河（Nam Ha），这片国家保护区的名字也由此而来。南哈国家保护区中盛产各类花草，栖息于此地的动物的种类繁多，如云豹、老虎、印度野牛、麂、亚洲象以及 228 种鸟类。位于琅南塔的旅行社都会为游客组织当地的旅游活动，其中一些可以提供保护区内的游玩项目，包括一日游或多日游，徒步、快艇或自行车旅行等。

琅南塔一个繁忙的鲜货市场

本地区住宿及餐饮信息见222~224页和246~247页

老挝北部的少数民族

老挝北部是老松族、高地老挝人的故乡，也是少数民族占当地人口比例最高的地区。这些少数民族部落包括洪族、阿卡族和瑶族，低地老挝民族——傣族也生活在这里。不同的民族之间很好分辨，他们各具特色的鲜艳服装、装饰的珠宝以及各自的语言都是分辨的依据。老松族人为他们的文化感到自豪，他们拥有复杂的宗教信仰和文化实践，其中包括世代相传的故事、家庭包办的婚姻制度，以及很容易使人混淆的种种禁忌。高地老挝人和低地老挝人在文化上完全不同。当地市场是观察少数民族的最佳场所，他们一般都在那里出售从雨林中采集来的草药和可食用植物。

当地出售的瑶族手工艺品

洪族的服饰很独特，部落历史一般会绣在衣服上。

洪族人（Hmong）广泛生活于东南亚地区，该民族起源于中国西藏。

洪族村庄大约由20座小茅屋组成。茅屋中有泥地、茅草屋顶，没有窗户，而且一般离主要交通干线很近。

阿卡族（Akha）妇女头上戴的银饰是区别她们与其他民族的最好依据。他们的宗教信仰混合着泛神论和对祖先的崇拜。他们的语言是藏缅语。

阿卡族的妇女都是纺织和针线活的高手。她们一般会游荡在琅南塔和芒新的街道上，向路人兜售她们的手工艺品。

傣族（Thai Lue）是一支老挝低地民族。他们都是佛教徒，装饰着木头或合金浮雕细工的寺庙也独具特色。据说傣族妇女都长得非常好看。

瑶族服装包括和红色的、下垂的蟒蛇形围巾。

瑶族（Mien）信仰道教，而且用中文书写他们的宗教文章。瑶族妇女的一大特点就是她们的黑色缠头巾。

Lanten是瑶族的一个分支。他们也属于中国血统，喜欢使用靛类染料。因其出色的造纸工艺而闻名。

芒新 ⑬ Muang sing

芒新位于琅南塔西北方的一片广阔的河流灌溉的平原上，到 19 世纪末期为止这里都是一个重要的傣族公国。之后法国人占领了这里，在他们离开后，这片地区就变得默默无闻起来。但是如今，这座小镇目睹了好运的再次降临。小镇北侧 8 千米处的老挝与中国边境最近已经对外开放，当地经济因此得到了刺激，现在大蒜也成了这里的一种主要经济作物。当地的交通设施非常少，但是路边有嘟嘟车等着拉客，新公交车站也刚刚建立起来。

Wat Luang Ban Xieng Jai寺内部

芒新展览博物馆（Muang Sing Exhibition Museum）

Route 17的北部左侧转角处。周一至周五：9:00~16:00

芒新展览博物馆规模庞大的木头建筑曾经是当地一位王子的宅邸，其中的展品令它名声在外。博物馆专门展出本地区少数民族——洪族、娄娄族和阿卡族的服装、乐器、宗教艺术品和日常生活用具。楼上展出的内容是芒新历史，以及发现这座曾经建有围墙的城市的考古学家们的工作内容。工作人员如果有时间，会播放视频，向游客展示这座小镇生动的历史细节。

芒新展览博物馆精美的木雕外貌

Wat Luang Ban Xieng Jai 寺

Route 17旁，芒新展览博物馆背后。每天：8:00~15:00

这座寺庙位于博物馆背后，是小镇上最受欢迎的宗教景点之一。它吸引了众多信徒前来朝拜，凌晨是这里最热

闹的时候。寺庙是典型的傣族建筑风格，佛殿外部的边缘上装饰着银质浮雕细工，内部悬挂着用于祈祷的彩色长旗（thong）。

前法国要塞（Former French Garrison）

Route 17旁，Kaysone Memorial西侧。

前法国要塞曾经是摩洛哥和塞内加尔军队的重要军事基地，它是芒新最后的法国殖民遗留产物。这里曾经是法国、英国和中国势力的战略要点，现在虽然已成为老挝的军队基地，但崩塌的砖墙仍遗留在原地。如今，要塞围墙内可能还有其他法国建筑残存，但不对游客开放。

游客备忘

地图：A1 琅南塔西北68千米处。9000 Route 17旁，(020)239-3534 Boun That Xieng Tung节（11月）

事实上，一旦有游客进入过深就会遭到士兵驱赶。此外这里也严禁拍照。

Wat Nam Kaew Luang 寺

Route 17旁，通往Xieng Kok的道路起点附近 每天：8:00~15:00

这座佛教寺庙位于小镇南端边缘，是一座三层建筑，拥有两座美丽的佛殿。寺庙的僧院属于傣族建筑风格，曾经用作正式的大殿。

那伽头飞檐装点着南高琅寺的柱子

鸦片

老挝南部属于臭名昭著的“金三角”地区（Golden Triangle），鸦片（当地人称papaver somniferum）生产在这里已经有了很长的历史。传统上，洪族和高地老挝人将鸦片作为一种药物，但之后他们发现这是一种赚钱的作物。法国人鼓励种植鸦片，他们在印支地区收取鸦片税，并严格控制出口。芒新是收集鸦片的主要区域，大量鸦片在市场上公开交易。越南战争期间，美国人进驻老挝，填补了法国人离开后的空缺；他们允许洪族同盟用军用飞机免费运输货物，老挝王族在将未经加工的鸦片提纯成海洛因的过程中大赚了一笔，因此老挝被称为毒品旅游目的地。虽然政府极力镇压这个产业，但是即使在今天，偏远的山区还是有少部分鸦片种植产业存在。

芒新的洪族妇女正在收获鸦片

长臂猿经历的带索道的多层树屋

博胶自然保护区 ⑭
Bokeo Nature Reserve

地图：A1 芒新西南侧110千米。电话：(084)212-021
www.gibbonexperience.com

博胶自然保护区覆盖着1230平方千米的混合落叶林区，在这片茂密的森林中居住着许多濒危动物，比如黑长臂猿、迁徙的部分野水牛、大象，以及众多鸟类。

游览保护区的唯一途径是报名参加“长臂猿经历”（The Gibbon Experience）组织的活动，他们能够为游客提供独特且令人难忘的探险机会。在为期两天或三天的旅行中，游客们可以住在保护区里作为营地的树屋中。必须经由索道才能登上树屋，过程令人兴奋不已。晚上返回营地之前的时间是一天的徒步旅行中观察躲躲闪闪的黑长臂猿和其他动植物的最佳时机。

这个景点驻扎在雨林深处，需要从会晒驱车3个小时前往，而后还需要再步行1个小时方可抵达。游客最好自己带上饮用水和驱蚊药水。

博胶自然保护区里腼腆的黑长臂猿

湄公河乘船游览 ⑮ A Boat Tour on the Mekong

游览美丽的老挝北部的最佳途径就是沿着湄公河乘船旅行。坐船可以欣赏到周围秀美的风景：河岸上葱郁的群山、激流中拔地而起的巨石，以及节奏缓慢的乡村生活——照管菜园、捕鱼、纺织的人，甚至是停下喝水的野生大象。虽然河流旅游线路上有快艇出租，但是一般都不太安全。游客可以在 Luang Say Mekong Cruises 的安排下享受一次舒适的航行，途中会在北滨镇停留一夜。

会晒（Huay Xai）⑧
会晒是离泰国边境最近的一座小镇，也是乘船从泰国进入老挝的起点。小镇上的商店出售宝石及准宝石，也是参加“长臂猿经历”（见183页）的入口。

Ban Huay Sanei ⑦
法国人曾经在这座小镇开设了一座金矿，现在仍旧有村民在这里淘金。

图例

- 游客信息中心
- 主要公路
- 次要公路
- 未铺柏油道路
- 国界

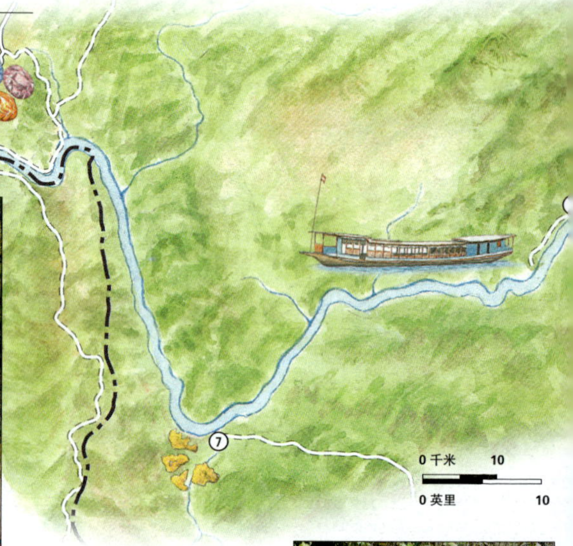

北滨镇（Pak Beng）⑥
这座小镇坐落在陡峭的半山腰，是会晒和琅勃拉邦之间的一个中转站。小镇中的著名景点 Wat Sim Jong Jaeng 寺有着简洁而精美的佛殿。山顶上还有早市。

Hong Sa ⑤
Hong Sa 是一座与世隔绝的小镇，是老挝的大象首都。这里的大象主要用来运输木材，以及骑象旅行，一般这种为期一天或几天的旅行是在周边雨林中穿行。附近的傣族村庄 Vieng Kaew 出售高品质的纺织品和手工艺品。

乌石窟（Pak Ou Caves）②

乌石窟位于高耸入云的石灰悬崖脚下，从很久以前的佛时期开始这里就十分受人尊，因为这是河神的家。如今，各种寺庙中摆入了新的佛，而旧佛像无处可放时，“退”的佛像就会被习惯性地存在此处。

游客小贴士

出发点：琅勃拉邦
持续时间：2天
游客信息中心：Luang Say Mekong Cruises, 50/4 Sakkarin Rd, 迈佛寺村, 琅勃拉邦。
电话：(071)252-553
www.luangsay.com

Had Tur 村 ③

Had Tur 是一座建在木桩上，风景如画的傣族村庄，因出产精致的丝巾而闻名。对于想买当地手工艺品的游客来说，这里也是理想的场所。

Ban Xang Hai 村和 Ban Thin Hong 村 ①

Ban Xang Hai 和 Ban Thin Hong 是坐落在湄公河岸的村庄，因 lao lao（见 231 页）而闻名，这是一种家庭制作的糯米酒。这两座村庄也被称作“威士忌村庄”。

Ban Baw ④

600 年前，三支不同的少数民族在 Ban Baw 安家落户，他们是佬族、傣族和掸族。这里也酿造 lao lao 酒。村里的妇女擅长纺织棉布和丝绸，并且会以非常合理的价格出售她们的产品。

老挝大象节

老挝曾被称为“百万大象和白色阳伞的王国”，它是亚洲为数不多的生活着众多大象的国家。但是大象仍旧面临着灭绝的危险，老挝大象节（Lao Elephant Festival）的目的就是要让老挝人民提高意识，保护这种高贵的生物。为期两天的节日通常包括传统的许愿仪式（见 124 页）、僧人祷告、大象表演以及保护大象的演讲。这项活动由非政府组织 Elefantasia 组织。

老挝大象节上的僧人和观众

老挝中部和南部

老挝中部和南部地区位于湄公河与越南的崇山峻岭之间，这里有着丰富深厚的文化、历史背景，以及纯朴原始，充满诗情画意的自然美景。这个地区能够为考古学做出贡献的要数巴色和他曲等独具特色的“湄公小镇”，以及高棉人建造的普占神庙。虽身处陡峭崖壁之上却地势和缓，植被茂密的波罗芬高原和朴质的四千岛至今仍旧与世隔绝，当地的人们还享受着相对宁静的生活。

随着时间的推移，扎根于这里的悠久文明和文化，以及独特的地理条件造就了整个老挝中部和南部地区。伟大的湄公河为这里提供了交通，也带来了食物资源，历史上曾在此繁荣的文明包括占婆、真腊以及高棉帝国，他们从5世纪开始在湄公河岸蓬勃发展。20世纪早期，法国人进驻了他曲、巴色以及沙湾拿吉这三座主要小城，并在此留下了明显的文化烙印——如今在这三座小城中依然留有大量法国殖民地风格的建筑。同时，越南人从东部的南海与湄公河之间的狭窄陆地进入了老挝。他们在这一带扎根，与当地人通婚并适应了这里的生活，为老挝南部的文化大融合做出了重要贡献。

湄公河为老挝与泰国和越南等邻国之间的贸易提供了高效的交通途径。但是除了河岸上的三座主要小城以外，老挝中部和南部的其他大部分地区由于设施不完善，一直以来并没有出现在旅游线路上。2006年12月，随着友谊之桥的竣工，这种相对封闭的局面得到了极大改善，如今游客的数量一直在增长，这片地区也开始向世界展示它的宝藏。

这里其他吸引人之处还包括Dong Natad山脉、Dong Phu Vieng国家保护区以及Xe Pian湿地。波罗芬高原及其法国时期的咖啡种植园，以及普占神庙世界遗产地也很受人欢迎，四千岛则是另一个有趣的景点。

四千岛附近的湄公河上的夕阳田园美景

◁ 宏伟的喀斯特石灰岩俯视着他曲附近的稻田

探索老挝中部和南部

这片地区最美的景点都位于南部，他曲、沙湾拿吉和巴色等河畔小城都可以作为游览景点的起点。前往坦贡洛（Tham Kong Lo）和 Mahaxai 岩洞群的最佳出发地点是他曲，这里对热爱探索的人来说很有吸引力。但是这个地区的亮点一直都是普占神庙的古代高棉遗迹。四千岛现在也成为十分受欢迎的旅游目的地。东南部的美景包括迷人的波罗芬高原、清新宜人的瀑布以及少数民族的村落。Dong Natad 和 Dong Phu Vieng 国家保护区为游客与当地的老挝少数民族交流提供了良好的机会。

图例

- 主要公路
- 次要公路
- 未铺沥青道路
- 乡间小路
- 国界
- 省界
- 山峰

巴色特有的市场，出售新鲜水果和蔬菜

旅游景点分布示意图

城镇

巴色 10

沙湾拿吉（见192~193页）6

他曲 1

占巴塞 11

宗教圣地

That Ing Hang 7

锡霍特寺 2

博物馆和画廊

占巴塞瓦普博物馆 13

历史遗迹

Ho Nang Sida和Hong Tha Tao 14

普占神庙（见196~197页）12

Wat Tomo寺 16

岛屿和沙滩

敦登岛 15

四千岛（见202~203页）19

国家公园和保护区

Dong Natad国家保护区 8

Dong Phu Vieng国家保护区 9

Xe Pian国家保护区 18

自然景区

波罗芬高原 17

Kong Leng湖 4

孔咯水洞 5

Mahaxai岩洞群 3

在占巴塞附近的湄公河上泛舟

残留的石头甬道通往普占神庙的第一层

周边交通

正因为沙湾拿吉和巴色完善了道路和国际机场，游览老挝中部和南部变得更容易了。包括直接通往越南和柬埔寨在内的主要线路上，都有公交车或更舒适的小型面包车提供往返载客服务。若想到达普占神庙废墟，要先乘坐公交车，而后在湄公河上坐一小段渡轮方可到达。四千岛可以通过13号道路后乘船或渡轮前往。

另参见

· 住宿信息 见224~225页

· 餐饮信息 见248~249页

他曲城中心广场上殖民风格的喷泉

他曲 ❶
Thakhek

地图：D3 万象南侧350千米。 7万 Vientiane Rd，（051）212-512 Boun That Sikhot（2月）

他曲是甘蒙省（Khammuan）的省会，20 世纪 20 年代法国人曾在此定居。尽管他曲及其附近没有重要景点，但这里的美景惊世骇俗——四周是令人称奇的喀斯特群山，湄公河蜿蜒其间。同时，殖民历史对这座城镇的影响随处可见：建筑、城中心的广场和喷泉、宽阔的街道。沿河的林荫大道是享受拂面微风的绝佳地点。他曲是游客们放松身心的理想选择，从老挝南部的各个地区都可以经陆路到达。这里还有一个出入境口岸，游客可以从泰国和越南进入或离开。

他曲也是组织前往 Phu Hin Pun 国家保护区欣赏精美绝伦的洞穴、瀑布和高耸的石灰石山脉的便利基地。这片美丽的保护区占地面积 1580 平方千米，始建于 1993 年，居住着大量濒危动物，如白臀叶猴、佛朗索瓦叶猴、熊猴、43 种蝙蝠、乌穗鹛和石灰岩柳莺。游客还可以在他曲进行刺激的户外活动，享受这里的生态旅游设施，包括徒步旅行和皮艇运动。游客可以自己计划这些游玩项目，也可以通过旅行社安排，绿色发现组织的办公地点就开设在 Chao Anou Road 路上的 Inthira Hotel Sikotabong（见 225 页）；游客也可以选择当地旅行社。乘坐嘟嘟车就可以前往。

湄公河上划皮艇的游客

Phu Hin Pun国家保护区
他曲北侧5千米。
www.ecotourismlaos.com

锡霍特塔 ❷
That Sikhot

地图：D3 他曲南侧6公里千米。 每天：8:00–18:00 Boun That Sikhot（2月）

当地人更习惯称呼锡霍特塔为 Pha That Sikhotabong，这里的佛塔和寺庙遗址的历史可以追溯到高棉的 Sri Khotabhura 公国时期。他们从 6 世纪开始直至 10 世纪，一直统治着这片地区。该遗址在 16 世纪由老挝著名的国王塞塔提腊下令重建，并重新开始祭祀活动。这座有着独一无二的莲花花苞形的佛塔是老挝人的宗教图腾，朝圣者会从老挝的全国各地涌向这里，参加每年 2 月的 Boun That Sikhot 节（见 127 页）。佛塔矗立于河岸边，也是欣赏日落美景的好地方。

广阔的草坪上坐落着莲花花苞形的锡霍特佛塔和寺庙

本地区住宿及餐饮信息见224~225页和248~249页

Mahaxai岩洞地区通往佛祖岩洞的人行桥

胡志明小道（The Ho Chi Minh Trail）

这条道路是由美国人命名的，胡志明小道其实是一个庞大的体系，包括平行的小道、大路、桥梁和输油管道，曾在越南战争时期被北越南军队用于为前线运送士兵和物资。穆嘉关（Mu Gia）是进入老挝的主要通道，通过连接越南的12号公路即可到达。游客可以从202千米以外的他曲出发来这里游览。在这里能看到战后废墟，包括防止该道路被炸毁的俄罗斯地对空导弹。但是游客要注意那里仍然残留着未爆炸军火（VXO）。

在空中俯瞰穿越老挝的胡志明小道

Mahaxai岩洞群 ❸

Mahaxai Caves

地图：D3 沿Route 12，他曲东侧8千米。每天：8:30~16:30

他曲以东不远处，12号公路沿途的风景慢慢变为了嶙峋的喀斯特地形。峭壁之间形成了大大小小的岩洞，其中一些令人惊叹，它们是躲避白天热浪的绝好地点。我们要介绍的第一个洞穴就是距离他曲8千米的**佛祖岩洞**（Buddha Cave），常被当地人称为Tham Pa Fa。很多当地居民都会来祭拜存放于这里的229尊佛像，其中有些已有500年的历史了。再向前6千米，12号公路右边还有一处洞穴——Tham Xiang Liab。该洞的深度达到200米，坐落在一个偏僻的山谷里，里面的水池是游泳的好去处。最后一个洞穴就是位于更远处的Tham Nong Aen，以从洞穴深处源源不断涌出的凉爽空气而闻名。游客可以在他曲乘坐嘟嘟车前往这些洞穴。

Kong Leng湖 ❹

Kong Leng Lake

地图：D3 他曲北侧48千米。每天：8:30~16:30

Kong Leng湖的中心深度达70米，位于偏远的Phu Hin Pun国家保护区内。湖水的颜色全随天气变化为翡翠绿或深蓝。当地人认为该湖是圣地，里面居住着幽灵，它们会在月圆之夜鸣钟，这也是该湖名称的由来——“夜晚的钟”。这里禁止钓鱼，游泳也只能在特定地区进行。

游客可以选择参加从他曲出发的徒步旅行，旅程还包括游览当地村庄和洞穴。

孔咯水洞 ❺

Tham Kong Lo

地图：C3 沿Route 8，他曲北侧130千米。每天：8:30~16:30

孔咯水洞是大自然的杰作，而孔咯水洞之旅也是去往老挝中心喀斯特高地最经典的旅程之一。游客可以乘坐摩托艇从6千米以外的Nam Hin Boun下游进入水洞，历时2小时，途中船只会在一个位于下游的隐蔽山谷中停留一段时间。回程的时候游客可以在靠近洞穴入口处的任何一个较大的水池中游泳，或者在小摊上购买野餐食物。

孔咯水洞越来越受到人们欢迎，特别是当地人，因为有一条40千米长、铺设完好的道路与8号公路相交，通往这里。这里精致的酒店也为从他曲前来的游客提供了绝好的住宿条件。

在令人惊奇的孔咯水洞深处游览的人们

沙湾拿吉 ❻ Savannakhet

圣女泰丽莎像

沙湾拿吉是一座繁忙的小城，它的官方名称凯山丰威汉城（Muang Kaysone Phomvihane）很少被人使用，之所以叫这个名字，是因为这里曾是老挝共产党创始人凯山·丰威汉的故乡，城中还立有一尊他的塑像，丰威汉童年时代的居所就在城市的中心。新建的连接沙湾拿吉和泰国的大桥以及通向越南边境的公路让这座小城渐渐兴旺起来。而且幸运的是，这些并没有影响到这座城市的老殖民风格的迷人韵味。城中心分布着几座历史悠久的建筑、一座道教寺庙和圣女泰丽莎天主教堂，游客可以租一辆自行车尽情游览。

Chao Mahesak 圣祠

Tha Hae Rd. ◯ 每天：8:00~17:00

Chao Mahesak 圣祠坐落在河岸旁的一棵菩提树下，是最受人尊敬的宗教地标。当地人来这里祭拜供奉着神仙和圣灵的万神祠堂，其中包括与城市建立有关的传奇人物Chao Mahesak，他的圣像就在万神祠堂前。除此之外，还有Chao Mae Kuan Yim——中国仁慈之神的塑像，以及一些道教圣人的塑像。这里随处可见占卜者，空气中弥漫着香火的味道。

Wat Sainyaphum 寺

Tha Hae Rd. ◯ 每天：8:00~17:00

Wat Sainyaphum 寺位于Chao Mahesak 圣祠对面，是城里最大的僧院。这是一座装饰精良的建筑，融合了欧洲和中国的建筑风格。其中几部分还有神话中的动物的浮雕。寺庙

Wat Sainyaphum的工厂里正在制作佛像

沙湾拿吉主广场上的殖民风格建筑

本地区住宿及餐饮信息见224~225页和248~249页

游客备忘

地图：C4 他曲南侧130千米。
15万 Chaleun Muang Rd, (041)212-755
That Ing Hang（2月月圆日）

入口处有一家小工厂，专门浇铸、上色、供奉佛像，是一家非常有意思的工厂。游客还可以参观旁边的学校，僧侣们在那里学习佛教知识。

沙湾拿吉恐龙博物馆（Savannakhet Dinosaur Museum）

Khanthabuli Rd. 每天：8:00~中午&13:00~16:00

另一个有趣的景点就是沙湾拿吉恐龙博物馆，这里展有大型雷龙化石，还有许多在该省发现的化石标本。游客可以享受博物馆馆长亲自陪同解说，他也曾亲临化石挖掘现场。博物馆工作人员不仅会向游客解说这些标本的特点及重要性，还会介绍沙湾拿吉的其他古生物学遗迹。

Wat Rattanalangsi 寺

Chao Kim Rd. 每天：8:00~17:00

建于1951年的Wat Rattanalangsi寺是一座绿树环绕的美丽建筑。寺庙中的印度风格神像——如创造之神梵天的塑像——都为这座老挝寺庙增添了别样的色彩。三层高的镀金钟鼓楼位于寺院后面。此外，寺中还有一尊15米长的卧佛，令人称奇。

沙湾拿吉恐龙博物馆展出的标本

信徒在That Ing Hang的佛塔外跪拜

That Ing Hang ⑦

地图：D4 沙湾拿吉东北16千米。 每天：7:00~18:00 That Ing Hang（2月月圆之日）

对老挝人而言，That Ing Hang是神圣的宗教图腾，它与10世纪的Sri Khotabura帝国和14世纪的法昂国王从柬埔寨归来都有关系。这座佛塔经历过多次翻修，现在是一座醒目的四层建筑，塔尖呈莲花花苞形状。佛塔四周被回廊环绕，展示了329幅相同的佛像画。佛塔周围属于内部圣地，禁止女性进入。游客可以从沙湾拿吉乘坐嘟嘟车到达That Ing Hang。

Dong Natad国家保护区 ⑧

Dong Natad National Protected Area

地图：D4 沙湾拿吉东北16千米。 沙湾拿吉生态导游部，Ratsaphanith Rd，(041)214-203 www.savannaket-trekking.com

Dong Natad是老挝面积最小的保护区，也最容易到达。除了苍翠森林和清澈湖泊，还为游客提供了与生活在这里的当地居民接触的机会。他们已在这里生活了几百年，一直与大自然和谐相处，以非木材类森林产品为生，如野蜂蜜、可食用的昆虫、藤条、药用植物和褐布罗香树的油脂（当地人称nang），可以用作燃料。

游客可在他曲乘嘟嘟车到达这里并进行一日游。那些想更近距离体验的游客也可以在森林中的村子里留宿。骑车和徒步旅行都是不错的选择，游客可以自己探索这片地区，也可以在当地旅行社——沙湾拿吉生态导游部（Savanna khet Eco-Guide Unit）雇一个导游。

Dong Phu Vieng国家保护区 ⑨

Dong Phu Vieng National Protected Area

地图：D4 沙湾拿吉东侧180千米。 沙湾拿吉生态导游部，Ratsaphanith Rd，(041)214-203 www.savannahet-trekking.com

这个偏远的国家保护区是人口稀少的孟—高棉族的家乡，他们被人称为Katang，直到今天他们仍未受到现代化的影响，还沉浸在自己独特的文化和信仰体系中。游客来此游览必须参加由沙湾拿吉生态旅游部组织的旅行团才可以进入，这家机构与当地居民建立了紧密的合作关系，当地允许由他们带领的游客在这里徒步游览。去往越南方向的9号公路上的Muang Phin是游客的出发点。许多游客都会选择在Katang村住上几晚，旅行的高潮部分就是在色邦恒河（Se Bang Hieng）上乘船漂流。

徒步旅行者正沿着林间小道穿越Dong Natad国家保护区

巴色的占巴塞省博物馆里精心雕刻的石头门楣

巴色 ⑩
Pakse

地图：D5 沙湾拿吉南侧230千米。 9万 省旅游办公室（Provincial Tourism Office），Se Don公交车站旁，（031）212-021

巴色位于敦河（Don）和湄公河的交汇处，是占巴塞省的省会，由法国人于1905年建成。巴色的城中心洋溢着一派殖民时期的艺术装饰风格，有几栋高层建筑，比湄公河沿岸其他城镇更像大城市。自从该市南边建起了横跨湄公河的日本桥后，随着与泰国的贸易逐渐频繁，这座城市变得异常繁忙。

尽管巴色一般被人们当作去往普占寺和四千岛（见202~203页）的中转站，但这里也有几个值得一去的景点。新市场（Dao Heuang Market）是一个大型的综合市场，位于大桥旁边，是万象早市（见142页）的竞争对手，这里出售当地生产的纺织品和其他产品，如波罗芬高原（见198页）产的咖啡。另一个有趣的景点就是Champasak Palace Hotel酒店（见225页），是根据Chao Boun Oum Na Champasak王子的宫殿打造的，他一直统治着这片地区直到1975年。尽管这位王子从没真正在这里居住过，但这座曾经的宫殿因为这段历史，如今依然很受人们欢迎。城里最不能错过的景点要数**占巴塞省博物馆**（Champasak Provincial Museum），这里收藏了很多从本省遗址中发掘的高棉门楣。另外，游客们还会发现，漫步在河畔大道上是一件非常惬意的事。

占巴塞省博物馆
Route 13. 周一至周五：8:00~11:30 & 14:00~16:00

占巴塞 ⑪
Champasak

地图：D5 巴色西南34千米。 3000 从巴色出发 从Ban Muang出发 从巴色出发 占巴塞游客信息中心（Champasak Visitor Information Center），（021）220-6215

占巴塞是湄公河西岸上的一座小城市，曾是Na Champasak公国的王城，统治着老挝南方大部分地区。占巴塞因其南部的普占神庙遗址而出名，它还是去往敦登岛（Don Daeng）的中转站。现在的占巴塞是一座散发慵懒气息的城市，只有两座殖民时期风格的王家宅邸还保留在市中心的喷泉南边。Wat Thong寺坐落在这两座建筑的正西边，国王曾在这里举行宗教仪式，现在这里仍是他们存放骨灰的地方。在普占神庙游玩得累了，这里绝对是最合适的放松地点。这里的住宿选择多样，从便宜旅馆到高档的Inthira Hotel Champanakone酒店（见224页），应有尽有。

普占神庙 ⑫
Wat Phu Champasak

见196~197页。

普占神庙博物馆 ⑬
Wat Phu Champasak Museum

地图：D5 占巴塞南侧8千米。 从占巴塞出发 每天：8:30~16:30
www.vatphou-champassak.com

普占神庙博物馆离普占神庙入口很近，博物馆中收集了众多珍贵的展品，为游客讲述了这座远古寺庙和该地区其他

去往占巴塞途中的殖民时期的别墅

高棉遗址的故事。博物馆灯火通明，所有的展品都有英文注释。展出的雕像包括一尊湿婆坐骑南迪的石雕，制作精良、保存完好的毗湿奴像——它是印度万神圣堂中的创造保护神，和毗湿奴的半人半鸟坐骑伽楼罗，以及象神伽内什（Ganesha）的神像，等等。在这些令人印象深刻的印度神像之间你还会发现一尊典雅的8世纪的堕罗钵底（Dvaravati）佛像，因为前吴哥高棉人既信仰印度教，也信仰佛教。博物馆中还收藏着刻有复杂石雕装饰的精致砂岩门楣，它们是根据Boun Oum王子的私人收藏复原而成的，博物馆能使它们获得更妥善的保护。另一个值得一看的收藏品是石雕喷水嘴，这个雕塑本来位于普占神庙（见196页）顶层的寺庙中，最初的作用是将圣水引向中心的湿婆灵根雕塑。令整个博物馆引以为傲的不是令人称奇的艺术品，而是极富历史意义的5世纪的梵文铭文石刻，它的发现地就在占巴塞旁边的Wat Luang Gau寺。这篇石刻铭文详细记录了普占神庙的最初建造者——占族国王Devanika的信息，它的存在消除了关于寺庙由来的一切疑问。

普占神庙博物馆中的一尊雕像

Ho Nang Sida和Hong Tha Tao ⑭

地图：D5 普占神庙南侧2千米。从占巴塞出发

尽管Ho Nang Sida和Hong Tha Tao并不像普占神庙建筑群一样拥有令人惊叹的外观或意义重大，但这两处高棉遗址仍是值得顺道一看的景点。Ho Nang Sida和Hong Tha Tao位于占普神庙以南，在神庙一层的两间画廊前左转即可到达。Ho Nang Sida的建造历史可以追溯到10世纪，很受当地人尊敬。在这座破败的圣地中心有一棵大树，树上挂满了到这里拜祭的信众挂上的祈福条。向南1.6千米远就是Hong Tha Tao，这里曾是来探险的人和从古代吴哥首都前来的游客的休憩地。虽然这两处遗址没有什么建筑奇观，但这里拥有宁静惬意的独特气氛，绝对让游客不虚此行。

敦登岛 ⑮

Don Daeng

地图：D5 占巴塞东侧1千米。从巴色出发 从Ban Muang出发

敦登岛位于湄公河中间，面对占巴塞，最近这座岛屿渐渐成为热衷于享受湄公河沿岸生活的游客们的目的地。岛上有8个村庄，由一条未经铺设的道路相连。岛上的必逛景点要数位于西岸的美丽寺庙Wat Ban Boung Kham。这座寺庙建于一座高棉寺庙的遗迹之上，为人们讲述着这座岛屿的历史。

位于敦登岛北边的Ban Hua Daeng村中建有社区旅馆，住宿条件良好。而距离其1.6千米远的小岛西岸还有一家La Folie Lodge酒店（见224页），设施相对较奢华。游客还可以前往敦登岛附近，被森林环绕的Wat Tomo寺（见198页）。

停靠在敦登岛某港口的船只

古老的Ho Nang Sida遗址

普占神庙 ⓬ Wat Phu Champasak

占芭花

位于陵伽钵婆山（Lingaparvata）山麓处的这座寺庙曾被称为瓦普寺（Wat Phu），2001 年联合国教科文组织将其定为世界遗产地。普占神庙至少是三种不同文化中的神圣象征，据说 5 ~ 8 世纪期间，它受到了占婆帝国的崇拜。但是当前保留的大部分建筑是前吴哥风格的，修建时间大概为 9 世纪初。之后，信仰佛教的澜沧王国将相关元素加入这座印度教寺庙的建筑中，以此来对他们自己的信仰表示尊敬。

鳄鱼石（Crocodile Stone）
对于古代高棉人来说，鳄鱼是神圣的生物，这个石头上的极具风格的雕刻明显就是那个时期的产物。这尊石刻的功能目前还不明确。

主庙门楣（Main Temple Lintels）
主庙的12个入口的门楣雕刻精美，描绘着印度教和佛教的众神。

神圣的三位一体雕塑（Carving of Holy Trinity）
主庙建筑的背后是一块浮雕，上面雕刻的是印度教中神圣的三位一体。

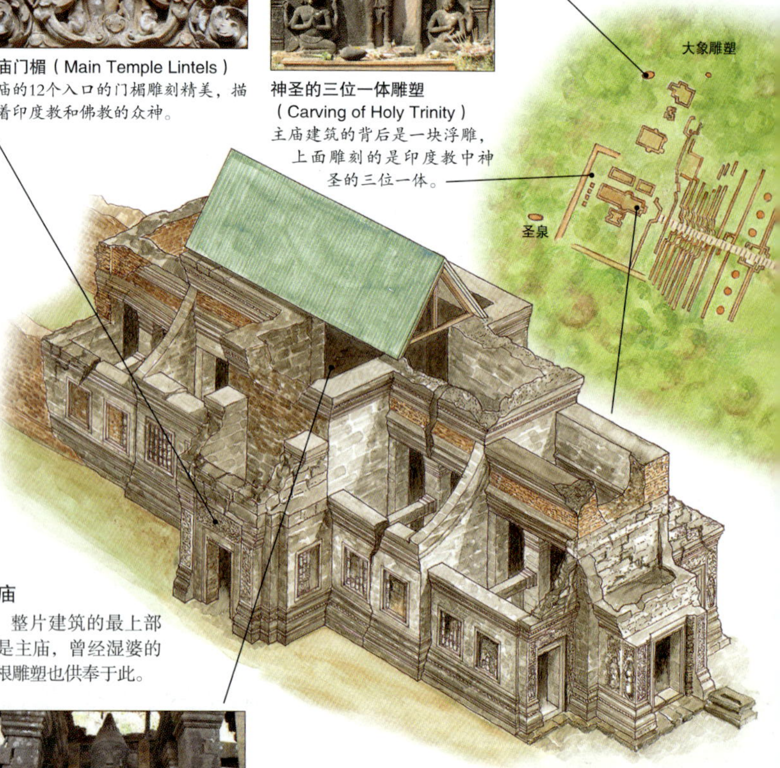

主庙
整片建筑的最上部就是主庙，曾经湿婆的灵根雕塑也供奉于此。

★湿婆灵根祭堂（Shiva Lingam Sanctuary）
位于主庙最核心的区域，现在这里放置着一尊巨大的佛像以及很多小圣像。定期都会有信徒带着贡品前来祭拜。

星级景点

★ 湿婆灵根祭堂

★ 南迪阁

★ 朝拜阁

圣泉（Holy Spring）
曾经这条地下泉水由一条石头管道引入收集圣水的通道，而后流入湿婆灵根祭堂。现在石管在普占神庙博物馆中展出。

游客备忘

地图：D5 占巴塞南侧8000米。
(020)576-8280 每天：8:00~ 17:00；月圆之日开放时间推迟 普占神庙节（2月） 可从占巴塞乘坐嘟嘟车，每个月圆之日都有音乐和灯光表演

占芭树阶梯（Champa-lined stairs）
这条通往上层的陡峭阶梯两侧排列着优美的占芭树。树上开出的占芭花（dok Champa，即鸡蛋花）是老挝的国花。

高棉守门天（Khmer Dvarapala）
这尊披着僧袍的守门天石像守护着寺庙内部圣地。根据老挝当地传说，它是普占神庙的传奇创始者。

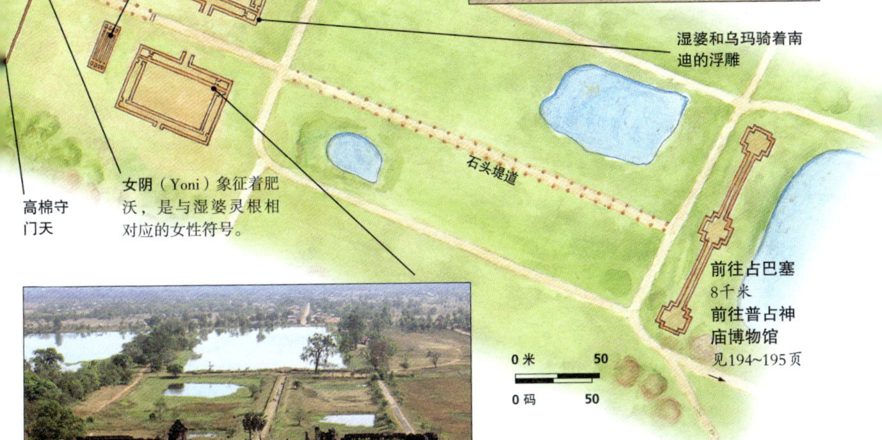

★南迪阁（Nandi Pavilion）
这座小型建筑位于朝拜阁附近，曾是供奉湿婆的坐骑——神牛南迪的寺庙。现在神牛雕塑存放在博物馆中。

女阴（Yoni）象征着肥沃，是与湿婆灵根相对应的女性符号。

★朝拜阁（Worship Pavilions）
这两座令人难忘的楼阁因其细致的浮雕而出名，目前正在重修当中。专家认为它们分别是男性和女性拜神的地方。

游客们在巴色的咖啡种植园中游览

Wat Tomo寺 ⑯

Wat Tomo

地图： D5 巴色南侧48千米。从占巴塞或敦登岛出发 每天：8:00~17:00

Wat Tomo 寺是一处高棉遗迹，位于湄公河东岸，普占神庙南部不远处，也被称为 Ou Muang，其历史可追溯到 9 世纪。这座寺庙是为湿婆的妻子——毁灭之神楼陀罗尼（Rudrani）建造的。整个建筑由红土建造，最精美的门楣部分被保存在占巴塞省博物馆（见 194 页）中，但寺庙中仍留有一些精美工艺品，包括唯一一个穆卡林伽（mukhal-inga）——装饰华丽的根灵雕刻品。寺庙位于茂密的森林中，从占巴塞或敦登小镇出发来此一日游都是很好的选择。湄公河东侧也有陆上通道通往这里。当水位上涨时，船只可以驶入距离寺庙 30 米远的地方，但在旱季，要从河边步行 15 分钟方可到达寺庙。

波罗芬高原 ⑰

Bolaven Plateau

地图： E5 巴色东侧78千米。从巴色出发 每天：8:30~16:30

法国殖民者发现波罗芬高原的温暖气候和肥沃土地非常适合居住和耕种。于是他们在这里种植起了咖啡、豆蔻和蔬菜。想前往此处的游客可以从小镇北松（Paksong）出发，北松位于高原南部 23 千米处，是品尝当地咖啡的好去处。波罗芬的字面含义是“罗芬之家”，罗芬是居住在这里的最庞大的少数民族群体。除了罗芬外，这里还有很多其他少数民族居民，比如阿卡族和 Katu 族。越南战争期间，这座高原是密集战争爆发的区域，尤其是阿速坡省（Attapeu），至今还有没清除的未爆炸军火。如今这里以瀑布闻名，其中最著名的要数 120 米高的 Tat Fane 以及 40 米高的 Tat Yuang，后者是游泳的绝佳地点。想来此深入游览的游客可以在 Tadlo Lodge 旅馆（见 224 页）住宿，它距离两条瀑布都很近；此外旅馆还可以安排前往少数民族村落的徒步旅行活动。

身着传统服装的罗芬人

波罗芬高原茂盛的绿色植物

Xe Pian国家保护区 ⑱

Xe Pian National Protected Area

地图： D5 巴色南侧48千米。从巴色出发 游客信息中心，(031)212-177

Xe Pian 国家保护区的范围从 Tomo 寺一直延续到柬埔寨边境南侧，总占地面积约 2600 平方千米。这里居住着多种多样的野生动物，其中生活着老虎、亚洲黑熊、白臀野牛、野牛、长臂猿、犀鸟以及鹤等野生动物。前往此处游览最好从生态旅馆 Kingfisher Ecolodge（见 225 页）出发，它位于保护区东北角的 Kiet Ngong 小镇附近，这家旅馆也可以负责安排保护区的深度徒步旅行，以及骑象前往 Phu Asa——附近的一座平顶山的旅程。

Xe Pian国家保护区里迷人的生态旅馆

本地区住宿及餐饮信息见224~225页和248~249页

老挝南部的野生动物

老挝南部的地理特点使得这里成为各种野生动物的居住地。波罗芬高原人迹罕至、气候凉爽，有很多野生动物在这里安家落户；而遍布老挝南部的石灰石喀斯特地貌的陡峭悬崖和洞穴也吸引了很多野生动物。这种独特的地理条件同时为鸟类和小型哺乳动物提供了理想且安全的栖身之处。很多人们曾经认为已经在这个地区灭绝的物种，现在重新被发现了，其中最有名的就是老挝岩鼠和中南大羚。很多大型哺乳动物，比如熊、老虎、大象以及各种灵长类动物，一度成为人类捕猎者枪下的受害者，现在物种的数量也在逐渐增长。

象村的海报

印支虎是一种非常漂亮的大型猫科动物，人类因为其虎皮和虎骨而对其进行肆意捕猎，使得印支虎已濒临灭绝。据说老挝的野生印支虎数量已经不足100只。

哺乳动物

这个地区生活着大量的哺乳动物，种类繁多，它们的体型大小不一，从亚洲象到小松鼠，应有尽有。很多动物都是老挝特有的，比如小熊猫和俾格米懒猴。

亚洲黑熊的特点是胸前的一丛白毛。这种害羞的生物生活在老挝东南部的偏远地区。

中南大羚有着修长、弯曲的犄角，它是一种居住在森林中的牛科动物，长相与羚羊相似。1992年在越南发现了这种动物。

金黄色的毛发标志着它是雌性。

黄颊长臂猿能够在野生环境中存活了50多年。成年雄性的黄色脸颊上掺有黑毛，而雌性则是金黄色的毛。

鸟类

老挝已经发现了700多种鸟类，其中包括赤颈鹤等美丽的生物。但是人类的滥捕滥杀已经使得某些物种登上了濒临灭绝的名单，而一些多产的品种的种群现在正在日渐庞大。

犀鸟的特点就是大而鲜艳的鸟喙。目前全球已经发现了50多种犀鸟。这种鸟类喜欢在石灰石喀斯特岩洞中筑巢。

紫色的羽毛

白颈鹳是一种翼展很宽的鸟类，它们的栖息地靠近湖边或蓄水池，而鸟巢筑在很高的树上。它们很少发出叫声，交流的时候会相互碰撞鸟喙。

赤颈鹤身高可达2米，是世界上最高的非迁徙性飞禽。它的特点就是头上的红色羽毛和可达2.4米的翼展。

波罗芬高原上，郁郁葱葱的山坡环绕着风景如画的Tat Yuang瀑布 ▷

四千岛 ⑲ Si Phan Don

乘船游览的游客们

四千岛位于占巴塞和柬埔寨边界之间，这座内陆群岛由成千上万的岛屿、小岛和沙洲组成。整个群岛沿湄公河绵延50千米，最北端是最大的岛屿东孔岛，最南端是气势磅礴的Khon Phapeng瀑布。岛屿上的村民多年来一直过着自给自足的生活，他们依靠捕鱼及种植水稻等作物生活。但是现在这片区域与世隔绝的状态已经有所改变，旅游业将众多游客引入这里，其中最大的三座岛屿目前已经有电网覆盖。有几座岛屿上还设有住宿设施，通往巴色的道路状况也还不错。

老挝前国家主席坎代·西潘敦（Khamtay Siphandone）的宅邸位于班华孔村（Ban Hua Khong）附近，在东孔岛的北端尽头。这栋房子通常无人居住，游客们可以随意游览这片地区。

★ 东孔岛（Don Khong）
碧绿的稻田和小山是散落在东北岛上的迷人风景。游览这座小岛的最佳途径是在道路状况良好的时候骑自行车或摩托车。小岛的中心小镇孟孔集中着很多条件不错的酒店。

孟孔镇（Muang Khong）
东孔岛的主要小镇孟孔是从大陆行船至此的一个渡轮港口。当地美景包括拥有迷人的那伽雕塑的孟孔寺（Wat Muang Khong）以及十分有趣的绿山洞（Tham Phu Khiaw）。

星级景点

- ★ 东孔岛
- ★ Khon Phapeng瀑布
- ★ 法式铁路

本地区住宿及餐饮信息见224~225页和248~249页

短吻海豚的一大特点就是它方形的嘴部

短吻海豚

短吻海豚生活在东肯岛（Dong Khon）与柬埔寨边界之间的湄公河中，在老挝人心中它是神圣的生物。他们虽然从来不会有意捕获这个物种，但是刺网之类的极具杀伤力的捕鱼工具已经使得它们的数量大大减少。东肯岛可以安排观赏短吻海豚的旅程。

游客备忘

地图：D5
巴色南侧135千米。从巴色出发前往东孔岛和纳卡桑村（Ban Nakasong）岛屿之间 往返于东孔岛与东德岛以及东德岛与东肯岛之间；旱季不提供服务
Khon Phapeng瀑布

划皮艇
这个地区有着纵横交错的丰富水路，因此在小岛之间顺着河流边划皮艇边欣赏美景是个不错的选择。皮艇可以在东孔岛租用。

★ Khon Phapeng瀑布
这一片雷鸣般的瀑布是湄公河上最大的瀑布，而且在东南亚也算得上最大的瀑布。高度较低但水量很大，雨季期间更是如此。瀑布是很受欢迎的游览景点，成千上万的游客都会定期前来参观。

★ 法国铁路（French Railway）
这段12千米长的铁路是法国人于20世纪早期修建的，它帮助货船避开了两条最大的瀑布，这两条瀑布中断了船只顺湄公河逆流而上的河道。如今还可以看见铁路的残留部分。

前往东德岛（Don Det）的游览线路有两条，一条是从东孔岛出发的两小时游船线路，另一条是从大陆上的纳卡桑村出发的一个短途游览行程。岛上便宜的住宿设施和悠闲的氛围吸引了众多游客。

游客指南

住宿信息

无论在柬埔寨还是在老挝，住宿选择均包括从最基本的旅馆到由殖民时期别墅翻修而成的精品酒店，但不同城镇景点的住宿条件参差不齐。奢华的国际连锁酒店大多只开在大的乡镇和城市，如柬埔寨的暹粒、金边、西哈努克、老挝的琅勃拉邦和万象。中等价位的住宿选择范围很广，而且往往既舒适又经济。这些酒店提供空调房和无空调房，前者价格稍高。家庭旅馆也是个不错的选择，而且越来越流行，在老挝更是如此。家庭旅馆不仅能让当地人直接获益，还可以让游客体验最真实的本地生活。

一家精品酒店中的插花

柬埔寨金边来福士酒店装修别致的休息厅

酒店等级和设施

柬埔寨和老挝的酒店都没有官方发布的分级系统，因此，价格和设施是衡量当地酒店优劣的最根本依据，一般来说，房价在100美元以上的酒店应该达到美国和欧洲的高档酒店的标准。大多数高档酒店提供多种可供选择的房型，从私人套间到价格稍低的标间，应有尽有。而旅馆则与奢侈的酒店大不相同，不只是设施条件不如酒店，还体现在客房服务和礼宾服务等细节上。

豪华酒店

几家国际连锁豪华酒店，如莱佛士酒店（Raffles，见212页）和Amansara（见第214页）在柬埔寨的主要城市如金边和暹粒都设有连锁酒店，提供与其他地区同等质量的设施和服务。而老挝的琅勃拉邦和万象除了拥有几家国际连锁酒店外，还有大量精品酒店，例如位于琅勃拉邦的Auberge Le Calao（见220页）。

有些国际酒店的菜单和室内装饰是由著名设计师设计的。大多数酒店还有各式各样的表演，如晚上的传统舞蹈和白天的系列演出。

而那些开在浪漫、可爱的法国别墅中的精品酒店，则会提供更有特色的服务。它们大多精致小巧、房间不多，但会在细节设计方面花更多的心思。特别是在暹粒，近年来这类酒店如雨后春笋般不断涌现。尽管无论品质如何都会被冠上“精品”之名，但由于竞争愈加激烈，对游客而言不失为一件好事，因为酒店会纷纷降价，而游客将有机会以低廉的价格入住那些优质精品酒店，享受那里优雅漂亮的房间。

度假村酒店

许多连锁度假酒店都瞄准了柬埔寨独特的考古宝藏和原生态海岸线，纷纷在这些地区建立起来。特别是沿岸热门旅游城市西哈努克（见106~107页），很多度假酒店都建在这

老挝琅勃拉邦一家很受欢迎的精品酒店的华丽外表

◁ 吴哥出售的色彩斑斓的当地绘画

柬埔寨白马的 Knai Bang Chatt 酒店的静谧花园

里，在暹粒更是如此。在这些地方，游客们既可享受到奢华的旅行，又能体验刺激的古寺探险。暹粒的维多利亚度假村 & 水疗馆（Victoria Angkor Resort and Spa，见 214 页）建在一座建于 20 世纪 30 年代的奢华建筑中，既可以为游客提供放松身心的水疗服务、简单一流的菜品，还可以组织游客参观威严的吴哥窟寺庙群。

如今，度假村酒店在老挝还不太多见，但各国投资者都对这片美丽的净土垂涎欲滴，这样的度假酒店在未来肯定会越来越多。

旅馆和中档酒店

柬埔寨和老挝的旅馆往往是由家庭经营的，物美价廉，深得预算有限游客或喜欢俭游的背包客们的喜爱。提供配有风扇的套间或多人间，这些注重起居摆设的旅馆都经过了精心布置，房间里有花朵相伴，服务也热情周到。游客还可以在这里交流信息，互换旅游贴士。而且，在一些真正偏僻的地区，这类旅馆往往是唯一选择。

要注意的是，中档酒店的房间价格一般从 15 美元起到 50 美元不等，设施和服务也都相差甚远。有些装修别致，提供泳池，还有美味的食物和周到的服务，而价格便宜的那些则可能设施简陋，条件很一般，所以游客最好在办理入住前先看看酒店的房间及相关设施情况。

相比而言，老挝的旅馆和中档酒店的质量往往要好一些。服务质量和住宿设施的水平都要高于柬埔寨。

经济型酒店

经济型酒店对游客而言实用且价格便宜，在装修和布置上比旅馆略好一些。不幸的是，这类酒店的服务一般都不算太好，卫生状况也有待提高。尽管他们大多提供宽敞的房间（有的房间中甚至还有阳台）和现代化设施，如有线电视，但除了价格以外，就没有其他值得称赞的了。通常，没有窗户的房间价格更低。选择经济型酒店的客人大多是出差在外的高棉商人。游客要对这类酒店格外注意，因为有些还会兼当妓院。

老挝万象一条安静的街道上的一家朴素的经济型酒店

家庭旅馆

居住在一个友好的当地家庭，最好是少数民族家庭，去了解他们的生活方式——这一旅行方式现在在老挝非常流行，家庭旅馆因此兴起，不仅在老挝，在柬埔寨也越来越普遍。它们大多开在偏远的地区，如基里省和蒙多基里省，尽管住在这些家庭里不像住在酒店和度假村那么舒服，却是一次难得的真实当地乡村生活体验。餐桌和休息室都同主人的家庭共用，游客还可以参与一些他们的日常活动。

拥有大量少数民族的老挝可以为游客提供各式各样的家庭旅馆体验。但是，住在当地家庭中，游客要谨记遵守规矩，包括只能吃他们供应的食物，绝不乱丢垃圾，也不要随便主动给孩子糖果或者药品。

琅勃拉邦的 Apsara 酒店一间雅致又宽敞的卧室

租房

如果你不想住在酒店、度假村或者当地家庭，你还可以选择出租公寓。在金边和柬埔寨其他地区寻找出租公寓的最好方法就是查看当地的**柬埔寨黄页**（Cambodia Yellow Pages）——他们还提供了一个网站，列出所有正在出租的公寓，并且配有图片，更加方便游客挑选。游客还可以访问老挝的 **Immo Laos** 网站，上面也提供房产出租信息。房屋出租广告常出现在餐馆、咖啡店和酒吧的公告栏上，以及当地周报的分类广告中，或者流行刊物的背面。例如在万象很普遍的 *Paisai? What's On?*——一本免费且信息量极大的月刊，上面同样刊登着房产出租信息。

价格

柬埔寨和老挝的酒店选择都很多，且价格差异很大。其中最便宜的是经济型酒店，配有风扇的套间最低只需 4 美元 / 天，条件较高的也不过 20 美元 / 天。中档酒店的价位在 15 ~ 50 美元之间，提供相对高档，且舒适的住宿条件。大部分环境及服务都算不错，不仅处在理想的地理位置，还有配套的现代化设施，如泳池、空调和有线电视等，房价中还包含了早餐。高级精品酒店的房价一般都超过了 100 美元 / 天，但也有价格稍低的选择。老挝的精品酒店非常便宜，但它们会提供与国际同等水平的设施和服务。柬埔寨最昂贵、最顶级的酒店房价为每晚 150 ~ 300 美元不等；而在老挝，住在类似万象的 Settha Palace（见 219 页）这类顶级奢华酒店里，花费会远不止于此。

游客抵达位于西哈努克珍宝海滩的旅馆

预订

选择在 11 月 ~ 次年 2 月间的旅游旺季来柬埔寨和老挝游玩的游客会发现，所有酒店——特别是高档酒店和国际连锁的度假村酒店，可能已经被预订一空，所以务必提前预订——特别是想住在暹粒和琅勃拉邦的游客，以避免到时无房可订，措手不及。

这两个国家的所有大型酒店都有自己的门户网站，一些中档酒店也是如此。游客可以直接通过酒店自己的网站与他们联系，有些酒店还提供在线预订服务。另外，官方网站**柬埔寨旅游**（Tourism of Cambodia）会帮助游客在线预订房间，或寻找合适的酒店。**老挝酒店和旅馆预订服务**（The Laos Hotel and Guesthouse Booking Service）也为游客提供了一个综合性网站，可以用来进行酒店房间预订。

入住

游客在办理入住手续时会被要求出示护照，并且个别酒店会要求游客在住宿期间将护照交由酒店方面保管，但是大多数酒店不会登记游客的详细信息，并会让游客自己保留护照。小酒店则只是为了安全起见才会查看游客护照。

税金

柬埔寨和老挝的多数大型酒店会向客人收取10%的税金，外加5%的服务费，并会在账单中详细列出。通过旅行社订房，游客可以享受到一些折扣。中档酒店通常都会在价格中包括了税金和服务费。

讨价还价

在酒店跟店主讨价还价往往屡试不爽，特别是对那些在一个酒店住上不止一天的游客而言。税费每多出两晚便会降低一些。在柬埔寨和老挝，讨价还价非常普遍，游客不必不好意思开口。礼貌的做法是在双方都同意一个价格后停止还价，尤其是对方停止降价的时候。

而大多数旅馆开价本身就很低，所以游客就不必再还价了，但如果你要在这里住上很久，店主是很乐意给你打折的。一般来说，越是令人不满意的、小的房间，特别是没有窗子的，价格会越低。

西哈努克一家便宜的酒店为它的服务打出的广告

小费

在柬埔寨和老挝一般不用付小费，在他们的文化中没有这个习惯。所以，除非有人对你的帮助极大，否则你不用觉得你有付小费的义务。这也说明，柬埔寨和老挝都是节俭的发展中国家。小费对当地而言是不错的外快，特别是当游客很满意他们提供的服务时。小费一般有1美元就足够了，昂贵的酒店可能会高些。

附录

预订

老挝酒店和旅馆预订服务

www.laos-hotel-link.com

柬埔寨旅游

www.tourismcambodia.com

租房

柬埔寨黄页

www.yellowpages-cambodia.com

Immo Laos

www.immo-laos.webs.com

儿童设施

昂贵的高档酒店会为游客提供现代化设施，如游泳池、网球场、乒乓球台，还有家庭套间和其他可供儿童玩耍的设施。而其他酒店一般则不会为带孩子的家庭提供特殊的设施。

12岁以下的儿童入住酒店可以免费。高档酒店大多会提供儿童床和儿童高椅，但并非都是如此，所以带着孩子来这些国家旅游有时也会是一个挑战，除非游客不怕麻烦，自己做足准备。

万荣一家豪华酒店的泳池及其周边如画的山景

在柬埔寨选择酒店

在这本指南中，我们选择的酒店的价格因其品质、设施、环境以及位置的不同而高低不等。下表按照地区划分，以价格从低到高，按酒店名称首字母的顺序排列。如需地图，可查看第60~61页金边街区地图，其他地点详见后环衬地图。

价格指南

下列价格幅度指的是旺季的双人标准间每晚的费用，含税及服务费，有时也包括早餐。

$ 20美元以下
$$ 20~50美元之间
$$$ 50~100美元之间
$$$$ 100~150美元之间
$$$$$ 150美元以上

金边

市中心：Coffee Korner $

地址：174,St 155, next to Psar Tuol Tom Pong 电话：(023)993-683 房间数：10 城市地图：C5

顾名思义，这家旅馆的前身是一间咖啡馆，但现已成为一家经济实惠，并配有水疗设施的酒店。这里干净整洁，没有那些在其他廉价宾馆里频繁出现的烦人家伙。所有的房间均可免费无线上网。

市中心：Skypark Guest House $

地址：78,St 111 电话：(023)992-718 房间数：50 城市地图：C2

对于想找一个干净安全的地方睡觉的人来说，这家经济实惠的旅馆是不二之选，它绝对物有所值。服务生会说英语和泰语，且24小时待命。浴室供应冷热水。附近有几家便宜的中餐馆。

市中心：Amber Villa & Restaurant $$

地址：1A,St 57 电话：(023)216-303 房间数：7 城市地图：D3

在地处市中心的酒店中，它是个不错的适中选择，有着大窗的房间舒适通风，有些还能俯瞰漂亮的花园。这家酒店管理可靠，服务生友善且高效。拥有大批回头客，并广受好评。www.amber-kh.com

市中心：Anise Hotel $$

地址：2c St278 Off57, beoung keng kang 1 电话：(023)222-522 传真：(023)222-533 房间数：18 城市地图：D4

酒店坐落在安静的非政府组织区，紧挨独立纪念碑，步行10分钟即可到达市中心，这家家庭经营的中档酒店的房间宽敞，天花板高挑，可以免费无线上网，尽管附近没有热闹的夜生活场所，但安静的餐馆随处可见。www.anisehotel.com.kh

市中心：Billabong $$

地址：5，St 158 电话：(023)233-703 传真：(023)998-472 房间数：15 城市地图：D2

Billabong坐落在一个田园风格的花园中，配有一个流线型的咸水大泳池，步行至湄公河和中心市场只需10分钟。房间的大小和价格不等，都包含有线电视和洗衣服务的费用。这家酒店维护良好，服务生待人友善。www.thebillabonghotel.com

市中心：Blue Lime $$

地址：42, St 19z(off St 19) 电话：(023)222-260 房间数：23 城市地图：E2

它坐落在国家博物馆（见第50页）后面一条安静的大街上，这家小酒店有一个非常可爱的咸水泳池。以混凝土为设计元素的装修极富现代简单艺术气息。设在泳池边的露天餐厅，会为客人提供精心准备的美食。www.bluelime.asia

市中心：Bright Lotus Guesthouse 1 $$

地址：22, St178 电话：(023)990-446 房间数：16 城市地图：E2

这家旅馆坐落在靠近国家博物馆的河边地区，经济舒适。提供干净的房间，价格根据房间的大小和设施的配置不同而不同。开在一层的通透的餐厅价钱合理，提供的菜肴非常丰富。www.thebrightlotus1.com

市中心：Del Gusto Boddhi Tree $$

地址：43,St 95 电话：(023)211-396 房间数：9 城市地图：D4

它坐落在城中安静的一角，20世纪30年代殖民时期的复古装修令人眼前一亮，酒店房间根据各种设施服务，如免费无线上网和热水来制定价格。所有房间均铺设有柚木地板。酒店的花园十分静谧，食物和服务非常出色。www.boddhitree.com

市中心：Frangipani Villa 90s $$

地址：25,St 71 电话：(012)687-717 房间数：15 城市地图：D5

酒店是以20世纪60年代的高棉建筑风格装修的，它的餐厅提供高棉和西式菜肴，如阿莫克熏鱼和凯撒沙拉，餐厅旁边有一个非常可爱的花园。明亮通风的房间中都配有免费无线网络和有线电视。www.frangipanihotel.com

图标含义见封底勒口

市中心：Golden Gate Hotel $$

地址：9, St 278, Beoung Keng Kang 1 电话：(023)427-618 传真：(023)427-712 房间数：105 城市地图：E3

酒店紧挨独立纪念碑，干净安全，物有所值。所有房间均有有线电视和带有浴缸的卫生间。费用中包含了洗衣服务和早餐。酒店附近有很多酒吧和餐馆。www.goldengatehotel.com

市中心：Hotel California 2 $$

地址：79 Sisowath Quay 电话：(077)503-144 房间数：10 城市地图：E1

临河而立，紧挨湄公河和洞里萨河的交汇点，酒店提供价格合理的，配有有线电视的干净房间。酒店还可以为那些有需要的游客安排摩托车旅游。皮划艇和无终点旅游感兴趣的游客安排活动。www.cafecaliforniaphnompenh.com

市中心：Hotel Scandinavia $$

地点：4, St 282 电话：(023)214-498 房间数：16 城市地图：E4

因其极富艺术气息的装潢和附带的美术馆而著名的酒店，坐落在独立纪念碑旁，交通方便。房间里配有漆面的中国—高棉风格家具，还有套间浴室。酒店的餐厅和酒吧很受当地外国人的喜爱。

市中心：Paragon $$

地址：219 Sisowath Quay 电话：(023)222-607 房间数：40 城市地图：E1

一个实惠的选择，酒店地处热闹的临河地区，所以投宿这家酒店的客人，特别是那些想要欣赏静谧的水上景色的客人，最好选择高楼层的房间。酒店还可为客人提供优质的旅游信息和预订车票等服务。

市中心：Aram Boddhi Tree Boutique Hotel $$$

地址：70, St 244 电话：(023)211-376 房间数：8 城市地图：E3

酒店地处老金边中心，紧挨王宫（见第 52~53 页），它最初建立于 1950 年。房间不大但天花板很高，窗户很大，为当代亚洲式装修风格。花园繁茂而静谧，还能看到王家宫殿的金色塔尖。www.boddhitree.com

市中心：Bougainvillier Hotel $$$

地址：277 C Sisowath Quay 电话：(023)220-528 传真：(023)220529 房间数：38 城市地图：E2

地处临河区，酒店的房间很多，其中一些可以看见河岸景色，不过朝向花园的房间更加安静。房间内配有抛光的木制家具。酒店餐厅供应美味的王室高棉菜和法国菜。附近有很多酒吧和餐馆。www.bougainvillierhotel.com

市中心：Imperial Garden Villa & Hotel $$$

地址：315 Sisowath Quay 电话：(023)219-991 传真：(023)219992 房间数：122 城市地图：F3

这家奢华酒店地处中心地区，风格现代，楼层数较少，可为客人提供一般标准间或者含有四个卧室的别墅。相比金边其他小酒店而言，这家酒店绝对物有所值。尽管靠近王宫和西索瓦码头，这里的环境仍很安静。www.imperialgarden-hotel.com

市中心：Juliana Hotel $$$

地址：16, St 152 电话：(023)880-530 房间数：118 城市地图：C2

这家酒店很受商务旅客的欢迎，它位于奥林匹克体育场旁边，装修颇具品位的客房环绕在一个漂亮的游泳池周围，提供的服务包括水疗和传统按摩。酒店的两个餐厅在中午和晚上提供丰盛的自助餐，还有中国菜。www.julianahotels.com

市中心：Kabiki $$$

地址：22, St 264 电话：(023)222-290 房间数：11 城市地图：E3

与 Blue Lime 属于同一家公司经营，但 Kabiki 更受孩子们的喜爱，它有一个浅水游泳池，有的房间还配有双层床。酒店装修用了大量木质材料，使得酒店的氛围更加舒适。所有的房间都配有空调、有线电视和有热水的套间浴室。www.thekabiki.com

市中心：The Quay $$$

地址：227, Sisowath Quay 电话：(023)224-894 传真：(023)224-893 房间数：16 城市地图：E2

这是一家由驻外记者俱乐部集团经营的酒店，是一家时髦的新酒店，装修简约、贴近自然的风格成就了他们“纵情施展智慧，彰显现代文明”的宣传口号。酒店的餐厅 Chew 提供美味的亚洲时尚菜肴。www.thequayhotel.com

市中心：Villa Langka $$$

地址：14, St 282 电话：(023)726-771 房间数：43 城市地图：E4

这家酒店位于独立纪念碑旁，是一家静谧、整洁的精品酒店，可以清楚地看到兰卡寺（Wat Lang Ka）古老的塔尖。酒店的泳池被绿树环绕，房间融合了现代和传统风格。很多外国人喜欢在酒店餐厅享用午餐。服务值得信赖。www.villalangka.com

市中心：Amanjaya Pancam $$$$

地址：1 Sisowath Quay 电话：(023)214-747 传真：(023)219-545 房间数：21 城市地图：E2

这家四层的酒店有着浓郁的殖民时期风格，位于王宫和塔山寺（见 50~51 页）之间的河畔。所有的房间都是套间，装潢富含传统柬埔寨元素，品位颇高。位于 1 楼的 K-West 餐厅充满活力，菜品繁多。www.amanjaya-pancam-hotel.com

市中心：Raffles $$$$$

地址：92 Rukhak Vithei Daun Penh, off Monivong Blvd 电话：(023)981-888 传真：(023)981-168 房间数：210 城市地图：D1

这家酒店建于 1929 年，但在 1997 年莱佛士集团收购并翻修，装潢奢华，充满艺术气息，拥有许多别致的套间。花园景致优美，水疗服务极佳，服务生态度友好，有求必应。酒店中还有几家酒吧和餐厅。www.raffles.com

市中心：Sofitel Phnom Penh Prokeethra $$$$

地址：26 Old August Site, Sothearos Blvd 电话：(023)999-200 房间数：201 城市地图：F4

Sofitel 是金边最奢华的酒店之一，位于湄公河南端的延伸线上，在钻石岛（Diamond Island）的对面。酒店可为住客提供多样化的泳池、SPA、健身俱乐部等服务，还有 4 间餐厅。尤其是意大利风味餐厅 Do Forni,，是这座城市的最佳用餐地选择。www.sofitel.com

市中心：The Pavilion $$$$

地址：227, St 19 (Botum Pagoda背后) 电话：(023)222-280 房间数：20 城市地图：E3

这家酒店早在 20 世纪 20 年代便已建成，它是经修复过的诺罗敦・西哈努克国王的母亲的住所。装修风格融合了高棉和法国特色，有些房间还有私人泳池或按摩浴缸，其他房间的阳台可以看见绿树成荫的花园。这家酒店有点难找，所以第一次去最好打一辆车前往。www.thepavilion.com

吴哥

暹粒：Babel Guesthouse $

地址：Wat Bo Rd 电话：(063)965-474 房间数：23 地图：C6

这家旅馆有着白色整洁的房间，价格划算，有宽敞的浴室和大码的浴缸。规整的花园有很多不错的放松地点，尽管设施还比较基础，但绝对物有所值。服务生待人友好，会说英语和法语。

暹粒：Earthwalkers $

地址：Sala Kanseng village, Sangkat No.2 电话：(012)967-901 房间数：20 地图：C6

这家旅馆是一家背包客落脚点，现在它物超所值，新添了一些房间，能俯瞰泳池。它仍提供宿舍。食物很新鲜且种类繁多，人们都很友好。服务生可以为游客安排吴哥窟旅游。www.earthwalkers.no

暹粒：Ivy Guesthouse $

地址：Pokambor Ave以西，靠近河边 电话：(012)800-860 房间数：17 地图：C6

这家旅馆有漂亮的花园、吊床和精致的房间，有些房间配有空调，物有所值，且步行至市中心仅需 5 分钟。菜品美味，服务生待人亲切。

暹粒：Rosy's Guesthouse $

地址：74, Phum Slor Kram 电话：(063)965-059 房间数：15 地图：C6

这家引人入胜的古老别墅是由一对西方夫妇经营的，品质极佳，所有房间均可免费无线上网，配有电视、DVD 播放器（可选择带有空调的房间）。酒店的休息室有很多吊床。服务生很友善且有求必应。www.rosyguesthouse.com

暹粒：Smiley's Guesthouse $

地址：Sivatha Rd西侧 电话：(012)686-060 房间数：30 地图：C6

这家旅馆适合那些想省钱的旅客，外观平淡无奇，房间很大。但食物很精致，服务生很友好。可免费无线上网，空调需另付费。这里还可低价出租自行车。 www.smileyguesthouse.com

暹粒：Tanei Guesthouse $

地址：Phumi Vihea Chen 电话：(012)757-867 房间数：32 地图：C6

位于暹粒中心地带一条安静的路旁，旅馆房间干净、别致、品质中等、配有现代设施。有一家融合了高棉和国际风格的餐厅。总体而言算是物有所值。www.taneiguesthouse.com

暹粒：WatsUp Guesthouse $

地址：Wat Damnak Area 电话：(063)966-091 房间数：14 地图：C6

想省钱的游客们的不二选择，旅馆附近环境安静，离老市场和酒吧街很近，物美价廉。所有房间都配有空调和电视。提供西式早餐和高棉式午餐。

暹粒：Dead Fish Tower Inn $$

地址：Sivatha Blvd At Dead Fish Plaza 电话：(016)330-821 房间数：35 地图：C6

这家有着奇怪名字的酒店品质极佳，房间干净舒适。它的魅力跟它的古怪不无关系：这里有一个鳄鱼泳池，到这里的客人都可以免费享受一次按摩作为欢迎。餐厅充满生活气息，提供泰国和高棉菜肴，还有传统柬埔寨舞蹈表演。

价格指南见210页；图标含义见封底勒口

暹粒：Eight Rooms $

地址：138/139 Streoung Thmey Village,Svydangkum Commune 电话：(063)969-788 房间数：8 地图：C6

对同性恋友好，也适合时髦的（饱读诗书的）新背包客，这家酒店提供干净的房间和一个气氛放松的大平台，还提供机场接待服务。大厅和花园可无线上网。服务生友好，有求必应。www.ei8htrooms.com

暹粒：Rithyrine Angkor Hotel $$

地址：No. 0509, Wat Bo Village 电话：(012)543-475 房间数：30 地图：C6

Rithyrine 是一间中档酒店，客房数量充足，还有一家庭院式餐厅和游泳池。酒店的大部分地方都摆放着精致的实木家具和木雕装饰。房费里包括早餐和免费 Wi-Fi 上网服务。大部分特色餐馆和商店就在从酒店步行 15 分钟的范围内。

暹粒：Shadow Of Angkor I $$

地址：353, Pokambor Ave 电话：(063)964-774 传真：(063)964-774 房间数：15 地图：C6

这家河景酒店建在一座古老的法国殖民时期的建筑内，离老市场很近。房间干净简洁，墙壁是白色的。房间里可免费无线上网，提供自行车出租、按摩和洗衣服务。www.shadowofangkor.com

暹粒：Golden Banana B&B $$$

地址：Near Wat Damnak 电话：(063)761-259 房间数：25 地图：C6

这家对同性恋态度友好的酒店安静时髦，中间装饰着一个泳池。酒店位于暹粒河东岸，步行至老市场只需 5 分钟。所有房间都是东方塔式别墅，提供免费的无线网。www.golden-banana.com

暹粒：Hanuman Alaya $$$

地址：5 Krom 2, Phoum Treang 电话：(063)760-582 传真：(063)760-582 房间数：13 地图：C6

隐藏在喧闹的暹粒,酒店内摆设着当地的古董和手工制品,内部采用木质材料装饰,十分可爱。房间宽敞、凉爽、整洁。服务生热情友好，餐厅品质很高，还有一个可供放松的泳池。www.hanumanalaya.com

暹粒：Mysteres d'Angkor $$$

地址：235 Phum Slorkram 电话：(063)963-639 房间数：23 地图：C6

这家位于一处传统木质高棉式建筑内的精品酒店由法国人经营，气氛宁静。高雅的客房和瓷砖铺面的泳池被灌木花园围绕。酒店内的酒吧和餐厅服务热情周到。酒店还提供自行车租借及洗衣服务。www.mysteres-angkor.com

暹粒：Shinta Mani $$$

地址：Oum Khum和14th St的交汇处 电话：(063)761-998 传真：(063)761-999 房间数：15 地图：C6

位于法国区的中心地带，交通便利，建在一座华丽的重修过的殖民时期宅邸内，是一家让人梦寐以求的酒店。除了奢华的设施外，酒店还有艺术展，并为家境贫困的年轻人提供职业培训。酒店餐厅极受美食家的青睐。www.theriv-ergarden.info

暹粒：The River Garden $$$

地址：11 Phoum Treang 电话：(063)963-400 房间数：18 地图：C6

酒店位于通向吴哥窟的路上。房间装饰为传统奢华的高棉式风格，颇具品位，带有阳台、大号浴缸，还可以俯瞰酒店的热带花园。酒店还会面向游客开办厨艺班。www.therivergarden.info

暹粒：Viroth's Hotel $$$

地址：St 23 电话：(063)761-720 传真：(063)760-774 房间数：7 地图：C6

这是一间小巧精致的酒店，房间颇具现代风格，以亚麻为装饰。户外有防蚊灯。咸水泳池小巧可爱，按摩浴缸和屋顶的按摩池也是如此。这家酒店是合格的精品酒店的典范。www.viroth-hotel.com

暹粒：Royal Bay Inn Angkor Resort $$$$

地址：1 Oum Khun st, Svay Dangkum 电话：(063)760-500 传真：(063)760-503 房间数：62 地图：C6

这家大型综合酒店极具精品酒店气质，非常时尚，位于法国区。酒店良好的便利设施包括活化按摩馆和一家优质的餐厅。www.dayinnangkor.com

暹粒：Tara Angkor Hotel $$$$

地址：Charles de Gaulle rd 电话：(063)966-661 房间数：206 地图：C6

酒店提供令人眼花缭乱的便利设施，包括两家餐厅、无线上网、水疗、门房服务，还有一个超大的泳池。房间装饰得颇具品位，且极度奢华。此外，酒店还为想学泰国和高棉菜肴的客人开设了厨艺班。www.taraangkorhotel.com

暹粒：Sojourn Boutique Villas $$$$

地址：Treak Village rd, Treak Village 电话：(063)923-437 别墅数：10 地图：C6

漂亮的精致别墅别具设计师风格，环绕着一个漂亮的泳池，旁边还有一个池畔酒吧，这家酒店是那些精疲力竭的游客们的理想选择。酒店对它提供的服务深感骄傲，并会不遗余力地满足客人的所有要求。www.sojournsiemreap.com

暹粒：Amansara $$$$$

地址：262 Krom 8, Phum Beong Don Pa 电话：(063)760-333 传真：(063)760-335 房间数：12 地图：C6

这家20世纪60年代风格的酒店可以说是这座城市里最特别的酒店。酒店房间不多，每间都有热水浴缸和独立泳池。这家精致的酒店极受寻求低调的私人空间的名流们喜爱。www.amanresorts.com

暹粒：Apsara Angkor $$$$$

地址：Route 6, Airport Rd. 电话：(063)964-999 传真：(063)964-567 房间数：168 地图：C6

在这里只有你想不到的，没有你得不到的。房间地面铺着木地板，房内用多彩的高棉丝绸别致地装饰着。设施包括池边上网、24小时服务的医生、儿童保姆服务，还可为残疾客人提供特别服务。酒店提供免费接机。www.apsaraangkor.com

暹粒：FCC Angkor $$$$$

地址：Pokambor Ave 电话：(063)760-280 传真：(063)760-281 房间数：31 地图：C6

这家酒店是金边风格的一个标志，酒店装潢将当代时尚融入精致的印度支那风格中，除了开放式餐厅、时髦的酒吧外，酒店中还有一个引人入胜的泳池，以及简约新潮的房间。酒店地处宜人的河畔地区。www.fcccambodia.com

暹粒：La Résidence d'Angkor $$$$$

地址：River rd 电话：(063)963-390 房间数：62 地图：C6

酒店被精心修剪的茂密花园包围，整体是时髦的木制装饰，房间是砖红色的，都配有热水浴缸或按摩浴缸，可以免费无线上网。酒店的水疗也很不错。服务生可以安排寺庙旅游，酒店还提供自行车出租服务。www.residencedangkor.com

暹粒：Park Hyatt Siem Reap $$$$$

地点：Sivatha Blvd 电话：(063)966-000 传真：(063)096-600-1 房间数：107 地图：C6

这家设计现代、时髦的酒店，充满艺术气息，位于中间的庭院被榕树环抱，旁边还有一家酒吧。房间以黑色木材装饰。服务生谦和有礼，水疗很享受。酒店还有一家纽约风格的食品店，提供美味的小吃。www.siemreap.park.hyatt.com

暹粒：Raffles Grand Hotel d'Angkor $$$$$

地址：1 Charles de Gaulle st, Khum Svay Dang Kum 电话：(063)963-888 房间数：120 地图：C6

典型的殖民时期风格配以现代化服务，这是全省最好的酒店之一，酒店接待过的名流包括戴高乐，查理·卓别林和比尔·克林顿。酒店还有好几个餐厅和一个户外水疗池。www.raffles.com

暹粒：Victoria Angkor Resort and Spa $$$$$

地址：Central Park, PO Box 93145 电话：(063)760-428 房间数：130 地图：C6

这是暹粒最受欢迎的酒店之一，它是一栋古老漂亮的殖民时期别墅，深受挥金如土的殖民者喜爱。这里提供优质的菜肴、老式服务，以及妙不可言的水疗和泳池。这里离吴哥窟很近，面对着王家公园。www.victoriahotels.asia

柬埔寨北部

邦隆：Lakeside Chheng Lok Hotel $

地址：Central Ban Lung 电话：(012)957-422 房间数：54 地图：E6

坐落在城镇边缘的湖边的酒店建筑虽然并不起眼，这家巨大但低调的酒店是一处令人愉悦的所在。酒店员工服务周到切友好，还会说部分英语。客房中有各种基本设施，包括空调、有线电视、Wi-Fi网络和私人淋浴。

邦隆：Treetop Guesthouse $

地址：Phum No.1, Laban Seak Commune 电话：(012)490-333 房间数：18 地图：E6

一家经济舒适的旅馆，位于城市近郊美丽的乡村地区。半户外的餐厅提供美味的比萨、汉堡和当地美食。房间墙壁都是木制的，配有蚊帐，用亚麻布装饰，还有套间浴室。www.treetop-ecolodge.com

邦隆：Sovann Kiri Hotel $$

地址：Rd 78. 电话：(012)654-373 房间数：26 地图：E6

酒店风格现代化，房间宽敞，服务生十分热情好客，但不知为何口碑一般。酒店装潢融合了泰国和罗马风格，房间配有雪橇床，瓷砖地面，干净的浴室可以洗热水澡。还有有线电视和空调。

邦隆：Terres Rouge Lodge $$$

地址：Boeng Kansaign Lake旁 电话：(075)974-051 房间数：17 地图：E6

酒店由一位法国退伍伞兵经营，被公认为是城中最好的酒店。精致的房间摆设着由少数民族制作的手工艺品。酒店的户外餐厅和休息室是绝佳的放松选择。翠色欲滴的草地上点缀着盛开的“天堂鸟”花，更加令人心旷神怡。www.ratanakiri-lodge.com

价格指南见210页；图标含义见封底勒口

马德望：Banan Hotel $$

地址：Nh 5, Prek Mohatep Village,Sangkat Svay Por　电话：(053)953-242　房间数：30　地图：C6

这是一家建成于2006年，干净整洁，但没有什么特色的酒店。它提供三星级的舒适服务，房间崭新现代，木制装潢配上瓦片房顶，很有特色。浴室提供热水，房间还有有线电视。酒店因靠近渡船码头而颇受顾客满意。服务生热情友好，有求必应。

马德望：Rottanak Resort $$

地址：Ko Rd Rottanak Village　电话：(053)953-255　房间数：38　地图：C6

这家现代化的酒店以装潢别具一格的小屋为特色，四周被一个有着迷人装饰的泳池紧紧环绕。酒店的庭院环境宜人，服务生待人亲切。酒店内的酒吧和餐厅提供美味的高棉菜肴。设施包括无线上网、洗衣服务，还有摩托车出租。www.rottanakresort.com

马德望：Royal Hotel $$

地址：Psar Nath以西　电话：(053)952-522　房间数：42　地图：C6

这家酒店一直是马德望的宠儿，整洁、宽敞、位于市中心，是旅行团和自助游客的首选。房间宽敞，配有电视。休息室的付费网络价格合理。酒店房顶的餐厅能俯瞰城市全貌。

马德望：La Villa $$$

地址：185 Pom Romcheck 5　电话：(053)730-151　房间数：26　地图：C6

这家酒店是一栋20世纪30年代的法国殖民地风格的宅邸，大量的古董、亚麻装饰还有竹质家具让人恍然如同身处那个时期。中庭供应晚餐，味道无与伦比。楼上房间很大，带有私人阅览区。www.lavilla-battambang.net

磅湛：Mekong Hotel $

地址：56, Samdach Pann Rd　电话：(042)941-536　房间数：37　地图：C6

这是磅湛有限的酒店中最好的一个，拥有绝对物有所值、洞穴一样的浴室和舒适，但数量不多的卧室。酒店提供有线电视、简单的餐厅，还向客人出租自行车。服务生热情好客，有求必应。

桔井：Heng Heng II Guesthouse $

地址：Rue Preah Surmarit　电话：(012)929-943　房间数：23　地图：D6

这家位于河畔的酒店可以称得上新背包客的聚集地，因为它的价位及条件介于酒店和旅馆之间。面对湄公河的房间是最佳选择，既宽敞又通风，浴室也很大，有热水供应，前面还配有一个阳台。

桔井：Heng Oudom $

地址：South St, corner of Central Market　电话：(072)971-629　房间数：10　地图：D6

这家低调的酒店位于中心市场的正中心，靠近湄公河，房间干净整洁。酒店散发着法国殖民时期的气息，可爱的艺术装潢与它的外观十分相称，房间条件不错，有阳台、基本设施齐全。

桔井：Santeheap Hotel $

地址：Preach Soramarith rd　电话：(072)971-537　房间数：18　地图：D6

酒店离中心市场很近，靠近湄公河，非常安静，是欣赏短吻海豚的绝佳选择。房间宽敞干净，比城里任何一家酒店的客房都大，可以选择电风扇或空调。

桔井：You Hong Guesthouse $

地址：市场南面　电话：(012)957-003　房间数：15　地图：D6

品质极佳，在这个价位享受到如此舒适、干净的房间是不多见。酒店要求客人在进入前先脱鞋。房间一尘不染，可以俯瞰下面喧闹的市场。服务生待人友善，可以为游客提供大量信息。

森莫诺隆：Nature Lodge $

地址：Comka Tai Village, Spean Meanchey Commune　电话：(012)230-272　小木屋数：21　地图：E6

这家酒店恰如其名，周围环境令人愉悦，简单的小木屋、热情好客的服务生，坚信环境友好原则，绝对是住在城里的最佳选择。晚上的篝火、吊床和树屋则是酒店吸引游客的另一个原因。www.naturelodgecambodia.com

上丁：Gold River Hotel $

地址：Kandal Village　电话：(012)980-678　房间数：50　地图：D6

尽管酒店内部的设计并不抢眼，但里面很宽敞，装潢奢华。房间配有等离子电视、冰箱、浴室中还有大号浴缸。从酒店还可以欣赏宜人的河畔风景。www.goldenriverhotel.com

上丁：Sok Sambath Hotel $

地址：St 2　电话：(016)746-666　房间数：37　地图：D6

酒店离湄公河很近，是上丁有限的酒店中的最佳选择，这里干净舒适，卧室大小合适，有电视，浴室供应热水，服务生热情好客。位于酒店一层的餐厅提供优质的高棉食品。

柬埔寨南部

贡布：Blissful Guesthouse $

地址：Postbox 0727 电话：(012)513-024 房间数：10 地图：C7

这里是城里很受背包客欢迎的旅馆，生意红火，最好提前预约。房间分散在一座殖民时期的老建筑里，有些有套间浴室。楼下有一家非常受欢迎的酒吧，有欢乐时光打折活动，还有一个茂密的花园可供休息。www.blissfulguesthouse.com

贡布：Kampot Guesthouse $

地址：River Rd 电话：(012)512-931 房间数：25 地图：C7

这家设施基础但是服务热情的旅馆远离河边地带，位于一条宁静的街道上，周边林立着背包客旅舍。客房环境整洁有序，提供热水、风扇或空调，以及有线电视。楼下餐厅面积较小，提供免费 Wi-Fi 网络。贡布的大部分景点都在步行范围内。

贡布：Mea Culpa $$

地址：44 Sovansokar (Governor's Mansion背后) 电话：(012)504-769 房间数：17 地图：C7

酒店位于法国区，由爱尔兰人经营，是一栋很有气势的别墅。一个亲切的团队为客人提供优质的服务。一尘不染的房间配有电视、DVD 播放器和私人淋浴。酒店餐厅很不错，提供美味的比萨。花园修剪得非常漂亮。

贡布：Moliden Guesthouse $$

地址：穿过古桥，Riverside Rd 电话：(012)820-779 房间数：12 地图：C7

酒店坐落在河畔，靠近贡布市中心的古桥，面积不大，但地理位置极佳。房间可以选择带电风扇或空调的房型，都有套间浴室，供应热水。位于一层的咖啡餐厅有一个很大的户外天井。

贡布：Riki Tiki Tavi $$

地址：Riverside Rd的北部尽头 电话：(012)235-102 房间数：6 地图：C7

酒店就在 Riki Tiki Tavi 餐厅（见 240 页）下面，时尚的房间惹人喜爱，配有迷人的东方装饰、现代风格艺术品和家具。设施包括有线电视、热水浴和免费无线上网。位于河畔的地理位置，再加上服务注重细节，足以解释 Riki Tiki Tavi 为何如此受人欢迎。网站：www.rikitikitavi-kampot.com

白马：Tree Top Bungalows $

地址：St 33, Thmey Village, Prey Thom Commune 电话：(012)515-151 房间数：17 地图：C7

作为市里新建的几家酒店之一，Tree Top Bargalows 有很多样式古怪的、建在木桩上的茅草小屋，从那里客人可以欣赏海景。酒店还拥有一大片草地，餐厅提供美味的高棉菜。

白马：Botanica $$

地址：National Rd 33a 电话：(016)562-775 房间数：5 地图：C7

这里是城中背包客们的聚集地，游客可以选择位于丛林般的花园中的乡间小屋，那里被各种热带植物环抱。厨房提供来自世界各地的美食，餐厅供应可口的比利时啤酒。服务还包括无线上网和自行车出租。www.kep-botanica.com

白马：Jasmine Valley $$

地址：靠近 Kep Market 电话：(077)599-248 房间数：8 地图：C7

这家新建的生态度假村位于白马国家公园（见 116 页）脚下，地处山谷地带，可以欣赏海景和近海岛屿，是很好的住宿选择。它有 6 间由泥、红砖、竹子和茅草搭建的太阳能小屋和两间树屋。还有一个咖啡餐厅。www.jasminevalley.com

白马：Le Flamboyant $$$

地址：kep的城镇入口处 电话：(016)713-823 房间数：6 地图：C7

这是一家高档酒店，拥有宽敞的广场和令人炫目的泳池，而且酒店的套间品质极佳，还配有空调和私人平台。餐厅因美味的法国菜和高棉菜而闻名遐迩。提供无线上网。www.flamboyant-hotel.com

白马：Knai Bang Chatt $$$$$

地址：Phum Thmey, Sangkat Prey Thom, Khan Kep 电话：(012)349-742 房间数：11 地图：C7

这家酒店是白马市首屈一指的、最高级且最时髦的酒店，由比利时人经营的。这家颇具格调的度假酒店的别墅是由现代建筑大师勒·柯布西耶设计的，位于海边灌木茂密的广场上。称之为度假天堂绝对名副其实，酒店设施包括一个巨大泳池、一个顶级水疗池和一个帆船俱乐部。www.knaibangchatt.com

戈公镇：Asian Hotel $$

地址：1 Village, Sangkat Smach Meanchay, Khemarak Phummen city 电话：(035)936-667 房间数：38 地图：B7

这家大型现代化酒店位于港口附近，可以将戈公镇的全景尽收眼底。房间宽敞、布置精心，并都配有电视和浴室套间。顾客可以付费选择套房或河景房。酒店还有一家迷你市场，还有一家小吃店和一个楼顶餐厅。提供无线上网服务。www.asiankohkong.com

价格指南见210页；**图标含义**见封底勒口

戈公镇：Oasis Resort $$

地址：距镇中心以北2千米 电话：(092)228-342 房间数：5 地图：B7

酒店附近环境静谧，能够欣赏到乡村景色，这家由英国人经营的酒店十分安逸，远离尘世。5间家庭式带空调的平房簇拥在一个可爱的巨大泳池边。此外，这个度假酒店还有一家大型的DVD收藏馆和一间桌球室，酒店还可为游客提供实用的旅游建议。http://oasisresort.netkhmer.com/

戈公镇：Koh Kong International Resort Club $$$

地址：Phum Cham Yeam, Srok Mondoul Seyma 电话：(011)555-706 传真：(012)456-507 房间数：210 地图：B7

这是一家大型赌场酒店，靠近泰国边境，环境奢华，配有一个宽大的泳池，酒店在假日期间主要接待的是泰国游客。酒店内的设施包括健身中心和水疗池，酒店充满家庭氛围。

瓜隆岛：Broken Heart Guest House $$

地址：Koh Rong 电话：(011)649-424 房间数：13 地图：C7

为了迎合旅游业的飞速发展，美丽的瓜隆岛铺上了石板路，但游客还是能够欣赏到这个天堂岛未经雕琢的美丽。酒店提供简单的竹质小屋，可使客人体验回归自然的享受：游泳、潜水、欣赏日出日落。www.bhgh.info

瓜隆岛：Samloem Lazy Beach $$

地址：Koh Rong Samloem 电话：(016)214-211 房间数：14 地图：C7

这家酒店是那些想逃避都市生活的人们的理想选择，它提供简单整洁的木质小屋，有套间浴室，食物很美味，酒水也很便宜，还可以欣赏日出美景。游客可以玩棋盘游戏，打沙滩排球。但是店主不允许一日游游客的船只破坏这里的平静。www.lazybeachcambodia.com

西哈努克市：Monkey Republic $

地址：Serendipity Beach后面 电话：(012)490-290 房间数：12 地图：C7

对那些寻找生活化住所的游客来说，这家旅馆服务高效，是不错的选择。它在靠近海滩的位置准备了充足的简约小屋；新建的几间配有私人浴室。酒店的餐厅酒吧常常聚满了爱玩爱闹的人们。

西哈努克市：Small Hotel $

地址：off Ekareach st, Caltrex Petrol Station 电话：(034)934-330 房间数：11 地图：C7

酒店由一对瑞典—金边夫妇经营，服务绝对体贴周到，提供干净整洁的房间，有的有热水供应，都配有空调。休息室的气氛非常放松，能交上许多朋友。绝不要错过他家的瑞典香肠配小茴香通心粉。www.thesmallhotel.info

西哈努克市：Cloud 9 $$

地址：Serendipity Beach 电话：(012)479-365 房间数：9 地图：C7

这是一家很吸引人的酒店，木质小屋设在山坡上，可将奥克提尔海滩（见106~107页）的景色一览无遗。小屋内部由当地纺织品装饰，色彩大胆夺目。周围环境很安静，海边的餐厅是很好的就餐或品酒地点。www.cloud9bungalows.com

西哈努克市：Otres Shack $$

地址：Queen Hill附近，Otres Beach 电话：(097)799-358-0 房间数：3 地图：C7

这家酒店是体验欧特斯海滩（见107页）的最佳选择，由英国人经营，只有三间海滨房，布置非常高档，配有高质量的床垫，装修颇具旧时尚风格。设施包括无线上网和一家海洋景观餐厅。

西哈努克市：Sihanoukville Villa Hotel $$$

地址：Serendipity Beach右侧 电话：(012)160-037-4 房间数：15 地图：C7

这是一家时髦且舒适的酒店，它提供干净的房间，十分注重细节。原始的手工制品和高质量的家具格外引人注目。设施包括套间浴室、免费无线上网和有线电视。酒店的花园餐厅提供多种菜肴。

西哈努克市：Independence Hotel $$$$

地址：St 2 Thnou, Sangkat No.3, Khan Mittapheap 电话：(034)934-300 传真：(034)933-660 房间数：112 地图：C7

这家独一无二、引人注目的装饰派艺术风格酒店经历了艰辛的重建工作，现已成为当地的地标建筑。翠色欲滴的花园、大型泳池和私人海滩令这家本就抢眼的酒店更具吸引力。房间很宽敞，尽管没有装饰派风格的家具，依然很奢华。www.independencehotel.net

西哈努克市：Sokha Beach Resort $$$$

地址：St 2 Thnou 电话：(034)935-999 传真：(034)935-888 房间数：176 地图：C7

这家大型的综合酒店在它的私人海滩上开设了普通标准间、套房和小别墅。服务生热情好客，有求必应。泳池令人神往，还有儿童游乐场。此外，酒店还提供水上运动和网球，还有自行车出租。www.sokhahotel.com

达岱河：Rainbow Lodge $$

地址：Tatai Village, Koh Kong Town东南方19千米 电话：(099)744-321 房间数：8 地图：C7

这家太阳能生态度假酒店位于达岱河岸，地理位置极佳。小屋的布置简单舒适，环境令人愉悦。酒店还可以组织河流观光、划艇游和远足等活动。房费包含了三餐，菜品精美。www.rainbowlodgecambodia.com

在老挝选择酒店

在这本指南中，我们选择的酒店的价格因其品质、设施、环境以及位置的不同而高低不等。下表按照地区划分，以价格从低到高，按酒店名称首字母的顺序排列。如需地图，可查看第 138~139 页万象街区地图，其他地点详见后环衬地图。

价格指南

下列价格幅度指的是旺季的双人标准间每晚的费用，含税及服务费，有时也包括早餐。

$ 20 美元以下
$$ 20~50 美元之间
$$$ 50~100 美元之间
$$$$ 100~150 美元之间
$$$$$ 150 美元以上

万象

市中心：Chaleunxay Hotel $
地址：Khu Vieng Rd **电话：**(021)223-407 **传真：**(021)223-509 **房间数：**50 **地图：**C3
酒店位于主要的旅游区旁，只需步行几分钟即可到达早市和 Samsenthai 路。这里提供优质整洁的房间，颇受来自越南的商务旅客的欢迎。建议选择背对大街的房间，享受安静平和的环境。

市中心：Saysouly Guest House $
地址：Manthatulat Rd **电话：**(021)218-383 **传真：**(021)223-757 **房间数：**16 **地图：**B4
这家简单整洁的旅馆是一座两层高的建筑，是一个经济实惠的选择。这里提供公用和套间浴室、空调和有线电视。服务生知识渊博，有求必应。楼上的阳台是年轻人交友的好去处。www.saysouly.com

市中心：Auberge Sala Inpeng $$
地址：In Paeng st, Ban Wat Chan **电话：**(021)242-021 **传真：**(021)242-954 **房间数：**9 **地图：**B3
酒店位于因秉寺（Wat in Paeng）和湄公河之间一条安静的小路旁，属于万象市中心的寺庙区，酒店的柚木小屋坐落在一个迷人的花园里。所有房间都有阳台，户外接待区提供早餐。建议提前预订。

市中心：Chanthapanya Hotel $$
地址：138 Nokeo Khumman Rd, Ban Mixay **电话：**(021)244-284 **传真：**(021)244-283 **房间数：**31 **地图：**B3
这间酒店无论价格还是质量都比万象市中心的小酒店高一个档次，房间非常大，并装饰有老挝手工艺品。所有的房间都有 DVD 播放器和有线电视。因为地处市中心，很受商务旅客的欢迎。

市中心：Family Hotel $$
地址：Pangkham Rd **电话：**(021)260-448 **传真：**(021)260-447 **房间数：**31 **地图：**C3
这家现代风格的酒店中心环绕着一个庭院，房间通风明亮。酒店地处 Samsenthai 大街，虽然是市中心却很安静。服务生服务高效，一尘不染的环境弥补了酒店缺乏情调的缺点。整体要好过同等价格的老酒店。www.familyhotellaos.com

市中心：Lane Xang Hotel $$
地址：Fa Ngum Rd **电话：**(021)214-102 **传真：**(021)214-108 **房间数：**70 **地图：**B4
相比万象 20 世纪 60 年代的顶级酒店而言，在 1975 年国有化的 Lane Xang 酒店有着浓郁的斯大林风格。酒店位于景色秀丽的河边，为顾客提供宽敞、高天花板的房间，生气勃勃的花园、泳池，还有高尔夫草坪。

市中心：Lani Guest House $$
地址：Setthathirat Rd, Ban Haysok **电话：**(021)215-639 **房间数：**12 **地图：**B3
酒店位于城市安静的一角，是一家翻修过的老别墅。酒店设计简洁，房间装修精致，因此赢得了很多回头客。客人可以在一个可爱的阳台享用早餐。建议提前预订。www.laniguesthouse.com

市中心：Villa Manoly $$
地址：Phiawat Rd **电话：**(021)218-907 **房间数：**25 **地图：**D5
酒店位于市中心以外，靠近神城寺（见 140 页），是一家殖民时期的别墅，现在改建成了酒店。花园很可爱，但稍显杂乱，这里提供宽敞的房间，且每间都各不相同。酒店开在城市中一个安静的住宅区里，还有一个不错的泳池。

市中心：Vongkhamsene Hotel $$
地址：17/01 Manthatulat Rd **电话：**(021)219-922 **传真：**(021)219-923 **房间数：**17 **地图：**B4
这家四层高的酒店位于湄公河和 Setthathirath 大街之间。修建时期不长且保养得很好，因此比这一地区的其他酒店品质都好。面朝大街的房间有漂亮的阳台，但可能有点吵。www.vongkhamsenehotel.com

图标含义见封底勒口

市中心：City Inn $$$

地址： Pangkhan Rd **电话：** (021)218-333 **传真：** (021)218-444 **房间数：** 40 **地图：** C3

这家酒店位于 Setthathirath 大街，老挝广场酒店旁边，酒店非常安静，现代风格，提供装修时髦的房间，并配有漂亮的阳台，但周围景色一般。这家颇受非政府组织工作人员和商旅人士欢迎的酒店还有一个精致的咖啡店。www.cityinnvientiane.com

市中心：Don Chan Palace $$$

地址： Unit6, Piawat Village, Sisatanak District **电话：** (021)244-288 **房间数：** 239 **地图：** D5

这座 14 层高的大厦位于湄公河的一个河岛上，是老挝的最高建筑物，从房间里可以俯瞰整座城市。酒店的中餐厅景色最佳。这家酒店是政府办公、会议的首选，但有点缺少人情味。www.donchanpalacelaopdr.com

市中心：Lao Orchid Hotel $$$

地址： Chao Anou Rd **电话：** (021)264-134 **传真：** (021)264-138 **房间数：** 33 **地图：** B4

这家颇受好评的酒店是一栋 5 层高的建筑，位于湄公河畔的 Fa Ngum 大街上，房间宽敞整洁，早餐丰盛。服务生服务高效。街对面有一家值得一去的寺庙，酒店周围还有几家口碑不错的餐馆。www.lao-orchid.com

市中心：Lao Plaza $$$

地址： Samsenthai Rd **电话：** (021)218-800-1 **传真：** (021)218-808 **房间数：** 142 **地图：** C3

这是一家建成于 20 世纪 90 年代的五星级酒店，是一栋 6 层高的大楼，地处市中心。周围环境一般，但酒店服务高效，干净整洁，菜肴美味。泳池和水疗池位于酒店 2 层，入住的客人可以要求打折。

市中心：Sabaidee $$$

地址： Pangkham Rd **电话：** (021)265-141-2 **传真：** (021)265-143 **房间数：** 80 **地图：** C3

它是城市大型酒店中的佼佼者，房间品质高，服务优质，客人可享受舒适的住宿体验。酒店有 6 层，所有的房间都可以无线上网，装潢也颇具品位。酒店餐厅名为 Champa Restaurant，提供泰式和西式菜品。www.sabaideeatlao-hotel.com

市中心：Taipan Hotel $$$

地址： Francois Nginn Rd **电话：** (021)216-906-9 **传真：** (021)216-223 **房间数：** 44 **地图：** B4

它属于一个中等选择，是万象市早期的高档酒店。酒店提供美味的菜品，酒吧因供应颇具异国风情的各种伏特加和斯堪的纳维亚的 Hor D'oeuvres 鸡尾酒而颇受好评。酒店还有一个小巧、干净的泳池和一个桑拿池。

市中心：Green Park Hotel $$$$

地址： Khu Vieng Rd **电话：** (021)264-098 **传真：** (021)236-064 **房间数：** 34 **地图：** D4

这是一家很有吸引力的花园别墅酒店，园中绿意盎然，酒店设计融合了现代和老挝传统元素。房间带有老挝式的凉亭，配以昂贵的木质古典家具。酒店还有一个随时可以享受的水疗池，每小时都有进城的班车。www.greenparkvientiane.com

市中心：Salana Boutique Hotel $$$

地址： Chao Anou Rd, 112 Wat Chan Village **电话：** (021)254-254 **传真：** (021)254-250 **房间数：** 41 **地图：** B3

Salana 酒店位于市中心，酒店内部装饰精致优雅，使之成为万象市区最具风格的住宿地之一。房内设施包括 Wi-Fi 网络、保险箱、咖啡茶水吧，早餐免费。酒店内的现场酒吧兼咖啡馆提供各类饮品及轻食。www.salanaboutique.com

郊区：Auberge Du Temple $$

地址： off Luang Prabang Rd, across from Wat Khunta **电话：** (021)214-844 **房间数：** 15 **地图：** A5

酒店由一个瑞士—法国家庭经营，提供装修精美而简洁的房间，酒店离湄公河不远，坐落在一个美丽的小花园中。这个安静、放松的地方距市中心很近，酒店还有一个气氛很好的休息室，是晚上小酌一杯的好去处。

郊区：Mekong Sunshine Hotel $$

地址： Sithanneau Village, Sithan Rd **电话：** (021)251-401 **传真：** (021)251-402 **房间数：** 44 **地图：** A5

酒店位于一个安静的住宅区旁，在 Luang Prabang 路和湄公河之间。酒店维护得很好，是一个放松的好地方。部分房间能看到河景，套间浴室还配有浴缸，是老挝酒店中的佼佼者。酒店还有一个很棒的餐厅，服务生热情友好，有求必应。www.mekong-sunshine-hotel.com

郊区：Nalinthone Guesthouse $$

地址： Fa Ngum Rd, Ban Seetan Neua **电话：** (021)213-659 **房间数：** 12 **地图：** A5

酒店是一家刚刚翻新的家庭别墅，位于没有铺石砖的 Fa Ngum 大街的前部，是老挝所有价格便宜的酒店中的最佳选择。酒店周围安静，被高大茂密的树林包围，部分房间能俯瞰河景。酒店非常干净，服务生有求必应。

郊区：Beau Rivage Mekong $$$

地址： Fa Ngum Rd, Ban Seetan Neua **电话：** (021)243-350 **传真：** (021)243-345 **房间数：** 16 **地图：** A5

这家时髦的精装酒店坐落在 Fa Ngum 大街安静的一角，但没有铺设石砖路，且被树林隐蔽，交通不便。酒店装修风格为现代欧式，有些房间有可以俯瞰河面的阳台。酒店旁的 Spirit House 餐厅和 Papaya 水疗令酒店更具吸引力。www.hbrm.com

郊区：Novotel Vientiane $$$

地址：Unit9, Ban Khountathong, Samsenthai rd 电话：(021)213-570 传真：(021)213-572 房间数：172 地图：A5

作为老挝为数不多的国际连锁酒店之一，这家现代化、楼层不高的酒店以装饰派艺术为装潢风格，为客人提供美味的法式料理和高效的服务。酒店的泳池和迪斯科舞厅颇受当地侨民的喜爱。www.novotel.com

琅勃拉邦

市中心：Sivilay Guesthouse $

地址：Ban Xieng Muan 电话：(071)212-758 房间数：16 地图：C3

对于想节省费用的游客而言，这家旅馆是个不错的选择，它的地理位置极佳，位于河畔的安静角落，提供带有私人浴室的房间。酒店有求必应的服务生和高效的服务长期以来广受好评。整体品质值得称赞。

市中心：Sok Dee Guesthouse $

地址：Khem Khong rd, Ban Wat Nong 电话：(071)252-555 房间数：12 地图：D3

对于想节省费用的游客来说，这家旅馆是个不错的选择，Sok Dee可根据顾客的不同需要为其提供各种房间。酒店服务高效，干净整洁，弥补了它缺少优美环境的不足。酒店经理很愿意为客人提供旅游资讯。

市中心：Vatthanaluck Guesthouse $

地址：Across from Villa Santi Annex 电话：(071)212-838 房间数：6 地图：D3

这家经济实惠的旅馆坐落在老琅勃拉邦中心区，由当地一个惹人喜爱的家庭经营。附近游客很少，为那些找寻清净的人保证了安静的环境。但是服务仅仅能做到保持房间清洁。

市中心：Vilayvanh Guesthouse $

地址：Ban Aphay 电话：(071)252-757 房间数：10 地图：C4

酒店位于通往维苏寺（见164页）的小路上，因其干净整洁而广受好评，房间很安静，铺着硬木地板，临近市里的一个大型住宅区，靠近南康河。所有房间都配有有线电视，酒店还提供传统的老挝式按摩和自行车租赁服务。

市中心：Pack Luck Villa Guesthouse $$

地址：Ban Wat Nong, L'elephant Restaurant对面 电话：(071)253-373 房间数：6 地图：D3

这家时髦的两层高旅馆位于市中心一条安静的街道旁，提供干净舒适的房间，配有大量当地制造的木质家具，还有私人浴室、小酒柜和有线电视。旅馆中的设施还包括一个健身中心和一个水疗池。www.packluck.com

市中心：Phousi Guesthouse $$

地址：Choum Khong Rd 电话：(071)212-973 房间数：12 地图：C3

旅馆位于国家综合博物馆（见156页）以南，有着现代的外观和传统的内饰。中心庭院新建了一条人造瀑布，热带花园也十分惹人喜爱。旅馆服务高效，餐厅也很不错。www.phousiguesthouse.com

市中心：Riverside Guesthouse $$

地址：Kingkitsarat rd, Ban Khili 电话：(071)212-664 房间数：8 地图：D3

这家由家庭经营的旅馆气氛十分融洽，从房间阳台可以欣赏南康河的景色，服务生非常乐意提供旅游资讯。旅馆对面的露天平台可为客人供应早餐，费用已包含在房价中。www.guesthouse-riverside.com

市中心：Sopha House $$

地址：Kingkitsarat rd, Ban Khili 电话：(020)555-458-25 房间数：5 地图：D3

位于南康河畔，极佳的位置让这座木质建筑颇受游客青睐。经营这家旅馆的是一个当地人，他的热情好客弥补了他略显生疏的英语，旅馆提供干净舒适的房间，配有可以俯瞰河景的阳台。www.sophahouse.com

市中心：Villa Chitdara $$

地址：Khounxua rd, Ban Wat Nong 电话：(071)254-949 房间数：15 地图：D3

这又是一家气氛融洽的酒店，房间精致小巧，两层高的建筑位于老城区里安静的一角。早餐区设在环境优美的中心花园。酒店经理知识渊博，会讲一口流利的英语。www.villachitdara.com

市中心：Auberge Le Calao $$$

地址：Khem Khong Rd 电话：(071)212-100 房间数：6 地图：D2

这家酒店是常来琅勃拉邦的游客们的首选，它是一家殖民时期风格的精装酒店。所有的房间都很宽敞且装修精美，配有可爱的阳台。酒店前面的法式餐馆味道极佳。服务生热情好客，知识渊博，很喜欢跟客人聊天、练习英语口语。

市中心：Chang Heritage Hotel $$$

地址：Kingkitsarat rd, Ban Wat Sene　电话：(071)253-553　房间数：22　地图：D3

酒店位于南康河河畔，经营它的集团旗下还有 Chang Inn 旅馆。这里的房间装饰十分奢华，有传统中国和老挝式装饰风格。花园静谧，餐厅口碑极佳，胜过了酒店周围的众多就餐选择。www.the-chang.com

市中心：Le Bel Air $$$

地址：1 Old Bridge Rd　电话：(071)254-699　传真：(071)410-488　房间数：21　地图：D4

酒店可为客人提供坐落在宽阔花园里的小屋和价格稍低的主楼标准间，这里是那些想寻找传统老挝式热情服务的游客的不二选择。服务高效，设施包括无线上网和有线电视。www.lebelairhotels.com

市中心：Lotus Villa Boutique Hotel $$$

地址：Kounxoa Rd, Ban Phone Huang (靠近 Wat Nong)　电话：(071)255-050　房间数：15　地图：D3

这是一家精品酒店，位于一栋传统的法国—老挝风格建筑中，坐落在琅勃拉邦中心地区。标准间和两个套间均配有法式窗户，正对美丽的热带花园。所有房间都赠送无线上网。www.lotusvillalaos.com

市中心：Sala Prabang Mekong Riverside Hotel $$$

地址：Khem Khong Rd　电话：(071)252-460　房间数：49　地图：C3

这家酒店属于 Sala Lao 连锁生态度假酒店，它的殖民时期的造型是由设计师 Sinlasone Soumpholphakdy 设计的。酒店内部用天然石头搭配石灰墙，房间内配有手工木质家具、空调和私人浴室。www.salalao.com

市中心：The Apsara $$$

地址：Kingkitsarat Rd, Ban Wat Sene　电话：(071)254-670　传真：(071)254-252　房间数：13　地图：C3

这家颇有品位的酒店的前身是一个米仓，正对着南康河，给人以典雅的感觉。房间装修得很漂亮，配有大号浴缸。酒店餐厅摆满了现代亚洲艺术作品，菜肴口味极佳，服务周到。www.theapsara.com

市中心：Villa Deux Riveres $$$

地址：Kingkitsarat Rd, Ban Khily　电话：(020)773-785-75　房间数：17　地图：E2

酒店位于南康河沿岸，包括 5 座低层的别墅，提供各式各样装修精美的房间，有些面朝南康河，其他的侧面面对静谧的花园。一直以来酒店都广受好评，为客人提供奢华的住宿享受，酒店设施包括无线上网和传统按摩。www.villadeuxriveres.com

市中心：Ramayana Boutique Hotel And Spa $$$$

地址：Po Box 123, Ban Pha Kham　电话：(071)255-055　房间数：26　地图：C3

酒店提供奢华的住宿环境，是一家奢华的殖民时期风格木质建筑，就在国家综合博物馆旁边。房间装修颇具风格且十分舒适。这家酒店的卖点是矿泉水疗，酒店餐厅也盛名远扬。www.ramayana-laos.com

市中心：The Apsara Rive Droite $$$$

地址：Ban Phan Luang　电话：(071)254-670　传真：(071)254-252　房间数：9　地图：D3

酒店提供宽敞奢华的房间，铺设硬木地板，还有一个带泳池的漂亮花园。酒店所处位置独一无二——南康河对岸，意味着游客必须乘船才可到达。但必须要注意的是，酒店不接待 12 岁以下的儿童。www.theapsara.com

市中心：Amantaka $$$$$

地址：55/3 Kingkitsarat rd, Ban Thongchaleun　电话：(071)860-333　传真：(071)860-335　房间数：24　地图：D3

这家酒店的前身是一家法国医院，现已成为低调奢华类酒店的典范。部分房间有连屋泳池，水疗的水准达到世界水平。酒店还有一个精品店和一个专门展出当地艺术家与山区部族创作的手工艺品的艺术馆。www.amanresorts.com

市中心：Mekong Riverview Hotel $$$$$

地址：Mekong Riverside Rd, Xieng Thong Village　电话：(071)254-900　传真：(071)254-890　房间数：40　地图：D2

酒店位于琅勃拉邦市中心的古老半岛内，所有寺庙、商店、餐馆都在步行可及的范围之中。正如酒店名称"湄公河路"所示，酒店内大量装饰奢华的房间都可为住客提供欣赏湄公河风光的绝佳视角。令人感动的服务细节比比皆是，尤其是由酒店方提供的欢迎酒水。www.mekongriverviewhotel.com

市中心：Satri House $$$$$

地址：057 Photisarat rd, Ban That Luang　电话：(071)253-418　传真：(071)253-418　房间数：15　地图：B4

这家典雅的酒店位于靠近塔銮寺（见 165 页）的一个安静的住宅区里，曾是老挝一位王子的住所。房间装修精美，一部分摆设的古董是店主自己的。房间中都配有宽敞带大窗的浴室。酒店泳池和庭院花园令人心旷神怡。www.satrihouse.com

市中心：The Belle Rive Hotel $$$$$

地址：Khem Khong　电话：(071)260-733　传真：(071)253-063　房间数：8　地图：D2

酒店位于湄公河沿岸，靠近 Wat Nong Sikhumuang 寺，酒店有两座始建于 20 世纪 20 年代的华丽的殖民时期建筑。房间布置十分独特，装饰混合了传统老挝和现代风格。从酒店能欣赏到秀丽的河岸风景，服务也很周到。www.thebellerive.com

市中心：Villa Santi $$$$$

地址：Sakkarin Rd, Wat Sene 电话：(071)252-157 房间数：25 地图：D3

这是一家高档精品酒店，是由一座殖民时期欧洲风格的宅邸改建的，十分古雅，曾是老挝一位公主的住所。酒店主楼只有5个房间，但旁边配楼中的20个房间也很不错。位于酒店2层的阳台餐厅环境安静宜人。www.villasantihotel.com

郊区：La Residence Phou Vao $$$$$

地址：3 Po Box 50 电话：(071)212-530 传真：(071)212-534 房间数：32

酒店坐落在城市南边的一座小山顶上，是一处静谧的绿洲，环境极佳，提供清爽的无边际泳池、高效的服务和令人垂涎的美味佳肴。这里还能欣赏到整座城市和群山的秀丽景色，酒店气氛融洽，热情洋溢。www.residencephouvao.com

老挝北部

洪沙：Jumbo Guesthouse $

地址：Central Market后面 电话：(020)568-564-88 房间数：10 地图：B2

这家气氛欢快的旅馆是由一个喜爱大象的德国人经营的，客人不仅可以品尝到店主亲手制作的美食，还可以参加由店主组织的各种各样的户外运动，包括骑大象和外出几天的徒步旅行。www.lotuselephant.com

会晒：Sabai Dee $

地址：Saykhong Rd 电话：(084)211-405 房间数：18 地图：A2

对于想省钱的游客来说，这家旅馆是个不错的选择，它提供两类房间——有空调房和无空调房。所有房间都整洁通风，带有宽大的浴室。每层楼都有能欣赏到河景的休息室。服务生彬彬有礼，且服务高效。

会晒：Arimid Resort $$

地址：Saykhong Rd 电话：(084)211-040 房间数：24 地图：A2

Arimid Resort位于会晒北部，靠近老挝红十字会桑拿和按摩服务中心的这间酒店在花园里提供各式各样的独立小屋。还可为那些想深度游览老挝的游客安排旅游服务。

琅南塔：Dok Champa Hotel $

地址：Route 3 电话：(086)260-003 传真：(086)211-075 房间数：18 地图：B1

这间酒店是琅南塔小型建筑中的佼佼者，它位于市中心，提供配有冰箱、茶具、浴缸和有线电视的整洁房间。在辛苦的徒步登山后，这里是最佳的放松地点。

琅南塔：Zuela $

地址：Route 3 Night Market对面 电话：(086)312-183 房间数：20 地图：B1

这是想省钱的游客们的首选酒店，位于市中心安静的一角，由一座砖结构的建筑、一座木质建筑和几处休息区组成。服务生热情友好，有求必应，还会告诉游客旅游注意事项，酒店还出租保养良好的山地车。餐厅提供美味的老挝菜品和西餐。

琅南塔：The Boat Landing $$

地址：Ban Kone 电话：(086)312-298 传真：(086)312-239 房间数：12 地图：B1

The Boat Landing位于城市以南6公里，是老挝最早的生态度假村。酒店建在南塔河岸边，提供装修独具品位的小屋，而非标准间。此外，酒店还可以为顾客安排乘船游览和其他旅游服务。www.theboatlanding.com

孟夸：Nam Ou Guest House $

地址：港口旁 电话：(088)210-844 房间数：10 地图：B1

尽管可供选择的酒店越来越多，这家旅馆仍是常来孟夸的游客们的最爱，基本设施完善。设在旅馆旁边的餐厅服务优质。服务生服务高效，英语说得很好。

孟威：Lattanovongsa Guest House $

地址：港口以北 电话：(030)514-077-0 房间数：12 地图：B1

旅馆的建筑风格绝对与众不同，栏杆是由炸弹壳装饰的。这里提供干净舒适的小屋，坐落在漂亮的花园中。酒店餐厅非常宽敞，同样是用旧炸弹壳做装饰的。

芒新：Adima Guest House $

地址：勐新以北7千米 电话：(081)212-372 房间数：16 地图：A1

这是徒步旅行者和背包客的首选，旅馆靠近几个阿卡族和瑶族的村庄，很容易前往游览。尽管房间设施简单，但食物非常美味，环境之美令人惊叹。

芒新：Sing Charoen $

地址：市中心以南 电话：(081)212-347 房间数：22 地图：A1

从旅馆步行至市中心只需 10 分钟，那里有餐馆和生态旅游办公室。旅馆质量物有所值，是同等旅馆中的佼佼者。服务生服务高效，热情友善，虽然英语说得有些生疏。

芒新：Phou Lu Resort $$

地址：市中心以南 电话：(081)212-348 房间数：34 地图：A1

这是勐新最好的酒店之一，位于去往 Sing Charoen 的小路上，装饰为吸引人的傣族风格。酒店建在一个漂亮宽敞的花园中，提供干净舒适、带有浴室的房间。每个房间前都有一个开放式阳台，可以时刻享受微风拂面的清爽。

琅多：Seng Dao Guest House $

地址：Ban Nong Khiaw 电话：(071)810-001 房间数：16 地图：B1

旅馆的经营者是当地的一个警察，旅馆位于横跨南乌河的高架桥的东南侧。旅馆提供环抱在美丽花园中的优质小屋。内部餐厅提供的当地美食值得一试。

琅多：Nong Kiau Riverview $$

地址：Ban Sop Huen 电话：(020)570-500-0 房间数：15 地图：B1

这家酒店在质量（和价格）上高于琅多的其他酒店，它提供宽敞的小屋，可以欣赏到周围山峰的秀丽景色。酒店还可为客人提供各式各样的户外活动，包括徒步旅行、皮艇、山地自行车游和攀岩运动。www.nongkiau.com

巴本：Santisouk Guest House $

地址：码头旁边 电话：(020)557-817-97 房间数：16 地图：A2

旅馆位于码头以北不远，近年刚整修过。旅馆提供整洁、配有私人浴室的房间，可以欣赏到河岸景色。内部餐厅提供美味的当地美食。

巴本：Luang Say Lodge $$$

地址：Pak Beng Village 以北2千米 电话：(071)252-553 传真：(071)252-307 房间数：20 地图：A2

这家酒店是那些乘船游览 Luang Say Mekong 的游客住宿的地方，但需要通过拨打上面的琅勃拉邦办事处的电话来预订。酒店别具一格的小屋有很大的窗子，可以欣赏周围的秀丽景色。这家广受赞誉的酒店会为你提供绝妙的住宿体验，值得住上两天。www.mekong-cruises.com

丰沙里：Viphaphone Hotel $

地址：Town Center,next to the Post Office 电话：(088)210-111 房间数：10 地图：B1

酒店干净整洁，装修精致，抢眼的黄色外观很好辨认。房间宽敞干净，窗外景色秀丽。大多数房间都配有供应热水的浴室和西式马桶。尽管服务生不太会说英语，但服务高效。

丰沙湾：Anoulack Khen Lao Hotel $

地址：off Route 7,town Center 电话：(061)213-559 传真：(061)312-308 房间数：70 地图：C2

丰沙湾大多数便宜的酒店都不太舒适，但这家 7 层高的酒店远离 7 号公路，给客人提供了安静的环境。酒店装修精致，铺设硬木地板，房间一尘不染，绝对物有所值。

丰沙湾：Auberge De Plaine Des Jarres $$

地址：Phu Pha Deng Hill 电话：(030)517-028-2 传真：(030)517-001-1 房间数：15 地图：C2

旅馆位于丰沙湾外一座被松木覆盖的山上，提供装修精致、静谧的小屋，可以体验丛林生活。位于酒店中心的餐厅提供的是附近最好的法式料理。酒店所有者是法国生态旅游先驱的儿子 Claude Vicente，他对这片地区非常熟悉，能为游客提供实用的旅游建议。

桑怒：That Muang Guest House $

地址：Ban That Muang 电话：(064)312-141 房间数：10 地图：C2

酒店位于市中心外的山上，正对着奢华的塔状地标，这家新建的酒店非常干净，房间宽敞，透过窗户和阳台可以欣赏到山下美丽的稻田景色。店主的英语很流利，酒店对面的餐馆可提供可口的菜肴。

万荣：The Elephant Crossing $$$

地址：Ban Vieng Gaew 电话：(023)511-232 房间数：31 地图：B2

这家位于南松河畔的现代化的 3 层精装酒店，是那些想避开背包客，享受自然美景的游客的首选。房间带有阳台，可以欣赏到河岸和山峰的壮丽景色。提供免费无线上网。河畔餐厅提供美味的菜肴。www.theelephantcrossinghotel.com

万荣：Riverside Boutique Resort $$$$

地址：Ban Viengkeo 电话：(023)511-726 传真：(023)511-729 房间数：34 地图：B2

酒店的房间装饰奢华，布置着实木家具、纺织品和泰卢族部落的手工艺品。餐厅既有有空调的舒适室内区域，也有位于热带花园之中的户外餐区，可以一边用餐一边欣赏美丽的石灰石山脉风光。www.riversidevangvieng.com

芒咸：Thavisay Hotel $

地址：小镇最北边 **电话：**(020)557-123-92 **房间数：**18 **地图：**C2

位于芒咸喧闹的村落之外的这家最近才整修过的酒店，是想在芒咸过夜的游客的首选。尽管这家偏远的酒店无法为游客提供奢华的享受，但这里干净舒适。酒店旁有一家临湖而建的优质餐馆，游客还可以前往不远的山洞游览。

老挝中部和南部

波罗芬高原：Tadlo Lodge Hotel $$

地址：Ban Tanglea, Route 20, Lao Ngam District **电话：**(034)211-089 **房间数：**25 **地图：**E5

酒店位于巴色东北方 86 千米、去往沙拉湾的公路旁，是享受温暖的波罗芬高原的好地方。酒店的小屋位于 Se Set 河两旁迷人的森林里，靠近 Tat Lo 瀑布和 Tat Hang 瀑布，客人不仅能够享受美味的食物，还可以参加徒步旅行、骑大象等活动。

占巴塞：Souchitra Guesthouse $

地址：Ban Wat Amard **电话：**(031)920-059 **房间数：**22 **地图：**D5

是一家湄公河畔价钱便宜的旅馆，街对面是原来的王室住宅区，旅馆提供整洁的房间，可以欣赏河岸景色，还有一个精致的花园，气氛欢快，游客可以在这里分享旅游信息。餐厅口味绝佳，旅馆还出租自行车和摩托车，以便游客前往普占神庙（见 196~197 页）参观。

占巴塞：Inthira Hotel Champanakone $$$

地址：Ban Wat Amard **电话：**(031)214-059 **传真：**(031)214-059 **房间数：**8 **地图：**D5

到现在为止这家酒店是在占巴塞过夜的最佳选择，它提供充满艺术气息的独立小屋，环绕在一个迷人的中心庭院周围。酒店前面的餐厅和酒吧由一个古老的中国店屋改建而成，有一个漂亮的阳台。www.inthira.com

敦登岛：La Folie Lodge $$$$

地址：敦登岛西北岸 **电话：**(020)555-32004 **房间数：**24 **地图：**D5

这家奢华的度假村酒店位于偏远、原始的敦登岛，横跨在由占巴塞流至瓦普庙的河流中间，提供 12 座两层公寓套房。食物令人称赞，泳池非常漂亮。酒店还可以为客人安排前往瓦普寺和 Wat Tomo 寺（见 198 页）的旅游，组织环岛探险之旅。www.lafolie-laos.com

东德岛：Mama Leuah Guesthouse & Restaurant $

地址： Don Det **电话：**(020)5907-8792 **房间数：**6 **地图：**D5

Mama Leuah 是一处安静的背包客天堂，旅馆中只有 6 间乡村风格的木质平房，旅馆设施十分基础，包括蚊帐、风扇以及公用或私人淋浴设施。旅馆中的餐厅提供家庭风味菜肴（老挝菜及西餐）。旅馆还有一片令人愉悦的专属海滩。www.mamaleuah-dondet.com

东阔岛：Sala Don Khone $$

地址：通往东德岛的大桥的西侧 **电话：**(030)525-6390 **房间数：**17 **地图：**D5

这家度假村酒店是由杰出的 Sala Lao 连锁酒店经营的，酒店及其周围建筑曾是岛上的法国医院。宽阔的草地维护得很好，房间干净整洁，风格独特。服务和食物质量很高，堪称这个偏远地区的典范。www.salalao.com

东阔岛：Sala Phae $$

地址：E of the bridge from Don Det **电话：**(020)5540-4233 **房间数：**8 **地图：**D5

酒店离 Sala Don Khone 很近，就像它的名字提到的（"phae" 在老挝语里是 "木筏" 的意思），这家酒店是一家漂流酒店，每个木筏上有两间小屋。在这个奢华的住所不但可以欣赏到湄公河如画的美景，还能获得刺激奇妙的体验。早餐可以在 Sala Don Khone 享用。www.salalao.com

东孔岛：Pon Guesthouse $

地址：Ban Khang Khong **电话：**(020)227-0037 **房间数：**16 **地图：**D5

这家旅馆长期以来都是节俭的游客们的首选，酒店位于芒孔村的中心地带。提供精致的住所，价格实惠。旅馆的河畔餐厅提供美味的菜肴。服务生热情友善，对这片地区十分熟悉，可以为游客安排附近的乘船游览。

东孔岛：Muong Khong Hotel $$

地址：Ban Khang Khong **电话：**(020)5551-5993 **传真：**(031)252-051 **房间数：**42 **地图：**D5

这家酒店位于芒孔村以南不远处，提供优质的中等条件住房。从酒店的平台可以俯瞰整个河景。餐厅和服务都很出色，酒店提供的旅游服务极具吸引力——服务生比这个地区的任何人都熟悉这里的环境，可以为客人安排无与伦比的旅游活动。

东孔岛：Senesothxuen $$$

地址：Ban Khang Khong **电话：**(030)526-0577 **传真：**(031)251-459 **房间数：**22 **地图：**D5

这家岛上最奢华的酒店由越南海归经营，他们力图将 Senesothxuen 经营成为具有国际水准的酒店。酒店地处湄公河畔，从房间内便可俯瞰河景、酒店被精心打扫得一尘不染。无线上网的价格也很合理。www.ssxhotel.com

巴色：Champasak Palace Hotel $$

地址：Route 13和Rd 1交汇处 电话：(031)2127-7780 传真：(031)212-781 房间数：60 地图：D5

这家酒店原本是为一位老挝王子建造的，但他却无福消受。如今整体建筑经过了精心整修，加上了宽大的阳台，可以俯瞰色敦河的美景。酒店餐厅提供正宗的老挝、泰国和越南菜。不过服务的质量时好时坏。

巴色：Mekong Paradise Resort $$

地址：Ban Nongsawang, Japanese bridge以南 电话：(031)254-120 传真：(031)252-864 房间数：30 地图：D5

酒店位于奢华的Champasak Grand下游，坐落在湄公河畔的迷人的生态度假村。酒店景色宜人，充满乡村气息，对那些渴望贴近巴色本色生活的游客而言，这里是不二之选。酒店宽敞的阳台正对湄公河，以及酒店漂亮的花园。

巴色：Paskse Hotel $$

地址：St 5, Ban Wat Luang 电话：(031)212-131 传真：(031)212-719 房间数：63 地图：D5

这座6层楼高的装饰艺术风格的建筑位于巴色市中心，由一位好客、博学的法国人和他的越南妻子经营。酒店提供各种类型的住房，房顶餐厅可以欣赏到城市全景。店主还可为客人提供旅游服务。www.paksehotel.com

巴色：Champasak Grand Hotel $$$

地址：Mekong Riverside Rd 电话：(031)255-1118 传真：(031)255-119 房间数：225 地图：D5

这栋12层高的酒店是在巴色住宿的理想选择，坐落在湄公河畔，紧挨Lao Nippon桥，拥有200多个现代化房间，景色宜人。酒店还有一个泳池和一个设在河畔的餐厅。街对面有一个有趣的当地市场。www.champasakgrand.com

沙湾拿吉：Xayamoungkhoun Guest House $

地址：Ban Xayamoungkhoun, Ladsavongseuk Rd 电话：(041)212-426 房间数：15 地图：C4

这是沙湾拿吉最省钱的选择，建在一座古老的殖民时期风格的宅邸中，由当地一个友善的家庭经营；店主是个英语教师，可以为客人提供旅游信息。这家旅馆干净整洁，维护得很好，虽然没有餐厅，但在它周围有很多小餐馆。

沙湾拿吉：Hoongthip Hotel $$

地址：Ban Thameung, Phetsarath Rd 电话：(041)212-262 房间数：36 地图：C4

这家现代风格、3层楼高的酒店是市中心一个不错的中等选择。尽管周围环境一般，但颇受往来于越南和老挝的商务旅客的欢迎，因为它干净整洁，服务高效，还有一个不错的餐厅。酒店还为客人提供租车服务，相关旅游信息也很丰富。

沙湾拿吉：Daosavanh Resort & Spa $$$

地址：Ban Thahea, downtown Savannakhet市区以南 电话：(041)252-188 传真：(041)213-199 房间数：83 地图：C4

酒店位于沙湾拿吉以南，是目前市里最好的沿河酒店。在宽大的泳池中畅游，可以感受来自湄公河的微风。房间都很清爽，配有有线电视，可以无线上网。www.daosavanhhtl.com

他曲：Thakhek Travel Lodge $

地址：Route 13, be ween kw 2 and kw 3 电话：(020)5530-0145 房间数：16 地图：D3

这家旅馆提供各式各样的住宿选择，从宿舍床铺到配有浴室的通风房间，可以满足众多游客的要求，适合那些选择他曲或其周边为旅行终点的游客。酒店还可出租电动自行车，并为客人提供最新的旅游信息。

他曲：Inthira Hotel Sikotabong $$

地址：Chao Anou Rd 电话：(051)251-237 传真：(051)251-237 房间数：8 地图：D3

酒店是由绿色发现旅游社经营的一家小型连锁酒店，房间内的设计颇具艺术气息，还有一些小房间，相当于没有窗户的隔间。酒店还有一家菜品可口的餐厅和一个旅行社。www.inthirahotels.com

他曲：Hotel Riveria $$$

地址：Sethathirat rd, Nabo Village 电话：(051)250-000 传真：(051)251-188 房间数：56 地图：D3

这家建在河边的4层酒店是他曲最高档的酒店之一，提供国际化标准房间，所有的房间都与阳台相通，景色宜人，可以无线上网。酒店一尘不染，服务生训练有素。www.hotelriveriathakhek.com

Tham Kong Lo：Sala Kong Lor Lodge $$

地址：Tham Kong Lo东南方7千米 电话：(020)7776-1846 房间数：15 地图：C3

这家酒店是一个著名的老挝生态度假村的连锁酒店，位于河畔的小屋是在茂密的森林中放松的绝佳地点。酒店还可以为想要游览洞穴的游客提供船只。附近的河流则是游泳戏水的好去处。www.salalao.com

Xe Pian国家保护区：Kingfisher Ecolodge $$$

地址：Ban Khiet Ngong 电话：(020)5572-6315 房间数：10 地图：D5

酒店位于Xe Pian国家保护区附近，靠近Phu Asa山，可为客人提供奢华的建在桩柱上的小屋和便宜的标准间。酒店是由一个意大利人经营的，店里有一位知识面极广的服务生，他能识别这片地区的所有动植物。酒店还可以为客人安排骑大象和前往国家保护区的徒步旅行。www.kingfisherecolodge.com

餐饮信息

柬埔寨和老挝的饮食习惯与其周边国家，特别是泰国非常相似。同时，两国也有一些与众不同的特色菜，如柬埔寨的amok（用椰奶烹制的鱼肉）和老挝的laap（肉沙拉）。法国殖民者对这两个国家的餐饮文化的影响也是巨大的，这一点在街边小摊和面包店出售的法国长棍面包和羊角面包上就能看出来；巴黎风格的咖啡店在各大城市的市中心也比比皆是。在金边、暹粒、万象和琅勃拉邦这样的大城市的高档酒店，还会提供世界各地风格的菜品。柬埔寨和老挝既有街边小店、海边烧烤，也有时髦的咖啡店和豪华酒店里的餐厅，无论菜品还是环境都有很大区别，在价钱上也是如此。

Chang Inn 的早餐菜单

暹粒 Hotel De La Paix 的奢华就餐区

餐馆

在金边、暹粒、万象和琅勃拉邦的高档餐馆，游客可以品尝到种类丰富的美食，享受到同西方相等甚至更优质的服务。相比之下，大多高棉和老挝餐馆提供的就是平价的家常菜，如米饭、蔬菜和肉类。但由于柬埔寨位于中国、越南和印度之间的独特地理位置，游客还会发现许多来自这三个国家的菜肴，如春卷、排骨和咖喱。洞里萨河盛产鱼类，因此柬埔寨菜肴中有大量的鱼肉。Prahor（发酵过的鱼饼）在老挝也很常见，用来给各种菜品调味。一般老挝和高棉的传统一餐中会有一个汤、一个鱼类或肉类菜，还有一个沙拉。米饭配着所有菜品一起吃，通常是单独盛放的；有时也会出现在米饭面条汤里，还有大米粥和几乎所有菜品的搭配中。糯米是老挝的主要主食之一，常常被盛放在竹筒里在街边贩卖。柬埔寨和老挝两国都曾是法属殖民地，所以法国菜在这里也是随处可见的，最为常见的就是法国长棍面包和鹅肝酱。大城市里的法国咖啡店和餐馆也很多，供应的牛排口感软嫩，水果馅饼美味，红酒品质也是一流的。随着西方游客数量的不断增加，柬埔寨的西式快餐连锁店和西餐馆也越来越受欢迎；比萨跟柬埔寨国菜 amok 一样几乎出现在所有菜单上。但是在老挝，西式快餐连锁店才刚刚起步。

街边美食

在路边摊吃小吃是一种迅速融入高棉和老挝生活的方式，而且这些小吃非常美味。不论在大城市还是小镇，炸螃蟹、蛇、狼蛛、甲壳虫、蟋蟀、amok、面条、肉类、甘蔗、菠萝蜜、香瓜、红毛丹、椰子、山竹和可丽饼……在街边几乎应有尽有。记住，吃早餐的最佳时间是 6:00~8:30，这个时段的食物都是新鲜出炉的。最好选择那些忙碌的、吸引着各类客人的小摊；客人多的小摊往往会供应优质的食物。还有那些不止一个家庭成员经营的摊位，因为这意味着它很受欢迎，一个人忙不过来，需要家里人帮忙。最好别买带冰块的水果沙冰，尽管它们看起来很美味。一般情况下，冰块都是用自来水做的，喝了可能会造成肠胃不适。

马德望各式各样的街边小吃

琅勃拉邦一家市场里出售的种类繁多的热带水果

素食者的选择

这两个国家都盛产水果，并且在大街小巷都能买到，十分方便。配有蔬菜的炒菜和米饭非常常见，但是蔬菜大多是用来搭配着为肉类调味的。城市中的高档餐馆会为客人提供素食，但在不同省份旅游想要避开肉食是非常困难的，因为大多数老挝人和高棉人不能理解素食主义。他们认为鱼和肉是人体力量的源泉，只要游客付得起钱就都该吃这样的食物。在金边、暹粒、万象和琅勃拉邦，严格的素食主义者通常会光顾一些印度餐馆，这些店主更容易理解这些纯素食主义者的想法。在金边、暹粒、万象和琅勃拉邦四座城市中，琅勃拉邦供应的素食是最优质的，菜单也是最详细的。一些西方人经营的餐馆会为客人提供纯素食，而且他们还很注重素食的烹饪方法。那些在饮食习惯上不那么严格的素食主义者，如果可以接受鱼酱，也可以在这两个国家享受到适合自己的美味。

啤酒

柬埔寨最受欢迎的饮料就是产自西哈努克市的吴哥啤酒（Angkor Bear）；老挝则是老挝啤酒（Bearlao），味道极佳，且比吴哥啤酒还要便宜。其他较受欢迎的外国啤酒品牌，还有喜力（Heineken）和虎牌（Tiger）等。在柬埔寨，游客很可能在许多场合遇到“啤酒女孩”，她们的工作就是尽可能多地向客人推销某种品牌的啤酒。在这两个国家，俘获顾客的心是至关重要的大事，所以啤酒公司会竭尽全力地为自己的品牌招徕顾客。

饮食习惯

老挝啤酒

柬埔寨和老挝上菜的习惯与中国一样，如果客人一共点了三个菜，那么它们会同时上齐，或者哪个先做好了上哪个。在这两个国家，吃饭是一种社交方式，也是家人和朋友交流的机会。每个人的碗都放在中间放菜的大盘子周围，大家共享丰盛的菜肴。

在大多数餐馆里，无论是开在市场里的还是开在街边的，游客既可以使用筷子也可以使用刀叉。但要注意的是，客人在盛菜时必须使用公用勺子，而非自己的餐具。最普遍的吃法就是一手把碗端到嘴边，另一只手用筷子把食物送进碗里。不用筷子的时候，不要把它们直着插在碗里，因为这在柬埔寨和老挝的传统文化中寓意着死亡。主人通常会为客人而非自己的家人添食物，这时一定不要拒绝。还有一个重要的礼仪，就是不要把盘子里的菜吃得一点都不剩。另外，主人应该是宴席上第一个坐下来品尝菜肴的人。

价格

这两个国家的餐饮费用都十分便宜，街边的快餐搭配水果沙冰的价钱只需几美元。柬埔寨菜、老挝菜和西餐的价格一般都很合理，除非游客选择在市中心的高档餐馆用餐。尽管节俭的游客会发现柬埔寨的消费略高于老挝，但是如果你避开啤酒和红酒，只选择在路边摊和供应基本菜品的平价餐馆用餐，完全可以把消费预算降低至平均每天10美元。

小费

尽管这里不像西方那样有给小费的传统，但当地人当然也不会拒绝。另外，1美元的小费对有些人而言相当于半天的工资，而且会大大增加他们的薪水。优质的服务需要表扬，尽管如此，游客也没有必要觉得非给不可。

万象喷泉广场周围的户外咖啡店

柬埔寨风味

柬埔寨的饮食受泰国、越南和中国的影响很大，同时保留了自己的传统。高棉菜又香又辣，还带有棕榈糖的独特甜味和柠檬汁、罗望子的酸味。菜品中还搭配着新鲜的香草和调味料，包括香菜、甜罗勒、柠檬叶和鲜姜。法国餐饮文化对柬埔寨的影响也是极大的，最典型的就是随处可见的路边小吃摊出售的涂抹着美味鹅肝酱的法国长棍面包。

甜罗勒、柠檬叶和香菜

马德望 Psar Nath 市场里一家食品摊位的烤青蛙串

海鲜和鱼

鱼是柬埔寨人最重要的食物，包括在宽广的洞里萨湖、茶胶周围的湿地和众多河流中捕获的淡水鱼类。柬埔寨的菜单上包揽了从肥硕的鲇鱼鱼排到袖珍的小鱼儿的各式菜肴。海岸附近，笛鲷鱼和贝类很受欢迎，但柬埔寨最出名的海鲜菜肴还是白马市一带的特色菜 K'damm mrek Kep，也就是胡椒蟹。

咖喱和汤

不同于印度和泰国的咖喱，高棉咖喱口味柔和，而且有汤搭配。经典的柬埔寨咖喱菜品就是 amok，通常都用鱼肉烹制，加入大量的黄姜调味。几乎每顿饭都有 samlor（汤），大都很甜，使用椰汁和香料调味。

沙拉

柬埔寨有种类繁多的新鲜沙拉，配料包括胡萝卜、黄瓜、青木瓜、生芒果等，一般都切成小片或小块。另外还有瘦肉、新鲜的虾肉或

柬埔寨各种各样香甜的热带水果

柬埔寨菜肴和特产

棕榈糖

柬埔寨食品味道香辣，口感清新，容易上瘾，辛辣又颇具异域风味。柬埔寨几乎所有菜品都用鱼酱（prahoc）和鱼酱油（trey）调味。米饭是柬埔寨的主食，几乎每餐都有一碗蒸白米饭或糯米饭，或者用米或小麦做的面条。小吃包括num pang ang chia mui sach ko，一种表面撒着辣味碎牛肉烤制的法式面包。你还能找到烤玉米（poat dot）和春卷（有素的也有用肉馅制成的）。金边的快餐连锁店遍地都是，其他城市也在逐步增加。但柬埔寨“快乐”比萨的添料可能会包括你不想吃的香草，所以要小心。

Amok是柬埔寨最有名的菜品，最传统的用鱼肉烹制，配上口味微辣的椰奶咖喱。

Psar Nath 市场贩卖肉类、水果和蔬菜的摊位

干虾，以及大量新鲜香草，最后再用碎花生点缀。最受欢迎的调料是 tirk trey chu p'em，一种甜味鱼露加上柠檬汁、少许辣椒和大蒜。

水果和甜点

热带水果种类繁多。芒果和香蕉（包括红皮的手指蕉）遍地都是，还有许多在其他地区极少见到的种类。山竹（meangkhout）味道酸甜，口感有点像果子露，很受游客欢迎。红毛丹（sao meo）毛茸茸的外壳可能会让人不太适应，但果肉饱满多汁，有点像荔枝；还有酸甜的蛇皮果（salacca）。柬埔寨的“水果之王”就是榴莲（thouren），独特的气味让很多人对它望而却步。

柬埔寨的甜点不见得每个人一上来就喜欢，但口感像椰子和柠檬一样的大米布丁确实非常美味，带皮烤制的香蕉，配上椰汁也很好吃。

金边一个市场里出售的新鲜海货

饮品

坚持喝瓶装水至关重要，但城市里的冰块一般是安全的。旅游区的咖啡店可能会有咖啡机，但游客一般喝到的都是当地产，口味浓重的咖啡。高棉的咖啡会加入冰块和炼乳。啤酒很便宜，尤其是大杯的吴哥啤酒，最受欢迎。棕榈酒和米酒很便宜，但度数较高。

异国风味菜单

甲虫（kan te）：油炸的黑绿色的 kan te long 和 kan te touk 甲虫（看起来像蟑螂）是柬埔寨一道颇受欢迎的菜品。当地人会在吃前先去掉甲虫的头和翅膀。

蟋蟀（jong-reut）：当地人对蟋蟀的需求量从红色高棉时期开始增加。人们一般会把它们炸透，做成一种便宜松脆的小吃。

蛋（pong tea khon）：煮熟的鸭蛋和鸡蛋，包括已发育的毛蛋。

蛇（hpoo-ah）：小蛇经腌制后穿在竹杆上烤制，沙爹口味。

蜘蛛（a'ping）：被炸透的个头很大的狼蛛虽然是斯昆的一道特色菜，但在柬埔寨到处都可以吃到。

Cha kny'ey是一道用鸡肉、姜、黑胡椒和大量辣椒炒制的鲜香美味的菜品。

K'damm mrek Kep，又称白马胡椒蟹，是柬埔寨名菜，软壳蟹和绿胡椒配蒜香汁。

Bok L'hong 是木瓜粒、罗勒和花生混合而成的沙拉，一般还会添加干虾和西红柿。

老挝风味

将青木瓜、水牛皮、河苔藓和鱼肉一同放进柠檬汁里炖——读到这里，老挝的美食似乎让人稍感不适。但是，亲自品尝一口胜过千言万语。老挝的菜品与泰国十分相似，但它有自己的独特配料和传统的制作方法，几乎所有的菜都是辣味的，但不会辣得过火。柠檬草、芫荽、泰国柠檬、高良姜和红辣椒将会带给你一次刺激的美食之旅。

鱼酱油

琅勃拉邦一个市场里出售的蔬菜、香料和水果

米饭和米线

老挝的山地地貌使得糯米成为这里的主食，因为它比其他粮食需要的水都少。糯米一般会被卷成小球，用手抓着吃，它是许多老挝菜肴的最佳搭配，可以浸在汤汁里吃，也可以当作烤肉和烤鱼的配菜。糯米有黑色，白色和紫色之分，常常被老挝人研磨成粉，制成米线和脆饼。此外，还会被蒸馏制成各种口味的酒精饮料。老挝人在一些特殊的场合也会吃优质的水稻，而法国殖民者引进的小麦，常常被制成法国长棍面包和中式面条。

肉和鱼

老挝的河流纵横交错，而且都盛产鱼类。烤着吃、做馅吃、生吃，或者被做成各种口味的鱼酱和鱼露，淡水鱼是老挝人摄取蛋白质的主要来源。家禽（法国进口的火鸡很受欢迎）和猪都是家养的，但老挝也有真正的野味。野猪和鹿随处可见，甚至还有更小的动物，如松鼠和田鼠。昆虫，如幼虫、蚂蚁蛋和竹虫在当地非常受

各式各样的老挝热带香草、香料和调味品

老挝菜肴和特产

米线

琅勃拉邦是老挝名菜佳肴的家乡，种类繁多的异域特产恭候着大胆的食客们的光临。万象则有许多法国本土菜品。无论在哪里，游客都可以轻易地品尝到标准的老挝美食。最为出名的莫过于laap（肉沙拉），它可以用各式各样的肉或鱼制作，无论是蒸的、炒的、简单腌制的、酸橘汁腌制的，或是用香料调味的都有。青木瓜沙拉（tam mak bung）是将开胃的生木瓜和辛辣的调味料混合在一起，放在研钵里用杵捣碎制成的。老挝人热爱烧烤，新鲜的鸡肉串、猪肉串和鱼肉串一应俱全。调味料有paa daek，一种经过发酵的鱼露，同遍布东南亚的酱油非常相似。

越南粉（Pho）是一种高汤米线，里面有蔬菜和肉。出自越南，现在是老挝美味又清淡的主食。

欢迎，不用说，它们还富含蛋白质，动物身体的各个部分都可以制成美食——水牛皮是很常用的调味料和小吃，内脏甚至比肉更受欢迎，这一点从市场价格上就可以看出来。

蔬菜和水果

老挝盛产各式各样的蔬菜和水果。河中生长的一种水草，被晒成干后就变成了一种美味香脆的小吃，叫作 kai paen，通常配着一种名为 jeow bong 的辛辣的辣椒酱一起吃。木瓜是最受欢迎的 tam mak bung 沙拉的主料，其他种类的热带水果也很丰富。野生蘑菇在森林中俯首皆是，大片的竹林则盛产多

湄公河畔一个食品摊正在制作的烤肉

汁的竹笋。丛林是重要的萨坎（piper boehmeriaefolium）的主要来源，它是一种有香味的藤蔓，可用作香料。河边的小花园则是精致的草药的生长地。

老挝一条沿街市场里供应的各类诱人菜品

饮料

常温的、无糖的中国茶几乎是每顿饭的必备饮料。从法国引进的浓咖啡，经万象风味调制，在杯子上还放着一个钢板过滤器。老挝啤酒好喝又便宜，此外还有各式烈酒，包括 lao lao，一种用米蒸馏的烈酒，口感和度数与杜松子酒相当。琅勃拉邦还有它自己的米酒，是用紫米酿造的，叫作 lao gaam，味甜，很烈。

当地特色菜单

法棍三明治：添料包括肉、奶酪、蔬菜和当地鹅肝酱。

烧烤：鸡肉、猪肉、牛肉，甚至水牛肉都经过精心腌制，穿在竹扦上。

Kai Paen：这是一种水草，油炸后可以当作小吃食用，配啤酒很美味。

Khao Lam：将糯米和椰浆在竹筒里蒸制后出售，很好的充饥小吃。

春卷：这是从越南进口的食品，蘸着辣酱吃。也可以尝尝生春卷来换换口味。

Yum 沙拉：这道温和不辣的菜品原料包括西洋菜、生菜、西红柿和白煮蛋，配上清淡的蛋黄酱和花生。

Mok Pa用剁碎的白鱼和香料混合在一起。这道菜一般会用香蕉叶裹好再上锅蒸制。

Laap是老挝传统菜肴，用肉馅、家禽或鱼肉同柠檬汁、洋葱、大蒜和薄荷一起烹制。

Or Lam是琅勃拉邦的特色菜，将风干的水牛肉和皮同茄子和香料一起炖制而成。

在柬埔寨选择餐馆

这份指南中的餐馆是根据它们的美味食物、地段以及环境精心挑选出来的。下表着重强调了在选择就餐地点时你可能会注重的一些方面，例如是否可以在户外就餐，或者该餐馆是否有现场音乐表演。餐馆根据地域区间分类，名称根据字母排序。如需地图，请查看60~61页“金边街区地图”，其他地点详见后环衬地图。

价格指南

以双人用餐费用为标准，包括服务费，但不含酒水。

$ 5美元以下
$$ 5~10美元
$$$ 10~20美元
$$$$ 20~30美元
$$$$$ 30美元以上

金边

市中心：Blue Pumpkin $

地址：245 Sisowath Quay 电话：(023)998-153 城市地图：E1

光线充沛且令人愉悦的纯白色空间中摆放着桌子和躺椅，使得Blue Pumpkin给人一种明亮、清爽又放松的感觉，从餐馆内还能俯瞰河流风光。这里为你提供了丰富的自制冰激凌选择，还有柬埔寨最好的烘焙制品。全菜单包括咖啡、水果沙冰、三明治以及意大利面。提供免费Wi-Fi网络。

市中心：Coffee Korner $

地址：172/174, St 155和St 454交汇处，Psar Tuol Tom Pong 电话：(012)867-667 城市地图：C5

这家精致的餐馆为在旁边的俄罗斯市场购物的游客提供了放松的好去处。便餐种类繁多，以西式和高棉菜肴为特色。推荐菜肴是amok，非常新鲜，辣味适中。提神冷饮有冰咖啡、鸡尾酒和鲜榨果汁。

市中心：Little Noodle Shop $

地址：1, St 114 电话：(023)555-0511 城市地图：E2

Little Noodle是一家小巧但很受欢迎的小饭馆，位于河岸边，提供多种中式面条和饺子，食客可以看见厨师制作的过程。面条有煮、蒸、炸等选择，此外还有牛肉、鸡肉、虾和素食选择。

市中心：Seven Bright Restaurant $

地址：St 13 电话：(012)833-555 城市地图：E1

这家餐馆是由马特·狄龙主演的电影《幽灵之城》的拍摄地点，因清洁的环境和活泼的气氛赢得了不错的口碑。它是一家传统的高棉餐馆，早餐供应的面条汤和可口的咖啡非常出名。美味的高棉食物、现场音乐表演和绝佳的地理位置令这家餐馆广受赞誉。

市中心：The Shop $

地址：39, St 240 电话：(023)986-964 城市地图：E3

这家可爱的小餐馆是市里口味最佳的面包房和熟食店，供应各式各样的西餐和小吃，还有令人垂涎的沙拉、新鲜的三明治、清新的水果沙冰以及大量的甜点。一定要注意店主用粉笔写在店内黑板上的每日例菜。

市中心：USA Donut $

地址：Corner of St 51 & St 302 电话：(023)630-6040 城市地图：E4

USA Donut位于独立纪念碑以南的一条安静的街边，穿过著名的Brown Coffee就可以看到。正如其名字所示，这家店出售的是美国风味的美味多纳圈，以及另外两种深受美国人欢迎的食品：汉堡和热狗。

市中心：Boddhi Tree Umma $$

地址：50, St 113 电话：(023)211-397 城市地图：C4

这家小巧的精品餐馆位于吐斯廉屠杀博物馆（见51页）对面，供应融合了亚洲多种风味的菜品、沙拉和水果沙冰。茂密的花园与对面令人战栗的博物馆形成了鲜明的对比。白天的庭院有点热，所以客人喜欢选择阴凉处享受美味。

市中心：Café Fresco $$

地址：361 Sisowath Quay 电话：(023)217-041 城市地图：E1

对于那些想远离闷热天气的游客来说，这里简直是配有空调的天堂，客人也可以选择设在惬意的小天井里的座位。餐馆供应令人回味的纽约熟食和美味的小吃，咖啡种类繁多。所有的点心在17:00 ~ 20:00的时段都有优惠。可以无线上网。

市中心：Chiang Mai Riverside $$

地址：227 Sisowath Quay 电话：(011)811-456 城市地图：E1

餐馆的名字介绍了它的一切——清迈河边——在风景如画的河畔供应泰式美食。菜品为泰式中部口味而非北部（清迈为泰国北部城市），但没有人会对此吹毛求疵，因为菜肴美味且价格适中。带有照片的菜谱方便了不了解菜品的客人点菜。长期以来在当地广受赞誉。

市中心：Dosa Corner $$

地址：5E, St 51, 靠近Wat Lanka　电话：(012)673-276　城市地图：E3

这里适合想尝试印度菜的游客，卷饼就是用米做的可丽饼填满肉和蔬菜，卷起来再配上芒果酱之类的辣酱食用。餐馆提供 15 种口味的卷饼和 lassi（一种印度酸奶）。还有其他多种印度菜可供选择。

市中心：Irina Russian House $$

地址：15, St 352　电话：(012)833-524　城市地图：E4

这家香气四溢的俄罗斯餐馆让人回想起那段俄罗斯人在柬埔寨的时期。满眼尽是土豆炖牛肉、seliodka（腌鲱鱼）和家酿伏特加。餐馆气氛欢快，很有情调，可为顾客提供成功改良过的高棉菜和西餐。

市中心：Kandal House $$

地址：239 Sisowath Quay　电话：(012)525-612　城市地图：E1

餐馆拥有这座城市最长的欢乐时光（15:00~20:00），为客人们供应美味的自制意大利面和炭火烤制的比萨，这也是 Kandal House 最大的卖点。餐馆提供地道的西餐和一部分亚洲美味。从阳台可以欣赏到秀丽的河岸景色。是游客们最钟爱的聚会地点。

市中心：Khmer Surin $$

地址：9, St 57, Boeung Keng Kang　电话：(023)363-050　城市地图：D3

这家经营良好的休闲小餐馆位于独立纪念碑的正南方，供应丰盛的午餐，颇受非政府组织工作人员和当地人的欢迎。餐馆内部以吴哥风格装饰，摆满了植物。这里供应西餐，高棉菜肴也值得一试，如 lok lak——用蚝油和干胡椒爆炒的牛肉片。

市中心：K'nyay $$

地址：25K, Boulevard Suramrarit CCN　电话：(023)225-225　城市地图：E3

这家素食餐馆供应地道的、用大豆蛋白、芋头和甜土豆代替肉类的柬埔寨菜肴。香蕉和菠萝蜜咖喱非常美味。还有多种甜点、果汁以及药草茶。这家餐馆不仅健康，提供的素食菜品也比以肉食为主的高棉菜肴好消化得多。

市中心：Le Jardin $$

地址：16, St 360　电话：(011)723-399　城市地图：E4

这家家庭式咖啡厅安静的花园有一个供儿童玩耍的沙坑和树屋。庭院里有足够的阴凉处供客人享受早餐，包括可丽饼、三明治和咖啡。但在店内品尝美味的冰激凌是最享受的。

市中心：Le Rit's $$

地址：71, St 240　电话：(023)213-160　城市地图：E3

这家由非政府组织管理的咖啡厅由慈善机构 NYEMO 经营，它保护妇女资助孤儿。餐馆在室内和户外提供美味的欧洲和亚洲菜肴。菜品包括各式各样的沙拉、鱼类和肉类。客人还可以选择泰式或金边菜肴。服务生很热情。

市中心：Riverside Bistro $$

地址：Sisowath Quay 与St 148交汇处　电话：(023)213-898　城市地图：E1

餐馆是一座殖民时期的建筑，在街角处的座位摆有舒适的藤椅，可以欣赏洞里萨河的美景。室内只有两张桌子。到了晚上，这家餐馆就摇身一变，成为一个酒吧。餐馆供应各式各样的高棉菜和西餐。服务生热情友好。

市中心：Saffron $$

地址：17B, St 278　电话：(012)247-832　城市地图：D3

这家餐馆有着现代化装潢和轻松的气氛，它提供金边最好的巴基斯坦菜肴。咖喱鸡令人赞不绝口，米饭的制作方法受到了东南亚菜的影响，有着淡淡的柠檬草香。其他特色菜肴还包括炸薯片（Crisp）和热气腾腾、薄皮大馅的萨莫萨三角饺（Samosa）。餐馆的红酒种类也很多。绝对物有所值。

市中心：Sam Doo $$

地址：56, Kampuchea Krom Blvd　电话：(023)218-773　城市地图：D2

这是金边最受欢迎的中餐馆，供应的食物种类繁多，从广式点心、麻辣川菜到北京烤鸭，应有尽有。特别是海鲜，新鲜又美味。不仅仅是菜肴，整个餐馆都充斥着浓郁的中国韵味。

市中心：The Lazy Gecko Café $$

地址：1D, St 258　电话：(023)500-1176

这家餐馆除了供应柬埔寨菜品外，还可向客人们提供美味的各国菜品，且环境宜人。每周四都举办深夜智力竞赛。餐馆资助了一家当地孤儿院，因此每周六客人可能会被邀请在孤儿院享用晚餐，并欣赏孩子们的表演。

市中心：The Riverhouse Restaurant And Lounge $$

地址：110, Corner of Sisowath Quay　电话：(023)212-302　城市地图：E1

这家街边餐馆可以欣赏到洞里萨河秀丽的风景，（Crisp）以其澳大利亚进口牛排和亚洲、法式、高棉菜而闻名。罗望子虾（tamarind prawn）和泰式鱼饼（Thai fishcake）很受欢迎，鸡尾酒也很独特。楼上的夜总会在周末总是座无虚席。

市中心：Tom Yum Kung $$

地址：10, St 278　电话：(023)359-293　城市地图：D4

金边市几道最好的高棉菜和泰国菜都出自这家小巧的茅草屋餐馆。这里的装饰简单大方，椰汁鸡汤（tom kha gai，用椰汁和高良姜烹饪的鸡肉）搭配餐馆提供的泰式啤酒非常美味。高棉菜肴的烹饪手法非常正宗，原料货真价实。

市中心：La Volpaia $$$

地址：St 102和St 13交汇处　电话：(023)992-739　城市地图：E1

这家环境不错的意大利餐馆铺着赤褐色的地板，从餐馆向前看，可以欣赏到殖民时期邮政广场的景色。餐馆供应美味的碳烤比萨、意大利面和各式进口牛排，还有种类繁多的红酒。气氛欢快，店主迷人，服务高效。

市中心：Le Duo $$$

地址：17, St 228　电话：(023)991-906　城市地图：D3

餐馆是一座安静的花园别墅，擅长制作炭烤比萨、意大利面和西西里岛菜肴。位于餐馆中心、用来烤制比萨的烤箱是客人们关注的焦点。室内配有空调。红酒种类繁多。营业时间为11:45~14:15和18:15~22:15。

市中心：Pop Café $$$

地址：371 Sisowath Quay　电话：(012)562-892　城市地图：E2

餐馆是由一个意大利人经营的，这家出色的餐馆自认为是市里同类餐馆中最好的。它的确也是最受欢迎的。意大利烤面条、沙拉、意大利面等所有的菜品都很新鲜，用餐环境也很有格调。室内配有空调。物有所值。

市中心：Bai Thong $$$

地址：100-102 Sothearos Blvd　电话：(023)211-054　城市地图：F3

顾客可以在这里尝到几乎所有风味的菜肴——法国、高棉、越南、泰国还有老挝，味道都很不错。环境古色古香，不刻板也不做作。来这家餐馆的顾客有商人，有情侣，也有家庭。

市中心：Bougainvillier Restaurant $$$

地址：277C, Sisowath Quay　电话：(023)220-528　城市地图：E2

这家餐馆是属于金边Bougainvillier酒店（见211页）的精致的法式餐厅，颇受商人喜爱。庄重的白色桌布搭配温馨的装饰，菜肴和红酒同服务一样令人满意。柬埔寨宫廷菜肴和进口牛排是餐厅的当家菜品。

市中心：Comme A La Maison Delicatessen $$$

地址：13, St 57　电话：(023)360-801　城市地图：D4

餐馆的菜谱都写在黑板上，以西餐为特色，从汤和沙拉到各式各样的鱼类肉类菜肴，应有尽有。用餐地点是一个宜人的花园庭院。这家酒店以其红砖建筑闻名，还有自己的熟食店，提供全市最美味的肉类食品和多种进口佳肴。午餐很受欢迎。服务生会讲英语和法语。

市中心：Foreign Correspondents' Club $$$

地址：363, Sisowath Quay　电话：(023)724-014　城市地图：E2

虽然名叫驻外记者俱乐部（见48页），其实来这里的游客比记者多，从这家三层楼高、装修别致的餐馆可以欣赏到秀丽的河景，特别是日落时分的美景，因此吸引了很多人。餐馆供应西餐，包括美味的炭烤比萨。1层有摄影展，还有一家外带熟食店。

市中心：Garden Center Café $$$

地址：4, St 57, St 278和St 282交汇处　电话：(023)363-002

这是一家令人放松的餐馆，菜肴包括美国最著名的调羹三明治等，此外还提供美味的牛排和星期日烤肉。菜量很大，服务高效且亲切。菜肴还包括新鲜沙拉和素菜。

市中心：Green Vespa $$$

地址：95 Sisowath Quay　电话：(012)887-228　城市地图：E2

这家颇受游客喜爱的餐馆提供美味的早餐和英国酒吧食品，如炸鱼加炸薯条、牛排和牛腰派。餐馆门口摆着经典的摩托车，整个餐馆的气氛友好愉快，音响里播放着很酷的音乐。价格经济实惠。

市中心：Romdeng $$$

地址：74 St 174, St 51和St 63之间　电话：(092)219-565　城市地图：D2

这家装潢精致的别墅餐馆提供美味的高棉菜肴。服务生大多都是曾经的流浪儿，被当地的非政府组织"国际朋友"（Friends International）救助，并送到厨艺学校学习。菜肴都是根据传统配方调制的，选用的都是当地的正宗材料。

市中心：Tamarind $$$

地址：31, St 240　电话：(012)830-139　城市地图：E3

这里是在金边品尝地中海美味的最佳选择。美味的法国和摩洛哥菜，例如蒸粗麦粉（couscous）、塔吉锅炖菜（tagine）和Shawerma（一种类似三明治的饼卷肉），还有西班牙小菜和法国菜。酒店气氛轻松愉快，还有市里最好的水烟。

价格指南见232页

市中心：Tell $$$

地址：13, St 90　电话：(023)430-650　城市地图：D1

餐馆像个瑞士小屋，很受家庭的喜爱。以美味的瑞士菜和德国菜闻名，也提供其他西餐和当地美味，价格公道。烤羊腿非常出名。晚上，户外啤酒花园的气氛更加吸引人。

市中心：Van's Restaurant $$$

地址：5, St 102　电话：(023)722-067　城市地图：E1

这间餐馆是市里数一数二的法式餐馆，它漂亮的建筑曾是汇理银行的办公楼。这座建筑是殖民时期建筑风格的瑰宝。这里的菜单是美食家们的美梦，生鲈鱼片让食客们百吃不厌。

市中心：Le Cedre $$$$

地址：1, St 360　电话：(023)997-965　城市地图：E4

这是金边最好的黎巴嫩美食餐馆。供应葡萄叶包饭、鹰嘴豆酱，各式各样的小吃拼盘，还有大量烤肉。搭配这些美味的还有黎巴嫩红酒和被称作亚力酒（arrack）的茴香烈酒。

市中心：Malis $$$$

地址：136 Norodom Blvd　电话：(023)221-022　城市地图：E4

精致的 Malis 是当地及外国有钱人的最爱，它坐落在花园中，充满了吴哥的韵味。这家餐馆是品尝柬埔寨宫廷菜肴的最佳去处。传统和现代风格的菜品都是由备受尊敬的柬埔寨大厨 Luu Meng 亲手烹饪的。

市中心：Pacharan Tapas & Bodegas $$$$

地址：389E1 Sisowath Quay　电话：(023)224-394　城市地图：E2

餐馆占据了一座美丽的殖民时期别墅的底层，临河而立，紧挨王宫博物馆。室内装潢尽显西班牙风格，全部配有空调。一定要亲口品尝西班牙小吃配桑格丽亚水果酒，还有东马德里最棒的海鲜炒饭。餐馆还供应西班牙和其他地区的红酒。

市中心：Shiva Shakti $$$$

地址：70E Sihanouk Blvd　电话：(012)813-817　城市地图：E3

这里绝对是金边市里最好的印度餐馆，主要供应蒙兀儿菜，还有经典的咖喱和印度烤鸡。菜品的烹饪水准精益求精。餐馆装修华丽，服务高效，还提供私人包间。用餐体验绝对物有所值。

市中心：Topaz $$$$$

地址：182 Norodom Blvd　电话：(023)221-622　城市地图：E4

食客在顶级氛围中用餐，体会到的却远不止奢华。大厨 Alain 将经典的法式料理与东南亚美味融合在了一起，例如龙虾饺子配贡布绿辣椒。餐馆还提供每日特例、美味牛排和儿童菜谱。店里的葡萄酒窖是市里最好的，用餐即赠雪茄保湿盒。

吴哥

暹粒：Blue Pumpkin $

地址：Pithnou St　电话：(063)963-574　地图：C6

可以说这里是柬埔寨最诱人的面包房加糕点屋，店里冷气十足，一排排诱人的布朗尼、蛋糕、三明治、沙拉、水果沙冰，还有当地风味的冰激凌，如八角茴香味和腰果味，以及“安慰食品”。楼上还有一个惬意的休息室，可以免费无线上网。

暹粒：Bopha Angkor Restaurant $

地址：暹粒河东岸　电话：(063)964-928　地图：C6

餐馆环境清净，有一个漂亮的花园和一个可以欣赏河岸景色的平台。这家传统的柬埔寨餐馆供应咖喱、姜煎牛肉、鸡肉和鱼肉 amoks（薄荷叶椰汁咖喱炖肉）。还有可丽饼、冰激凌、鸡尾酒和香气四溢的多种茶饮。

暹粒：Butterflies Garden Restaurant $

地址：535, St 25, Wat Bo旁边　电话：(063)761-211　地图：C6

餐馆清净的环境被热带蝴蝶和一个锦鲤池衬托得更加静谧。餐馆的外观彰显着传统文化气息，可举办儿童派对。菜单丰富，以高棉菜和西餐为主，素食占大多数。早餐很丰盛，饮料种类繁多，包括健康的沙冰系列。

暹粒：Chamkar Restaurant $

地址：Pub St, Old Market area　电话：(092)733-150　地图：C6

这家街边美味店也有堂食座位，为严格的素食者供应风味绝佳的美食。甜土豆咖喱、蔬菜炒鸡蛋、素牡蛎、春卷应有尽有。而且食物中绝不添加味精。除周日是从 17:00 开始营业外，全天恭迎你的到来。

暹粒：Common Grounds $

地址：Center Market后面 **电话：**(063)965-687 **地图：**C6

这是一家干净、冷气十足的咖啡店，提供免费快速的无线网络。还有令人炫目的各式蛋糕、布朗尼、汤、沙拉、三明治、鲜榨果汁、咖啡和茶。餐馆所有盈利都捐献给柬埔寨非政府组织计划。

暹粒：Hong Kong Restaurant $

地址：Thnou st, Old Market area, 医院对面 **电话：**(092)373-682 **地图：**C6

这家小巧的餐馆的菜品绝对物有所值，很受当地人的喜爱，供应的中国菜和点心是餐馆的特色。菜肴包括所有常见菜品，如饺子和各种口味的米饭与面条。营业时间为9:00~22:00。

暹粒：Swensen's $

地址：Pokambor Ave, Old Market area, Angkor Trade Center **电话：**(063)966-424 **地图：**C6

这是一家东南亚风味冰激凌店，为柬埔寨的酷热天气提供了美味的降温剂。多种口味的冰激凌被制成冰激凌球、蛋卷、杯装冰激凌、沙冰和圣代。店内冷气十足。

暹粒：The Soup Dragon $

地址：Old Market area **电话：**(063)964-933 **地图：**C6

这家餐馆因其美味的越南菜而获得众多好评，特别是越南河粉（pho）和新鲜的春卷。餐馆还有价格公道的菜品和汤类，以及各式各样的炒菜。二层的户外座位非常抢手，屋顶的座位也十分凉爽。

暹粒：Viroth's $

地址：Wat Bo Rd **电话：**(012)778-096 **地图：**C6

餐馆因它风味独特的 amok 和现代流行的高棉食品著称，这里的大厨吸引了众多有眼光的食客来到他时髦的花园阳台，当然，餐馆中也设有堂食座位。服务跟餐馆的菜品一样令人满意。

暹粒：Amok Restaurant $$

地址：Pub St, Old Market area **电话：**(063)965-407 **地图：**C6

这家餐馆长期以来都是 Pub 大街备受欢迎的餐馆之一，特色是传统的高棉菜肴，主食包括 amok、beef lok lak（腌制过的牛肉片，配上西红柿、洋葱，再加上辣椒酱）、煎制的烤肉串和芒果沙拉。餐馆还有一个漂亮的阳台，可以欣赏楼下小巷中的众生相。

暹粒：Angkor Café $$

地址：吴哥窟入口旁 **电话：**(012)946-227 **地图：**C6

这里供应充足的美味点心、咖啡、热狗、三明治和沙拉，这家时髦的咖啡店是游客探索吴哥窟前储备食品的绝佳去处。餐馆还为那些想在店中品尝美味的顾客提供配有空调的就餐区。菜品以西餐为主，还有部分传统的高棉菜。

暹粒：Café Central $$

地址：Old Market area **电话：**(017)692-997 **地图：**C6

这是暹粒最好的咖啡店，很惬意的小憩处，裸露着红砖的建筑尽显现代风格，供应美味的拿铁和西式三明治。菜品以西式经典菜肴为主炸鱼和炸薯片、汤和沙拉、比萨、意大利面，还有种类繁多的汉堡以及儿童餐。可以免费无线上网。

暹粒：Café Indochine $$

地址：Sivatha Blvd **电话：**(012)804-952 **地图：**C6

这家小巧的木质餐馆因其品质稳定的美味菜肴而深得旅行团的喜爱且餐馆将亚洲菜同欧洲菜完美融合在了一起，特色菜品包括春卷（生的或油炸的）、风味沙拉、辣味泰式汤、法国炖鱼、咖喱、amok 和各式荤菜、素菜。

暹粒：Dead Fish Tower $$

地址：Sivatha Blvd **电话：**(063)963-060 **地图：**C6

这家酒店餐厅是品尝泰国菜的好地方。高棉菜如 amok 和老姜鸡（ginger chicken）也比别家美味很多。用餐地点古怪地分布在不同楼层，想痛饮鸡尾酒的客人要小心别从上面跌下来。营业时间为 7:00~ 次日 1:00。

暹粒：El Camino Taqueri $$

地址：The passage, Siem Reap **电话：**(092)207-842 **地图：**C6

这家时髦的墨西哥餐吧供应精美的开胃菜和地道的墨西哥小吃，如墨西哥玉米卷（tacos）、烤肉（fajita）、栗米脆饼（nacho）、鳄梨酱（guacamole）和油煎面卷饼（chimichanga）。餐馆装饰颇具都市风格而非乡村风情，炫目的马赛克墙壁配着迷人的玛格丽特酒，感觉妙不可言。

暹粒：FCC Angkor $$

地址：Pokambor Ava **电话：**(063)760-283 **地图：**C6

这家餐馆是金边的 FCC 的姊妹店，店面更加宽敞、时髦，但没有像在金边那家那么多的人。餐馆周围的草坪经过精心修剪，旁边还有一个泳池。在楼上吃饭会很享受，因为上面还有一个迷人的酒吧和开放式厨房。菜品包括西式安慰食品和亚洲菜。

价格指南见 232 页

暹粒：Funky Monkey $$

地址：Pokambor Ava 电话：(017)824-553 地图：C6

这家波普艺术风格的酒吧加餐馆重磅推出的特色菜就是可自由选择材料组合的汉堡包，鸡尾酒种类也是琳琅满目。餐馆还供应蔬菜汉堡。菜品灵活可选，非常贴心，既清淡又健康。这家店还因它在每周四举办的智力竞赛之夜而闻名。

暹粒：Joan Yen Lau $$

地址：Angkor Shopping Center 电话：(063)760-269 地图：C6

餐馆位于宽敞的吴哥购物中心3层，是人们逛街后小憩的绝佳选择。这里供应中国菜，其中粤菜多过北京菜。餐馆中还有一个酒吧。

暹粒：Khmer Family Restaurant $$

地址：Pub St, Old Market area 电话：(015)999-909 地图：C6

这里的菜品经济实惠，又不失美味。配有照片的菜谱很方便挑选，户外阳台上也设有座位，种类繁多的美食和公道的价格使餐馆广受好评。推荐菜肴包括芒果辣酱鱼、蜜汁鸭，还有传统的 amok。

暹粒：Khmer Kitchen $$

地址：The passage, behind Bar St 电话：(063)964-154 地图：C6

这是一家朴素的餐馆，总是人满为患；这里既有简单的菜品，也供应丰盛大餐。种类繁多的菜品包括泰式和高棉主食，以各种汤、炒菜、咖喱和春卷为特色。一定不要错过蒸南瓜（baked pumpkin）和 beef lok lak。服务生会说英语，热情友好。营业时间为每天 10:00~22:00。

暹粒：La Volpaia $$

地址：Charles De Gaulle Blvd 电话：(063)764-184 地图：C6

餐馆位于通向暹粒寺庙的路旁，很安静，周围被繁茂的花园环绕。厨房令人印象深刻，供应美味的意大利面和比萨。摆设不多，但足以满足晚上的户外用餐需要。店主住在美国，是个很出色的主人。

暹粒：Le Grand Café $$

地址：Thnou St, Old Market area 电话：(012)847-419 地图：C6

这家街角餐馆就在老市场区的正对面，有路边座位和楼上座位。餐馆建筑是一座美丽的法式老屋，客人可以一边欣赏着街景，一边品尝法式和高棉菜肴，例如棕榈胡椒蒸贝壳（palm pepper scallop）、amok 和老姜鱼（ginger fish）。从澳大利亚进口的牛排经过精心烹制，也非常美味。

暹粒：Le Malraux $$

地址：155, Sivatha Blvd 电话：(063)966-041 地图：C6

餐馆的内部装饰内部充满新艺术风格，坐落在茂密的庭院中，再加上奢华的高卢菜，使得它成为令人难忘的顶级美食聚点。餐馆也供应亚洲菜品，如 fish amok，但传统的法式大餐是其主打。酒水充足的酒吧、自制的冰激凌和出色的服务更让客人不禁驻足。

暹粒：Madame Butterfly $$

地址：Airport Rd 电话：(016)909-607 地图：C6

餐馆坐落在一栋传统的老建筑里，用丝绸装饰，古老的摆设会勾起人们对殖民时期的回忆。店内点着蜡烛，散光灯很温暖，使得餐馆气氛更加浪漫。菜品很适合素食爱好者，且一直在变化，包括西餐、亚洲菜、高棉菜和法式大餐。是喜欢辣味和油炸食品的客人的最爱。

暹粒：Rasmei Restaurant $$

地址：Pokambor Ave, Old Market area 电话：(063)964-774 地图：C6

这家可爱的街角餐馆坐落在一栋法国殖民时期的建筑里，属于 Shadow of Angkor I Guesthouse 酒店（见213页）。餐馆供应各式各样的高棉和亚洲菜肴，如 amok 和柠檬叶煎牛肉，还有一些西餐，如比萨和意大利面。

暹粒：Red Piano Restaurant $$

地址：Pub St 电话：(063)963-240 地图：C6

这家餐馆是由安吉丽娜·朱莉在拍摄《古墓丽影》的时候资助开业的，位于一栋可爱的老别墅内。生活气息很浓，设有街道座位、堂食座位和阳台座位。菜品以西餐为主，包括意大利面和牛排；还有部分亚洲菜肴。

暹粒：Samot Fine Wine and Cuisine $$

地址：Passage Extension 电话：(092)410-400 地图：C6

餐馆由一个极富幽默感的法国人经营，他对美食有着强烈的热爱。餐馆气氛安逸，供应诱人的新鲜海鲜及美味的澳大利亚肉类菜肴。香辣蟹是最受欢迎的菜品。

暹粒：Selantra Restaurant $$$

地址：Wat Bo Rd 电话：(012)569-975 地图：C6

餐馆以它的山羊奶酪和美味的沙朗牛排著称，菜品丰盛，还有精致的西班牙小吃。内部装饰颇具现代风格。18:00~20:00 的欢乐时光还提供清爽的鸡尾酒。

暹粒：Temple Balcony $$

地址：St 8, Old Market area 电话：(015)999-909 地图：C6

餐馆建在寺庙酒吧上面，这家开在阳台上的餐馆是 Pub 大街上最受欢迎的休憩地和游客们聚会的地点之一。每天 19:30~21:30 还有传统的阿普萨拉舞蹈表演。菜品包括高棉菜、泰国菜和西餐。可以无线上网。

暹粒：Terrasse Des Elephants $$

地址：Sivatha Blvd, Old Market area 电话：(063)965-570 地图：C6

这是一家酒店餐厅，位于一栋殖民时期风格建筑中，被一个花团锦簇的花园环抱。菜品包括高棉菜和各国菜肴，从鸡肉 amok 和椰汁牛肉咖喱到汉堡和牛排，应有尽有。餐厅酒吧是晚上品尝鸡尾酒的绝佳地点。

暹粒：Cambodian BBQ $$$

地址：The Alley 电话：(063)965-407 地图：C6

餐馆隐蔽在与 Pub 大街平行的小巷里，在炎热的夜晚会更加沸腾，美味的烧烤味道四处飘散。菜品种类繁多，素食者和肉食者都能找到自己想要的。在这里，顾客有机会品尝到蛇肉、鳄鱼肉以及鸵鸟肉，体验一次难忘的厨房之旅。

暹粒：Hotel De La Paix $$$

地址：Sivatha Blvd 电话：(063)966-001 地图：C6

这是暹粒市里最时髦的一家餐馆，到达这家高棉餐馆要先经过时髦的 Arts Lounge Bar，庭院深处有一棵美丽的菩提树。餐馆供应精致且健康的当季高棉菜，还有各种沙拉、三明治、法棍面包和铁板三明治。

暹粒：Shinta Mani $$$

地址：Oum Khum 和St 14交汇处 电话：(063)761-998 地图：C6

这家雅致的餐馆非常重视自己的形象，从店内简单艺术派风格的装饰到一流的服务，全都做得一丝不苟。菜单很简单，但还是有很多回头客专为它美味的沙朗牛排（sirlorin steak）和日常西餐而来，西餐包括意大利细面和鸡肉等。顾客可以选择布满烛光的迷人户外座位，或者贴着桃红色墙纸的堂食座位。

暹粒：Raffles' Apsara Terrace $$$$

地址：Raffles Grand Hotel d'Angkor 电话：(063)963-888 地图：D1

Raffles 酒店运营着多家餐馆和酒吧，但是说到其中最受欢迎的，还是要数这间 Apsara Terrace，仅在周一、周三和周五营业，从 19:00 开始。豪华自助晚餐设置在烛光点缀下的花园中，提供亚洲风格的烧烤和海鲜类食物。演出在 19:45 开始，包括现场传统音乐、武术以及阿普萨拉舞蹈表演。

暹粒：Chatra $$$$$

地址：Sothea Hotel, Airport Rd 电话：(063)966-788 地图：C6

这是市里最受欢迎的餐馆之一，以其亚洲菜品闻名。餐馆每天的菜品要根据厨师当天在附近市场里采购到的新鲜产品决定，外国菜品也不是固定的。餐馆装修很精致，菜品价格不菲，但绝对物有所值。

柬埔寨北部

邦隆：Gecko House $

地址：Highway 78号以南 电话：(012)416-234 地图：E6

餐馆是由一位来自金边的城里人经营的，丰富的菜品有着国际化的味道，迎合了喜好西式口味的顾客。早餐丰盛，还有比萨和意大利面。餐馆的茅草屋顶很低，环境昏暗但很有气氛；晚上，这里会聚集很多来放松的当地人和游客。

邦隆：Terres Rouge Lodge $$

地址：Boeng Kansaign Lake旁 电话：(075)974-051 地图：E6

在这里能享受到最精致的菜品，包括法国菜、高棉菜和中国菜。餐馆内充斥着丛林氛围，坐落在一栋被繁茂的植物环抱的殖民时期的房子里。餐馆装修华丽，服务生彬彬有礼。餐馆酒吧还供应冰冻啤酒、红酒和鸡尾酒。每天经营到 21:00。

邦隆：Tree Top Ecolodge $$

地址：Phum No.1, Laban Seak-Commune 电话：(012)490-333 地图：E6

Tree Top Ecolodge 是一间在当地不太常见，古朴典雅的用餐地，体现出泰国或老挝特色。 在这间位于高处，树屋风格的餐馆及酒吧用餐不但空气清新，同时还能俯瞰小村镇风光。提供的是柬埔寨与西方菜肴相融合的菜品。有免费 Wi-Fi 网络。

马德望：Sunrise Coffeehouse $

地址：靠近Psar Nath市场 电话：(012)953-426 地图：C6

这家西式面包店位于市中心，正对 Royal Hotel（见 215 页）。这里有着令人眼花缭乱的派、烤饼、饼干、点心和比萨，还有各种口味的咖啡和茶，是很好的早餐选择。服务生待人亲切，还可以组织游客在马德望和其周边地区旅游。

价格指南见 232 页

马德望：The Bungalow Restaurant $

地址：144 Kamakor, Svaypor　电话：(012)916-123　地图：C6

这家并不起眼的小餐馆位于善凯河以西，供应地道的西餐，例如汉堡和比萨。也供应传统高棉和泰国菜，菜单配有图片。菜品都是由餐馆一位亲切的厨师制作的。咖啡也很棒。服务高效，态度友善。

马德望：White Rose $

地址：St 2　电话：(012)693-855　地图：C6

餐馆位于市中心，常常人满为患，是西方人聚会聊天的场所。菜品包括高棉菜和西餐。配有新鲜薄荷叶的炸春卷堪称一绝。早餐很受欢迎，有多种口味的沙冰。服务时好时坏。

马德望：Pomme D'amour $$

地址：63, St 2　电话：(012)415-513　地图：C6

这家小巧的餐馆位于中心市场南边，服务很人性化，餐馆由一个法国人和他的高棉妻子经营。菜品包括法国菜、西餐和当地美味，还有精心烹制的各种鱼、肉和蔬菜。还有意大利咖啡。

马德望：Rottanak Resort $$

地址：KO Rd　电话：(053)953-255　地图：C6

餐馆隶属于 Rottanak Resort（见 215 页），是市里最好的餐馆之一，仅次于 La Villa，距市中心只需步行 15 分钟。它拥有静谧的就餐环境和无可挑剔的服务，供应西餐和亚洲菜肴。还有酒吧。服务高效。

马德望：La Villa $$$$$

地址：185 Pom Romcheck 5　电话：(053)730-151　地图：C6

餐馆隶属美丽的法国殖民时期酒店 La Villa Guesthouse（见 215 页），店内设有空调，屋顶是玻璃做的，地板铺着瓷砖，感觉很清凉。客人也可以选择在庭院或阳台用餐。供应西餐和亚洲菜肴，还有部分意大利菜和种类繁多的烤肉。

马德望：Hao An Restaurant $

地址：Monivong Blvd　电话：(012)941-234　地图：C6

这是市里最古老的餐馆之一，客人以高棉人为主，他们把这家餐馆当作前往其他目的地的跨国“加油站”。店内的中国菜和高棉菜种类繁多，且菜量很大。是很好的放松和畅饮啤酒的地方。

马德望：Mekong Crossing $

地址：Preah Bat Sihanouk St　电话：(012)432-427　地图：C6

当地人的最爱，并且成为越来越多游客的首选，这家环境复古的咖啡店内充斥着老电影的海报和地图。食物美味又新鲜，从安慰食品，如三明治和汉堡，到经典的高棉菜肴，如鱼肉 amok，应有尽有。

桔井：Red Sun Falling $

地址：Rur Preah Suramarit　电话：(012)476-528　地图：D6

白天，这家有着精致壁画和一个二手书架的小餐馆是一个令人昏昏欲睡的地方，店里灯光昏暗。夜晚，这里就摇身一变成了人声鼎沸的聚点，游客们拿着地图，喝着便宜的啤酒。食物也很美味，西餐和亚洲菜很受当地非政府组织工作者的喜爱。

桔井：Star Restaurant and Guesthouse $

地址：Central Market以西　电话：(012)753-401　地图：D6

这是背包客的最爱，供应大量美味的西餐和甜点。服务生热情友好，有求必应。它也是游客可以放松地喝着冰镇啤酒，交换信息和旅游贴士的地方。

柬埔寨南部

贡布：Akashi Café $$$

地址：Riverfront, 医院对面　电话：(092)775-900　地图：C7

这家时髦的紫色殖民时期风格餐馆位于新大桥旁，精致的甜食是这家餐馆的特色，例如椰子柠檬派（coconut-and-lime pie）和木瓜冰激凌（papaga ice cream）。还有美味的三明治、汤和咖啡。这里的乳蛋饼（quiche）是全市最好吃的。它也是小酌一杯的好去处。

贡布：Bamboo Light Café $$$

地址：Riverfront Rd　电话：(089)476-578　地图：C7

这是一家金边不多见的餐馆，这家斯里兰卡和印度餐馆最为出名的是它地道的咖喱、羊羔肉和海鲜。一定要试试斯里兰卡 kottu roti（切碎的柔软未发酵的面包与土豆和咖喱混在一起）。餐馆还供应丰盛的早餐和可口的沙冰。楼上还有一家网吧。

贡布：Coco House $$$

地址：Riverfront Rd 电话：(033)932-198 地图：C7

餐馆位于河畔的一栋殖民时期建筑中，餐馆和附带的酒吧是由一对丹麦夫妇经营，一位当地高棉人管理的。餐馆配有藤制家具，供应正宗的高棉菜和西餐，包括意大利面和牛排。服务生热情好客，还会帮客人选择菜品。

贡布：Epic Arts Café $$$

地址：Old market以东 电话：(092)922-069 地图：C7

这家小咖啡馆广受赞誉，不只因其食品美味，还因为它投身公益（盈利全部用于帮助柬埔寨的聋哑人等残疾人），特色菜品包括普罗旺斯茄子烧西红柿（Provencal eggplant and tomatos）、百吉饼（bagel）、煎蛋卷（omelette）和开胃菜（meze）。还可以预订美味的蛋糕和白马胡椒面包。可以无线上网。

贡布：Rusty Keyhole $$$

地址：Riverfront Rd 电话：(012)679-607 地图：C7

这是一家看上去邋遢，但让人感觉亲切的酒吧餐馆，供应柬埔寨全国最好的肋排，配方严格保密。西餐和亚洲菜都味道鲜美，货真价值，海鲜特色菜每天都不一样。日落时分来这里用餐非常享受。坐在设在花园中的户外座位可以欣赏到山峰远景。

贡布：Ta Ouv $$$

地址：New Bridge 电话：(033)932-422 地图：C7

这家高棉餐馆坐落在河畔，风景如画，临河的座位可以沐浴河面的微风。餐馆以海鲜出名，特别是用芳香的椰汁和辣椒汁烹制的螃蟹，更是妙不可言。营业时间为 10:00~23:00。

贡布：Mea Culpa $$$$

地址：44 Sovansokar 电话：(012)504-769 地图：C7

贡布最棒的比萨店非它莫属，餐馆用木炭烤箱和进口配料制作比萨，包括马苏里拉奶酪和意大利辣香肠。还供应高棉菜。雅致的花园座位很迷人，服务一流。酒吧是理想的品尝红酒和餐后酒的地点。可以免费无线上网。周一休息。

贡布：Riki Tiki Tavi $$$$

地址：Riverfront Rd 电话：(012)235-102 地图：C7

这家餐馆是城里最佳用餐地点，可以欣赏河岸风光，座位典雅，服务无可挑剔。一定不能错过意大利熏牛肉卷和高棉特色菜，如绿芒果汁烤鱼（kamkoot kampot）和用从澳大利亚进口的牛肉烹制的 lok lak。菜品绝不添加味精。

白马市：Kep Lodge $$$

地址：Pepper St 电话：(017)879-526 地图：C7

这家面积宽广的开放式酒店餐厅坐落在海滩后面，供应美味的柬埔寨风味沙拉和西餐，还有一些瑞士菜，如吕斯蒂（rosti）。餐馆设有每日特例菜，烹制方法健康又不失美味。甜点一定不要错过蜂蜜煎香蕉、自制芒果或木瓜冰激凌。

白马市：Breezes $$$$

地址：Kep Beach 电话：(097)675-907-2 地图：C7

这家高级的海岸餐馆，配以时髦的照明灯光，是理想的放松地点。供应有创意的泛亚洲菜、西餐、高棉菜和日式拉面、卷饼，以及各式各样的海鲜。户外的庭院中也设有座位，被一个大花园环抱。顾客可以从自己居住的酒店打电话要求接送服务。

白马市：Kimly & Thmorda $$$$

地址：Crab Market 电话：(017)904-077 地图：C7

白马市螃蟹市场有个海鲜餐馆一条街，背靠海湾。Kimly & Thmorda 在众多海鲜餐馆中力压群雄，供应该地区最有特色的菜肴，如美味多汁的白马胡椒蟹（kep pepper Crab），配以橙红色的辣酱，口味妙不可言。菜品中还包括各式各样的鱼和虾。

白马市：Sailing Club $$$$$

地址：海滨 电话：(012)349-742 地图：C7

餐馆隶属精品酒店 Knai Bang Chatt 旗下，有一个宽敞的海岸阳台，顾客可以在这里享受漫长、慵懒的海鲜午餐。每日特例菜都用粉笔写在黑板上。红酒种类繁多，还有很多不错的法国和新世界瓶装酒。周六晚上还有海鲜烧烤。周一休息。

戈公：Baan Peakmai $$$

地址：St 6 电话：(035)393-906 地图：B7

这家泰式花园餐馆离泰国边境很近，人们能品尝到柬埔寨最正宗的暹罗菜，并因此很受泰国人欢迎。餐馆还供应大量素菜、美味的海鲜和很辣的红咖喱、绿咖喱。

戈公：Café Laurent $$$$

地址：Riverfront Rd 电话：(016)373-737 地图：B7

这家法国人开的高档餐馆内部典雅别致，为神气的现代风格，配有空调和藤椅。特色菜有意大利面、沙拉——一定要试一试尼斯沙拉（nicoise）——和经典高卢菜。餐馆还供应冰激凌和醇香的咖啡。可以无线上网，店中还有一个宽敞的户外阳台。

价格指南见 232 页

戈公：Dive Inn $$$$

地址：Riverfront 电话：(099)707-434 地图：B7

这家宽敞的酒吧餐馆坐落在戈公河畔，景色秀丽，尤其是日落时分。菜品包括各地美食和高棉菜，还有令人目不暇接的小吃。酒吧供应冰镇啤酒和各种口味的鸡尾酒。店中还有台球桌，可无线上网，配有有线电视，还可以为游客提供旅游建议。

西哈努克市：Sandan $$

地址：Sokha Beach Rd 电话：(034)452-4000 地图：C7

这是一家非常受欢迎的餐馆，靠近城市的中心地带，提供传统柬埔寨菜肴以及西方美食。服务人员热情友好，会说英语，还会在你用餐时为你提供歌舞表演。饭菜的分量很足且味道不错。推荐品尝海鲜类菜品以及鸡尾酒。

西哈努克市：Café Colonial $$$

地址：Ekareach st 电话：(092)529-292 地图：C7

这是城里最好的小饭馆之一，装修风格很现代化，配有空调，外带一个庭院。供应醇香的浓缩咖啡、奶油卡布奇诺和鲜榨果汁。还有令人食欲大增的汉堡和俱乐部三明治，甜品包括美味的意大利冰激凌和法式甜点。

西哈努克市：Chi Khmer $$$

地址：Lane to Serendipity Beach 电话：(034)934-380 地图：C7

这家宽敞、高档的柬埔寨餐馆因其美味的海鲜和传统的高棉菜而闻名。菜品经过精心制作，配料新鲜。客人可以在美丽的花园中享受 amok、lok lak 或香蕉花沙拉。营业时间为 17:00~22:00。

西哈努克市：Starfish $$$

地址：7 Makura St 电话：(012)952-011 地图：C7

这个有渊源的咖啡店在西哈努克市有两家店，总店靠近市场，更大一些，还有一个花园。两间店都供应西式早餐和午餐，有多种蔬菜选择。除了各式各样的烘焙食品外，还有咖啡、茶和果汁。餐馆盈利用于资助柬埔寨医疗和发展工作。

西哈努克市：Treasure Island Seafood Restaurant $$$

地址：Independence Beach 电话：(012)755-335 地图：C7

餐馆位于沙滩边，海浪冲刷着餐馆墙壁，别具风格，供应美味的柬埔寨和中国风味的鱼和海鲜。客人可以在鱼缸里自己选择海鲜。在周末极受当地高棉家庭的欢迎，日落时分在这里用餐的感觉更加美妙。

西哈努克市：Happa $$$$

地址：81 Ekareach St 电话：(012)478-510 地图：C7

这家装修时髦、造型可爱的两层楼餐馆环境惬意，既可以享受小吃，也可以饱餐一顿。店内很舒适，配有黑漆家具和很多艺术品。这里的西餐包括三明治、意大利面和汤；还有高棉风味沙拉和咖喱。

西哈努克市：Les Feuilles $$$$

地址：Occheuteal Beach 电话：(034)933-910 地图：C7

餐馆位于海滩后几个街区，这家法国和高棉合资的餐馆是个放松的好去处，座位设在微风拂面的开阔场地。供应美味的高卢菜，包括牛肉配波尔多酱（大葱和红酒）和可丽饼（Crêpe）。法国红酒包括罗纳红（Côtes du Rhone）在内，应有尽有。

西哈努克市：New Sea View Villa $$$$

地址：Lane to Serendipity Beach 电话：(017)420-270 地图：C7

餐馆的菜品涵盖了欧洲所有经典菜肴，主厨是一位法国人。座位很别致，宽敞的户外阳台灯光灰暗，配以色彩明快的桌布，再加上专业的服务，让这间餐馆成为浪漫晚餐的绝佳地点。甜品和酒水也一应俱全。

西哈努克市：Ristorante Marco Polo $$$$

地址：2 Thnou St 电话：(092)920-866 地图：C7

这家广受好评的意大利餐馆供应炭烤比萨和自制意大利面，包括意大利饺子（tortellini）、千层面（losagan）和宽面条（pappardelle）。记得留一点肚子给甜点和意大利柠檬酒（limoncello）。营业时间为 17:00~22:00。

西哈努克市：Steak House Swiss Garden $$$$

地址：11 Ekareach St 电话：(099)707-155 地图：C7

这家由瑞士人经营的餐馆位于金狮环岛（Golden Lion Traflic Circle）以里，供应全城最好的牛排，在熔岩石烤架上烤制。还有拉克莱特（raclette, 热融干酪）和奶酪火锅（Fondue）。客人还可以在沙拉吧选择近 20 种清淡的菜品。

西哈努克市：Luna D'autunno $$$$$

地址：Ekareach St 电话：(034)934-280 地图：C7

这家意大利餐馆称得上西哈努克市里最高档的餐馆，供应美味的比萨和意大利面，以及鱼类和肉菜。每天还有特别菜品，各种酒品一应俱全。客人可以选择在别致的、配有空调的店内用餐，也可以在户外阳台品尝美食。

在老挝选择餐馆

这份指南中的餐馆是根据它们的美味食物、地段以及环境精心挑选出来的。下表着重强调了在选择就餐地点时你可能会注重的一些方面，例如是否可以在户外就餐，或者该餐馆是否有现场音乐表演。餐馆根据地域区间分类，名称根据字母排序。如需地图，请分别查看 138~139 页“万象街区地图”及 150~151 页“琅勃拉邦街区地图”，其他地点详见后环衬地图。

价格指南

以双人用餐费用为标准，包括服务费，但不含酒水。

Ⓢ 5 美元以下
ⓈⓈ 5~10 美元
ⓈⓈⓈ 10~20 美元
ⓈⓈⓈⓈ 20~30 美元
ⓈⓈⓈⓈⓈ 30 美元以上

万象

市中心：Joma Bakery Café ⓈⓈ

地址：Setthathirat Rd 电话：(021)215–265 地图：B4

这是一家很受欢迎的早餐店，供应城里最醇香的咖啡，还有美味的甜点和三明治——顾客可以自己搭配。店内配有空调，为客人提供报纸和高速的无线网络。一定要尝一尝他家的蓝莓芝士蛋糕和橘子派。

市中心：Lao Kitchen ⓈⓈ

地址：Hengboun Rd, Baan Anou 电话：(021)254–332 地图：B3

这家餐馆位于万象市中心的一间露天商店之中，供应的是传统老挝菜肴，人气很旺。服务生热情友好，会带给你宾至如归的感觉。菜品很诱人，包括美味小食以及家庭风格菜肴加米饭。推荐咖喱或可口的老挝炖菜，春卷和沙拉等小食也是不错的选择。

市中心：Scandinavian Bakery ⓈⓈ

地址：74/1 Pangkham Rd, Nam Phu Square 电话：(021)215–199 地图：B4

这是万象最有名的面包房加早餐店，一直是人们的最爱。餐馆有一个漂亮的阳台，楼上有一台大屏幕电视——供人们观看体育比赛用。供应美味的甜点、面包、蛋糕和三明治。公告板上会不断更新当地近期的文化活动。

市中心：Istanbul Restaurant ⓈⓈⓈ

地址：Francois Ngin Rd 电话：(021)218–320 地图：C3

餐馆坐落在湄公河畔，由一个土耳其家庭经营，供应经典的土耳其菜肴，如美味的土耳其烤肉串和 imam biyaldi—— 一道由茄子烹制的美食。沙拉和甜品口感极佳。还可以选择欧洲和老挝菜品。

市中心：Khop Chai Deu ⓈⓈⓈ

地址：54 Setthathirat Rd 电话：(021)251–264 地图：B3

餐馆是一座殖民时期的小别墅，就在 Nam Phu Fountain 旁边，一到晚上就会有大批外国人来这里用餐。菜品包括各式各样的老挝菜和世界各地风味菜肴，既有比萨，也有丰盛的炖菜。中午还提供自助餐，晚上有现场音乐表演。

市中心：Le Banneton ⓈⓈⓈ

地址：Nokeo Khumman Rd 电话：(021)217–321 地图：B4

餐馆供应可以同 Joma Bakery Café 一较高下的美味甜点，还有浓香的咖啡，菜料充足的三明治和各种口味清淡的菜品。清新的乡村氛围、木质地板、舒缓的音乐让人们流连忘返。早餐和午餐都很受欢迎。

市中心：Le Central ⓈⓈⓈ

地址：Setthathirat Rd, Wat Ong Teu Mahawihan旁边 电话：(021)243–703 地图：B4

餐馆的环境传统而别致，菜品也是如此。厨师还准备了一些亚洲风味菜品，如用羊奶酪和腰果填馅的春卷；但餐馆最受人欢迎的莫过于令人垂涎的蛋糕和派。

市中心：Le Vendome ⓈⓈⓈ

地址：In Paeng rd, Wat In Paeng后面 电话：(021)216–402 地图：B3

餐馆坐落在因秉寺背后的一条小路上，是万象一直以来备受欢迎的餐馆之一，供应经济实惠的法国和老挝菜。店内还有一个木炭烤箱，很受法语地区人们的喜爱。餐馆总是座无虚席，但服务品质始终如一。一定要尝尝那道在茄子里面填满羊奶酪的菜品。

市中心：Red Mekong ⓈⓈⓈ

地址：Khun Boulom Rd, Ban Vatchan 电话：(021)260–905 地图：A3

餐馆两层高，一层有卡拉OK。店内宽敞凉爽，还有一个很大的柚木酒吧。供应的菜品融合了西餐和老挝风味。餐馆还有一个台球桌和宽屏电视，播放着最新的体育赛事，背景音乐是舒缓的慢摇。这家餐馆是外国游客的最爱。

图标含义见封底勒口

市中心：Soukviman $$$

地址：89/12 Ban Sisaket, That Dam Stupa附近　电话：(021)214-441　地图：C3

早在1975年前便开始营业，是一家颇具历史的餐馆，以其传统配方和配料而闻名，还供应琅勃拉邦菜。餐馆的环境颇具现代风格，午餐深受当地商人喜爱。蚁蛋汤（ant egg soup）值得一试。

市中心：Sticky Fingers $$$

地址：10/3 Francois Nginn Rd, Tai Pan Hotel对面　电话：(021)215-972　地图：B4

餐馆由一个澳大利亚人经营，整体给人一种悉尼小酒馆的感觉。供应优质的西餐，价格经济实惠。尽管已经很受欢迎，但它仍努力维持着一个令人放松的环境。三文鱼、开胃菜和鹰嘴豆沙拉都非常好吃。自制的冰激凌球味道正宗，极受西方游客喜爱。

市中心：Ty-na Restaurant $$$

地址：68 Pangkham Rd, off Nam Phu Square　地图：B4

这家两层楼高的餐馆坐落在Nam Phu Fountain旁，特色菜是布列塔尼风味的荞麦可丽饼（buckwheat Crêpe），在万象人尽皆知。餐馆的菜品远不止于此，还包括法国各省的美味。一个迷人的就餐地点，服务也很出色。

市中心：Khoua Lao $$$$

地址：Samsenthai Rd, Near That Dam Stupa　电话：(021)215-777　地图：C4

早在老挝菜第一次与西式口味融合时起，这家餐馆供应的菜品就是老挝菜的典范。餐馆是一栋翻修过的宏伟的殖民时期宅邸，晚上店内播放着传统的老挝音乐。餐馆一尘不染，服务周到。

市中心：Le Nadao $$$$

地址：30 Sibounqheung Rd, Patuxai　电话：(021)213-174　地图：C3

这家典雅的餐馆环境惹人喜爱，在外国人社区中很受欢迎。供应优质且经济实惠的法式料理。法式红酒炖牛肉、绿胡椒汁烹制的肋眼牛排、鸭胸肉和各种口味的蛋奶酥都很美味。

市中心：Makphet $$$$

地址：Setthathirat Rd, Wat Ong Teu Mahawaihan背后　电话：(021)260-578　地图：B3

这家餐馆同时是一个救助流浪儿童的项目，在这些儿童工作的同时教他们英语、烹饪以及餐馆运营。这里的老挝菜非常美味，环境干净卫生。素菜种类繁多，喜欢吃荤菜的客人可以尝试一下野牛咖喱（buffalo curry）。

市中心：L'Opera $$$$$

地址：Nam Phu Square　电话：(021)215-099　地图：C4

餐馆供应法国和意大利菜。装修别致，因其美味的牛排和自制鸡蛋面而备受欢迎。就餐环境很典雅，配着轻柔的古典音乐，服务一流，深得商务人士喜爱。

郊区：Moon The Night $$$

地址：Fa Ngum Rd, Ban Wattay　电话：(021)217-073　地图：A5

餐馆是一座建在湄公河畔的水上房屋，位于机场路沿途，有点不好找，但绝对让你不虚此行。这里供应美味的老挝菜，特别要提到的就是湄公河酸汤鱼（Mekong River Sour fish Soup）。日落时分来这里就餐的人很多。

郊区：Nang Kam Bang $$$

地址：Khun Bulom Rd　电话：(021)217-198　地图：A4

餐馆供应精致的自制老挝菜。厨房是开放式的，食客可以看着厨师制作美食的过程。餐馆内铺设瓷砖，很卫生，客人可以选择有空调和没有空调的用餐区。Laap（肉馅、家禽肉或鱼肉，配上酸橙汁、洋葱、大蒜和薄荷）和油炸鹌鹑（deep-fried quail）很美味，深受当地人喜爱。

郊区：The Spirit House $$$

地址：105 Fa Ngum Rd　电话：(021)262-530　地图：A5

餐馆位于湄公河畔，日落时分来这里小酌一杯是一种享受。餐馆装修风格更像是一间标准的竹质啤酒吧，供应各式各样的经典鸡尾酒和斯堪的纳维亚伏特加。铁板三明治和汉堡很美味。很受外国人喜爱。

郊区：Ton Hom $$$

地址：36/1 Samsenthai Rd　电话：(021)223-113　地图：A5

想品尝泰国菜的游客可以选择这里，餐馆坐落在几家工厂中间，外观并不引人注意，但店内一尘不染，摆满了泰国手工艺品。tom kha gai（用椰汁和高良姜烹制的清淡的鸡肉咖喱）和槟榔咖喱（Penang Curry）都很美味。

郊区：Aria Italian Culinary Arts $$$$

地址：8 Rue Francois Nginn, Ban Mixai　电话：(021)222-589　地图：B4

Aria Italian是一处难得的精品餐馆，深受当地侨民和商务人士的青睐。提供丰富且美味的意大利菜肴，包括意大利面、比萨以及汤类。酒单品质极佳。强烈推荐户外餐区，可以一边用餐一边欣赏充满魅力的城市夜景。

郊区：Le Silapa

$$$$$

地址：17/1 Sihom Rd 电话：(021)219-689 地图：A5

餐馆中摆满了当地人制作的工艺品，地方不大，但环境温馨舒适。供应美味的法国料理，如红酒鲑鱼配烤葱汁——一直是万象的一道人尽皆知的美味，这里也被公认为城里最好的用餐地点。

郊区：Tam Nak Lao

$$$$$

地址：100 That Luang Rd 电话：(021)413-562 地图：A5

餐馆的老挝菜的水平达到了国际标准。环境轻松又很有格调，每晚都会举办文化展览。店内特色菜包括用柠檬叶和香菜根调味的酸汤鱼。餐馆中还有一个啤酒花园，布置得如同工艺品商店一般。

琅勃拉邦

市中心：Chill Out Café

$$

地址：Dara Market, Chao Sisophon Rd 电话：(071)261-006 地图：C4

餐馆坐落在安静的 Dara Market，装修时髦，桌椅舒适。店内环境清爽安逸，是享用午餐的好地方。菜品以三明治为主，饮料大都是浓缩咖啡。可以免费无线上网。

市中心：Joma Bakery Café

$$

地址：Chao Fan Gum Rd 电话：(071)252-292 地图：B4

餐馆是一座两层楼高的殖民时期风格建筑，配有空调，供应浓香的咖啡、甜点、三明治，甚至还有意大利面。座椅很舒适，客人也可以在户外享用美食。店家还提供高速的无线网络，被公认为琅勃拉邦最好的咖啡店。

市中心：Lao Lao Garden

$$

地址：Phou Si Rd, Ban Aphai 电话：(020)999-701-06 地图：D3

餐馆建在半山腰上，有一个梯形花园。供应各种美味的西式和老挝式烧烤菜肴。入夜后，客人还可以在一流的 DJ 音乐的伴奏下尽情舞蹈。这里很受年轻人喜爱。

市中心：Le Banneton Café and Boulangerie

$$

地址：Sakkarin Rd, Wat Sop对面 电话：(020)546-491-89 地图：D3

餐馆位于半岛尽头的一排寺庙旁边，是精疲力竭的游客们的绝佳选择。甜点非常美味，午餐还有各式各样的三明治。餐馆装饰很低调，很多常住在这里的外国人喜欢在这里享用早餐。

市中心：Riverloft Restaurant

$$

地址：King Kitsalath Rd 电话：(030)200-5228 地图：D3

Riverloft 以前是一间艺术咖啡馆，如今则是琅勃拉邦最受欢迎的餐馆之一，供应传统老挝菜肴，如炸海带、laap、咖喱等，也有一些西式餐点，如汉堡、沙拉，以及一份丰富的早餐菜单。就餐区在户外，一个有遮阳棚的优雅阳台上。

市中心：Vegetarian Buffet

$$

地址：Post office parking lot 地图：C4

每天的日落时分，游客都会聚集到这处被店家摆满折叠桌的市场。菜品包括各式各样的素菜，有固定的价格。菜品质量出奇的好。还有大量的烤肉和糯米饭，可以单点啤酒。

市中心：View Khem Kong

$$

地址：5/49 Khem Khong Rd 电话：(071)212-726 地图：C3

餐馆位于湄公河畔，以景色秀丽著称，菜品精致，价格合理。供应西餐和传统老挝菜。琅勃拉邦香肠、蒸鱼和 laap 都很美味。服务贴心，环境干净整洁，很受当地人青睐。

市中心：Indochina Spirit

$$$

地址：Chao Fa Ngum Road 电话：(071)252-372 地图：B4

餐馆位于喷泉旁边，正对着 Wat Ho Xieng 寺，供应种类繁多的老挝菜、泰国菜和西餐，餐馆建筑是一座古老的两层楼高的房子，环境宜人。还有现场音乐表演。菜品美味可口，种类繁多。是初次尝试老挝菜的游客的绝佳选择。

市中心：Malee Lao

$$$

地址：Phu Vao Rd 电话：(020)777-259-9 地图：B5

餐馆距老城约 3 千米，在当地很有名，以传统老挝菜为特色。客人还可以自己动手烧烤，酱汁很特别。菜品不惊艳，但绝对货真价实。一定要尝一尝琅勃拉邦的米酒——lao gaam。

价格指南见 242 页

市中心：Nazim
$$$

地址：78/4 Ban Vison, Winsunarat Rd　电话：(071)252-263　地图：C3

这家印度连锁餐馆的分店遍布老挝，很受外国人喜爱。包揽了印度南北部菜品，美味可口且经济实惠。服务可靠，但上菜有点慢。标准的烤鸡肉、羊肉咖喱和印度香饭令人垂涎欲滴，当然还有美味的印度酸奶。

市中心：Tamnak Lao
$$$

地址：Sakkarin Rd, Ban Wat Sene　电话：(071)252-525　地图：D3

餐馆在一栋老楼里，位于 Villa Santi（见 222 页）对面，餐馆还被称为“三只大象”，供应美味的老挝菜，且价格实惠。服务生热情友好，乐于助人。不要错过他家用当地香草烹制的蒸鱼和绿色的鸡肉咖喱。西餐和泰国菜也值得一试。

市中心：The Pizza
$$$

地址：Sisavang Vong Rd　电话：(071)252-858　地图：C3

餐馆位于琅勃拉邦市中心的外国餐馆一条街，夜市（见 156~157 页）以南，是人们消费后的绝佳去处。很受游客欢迎，店面宽敞，座无虚席，但服务高效。供应各式各样的比萨，还有泰国菜和老挝菜。

市中心：Utopia
$$$

地址：Ban Aphai on the Nam Khan　电话：(020)558-943-94　地图：C4

这家别具风格的餐馆有着拱圆的天花板和露天的大厅，环绕着较小的就餐区，可以欣赏到迷人的河岸风光。餐桌很低，食客们都坐在垫子上。供应美味的西餐和老挝菜，还有可口的鸡尾酒。客人还可以预约排球场。

市中心：Arisai
$$$$

地址：49-3 Sakkarin Rd　电话：(071)255-000　地图：D3

这家设计巧妙、时髦新潮的小酒馆，以地中海菜肴为特色，包括摩洛哥东部最棒的蒸粗麦粉肉肠（mergues couscous）有两层，客人可以选择在一层观看开放式厨房里厨师烹制美食的过程，也可以选择在楼上享受清爽安静的环境中就餐。菜品经济实惠，广受好评。

市中心：Blue Lagoon Restaurant
$$$$

地址：Ban Choumkhong St　电话：(071)253-698　地图：D3

Blue Lagoon 是一处优雅的所在，除了主别墅餐厅区，还有一处花园凉亭，可以眺望远处的小池塘和河流。餐馆服务周到，提供的特殊的老挝与欧洲风味混合菜肴，包括进口牛排、奶油里脊丝和种类丰富的美食甜品。

市中心：Tamarind
$$$$

地址：Koun Xoa Rd, Ban Vat Nong　电话：(020)777-704-84　地图：D3

这应该算是城里品尝地道的老挝菜最好的餐馆，菜品制作水平很高且纯正，没有与其他菜系有任何融合。餐馆特色是美味的大盘菜，菜量很大，客人可以大快朵颐。用柠檬叶调味的香草烤全鱼非常美味。每天只营业到下午。这里还举办厨艺班。

市中心：Apsara
$$$$$

地址：Kingkitsarat Rd, Ban Wat Sene　电话：(071)254-670　地图：D3

餐馆位于与它同名的酒店的大厅内，可以眺望到南康河。这家时髦的餐馆供应融合了西餐风味的亚洲美食。还有印度咖喱、古蒸粗麦粉肉肠、老挝菜和各式各样的沙拉和蔬菜。

市中心：L'elephant
$$$$$

地址：Ban Wat, Nongm Diagonally opposite The School of Fine Arts　电话：(071)252-482　地图：D3

它公认为是琅勃拉邦最好的餐馆之一，供应老挝菜、法国料理和融合了各地特色的菜肴。装修很别致，桌布是白颜色的，光滑的黄铜制品与老挝古董搭配得相得益彰。餐馆有自己的菜园和果园，所以保证了菜品的新鲜和优质。需提前预约。

市中心：Les 3 Nagas
$$$$$

地址：Sakkarin Rd, Ban Vat Nong　电话：(071)253-888　地图：C3

餐馆坐落在同名酒店中，由 L'elephant Restaurant 管理，但专注于传统的琅勃拉邦菜品，并达到了很高水平。很多菜品都基于王室御用厨师 Phia Sing 的配方。还有一些融合了各国菜品风格的美食。野牛 laap 很美味。

市中心：Nava Mekong Cruise
$$$$$

地址：44/03 Suvannakhamphong Rd, Ban Vat Nong　电话：(071)260-319　地图：C3

用餐地点在一条沿着湄公河漂泊的木船上。这里供应自助餐，包括湄公河鱼等老挝特色菜，以及泰国美食，如 tom kha ghai。船上可以容纳 40 位客人。

市中心：Roots And Leaves
$$$$$

地址：Setthathirat Rd, Amantaka对面　电话：(071)254-870　地图：C3

餐馆坐落在一个天然的花园中，院内种满了当地的果树，还有一个开满荷花的池塘。餐馆供应种类繁多的泰国菜和老挝菜。晚餐时间的娱乐活动包括了所有老挝民间习俗，从舞蹈到经典音乐，还有时装展。白天这里则没有任何助兴节日，但显得安静宜人。

老挝北部

会晒：Muang Nuea $$
地址：Saykhong Rd 地图：A2

餐馆位于市中心，紧挨 Gibbon Experience（见 183 页），是背包客们在会晒的最佳选择——可以在这里获取最新的旅游资讯。供应丰盛、卫生的西餐和老挝菜。

会晒：Nut Pop $$
地址：Saykhong Rd 电话：(084)211-037 地图：A2

餐馆坐落在城市最北部一条不太整洁的小路上，但供应的老挝食品非常美味，客人可以在一个木质大厅里享用美食。毫无疑问，餐馆的特色菜是鱼肉，但其秘制酱料令它的品质远远超过同类的小餐馆。

会晒：Nam Khong View $$$
地址：Saykhong Rd 电话：(084)212-238 地图：A2

这家河畔旁的餐馆坐落在城市南部，是当地人重要的夜晚聚会地点。河岸景色迷人，菜品美味，鱼肉是这家餐馆的特色菜。从每晚的 21:00 开始，当地乐队演奏的浪漫的老挝曲调就会飘荡在醉人的夜色中。

琅南塔：Manychan $$
地址：Route 3 电话：(086)312-209 地图：B1

餐馆位于琅南塔（见 180 页）最繁华的地段，正对着夜市，是外国游客的最爱，菜肴品质远比以旅游为主导的地区的餐馆好许多。菜品包括牛排、比萨和老挝菜，还有自制面包和醇香的卡布奇诺咖啡。

琅南塔：Huean Lao $$$
地址：Route 3 电话：(086)211-111 地图：B1

在这里可以品尝到地道的老挝菜，如蚁蛋汤和传统老挝菜——鸡肉 laap 都很美味。餐馆是一座木质建筑，位于城市北部。很受当地人喜爱，提供英文菜单。没有西餐。

琅南塔：Banana Restaurant $$
地址：Route 3 电话：(086)212-113 地图：B1

餐馆离位于 3 号公路的夜市只有不到 100 米远，可以在这里吃到琅勃拉邦最好的西式早餐。晚餐供应老挝菜、泰国菜和法国菜。餐馆气氛很放松，2 楼还有一个漂亮的阳台，客人可以通过那里的宽屏电视收看体育赛事。

孟夸：Nam Ou Guest House Restaurant $
地址：码头旁 电话：(088)210-844 地图：B1

游客可以在这家小餐馆品尝到正宗的西餐和老挝菜。用当地出口量最大的竹笋（nomai）煸炒的菜品和鸡肉 laap 尤其美味。坐在餐馆中可以欣赏到秀丽的河岸景色，游客还可以在这里同其他“驴友”交换旅游资讯。

孟威：Ning Ning $$
地址：靠近小船码头 地图：B1

餐馆位于通往小船码头的一条小路上，供应美味的老挝菜和西餐。用河鱼烹制的菜肴口味最佳。清爽的河风和秀丽的景色让这家餐馆成为人们放松享受的最佳选择。服务到位，在孟威这意味着他们不会忘记你点的菜。

芒新：Jie Mei Restaurant $$
地址：Route 17 地图：A1

餐馆位于市中心的政府旅游办公室对面，如果你想找经济实惠的中国餐馆，那么你选对了地方。一定要尝一尝腌白菜炒鸡肉（yen cai chau ji rou），或者美味的乳饼（ru bing）。

芒新：Thai Leu Restaurant $$
地址：Route 17 电话：(081)212-375 地图：A1

餐馆是一座迷人的法国时期的老店屋，位于城中心，供应货真价实的本地菜肴。特色菜 Thai Leu 同泰国南部菜品很相似，围绕着泰式酸辣酱——一种辣味的腌蔬菜，就着糯米饭吃。餐馆还供应标准的西餐和老挝菜。

琅多：Seng Dau Restaurant $
地址：Ban Nong Khiaw 电话：(071)810-001 地图：B1

这家露天餐馆临河而立，位于南乌河大桥以南。供应简单美味的老挝菜和面条汤早餐。餐馆中只有最基本的设施，所以不要期待它有多华丽。当地的鱼肉 laap 值得一试。

价格指南见 242 页

琅多：Deen Restaurant $$

地址：Ban Sop Houn 地图：B1

餐馆供应各式各样的蔬菜和肉类咖喱，还有自制的烤羊腿和煎薄饼，可以选择印度酸奶或冰镇啤酒。餐馆是露天的木质结构建筑，晚上可以在这里纳凉，但可惜的是，服务有点拖沓。

北滨镇：Khop Chai Deau $$

地址：面对河面，码头附近 地图：A2

这家店与万象一家名字与其很相似的餐馆没有任何关系，但供应的食品都很美味。特色菜是印度咖喱，也有老挝菜和西餐，包括比萨。晚上这里很热闹，主要接待那些在湄公河乘船游玩归来的旅客。客人可以在甲板上欣赏秀丽的河岸风光。

丰沙里：Phou Fa Restaurant $$

地址：市中心以西 电话：(020)556-953-15 地图：B1

餐馆看起来像一座堡垒，因为在老挝内战时期这里曾是中国领事馆。餐馆供应的老挝菜和中餐都很精致，在阳台啤酒花园可以欣赏到壮丽的景色。晚上，店内被壁炉烘烤得很温暖。到达这里要走很陡的路，所以客人可以选择在城里搭乘一辆嘟嘟车。

丰沙湾：Simaly Restaurant $

地址：城中心Route 7 电话：(061)211-013 地图：B1

这家餐馆不仅很受当地上班族的青睐，还吸引了大批外国游客。这里的厨师尝试着制作西餐，如汉堡，但最美味的还是标准的泰国和老挝炒菜，如腰果鸡肉。服务生热情友好，服务一流。

丰沙湾：Maly Hotel Restaurant $$

地址：Hai Hin Rd 电话：(061)312-031 地图：C2

餐馆离市中心有点远，但出租车和嘟嘟车司机都知道怎么走。这里供应老挝菜和法国料理，包括季节特例菜，如野生蘑菇。顾客最好提前预约，跟店主 Sousath 先生联系，他会为你安排一顿难忘的美食之旅，还会给你介绍鲜为人知的当地旅游攻略。

丰沙湾：Auberqe De Plaine Des Jarres $$$

地址：Phou Pha Deng Hill 电话：(020)551-722-82 地图：C2

游客即使不住在这家酒店，也值得来这里品尝美食。供应经典的法国料理和老挝菜。冬天酒店的壁炉使得店内非常舒适，天气温暖的时候客人还可以在平屋顶享受日光浴。餐馆甚至还可以将饱餐一顿的顾客送回家去。

桑怒：Chittavanh Retaurant $$

地址：靠近Nam Sam、大桥和市场之间 电话：(064)312-265 地图：C2

餐馆位于同名酒店的一层，在桑怒算得上一家大餐馆，所以经常接待旅行团，当地人也很喜爱这里美味的老挝和越南菜。这里的服务无须多说，服务生总能提供你想要的。

桑怒：Dan Nao Restaurant $$

地址：大桥以北 电话：(064)314-126 地图：C2

这家餐馆并不惊艳，但供应的老挝菜和西餐干净美味。服务生热情友好，有英文菜谱。餐馆营业时间很早，专为那些很早就去芒咸溶洞（见 174 页）参观的游客供应早餐。

万荣：Arena Restaurant and Bar $$

地址：Ban Savang 电话：(020)7818-1171 地图：B2

Arena 是在炎热气候下旅游后的一处理想放松地，楼下的咖啡馆有空调，楼上则是露天阳台，为你欣赏万荣的夜生活提供了一处理想地点。餐馆开门很早，提供早餐，而且会一直营业到很晚。主要提供很受西方背包客欢迎的菜品，也有少部分老挝菜。

万荣：Nokeo $$

地址：Old market对面 电话：(020)224-112-03 地图：B2

这家历史悠久的餐馆一直是当地人和游客们不变的最爱，这里的老挝菜如 laap 和 ping paa（烤鱼）均值得一试。餐馆装修实在没什么特色，但菜品绝对货真价实，且很卫生。

万荣：La Veranda Riverside $$$

地址：Villa Nam Song Resort内 电话：(023)511-637 地图：B2

店如其名，在这里可以欣赏到秀丽的河岸风光，但菜品的质量才是真正吸引游客的地方。厨师是泰国人，制作的泰国菜正宗又美味，如 Ping Pa（烤鱼），法国料理也很美味，包括专为素食者准备的可口的蔬菜什锦。甜品和酒水种类繁多。

万荣：Organic Farm Restaurant $$$

地址：Route 13的159千米处 电话：(023)511-220 地图：B2

餐馆有自己的有机菜园。老挝菜种类繁多，法国料理也很美味，厨师会根据客人的口味调味。山羊奶酪和用散养的鸡烹制的菜品令人回味。

老挝中部和南部

占巴塞：Champa Restaurant $$

地址：Ban Wat Amard 地图：D5

在占巴塞所有的餐馆，Champa Restaurant 是被公认最美味、最卫生的一家。供应可口的西餐和老挝菜，特别是以鱼肉为主的菜肴，非常美味。从餐馆的露天大堂可以欣赏到秀丽的河岸风光。

占巴塞：Inthira Restaurant & Bar $$$

地址：Ban Wat Amard 电话：(031)214-059 地图：D5

这家由中国店屋翻修而成的餐馆环境优雅，调酒师调制的鸡尾酒非常可口。这里的厨师受训于万象的 Khop Chai Deu Restaurant（见 242 页），供应各式各样的美味西餐和老挝菜。

敦登岛：La Folie Lodge $$$$

地址：Don Daeng西北岸 电话：(020)555-320-04 地图：D5

对于那些不住在敦登岛的人而言，在这里享用晚餐是非常有意思的体验。菜品很美味，包括经典的法式料理、种类繁多的甜点和酒水。你可以在占巴塞租一条往返船只到达这里。

东阔岛：Seng Ahloune Restaurant $

地址：Wat Khon Tai旁 电话：(030)534-580-7 地图：D5

餐馆位于连接东德岛和东阔岛的大桥以南，店内气氛充满朝气，供应基本的游客菜，包括西餐、老挝菜和越南菜。旺季的中午时分，这里总是座无虚席，因为它位于登岛的必经路上。

东孔岛：Phoukhong Restaurant $$

地址：Ban Khangkhong 电话：(031)213-673 地图：D5

餐馆位于芒孔村中心广场以南的河上，质量略胜过这一带的其他酒店和餐馆。为背包客供应标准的西餐和美味的老挝菜。

东孔岛：Auberge Sala Don Khong $$$

地址：Ban Khangkhong 电话：(031)212-077 地图：D5

餐馆临河而立，位于通向芒孔村中心广场的一条小道旁，供应岛上最好的西餐，老挝菜也经过精心烹制，口味远超其他餐馆。最好提前预约，一为有座，二为获取菜品推荐。

巴色：Delta Coffee $$

地址：Route 13 电话：(030)534-589-5 地图：D5

餐馆离市中心有点远，但它经济实惠又美味的老挝菜和意大利菜绝对值得你专程前往。店主在北松还有一片咖啡种植园，所以这里供应的咖啡堪称巴色地区最棒的。服务生精力充沛、有求必应。餐馆还供应丰盛的早餐，甜点也很美味。

巴色：Jasmine $$

地址：Route 12和Route 13拐角处 电话：(031)251-002 地图：D5

餐馆在巴色供应经济实惠的印度菜，很受背包客的欢迎，如今，Jusmine 在与对街的餐馆进行着激烈的竞争，对游客而言不失为一个好消息。菜品种类很多，每一样都很美味，但没有特别惊艳的。

巴色：Khem Kong Restaurant $$$

地址：湄公河上 电话：(031)213-240 地图：D5

如果你没有光顾过湄公河上的船上餐馆，那么就不算真的来过巴色，这家餐馆供应的菜品是最好的，吸引了大批外国游客。餐馆提供详细的英文菜单。河上的秀丽景色和清爽微风是这家店最吸引人的地方。店内特色是其供应的鱼类菜肴种类繁多。是家庭聚会和朋友聚餐的绝佳选择。

巴色：Na Dao Restaurant $$$

地址：Japanese Bridge以北 地图：D5

餐馆气氛典雅，但不太好找。菜品的质量很好，将老挝菜和法国料理完美地融合在了一起。酒品种类繁多。餐馆位于 Champasak Grand Hotel（见 225 页）对街以北。

巴色：Pakse Hotel Roof Garden $$$

地址：St 5 电话：(031)212-131 地图：D5

在这里你可以欣赏到巴色的全景。餐馆隶属著名的 Paskse Hotel（见 225 页）。很适合在日落时分来这里小酌一杯，烤肉也很美味。餐馆归一个法国人所有，他的老挝妻子把员工培训得精力充沛、有求必应。鸡尾酒种类繁多，还有每日特例菜。

沙湾拿吉：Anakhot
\$\$

地址：Ratsawongseuk Rd　地图：C4

餐馆的名字意为未来，别具风格，供应的食品从寿司到老挝菜一应俱全，环境惬意。餐馆还有一个任务是支持社区运营一个帮助当地妇女的项目，将妇女们制作的手工艺品放在餐馆中售卖。店里有提神的花草茶、水果沙冰和 Wi-Fi 网络。

沙湾拿吉：Hoongthip Garden Restaurant
\$\$

地址：Phetsarath Rd　电话：(041)212-262　地图：C4

餐馆在一个迷人的露天大厅里，靠近 Hoongthip Hotel（见 225 页），是沙湾拿吉最好的享用老挝菜、泰国菜和中国菜的餐馆。鸭肉 laap 和香草蒸鱼值得一试，但不要点它正处于摸索期的西餐。这是当地很受欢迎的一家餐馆，有时有点吵，但气氛愉悦。

沙湾拿吉：Cafe Chez Boune
\$\$\$

地址：Chaimeuang Rd　电话：(041)215-190　地图：C4

当地人如果想品尝西餐，就会来这里，外国人也很喜欢，供应美味的比萨、沙拉和肉排（牛肉、羊肉和鲑鱼）。餐馆的甜品也很诱人，且款式繁多。早餐分为老挝式和西式。餐馆的装饰和氛围也让人感觉很放松。

沙湾拿吉：Lao Lao Der
\$\$\$

地址：Nakae Village　电话：(041)212-270　地图：C4

餐馆位于湄公河下游，离大桥很近，供应达到国际水准的老挝菜和泰国菜，坐在店内还可以欣赏到河岸的秀丽风光。餐馆地方宽敞，适合朋友聚餐和家庭聚会，晚上这里总是座无虚席。

沙湾拿吉：Dao Savanh Restaurant
\$\$\$\$

地址：Simuang Rd　电话：(041)260-888　地图：C4

餐馆是一栋古老的殖民时期宅邸，位于沙湾拿吉安静的中心广场，供应经典的法式料理，包括一些别具异域风情的特色菜，如威士忌煮龙虾。午餐有固定的价格，而且每天都有不同的特例菜，酒品和甜点的种类也很多。欣赏着迷人的景色品尝这些美食，感觉妙不可言。

Tat Lo：Tadlo Lodge
\$\$\$

地址：Ban Tangkea, Route 20, Lao Ngam District　电话：(034)211-089　地图：D5

餐馆坐落在一个露天的大厅里，四周被树木环抱。每个来过波罗芬高原（见 198 页）的人几乎都光顾过这家餐馆，有机会前往的人去一定不要错过这个品尝美食的机会。供应西餐和老挝菜，环境很卫生。服务亲切，但有点慢。

他曲：Phavilai Restaurant
\$

地址：Nam Phu Fountain Square　地图：D3

餐馆位于湄公河下游，喷泉广场，风格简单大方，供应各式各样基本但卫生的老挝菜、中国菜和越南菜。服务生很乐意为顾客购买对面街上的烤鸡肉。建议选择临河的座位。

他曲：Sabaidee Thakhek
\$\$

地址：Nam Phu Fountain Square　电话：(020)565-466-90　地图：D3

餐馆由一个英国人和他的老挝妻子经营，这家店屋餐馆供应种类繁多的西餐、老挝菜，甚至越南菜，环境干净舒适。还可以欣赏到他曲一直干涸着的喷泉。这里可以交换图书，有线电视播放着 BBC 新闻。

他曲：Inthira Hotel
\$\$\$

地址：Chao Anou Rd　电话：(051)251-237　地图：D3

餐馆位于酒店前，服务生都受训于著名的万象 Khop Chai Deu Restaurant（见 242 页），所以菜品的质量和口味皆佳。供应的菜品从比萨到老挝菜一应俱全，早餐也很丰盛。酒吧的鸡尾酒也很可口。

他曲：Smile Raft Restaurant
\$\$\$

地址：湄公河　电话：(051)212-150　地图：D3

Smile Rafe 在他曲的漂流餐馆中数一数二，位于霓虹灯微笑标志处，很容易找到。供应的菜品均为老挝菜，但有英文菜单。客人如果不喜欢在船上用餐，现在有一部分餐区也设在陆上，就在原店对面。

坦贡洛溶洞：Mu Thuna II
\$\$

地址：位于停车场入口处左边　电话：(020)224-018-2　地图：C3

因为去往坦贡洛溶洞的路被封锁了，店主就在这里开了餐馆。餐馆有一个露天的大厅，环境宜人，四周被树林环抱，供应泰国菜和各国美味。Mu Thuna II 是镇上最好的餐馆。这里的鸡排值得一试。

Xe pian自然保护区：Kingfisher Ecolodge
\$\$\$

地址：Ban Khiet Ngong　电话：(020)557-263-15　地图：D5

餐馆是一栋两层楼高的木质小楼，露天大厅可以看到一个池塘。餐馆供应种类繁多的西餐和老挝菜，以素食和有机食品为主。店主是意大利人，所以这里还有很多意大利菜，包括自制的意大利面。

柬埔寨的购物信息

随着不断的开放和发展，柬埔寨已经渐渐成为一个购物天堂，昂贵高档的精品店开始与喧闹的市场和街道小摊争抢位置。近15年来，成功的珠宝设计师和画家经过国外学习已经回到了柬埔寨，他们开始为本国蓬勃的艺术和手工业做出贡献。柬埔寨当地气氛独特的市场出售陶瓷、丝巾、古董、银制品、塑像和雕刻品、拓印品以及绘画作品。柬埔寨丝绸在世界上都享有极高的声誉，顾客可以在市场上和小贩好好讨价还价一番，那里的价格很有弹性，而且欢迎友好的议价行为。

俄罗斯市场里的陶瓷雕塑

营业时间

城市中的商店营业时间为7:30~18:00；11:00为午餐时间，也会休息个把小时。金边和暹粒的市场一般从日出营业到日落，最好错过早上的购物高峰时段。有的市场法定假日全休息。所有商店和市场一周七天开放。

如何付款

现金是最受欢迎的付款方式，但大多数高档商场也接受信用卡付款。柬埔寨各处都接受美元，而且很多价格较高的商店都是用美元标价，而不是当地货币里尔。离泰国较近的东部边界地区也会接受泰铢。

讨价还价也是高棉文化的一部分，而且到处都在发生——和小贩、嘟嘟车与摩的司机，在当地市场、酒店和商店——但在比较高档的地方这个规则是不适用的。如果讨价时的态度既友好又平静，你就肯定能获得一个实惠的价格。要记住，小贩最开始给出的价格一定是有水分的，他们很期待和顾客议价。

俄罗斯市场内的游客穿梭在各个摊位之间

权利和退款

按常规来说，卖出的商品是不能退货的，但是大商场的有些商品是有保修期的，也允许退换。同样，外国人开的精品店也同意将有问题的商品回收。

百货公司和商场

百货公司和商场在金边和暹粒越来越受欢迎，甚至能与传统市场一争高下。金边有三座商场，其中最新的一座是**城市商场**（City Mall）。**萨瓦纳**（Sovanna）百货公司和最古老的西式商场**Sorya**坐落在中心市场（Central Market）的南侧。暹粒豪华的**博物馆商场**（Museum Mall）和**吴哥贸易商场**（Angkor Trade Shopping Mall）出售各种富有设计感的时装、电子产品和食品。

商业街区

金边的178号大街与国家博物馆附近的路平行，以其雕塑商店和艺术画廊而闻名。此外这里还有众多手工艺品店和丝绸服装店。附近的西索瓦码头汇聚了很多精品服装店、画廊和书店。迷人的Boeung Keng Kang地区一直是外国人聚集的区域，这里云集着众多商店、按摩水疗馆和豪华的丝绸服装店。

老市场的商店里出售古代塑像和其他雕刻工艺品

高质量的精品店也在暹粒遍地开花，尤其是在法国人特区，其中包括各种珠宝店、裁缝店、画廊、工艺品店及家装商店。但这些店内的商品并不便宜，它们都是艺术家的杰作，有的艺术家在国外非常受尊敬。

市场和街道小贩

市场是购物和体验柬埔寨真正生活的最佳去处。金边繁荣的商业区包括**俄罗斯市场**、**中心市场**和**Psar Russei**。暹粒最著名的市场则包括法国人特区旁边的**老市场**和**吴哥夜市**（Angkor Night Market），夜市里云集了珠宝小摊、食品小贩、手工艺品店以及一家茅草酒吧。

工艺品

柬埔寨全国都生产工艺品，包括种类繁多的优质银制品、宝石、格罗麻、木雕、石雕和古董。**阿普萨拉艺术画廊**（Apsara Art Gallery）展出一系列当代东南亚艺术品、**Asasax艺术画廊**（Asasax Art Gallery）则展出当代艺术家Asasax的独特画作。丝绸制品可以在非政府组织经营的**CYK手工艺**（Cyk Handicrafts）或**Couleurs d'Asie**买到。**吴哥艺术家**（Artisans d' Angkor）制作的木雕和石雕也值得购买。游客还可以到**湄公棉被**（Mekong Quilts）购买由乡下妇女制作的棉被。

服装

除了传统服饰外，柬埔寨还有设计师设计的各种款式的出口服装，如Bliss会为客人量身定做服装。**樱花服装店**（Cherry Blossom Boutique）和**汤姆和爱丽丝裁缝店**（Tom and Alice Tailor）也提供同样的服务。在**桑树服装店**（Mulberry Boutique）和**Bambou印支公司**可以买到吸引人眼球的T恤作为旅游纪念品。**Pich Reamker商店**也是购买品位独特的服饰的好去处。

吴哥艺术家里展出的丝绸样品

陶瓷和漆器

传统高棉漆器盛行至今，吴哥艺术家（Artisnas d'Angkor）这类组织功不可没的，在这里游客不仅可以观看漆器制作的过程，还可以购买成品。**高棉陶瓷复兴国家中心**（National Center for Khmer Ceramics Revival）是另一家同类组织，在这里买到许多精美的纪念品。

冒牌产品

柬埔寨市场出售的银制品大都质量不佳或根本就是冒牌货，不懂不要贸然下手。游客还要谨慎对待那些自称卖的是吴哥窟真品的小贩，这不仅是盗取国家遗产，他出售的还极有可能是假货。

附录

百货商场和购物中心

吴哥贸易购物中心
Pokambor Ave, 旧市场区，暹粒。
电话：(063)766-766

城市购物中心
Monireth Blvd, 金边。
城市地图：B3
电话：(023)883-137

博物馆购物中心
吴哥国家博物馆旁边，暹粒。
电话：(063)966-616

Sorya
St 63和St 154, 金边。
城市地图：D2
电话：(023)883-137

萨瓦纳
Building 307-309, St 271, 金边。
城市地图：B5
电话：(023)883-137

市场

吴哥夜市
沿Sivatha Blvd, 暹粒。
电话：(092)654-315
www.angkornightmarket.com

中心市场
St 63以北，金边。
城市地图：D2

Psar Russei
Charles De Gaulle Blvd和St 182之间，金边。
城市地图：C2

俄罗斯市场
Mao Tse Toung Blvd以南，金边。
城市地图：B5

工艺品

Apsara艺术画廊
170A，St 450，金边。
电话：(012)867-390

吴哥艺术家
沿Sivatha Blvd, 靠近旧市场，暹粒。
电话：(063)963-330
www.artisansdangkor.com

阿普萨拉艺术画廊
192, St178, 金边。
城市地图：D2
电话：(023)217-793
www.asasaxart.com.kh

Couleurs d'Asie
St240, 金边。
城市地图：D3
电话：(023)221-075

CYK手工艺
67, Sothearos Blvd, 金边。
城市地图：F3
电话：(023)210-849

湄公棉被
49, St 240, 金边。
城市地图：D3
电话：(023)219-607

服装

Bambou印支公司
Lucky Mall，Sivatha blvd, 暹粒。
电话：(063)966-822

Bliss
St240, 金边。
城市地图：D3
电话：(023)215-754

樱花服装店
St10, 暹粒。
电话：(012)320-568

桑树服装店
St51和St 278交汇处，金边。
城市地图：E3
电话：(016)222-750

Pich Reamker商店
Museam Mall，暹粒。
电话：(012)796-286

汤姆和爱丽丝裁缝店
153, St278, 金边。
电话：(012)796-286

陶瓷和漆瓷

高棉陶瓷复兴国家中心
Chaeles De Gaulle Blvd, 暹粒。
电话：(012)761-519
www.khmerceramics.com

老挝的购物信息

当地的编织包

近几年，老挝的购物场所无论是在数量上还是在种类上都有所增加。商品从在鲜货市场很常见的手工米篮子，到在精品店出售的色彩艳丽的丝绸和纪念品，应有尽有。琅勃拉邦的夜市非常有名，出售做工精致的当地编织品、布料和包。公平贸易公司会帮助村民在市场上出售他们的商品，不过直接从街边小摊上购买这些产品更有利于当地经济的发展。来自泰国和越南等老挝邻国的商品，特别是手工艺品，也可以在老挝买到。一般情况下，最好的方法是在购买前多逛几家出售同类商品的商店，看看质量，比比价格。不过，建议游客不要对老挝的购物中心抱太大希望，商品质量都不太可靠。

琅勃拉邦夜市，小摊上出售的是由少数民族制作的商品

市场和街边商贩

几乎老挝的每个城镇都有一个市场，并且都值得一逛。这些市场各不相同，有的卖纺织品和布匹，有的卖新鲜的当地产品。由于这些市场主要是为当地人服务的，所以不会有太多适合游客的商品，但正是如此，游客可以找到真正的当地特产。向游客出售商品的街边商贩一般都在晚上出现，他们出售的都是由老挝少数民族制作的商品。琅勃拉邦夜市在（Sisavang Vong Road）沿街摆摊，非常受欢迎。在万象，类似的市场如临河的 Fa Ngum 码头和早市则出售各式各样、来自全国各地的产品。

讨价还价

在老挝，商品没有固定价格，但讨价还价的最大余量只会出现在当地市场和精品店出售的商品上。买家讲价时一定要面带微笑，还要随时准备到其他摊位寻找同样的商品。最好在讲价前就有一个心理价位。不要在小钱上大费周章，因为基普在兑换后太不值钱了。

纺织品

老挝手工编织的丝绸和棉织品非常漂亮，但价格有时候也奇高。每个省份都有独特的风格，以东北部 Hua Phan 出产的最为精致。老挝的丝绸可以被定制成西式服装，但最好看的款式还是传统的长裙。不要买旧了的丝绸，它们非常易损。由洪族制作的带有几何贴花的商品——从床单到卧室拖鞋都非常漂亮，而且由于不是手工编织的，价格也不会那么昂贵。琅勃拉邦的 **Kopnoi** 和 **Ock Pop Tok** 两个品牌是购买创意款式的不错选择。万象的**卡罗尔·卡西迪老挝纺织品**（Carol Cassidy Lao Textiles）和 **Satri 老挝丝绸**（Satri Lao Silks）商品样式更传统。

古董

由于假货居多，如果不是经验丰富，能够鉴别真伪的买家，不要贸然出手。注意，应避免任何与宗教相关的真品，因为它们很可能是从寺

香孔村一家商店展出的种类繁多的手工丝绸服装

琅勃拉邦各式各样用竹子和藤蔓编织的篮子及其他商品

庙中偷出来的；在老挝，出口宗教艺术品是违法行为。真正的古董，如瓷器——特别是来自中国的、乐器、珠宝、木雕和青铜雕像，只要未经许可，无论购买和出口都是违法的。而像纸币、邮票、硬币或与前朝政府有关的勋章，则很可能是真品。在琅勃拉邦购买古董的最好选择就是 **Phatana Boupha 古董屋**（Phatana Boupha Antique House）。**Tha Vee Souk** 也汇集了大量令人瞠目的古玩。在万象则可以选择**印支古屋**（Indochina old house）或**曼德勒家具**（Mandalay Furniture）。

手工艺品

老挝人是编织篮子的专家，藤蔓和竹子对他们而言都是绝好的材料。用来储存糯米的 tip khaw（编织米篮子）价格便宜，外形精致。老挝还以木雕闻名，值得买来收藏，但游客要仔细检查它们的品质。还有一种当地特产——由桑树皮制成的沙纸（sa paper），这种纸张可以用来制作美丽的手工灯笼和其他装饰品，是极富特色的纪念品。用竹子制作的油漆阳伞和瓷器也是不错的选择。琅勃拉邦高档的**老挝卡素罗**（Caruso Lao）出售栩栩如生的木雕，**蓝房子**（Blue House）则出售精致的沙纸工艺品。万象值得一逛的商店有 **Phai 独家工艺品**（Phai Exclusive Crafts），出售种类繁多的传统工艺品，还有 **T'shop Lai Gallery**，供应造型独特的手工艺品。

镶嵌宝石的耳环

珠宝

金银珠宝在老挝市场上很常见，出售它们的店铺往往灯火辉煌，以红色为主色装饰。金银都按重量定价，外加手工制作费用。黄金都是24K的，色泽柔和，在全亚洲都很受欢迎，但银制品的质量参差不齐，没有固定的标准。

这些珠宝中最抢眼的莫过于由少数民族制作的珠宝了，尽管做工有些粗糙，但非常独特。而最吸引人的珠宝，恐怕还是老挝妇女穿戴在传统 pha sin 裹裙上的银腰带。在老挝开采到的优质宝石少之又少，所以除非你是宝石鉴定专家，一般都不要购买。在琅勃拉邦，**那伽创造**（Naga Creations）是购买风格现代的宝石的绝佳去处，而 **Thithpeng Maniphone Silversmiths** 出售的则是首屈一指的传统优质银饰。万象的**巴里宝石 & 珠宝**（Bari gems & Jewelry）和 **Saigon Bijoux** 也集合了各式各样诱人的珠宝。

附录

纺织品

Carol Cassidy Lao Textiles
Ban Mixay，万象。
地图：B3
电话：(021)212-123
www.laotextiles.com

Kopnoi
Ban Aphay小学对面，琅勃拉邦。**地图：**C4
电话：(071)260-248

Ock pop tok
Ban Wat Nong，琅勃拉邦。**地图：**D2
电话：(071)253-219
www.ockpoptok.com

Satri Lao Silks
Setthathirat Rd，万象。
地图：B4
电话：(021)219-295

古董

印古屋支
Setthathirat Rd，万象。
地图：B4
电话：(021)223-528

曼德勒家具
Francois Ngin Rd，万象。
地图：B4
电话：(021)218-738

Phatana Boupha古董屋
Wat visounarat对面，琅勃拉邦。
地图：D4
电话：(071)212-262

Tha Vee Souk
Sisavang Vong Rd，琅勃拉邦。
地图：C3
电话：(071)260-425

手工艺品

蓝房子
Sakkarin Rd，琅勃拉邦。
地图：D3
电话：(071)252-383

老挝卡素罗
Sakkarin Rd，琅勃拉邦。
地图：D3
电话：(071)254-574
www.carusolao.com

Phai独家工艺品
Lao Plaza Hotel，万象。
地图：C3
电话：(020)547-670-0

T'shop Lai Gallery
Wat Inpaeng后面，万象。
地图：B3
电话：(021)223-178
www.laococo.com

珠宝

巴里宝石&珠宝
Samsenthai Rd, Asian Pavilion Hotel对面，万象。
地图：C3
电话：(021)212-680

那迦创造
Sisavang Vong Rd，琅勃拉邦。**地图：**C3
电话：(020)777-500-5

Saigon Bijoux
Samsenthai Rd，万象。
地图：C3
电话：(021)214-783

Thithpeng Maniphone Silversmiths
Ban Wat Thai，琅勃拉邦。
地图：B4
电话：(071)212-925

柬埔寨的娱乐活动

这个国家的娱乐产业一度受到了红色高棉的巨大打击。但是从20世纪70年代晚期开始，柬埔寨的娱乐业开始稳步恢复，产生了新一代现代艺术家和一些受到泰国与中国影响的流行音乐，电影业也在慢速回升。更多的传统艺术，如吴哥巅峰艺术之作阿普萨拉舞蹈得到了极大的提升。现代和传统音乐流传在首都和小城市中，柬埔寨最新潮的歌手还常常在金边日本桥（Japanese Bridge）一带的餐馆里演出。

柬埔寨的舞者正在表演传统的阿普萨拉舞蹈

信息资源和订票

由 Canby 出版社出版的免费城市指南向游客们介绍了金边、暹粒和西哈努克最新最好的酒吧、俱乐部、音乐会和话剧信息。英语日报《金边邮报》(*Phnom Penh Post*)也可以当作不错的城市指南。《*Bayon Pearnik*》是一本免费的月刊杂志，也包含了许多当地活动信息和美食地点。在柬埔寨，人们一般不会提前订票，但大多旅行社和酒店都可以为游客提供这类服务。

传统舞蹈、戏剧和电影

柬埔寨的传统音乐和舞蹈正经历着艰难的复苏。**柬埔寨金色年代艺术协会**（Sovanna Phum Arts Association）会在每周五和周六 19:30 分别上演传统舞蹈和木偶剧。**阿普萨拉艺术协会**（Apsara Arts Association）每周六 19:30 会演出传统和民间舞蹈。Cinema Lux 和**法国文化中心**（Centre Culturel Francais）则会播放电影。

现代音乐、夜总会和酒吧

金边的酒吧、咖啡店和夜总会遍地都是。现场音乐表演的爱好者也有很多选择，比如 Art Café 以蓝色的夜和高棉音乐闻名；Miles 则是一个开在屋顶上的爵士咖啡店。金边一些大型、新建的酒店还有高棉流行音乐表演。Green Vespa 是一家亲民的酒吧，气氛很友好。游客若想寻找现代且时髦的酒店，可以直奔 Fly Lounge，那里有一个鸡尾酒休息室和一个精致的水池；**驻外记者俱乐部**气氛友好且不失高雅的殖民时期风格。Sharky's Bar 是城里旧体育酒吧中的一个，有台球桌和一个很棒的吧台。暹粒也有许多酒吧和卖酒处：Molly Malone's 是一家典型的爱尔兰酒吧，出售爱尔兰啤酒；Miss Wong 则主打 20 世纪 20 年代的老上海怀旧风格；Angkor what? 总是乐声如潮，正好衬托它狂热的氛围；隶属 Raffles Grand Hotel d'Angkor 酒店的 Elephant Bar 无论在风格还是气质上都堪称典范。

附录

传统舞蹈、戏剧和电影

阿普萨拉艺术协会
71，St 598，金边。
电话：(023)990-621
www.apsara-art.org

Cinema lux
44 Norodom Blvd, 金边。
城市地图：E2
电话：(012)343-498

法国文化中心
218, St 184街，金边。
城市地图：D3
电话：(023)213-124
www.ccf-cambodge.org

柬埔寨金色年代艺术家协会
111, St 360, Chamkarmon, 金边。
电话：(023)987-564
www.shadow-puppets.org

现代音乐、夜总会和酒吧

Angkor what?
Pub St, 暹粒。
电话：(012)490-755

Art Café
84, St 108金边。
城市地图：D1.
电话：(012)834-517

Elephant Bar
Raffles Grand Hotel d'Angkor，暹粒。
www.raffles.com

Fly Lounge
St 148，金边。
城市地图：E2

驻外记者俱乐部
363 Sisowath Quay, 金边。
城市地图：E2
电话：(023)210-142
www.fcccambodia.com

Green Vespa
95 Sisowath Quay, 金边。
城市地图：E1

Miles
310, St 113, 金边。
城市地图：C4
电话：(011)698-470

Miss Wong
passage（Pub St后面），暹粒。
电话：(092)428-332

Molly Malone's
Pub St, 暹粒。
电话：(063)963-533
www.mollymalonescambodia.com

Sharky's Bar
126, St 130, 金边。
城市地图：E1
电话：(012)228-045
www.sharkysofcambodia.com

老挝的娱乐活动

老挝的娱乐活动相对沉闷，因为政府对这类场所的营业时间和演出内容有着很严格的规定。有一段时间，只要音乐听起来有点现代或异域风情都会被禁止。但是从2003年开始，政府放宽了规定，老挝流行乐坛开始涌现出一批本土歌手。万象是老挝娱乐场所种类最繁多的城市，其次是琅勃拉邦。而在小城镇，日落后一切娱乐活动就停止了。老挝经典音乐、舞蹈和民间音乐在首都和琅勃拉邦的舞台上上演着，让游客有机会一睹老挝文化的风采。

游客在老挝一家颇受欢迎的酒吧享受休闲时刻

信息资源

免费的口袋月刊Pai Sai在万象的酒店和餐馆随处可见，刊登着音乐、体育、戏剧和电影信息。如果游客有老挝的手机SIM卡，还可以通过接收杂志发出的短信获取这些信息的每日更新。由政府经营的《万象时报》(*Vientiane Times*)上的娱乐信息虽然不多，但更新及时，月刊《社会生活方式》(*Society Lifestyle*)也是如此。除此之外，贴在万象和琅勃拉邦旅游区灯柱上的小海报也会为游客提供即时的娱乐信息。

传统舞蹈和戏剧

以Phra Lak Phra Lam——老挝版印度神话《罗摩衍那》为代表的经典文化，和以催眠曲一样令人平静的老挝民间音乐为代表的流行文化都是不错的选择。Phra Lak Phra Lam可以在万象的**老挝国家歌剧院**(Lao National Opera Theatre)和在琅勃拉邦的国家综合博物馆广场内的**皇家芭蕾剧院**(Royal Ballet Theatre)观看。

一位乐手在演奏老挝传统乐器

这些场所也会出演民间音乐，但为了体验原汁原味的老挝文化，游客应该参观庙会，参与lam wong舞蹈的表演，身临其境地体验老挝的风俗文化。

电影和艺术展

尽管DVD把老挝的电影院逼上了绝路，仍有一些由使馆扶持的文化机构会播放外国电影，如**法国中心**(French Centre)，以及日本和德国使馆，但字幕不一定都是英文的。ITECC也是值得一去的，它是一家当地贸易会议中心。艺术展常设在使馆文化中心，万象和琅勃拉邦还有许多展出老挝艺术作品的私人画廊。

现代音乐、迪斯科和酒吧

万象(在某方面也可以算上琅勃拉邦)的夜生活在不断发展。尽管游客倾向于酒店中的迪斯科，但Wind West有不错的现场音乐表演。最大的迪斯科馆Marina Disco还配有一个保龄球场。万象的Khop Chai Deu餐馆也有现场音乐表演。在琅勃拉邦，酒店鸡尾酒休憩室是绝好的迪厅，不过The Hive的音乐更欢快，还有民族时装表演。

附录

传统舞蹈和戏剧

老挝国家歌剧院
Khun Bulom Rd，万象。
地图：B3
电话：(021)260-300

皇家芭蕾剧院
国家综合博物馆，琅勃拉邦。
地图：C3
电话：(071)253-705

电影和艺术展

法国中心
Lan Xang Avenue，万象。
地图：D3
电话：(021)214-764

ITECC
Khampheng Muangrd，万象。
地图：B5
电话：(021)415-477

现代音乐、迪斯科和酒吧

The Hive
Wat Aphay对面，Phou Si Rd，琅勃拉邦。**地图：**D3
电话：(071)212-880

Khop Chai Deu
Setthathirat Rd，万象。
地图：B4
电话：(021)223-022
www.khopchaideu.com

Marina Disco
Luang Prabang Rd，万象。
地图：A5
电话：(021)216-978

Wind West
Luang Prabang，万象。
地图：A5
电话：(021)200-777

柬埔寨的户外活动和趣味活动

柬埔寨拥有丰富的河流、湖泊、山峰和原生态海岸线，可以为游客提供各式各样的活动。南部荒野的生态徒步旅行也慢慢流行起来，西部省会则为游客提供美妙的露营旅行，人们住在狩猎风格的帐篷里，在古老的残垣断壁间徒步旅行。

金边一家潜水用具商店的标志

游客在南部海滩则可以进行浮潜、深潜、深海垂钓、出海以及帆板冲浪。绵延的群山和稻田还为自行车爱好者提供了绝佳的场地。鸟类学家和海洋生物爱好者则可以探索洞里萨湖的自然奇迹，这里的生态环境吸引了多种濒临灭绝的水鸟来此筑巢。

深潜和浮潜

柬埔寨清澈见底的海中居住着海鳗、梭鱼、蝎鱼、狮鱼、鹦嘴鱼、章鱼、礁鲨、海豚和鲸鱼，是潜水爱好者的天堂。西哈努克海边的度假胜地是潜水之旅的最佳选择，理想的潜水时间是10月～次年6月间，水下的能见度可达到10~25米。距离西哈努克不远的Koh Rong Samloem岛和Koh Koun岛拥有大量的珊瑚礁，是柬埔寨最负盛名的潜水胜地。如果你有足够的时间，还可以到更远的Koh Tang、Koh Prins和神鹰礁（Condor Reef）探险。金边也有几个潜水中心，其中一些经国际专业潜水教练协会（PADI）授权。它们都会根据游客的潜水经验组织不同深度的潜水项目。不是特别热衷于深潜的游客还可以要求中心为他们安排为期一天的浮潜活动。

潜水国家（Scuba Nation）是柬埔寨最早开展潜水活动的中心，品质有保证；**吴哥潜水**（Angkor Dive）则是第一家立志环保的潜水中心，此外还有**生态海洋潜水**（Eco Sea Dive）和**潜水商店**（The Dive Shop）。

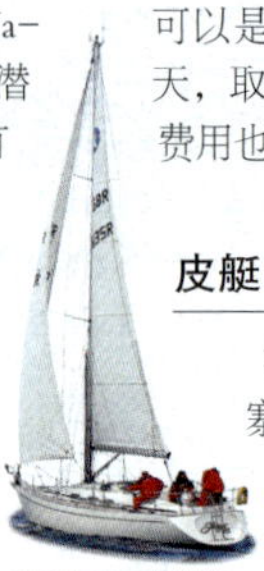

在西哈努克出海

西哈努克的浮潜者与鲸鲨

出海、风筝冲浪和垂钓

在柬埔寨，水上运动越来越受欢迎，西哈努克有四个美丽的海滩，是所有与水有关的活动的中心。风筝冲浪在柬埔寨还相对新颖，仍处在发展期，游客可以在Otres海滩的**飓风帆板冲浪**（Hurricane Windsurfing）体验这项运动，它是为数不多的几个能让你驾驭帆板的地方。Otres Nautica向游客出租长筏、lasers、海上皮艇和捕鱼快艇。许多信用良好的机构如Sankeor、**太阳旅行社**（Sun Tours）和**信风租赁**（Trade Winds Charters）还可为游客安排捕捉深海梭鱼和枪鱼的活动。捕鱼之旅可以是一天，也可以是好几天，取决于游客的时间安排，费用也很合理。

皮艇

海上皮艇运动在柬埔寨仍有立足之地，但出租皮艇的地方并不多。位于Otres海滩的Otres Nautica和**金色日落**（The Golden Sunset）可以安排去往邻近海岛的乘船旅行。从Otres海滩乘皮艇到它旁边的Koh Chalah岛很容易，但一定记得带足防晒霜，戴上帽子。

徒步旅行和骑象

与老挝不同，在柬埔寨组织徒步旅行还是很新奇的活动。而徒步旅行的最佳地点则是位于柬埔寨东北部偏远地区的**Ratanakiri's Virachey国家公园总部**，可以为游客组织为期一天或三天的徒步旅行。蒙多基里连绵起伏的高山也是徒步旅行爱好者的天堂，那里还可以骑大象。**哈努曼旅行社**（Hanuman Tourism）的徒步旅行会经过山地湖泊和一些东北部少数民族部落，旅行还包括骑象。在南部，云壤和波哥国家公园可为游客提供为期一天、目的地为豆蔻山的徒步旅行，那里有风景如画的瀑布。从戈公出发即可到达这两座公园。

暹粒的旅行社还可以组织去往偏远的吴哥寺庙的徒步旅行。例如 Terre Cambodge，就可以组织为期三天、精彩的徒步旅行，游客可以选择徒步或骑象，抵达人迹罕至的庙宇。

徒步旅行时最好选择一位经验丰富的导游陪同，绝不要独自冒险，因为未爆炸军火仍是致命的威胁。

自行车旅行

柬埔寨地形平坦，是自行车旅行的绝佳地点，现在许多游客带着自己的自行车前来，而非到达后再租用便宜的自行车。极富挑战的道路、众多乡村和崎岖不平的路面使得基里省和蒙多基里省的山地自行车之旅极受欢迎。有很多公司专门组织摩托车和自行车旅行，例如 Pepy Ride 和 Terre Cambodge 就会保质保量地为游客安排这一地区的旅行。

骑自行车的游客则要小心当地人的鲁莽驾驶，以及意想不到的障碍，如跑过道路的牛和小孩，还有在人烟稀少或未经开发的地段上的未爆炸军火。最好带上些内胎和其他备用零件，特别是昂贵的外国自行车的配件，这些在当地不易找到。

高尔夫

长期以来在高棉精英之间流行的高尔夫早已在柬埔寨盛行起来。暹粒和金边等大城市有一些不错的球场，**柬埔寨高尔夫国家俱乐部**（Cambodia

在柬埔寨东北部沿着崎岖的小路穿过茂密的森林

Golf and Country Club）位于金边 4 号高速公路沿线，是柬埔寨最早的高尔夫球场。**Phokeethra 国家俱乐部**则是暹粒第一个国际标准 18 洞高尔夫球场。同样位于暹粒的**吴哥高尔夫球场**（Angkor Golf Course）曾被美国职业高尔夫球协会（PGA）评级，也很受欢迎。

观鸟

大量的候鸟会在洞里萨湖筑巢，因此柬埔寨也是鸟类爱好者的天堂。生活在这里的鸟类包括白鹳鹤、黑头白鹮、灰头渔雕、斑嘴鹈鹕等。这些鸟依赖湖中的食物生活。普列托尔鸟类保护区位于洞里萨生物圈保护区的中心地带，是东南亚地区的全球受威胁大型水鸟重要保护区。该生物圈覆盖面积达 311 平方千米，最佳游览时期莫过于旱季，这个时间水位下降，候鸟数量最多。酒店

暹粒吴哥高尔夫球场的 13 洞场

和旅馆都可以为游客安排白天的游览，游客还可以在**普列托尔环境研究站**（Prek Toal Environment Research Station）过夜，这里是欣赏日落和日出时分鸟类生活的绝佳选择。与当地合办的 **Sam Veasna Center** 位于暹粒，可以组织为期一天或半天的去往如 Chepp 等偏远地区的旅行，在那里可以观赏丹顶鹤和大型白肩黑鹮。

武术

Kbach Kun Pradal 即众所周知的踢拳在柬埔寨非常流行，是一项有趣的娱乐活动。泰国人也许不会同意，但最正宗的踢拳源于高棉斗士。几千年来，军队中的高级军官往往被人们认为是武艺最为精湛的人，其中最古老的就是 Bogotao。不幸的是，这种武术现在几乎失传，只剩下一个当地人还掌握这门绝技，但如今他已年过耄耋。有些武术大师还在红色高棉时期受到了处罚。从这个政权结束开始，人们开始恢复这些古老的传统。踢拳赛事开始在西哈努克和暹粒举办，但更受人们关注的是在**金边国家奥林匹克馆**（Phnom Pehn National Olympic Stadium）举办的踢拳比赛。那些想学习踢拳的游客可以前往金边的**稻田搏击俱乐部和武馆**（Paddy's Fight Club and Gym），那里以优质的训练课程闻名。

烹饪课程

柬埔寨菜品一直深受全世界游客喜爱，你可以报名参加金边的**柬埔寨烹饪课**（Cambodia Cooking Class）或暹粒的**河流公园旅馆**（The River Garden Guesthouse）和**帕皮尔老虎**（Le Tiger De Papier）开设的课程。

水疗

水疗曾是法国殖民者表现其文雅、安逸和高贵的一种享乐方式，现在，传统水疗再次在柬埔寨盛行起来。开发商为尽可能招徕游客，翻修了高卢别墅，并把它们改建为别致的精品水疗店，为游客提供高档的服务。这样的水疗馆在金边和暹粒都可以找到，在那里不仅可以享受放松的水疗，还可以品尝到顶级美酒。暹粒 Hotel De La Paix 的**印支水疗**（Spa Indochine）和金边的**阿玛拉水疗**（Amara Spa）都很不错。不想在这里花费太多的游客可以选择由盲人开设的**着眼于手按摩**（Seeing Hands Massage）。

暹粒帕皮尔老虎的烹饪课课堂

附录

深潜和浮潜

潜水国家
Mohachai guesthouse, Serendipity Beach, 西哈努克。
电话：(012)604-680
www.divecambodia.com

吴哥潜水
Serendipity Beach, 西哈努克。
电话：(097)799-3395

潜水商店
Serendipity Beach Rd, 西哈努克。
电话：(034)933-664
www.diveshopcambodia.com

生态海洋潜水
Serendipity Beach, 西哈努克。
电话：(012)654-104
www.ecoseadive.com

出海、风筝冲浪和垂钓

飓风帆板冲浪
Otres Beach, 西哈努克。
电话：(017)471-604

Otres Nautica
Otres Beach, 西哈努克。
电话：(092)230-065

Sankeor
西哈努克
电话：(099)905-430

太阳旅行社
西哈努克
电话：(016)396-201
www.suntourscambodia.com

信风租赁
Fisherman's Den Sports Bar，西哈努克。
电话：(012)702-478

皮艇运动

金色日落
Golden Sunset Beach Restaurant, Otres Beach尽头, 西哈努克。
电话：(012)812-087

8徒步旅行和骑大象

哈努曼旅行社
12, St 310, 金边。
城市地图：C4。
电话：(023)218-396
www.hanumantourism.com

Terre Cambodge
Hup Guan St, 暹粒。
电话：(077)448-255
www.terrecambodge.com

Ratanakiri's Virachey 国家公园总部
环境部，邦隆，基里省。
电话：(077)965-196
www.viracheyecotourism.blogspot.com

自行车旅行

Pepy Ride
PO Box 93220, GPO暹粒。
电话：(017)737-519
www.pepyride.org

高尔夫

吴哥高尔夫球场
Kasekam village, 暹粒。
电话：(063)761-139
www.angkor-golf.com

柬埔寨高尔夫国家俱乐部
Sang Kreach Tieng, St 222, 金边。
城市地图：D3
电话：(023)363-666

Phokeethra国家俱乐部
吴哥窟，暹粒
电话：(063)964-600
www.phokeethragolf.com

观鸟

普列托尔环境研究站
Osmose Tonle Sap, 暹粒。
电话：(063)965-574
www.osmosetonlesap.net

Sam Veasna Canter
552, Group12, Wat Bo, 暹粒。
电话：(063)963-710
www.samveasna.org

武术

稻田搏击俱乐部和武馆
63, St 294, 金边。
城市地图：D5
电话：(012)217-877
www.paddysgym.com

金边国家奥林匹克馆
Blvd Samdech Preah Sihanouk, 金边。
城市地图：C3

烹饪课程

柬埔寨烹饪课
67, St 240, 金边。
城市地图：E3
电话：(012)524-80
www.cambodia-cooking-class.com

河流公园旅馆
113 Mondul,111 Phoum Treang, 暹粒。
电话：(063)963-400
www.therivergarden.info

帕皮尔老虎
La Residence, 暹粒。
电话：(063)760-930
www.letigredepapier.com

水疗

阿玛拉水疗
Sisowath Quay, 金边。
城市地图：E1
电话：(023)998-730

着眼于手按摩
6Eo Ph 94, 金边市中心。
城市地图：D1
电话：(023)680-934

印支水疗
Hotel De La Paix, Sivatha Blvd, 暹粒。
电话：(063)966-000

老挝的户外活动和趣味活动

令人惊叹的风景和人迹罕至的隐居小屋使得老挝成为冒险旅游者的理想终点。游客可以在一天内体验各式各样的旅游方式，包括徒步、自行车、皮划艇和骑象。有些人则喜欢专注于一项活动，特别是徒步旅行——这里最受欢迎的活动。游客也可以不参加旅行团；那些热衷于自行车或皮划艇旅行的游客，往往自带设备，独自上路。寻找放松的娱乐消遣的游客会发现这里的活动种类繁多——从烹饪课程到传统的织造、染色技术，应有尽有。老挝也是少数几个能让游客照料大象的国家之一，通过跟象夫学习，游客能够掌握给大象喂食、洗澡的方法和指挥大象的基本知识，并且可以照顾它们。

老挝的自行车旅行爱好者

徒步旅行者们选择的穿过琅南塔荒野的线路

徒步旅行

老挝政府建立了20个国家保护区，其中一些对徒步旅行者开放。旅行社会雇用当地的导游，徒步旅行者一般可以在当地村落过夜。这种以社区为基础的旅游受到越来越多人的欢迎，因为它不仅可以使资金流入当地社区，还可以促使当地人投身环保。同时，徒步旅行会贯穿整个国家及核心地区，如南哈国家保护区拥有多样且迷人的风景。万象的 Vientiane Orchidees 和在琅南塔设有办事处的**绿色发现**（Green Discovery）和**南哈生态旅游部**（Nam Ha Eco-guide Unit）都可以组织徒步旅行。

自行车旅行

由于路上来往车辆少，景色又非常优美，老挝是自行车运动爱好者的天堂。山地自行车再适合不过，因为大部分最佳线路仍包括未经铺设的路段。当地旅行社可为游客组织为期一天或多天的旅行，但狂热的自行车运动爱好者往往会带着自己的自行车独自上路。最受欢迎的线路莫过于从位于北边的泰国边境进入会晒的港口到琅勃拉邦的这一段距离，几天的路程会穿过山峰和森林，还要经历几个艰难的爬坡。从琅勃拉邦13号公路向南到万象的万荣，最终到达柬埔寨边境，经过这片地区可以自行车代步，但如果太过吃力，也可以随时搭乘公交车完成剩下的路程。全面支持乡村旅行的**香料道路**（Spice Roads）位于泰国，是此类运动最好的组织者。在琅勃拉邦，**老虎小径**（Tiger Trail）可以组织为期一天或更长的旅行。

皮艇和木筏

老挝众多的河流为皮艇和木筏运动提供了绝好的机会。与老挝其他户外运动一样，游客可以独自游玩，但还是建议游客利用当地资讯和后勤支持及设备。所有主要河流都可以航行，甘蒙省他曲以东地区的景色尤为壮观。位于他曲的绿色发现办事处为游客提供各种信息，它在琅勃拉邦也设有办事处。

驾驶皮艇的游客在万荣的南松河开始了他们的旅行

一位极限运动爱好者正在老挝南部森林尝试刺激的滑绳跨越瀑布

洞穴探险和攀岩运动

老挝的石灰岩喀斯特地貌为洞穴探险提供了世界级的体验。除了专业人士外，参加洞穴探险的游客最好接受当地导游的帮助，因为这项运动非常危险，甚至会威胁生命。一些洞穴尚未开发，只有当地人了解。万荣是最佳地点，因为这里的洞穴观赏性强且已经全面开发。经验丰富的探险者还可以前往位于甘蒙省的 Phu Hin Pun 国家保护区，那里的洞穴是老挝最好的。

老挝的喀斯特地貌还为攀岩运动创造了良好的条件。万荣附近难度不等的陡峭线路不计其数，等待着攀登者的征服。琅勃拉邦也有这类攀岩地点。万荣的**绿色发现**和**阿萨姆攀岩学校**（Asam's Rock Climbing School）可组织洞穴探险和攀岩运动。

绳索滑行

绳索滑行非常有趣，而且不会耗费体力。一般绳索滑行会跨越丛林树顶，花上一天工夫还能让你意犹未尽。最受欢迎的绳索滑行之旅是由**自然飞行**（Flight of Nature）提供的，靠近琅勃拉邦的达赛瀑布。他们还可以为游客安排骑大象。万荣和万象间的南利（Nam Lik）是另一处绳索滑行圣地。那些喜欢长距离、追求刺激的游客不要错过靠近会晒的**长臂猿经历**（The Gibbon Experience），那里滑绳设备质量更高，还有可能看到老挝黑长臂猿。游客也可以在迷人的丛林深处的树屋中过夜。

驯象

驯象现在已经成为老挝旅游的热点。全老挝的旅行社，尤其是北部地区的，都可以为游客安排。那些想进一步了解大象的游客，可以参加象夫课程学习照料这些大型哺乳动物的基础知识。琅勃拉邦的**象村**（Elephant Village）和**象夫小屋**（Mahout Lodge）提供的课程最受欢迎。游客还可以选择为期多天的穿越沙耶武里省丛林的旅行，一般从 Hong Sa 出发，目的地是湄公河；该旅行是由著名的 **Elefantasia 旅行社**提供的。

烹饪课程

参加烹饪课程是游客深入了解老挝文化和传统的最佳方法，课程一般一天，往往从抵达市场购买原材料开始，然后便会手把手地教授游客做菜方式，最后再让游客品尝自己的劳动成果。真正的发烧友最好选择参加为期数天的课程。琅勃拉邦是考验游客厨艺的最佳地点，烹饪课程由烹饪学校 **Tamarind Cooking School** 和餐馆 **Tamnak Lao Restaurant** 开设。还有旅馆 **Villa Lao Guesthouse**，也为游客提供了不错的烹饪课程。

纺织课程

老挝的手工纺织品是其文化的重要组成部分。游客可以报名参加纺织课程，以了解丝绸编织和染色的传统手艺，但这些不是职业培训课程，传

游客正在象夫之墓旁的一个营地接受象夫训练

授的是对丝绸的鉴别能力以及这门古老技艺所需的耐心。参与课程的游客将得到自己劳动成果的样品。课程由琅勃拉邦 **Ock Pop Tok 工厂**和 **Houey Hong 妇女职业培训中心**提供，后者是一家非政府组织，旨在通过万象妇女重振传统技术。

观众饶有兴趣地观看傍晚进行的藤球比赛

观赏性运动

老挝有两项值得一看的独特运动：第一个是kataw，即众所周知的藤球，藤球比排球小，但只允许用脚和头来控制。球是由藤条制作的，是排球的一半大小。非正式比赛一般晚上在寺庙的院落举行，如果游客想观看正式的比赛，可以联系**老挝藤球联合会**（Lao Kataw Federation）。

另一个便是老挝拳击（muay lao），不同于西式拳击，参赛者可以用脚攻击。比赛一般在 **Sok Sai 拳击馆**（Sok Sai Boxing Stadium）举办。地掷球（petanque）也是不能错过的，它法国人流传下来的，晚上老挝的路边到处有人在进行这种运动。

附录

徒步旅行

绿色发现
Route 7, 琅南塔。
电话：(086)211-484
www.greendiscoverylaos.com

南哈生态旅游部
夜市背后，琅南塔。
电话：(086)312-047

Vientiane Orchidees
642/37, Ban Phonethong Tchomany, 万象。
电话：(021)560-444

自行车旅行

香料道路
14/1-B Soi Promsi 2, Sukhumvit, 曼谷, 泰国。
电话：(066)0271-25305

老虎小径
Sisavang Vong Rd, 琅勃拉邦。
地图：C3
电话：(071)252-655

洞穴探险和攀岩运动

阿萨姆攀岩学校
Route 13, Wat Kang以北，万荣。
电话：(020)501-0832

绿色发现
Route 13, Xayoh Restaurant旁边，万荣。
电话：(023)511-230

绳索滑行

自然飞行
Tat Sea Waterfalls, 琅勃拉邦。
电话：(020)434-8748

长臂猿经历
Main Road, Sabaidee Guest House以南，会晒。
电话：(084)212-021
www.gibbonexperience.org

驯象

Elefantasia旅行社
Ban Khunta, 万象。
地图：A5
电话：(020)541-8730
www.elefantasia.org

象村
Xieng Lom village, 琅勃拉邦。
电话：(071)212-311

象夫小屋
Ban Nonsavath（靠近Mouhot's Tomb），琅勃拉邦。
地图：C3
电话：(071)254-547
www.mahoutlodge.com

烹饪课程

Tamarind Cooking School
Kounxoa Rd, Wat Nong对面，琅勃拉邦。
地图：C3
电话：(020)777-0484
www.tamarindlaos.com

Tamnak Lao Restauarnt
Sakkarin Rd, Villa Santi对面，琅勃拉邦。
地图：D3
电话：(071)252-525
www.tamnaklao.net

Villa Lao Guesthause
Northern Bus Station旁边，万象。
地图：A4。
电话：(021)242-292
www.villa-lao-guesthouse.com

纺织课程

Ock Pop Tok工厂
L'Elephant Restaurant旁边, Ban Wat Nong, 琅勃拉邦。
地图：C3
电话：(071)253-219
www.ockpoptok.com

Houey Hong妇女职业训练中心
Lane 19, Houey Hong village, 万象。
电话：(021)560-006
www.houeyhongcentre.com

观赏性运动

老挝藤球联合会
国家体育馆，万象。
地图：C3
电话：(020)569-4355

Sok Sai拳击馆
Thong Khan Kham Rd, 万象。
电话：(021)212-459

游客须知

实用信息

柬埔寨和老挝都是快速发展的新兴热门旅游地。新建以及刚经过翻修的道路网和良好的设施为游客前往偏远地区游玩提供了可能。暹粒、金边、万象和琅勃拉邦的古老殖民时期别墅如今已被翻修成时髦的精品酒店，各地的餐馆，甚至是偏远地区的餐馆，现在也能供应种类丰富的菜品。与老挝不同，柬埔寨的旅行社相对经验较少，发展速度也较慢。但以顾客需求为最高宗旨的旅游公司已如雨后春笋般在当地迅速发展，特别是那些专注于吴哥周边生态旅游和观光的机构。老挝拥有数量庞大的保护区，并向由正规旅行社组织的旅行团开放，现已成为发展中国家生态旅游的榜样。

柬埔寨旅游局标志

奥克提尔海滩上五颜六色的遮阳伞

何时出发

柬埔寨和老挝都是热带国家，一年四季都很炎热。3月～5月是最热的季节，气温通常会超过40℃，这个时候前往寺庙游览非常潮湿闷热，尤其是在柬埔寨。老挝小部分山区地带一年中会有几天凉爽天气。

5月～8月是这两个国家的雨季，前来旅游是不错的选择，因为瓢泼大雨往往只会在下午持续几个小时，游客可以充分享受寂静的海滩、欣赏考古遗址；而且这段时期的住宿费用较便宜，且供大于求。但是这一时期未经铺设的道路会因洪水和大雨的冲刷难以通过。

游玩的最佳时期是凉季，也就是从10月～次年2月。雨季过后，两个国家的稻田翠色欲滴，微风吹拂大地。最理想的月份莫过于12月和1月，因为从2月中旬开始气温就开始逐渐升高了。

需携带的物品

尽管大多数必需品都可以在暹粒、琅勃拉邦这样的大城市买到，游客最好还是自己准备好重要的物品。宽边帽和防晒霜是必不可少的。计划要去豆蔻山和老挝北部徒步旅行的游客还要准备一双结实的登山靴，以防昆虫叮咬。登革热和疟疾在这两个国家均很常见，因此防蚊用品和抗疟药是很有必要的。在雨季前来旅游的游客可以在大多数村镇买到雨衣。选择凉季来游玩的人最好带一件绒衣，因为晚上较冷，特别是在北部地区。

签证和护照

柬埔寨旅游签证的有效期为3个月，从入境日算起可以逗留30天。中国游客申请柬埔寨旅游签证有两个途径：1. 通过柬埔寨驻中国的使领馆办理（具体信息请见267页附录）；2. 通过柬埔寨官方网站申请E-VISA。

前往使领馆办理签证需要准备申请者护照原件（护照有效期6个月以上）+复印件、3张半年内的白底照片（规格3.5厘米 × 4.5厘米）、申请者身份证复印件一份（需要复印正反面）。办理时间为3个工作日，签证费用为190元。

E-VISA，即电子签证是赴柬埔寨旅游人士的首选，费用为25美元，申请方法十分简单，登录E-VISA官方网站（网址：www.mfaic.gov.kh/

在琅南塔旅行的游客正在与当地导游交流

◁ 嘟嘟车是一种便捷的交通方式，图中的嘟嘟车正停在琅勃拉邦的大街两侧等顾客上门

evisa/Default.aspx），有中文页面，不过最终填写表格使用的都是英文。按要求填写表格并付款，在收到接受申请以及支付成功的确认邮件后，一般一天内就可以收到E-VISA，不得不说，柬埔寨政府的电子办公效率极高。出发前，请把E-VISA打印两份（1份入关用，1份出关用），在过海关时和护照、出入境卡（飞机上会派发）递给关员即可。

要注意的是，E-VISA只能从5个口岸入境：金边国际机场、暹粒国际机场、戈公Cham Yeam（与泰国接壤）、班选棉吉Poi Pet（与泰国接壤）、柴桢Bavet（与越南接壤），如果你从其他口岸入境，务必要和大使馆沟通，确认如何拿到有效的签证。

申请老挝旅游签证目前只有前往老挝驻中国使领馆办理一个方法，需要准备申请者护照原件（护照有效期6个月以上）+复印件、2张半年内的白底照片（规格3.5厘米×4.5厘米）、申请者身份证复印件一份（需要复印正反面）。办理时间为3个工作日，签证费用为130元。

除了自己前往使领馆办理外，也可以委托旅行社等机构代办，但费用会高一些。

附：

中国驻柬埔寨大使馆
地址： No.156, Blvd Mao Tsetung, 金边。
值班手机： 12810928/12901923
传真： (023)720-922

中国驻老挝大使馆
地址： Wat Nak Road, Sisattanak, 万象。
电话： (021)315-100
传真： (021)315-104

免疫

柬埔寨和老挝的医疗设施尚需完善，游客如果受伤严重或得了较重的疾病需要专业治疗，就不得不前往泰国寻求帮助。因此，在出发前针对一些广泛传播的疾病进行免疫处理是非常必要的。这些疾病包括甲肝、乙肝、狂犬病、肺结核、伤寒、黄热病、小儿麻痹症、白喉、破伤风以及流行性乙型脑炎。疟疾在这两个国家的偏远地区仍然存在，除非游客计划要到那些地区游玩，否则不必注射此类疫苗。

外国人在柬埔寨和老挝的医疗费用非常高，还要求患者必须拥有医疗保险，所以一定要随身携带旅游文件，确保在发生紧急事件时能够随时出示。

海关信息

柬埔寨和老挝的海关法规相比邻国而言比较宽松。游客可以携带一瓶酒、一条200根装的香烟，外加适量的香水或须后水出入两国。柬埔寨和老挝的香烟非常便宜，一条200根装的香烟一般只需10美元左右。但当局对毒品、枪支和色情文学的进口实行严格控制。游客最多可以携带1万美元现金进入两国。

旅游信息

除了金边和暹粒这样的大城市，柬埔寨国内的旅行社非常少。金边旅行社的工作人员一般提供不了什么有用的信息，而且英语也不流利。最好的信息来源是当地指南和酒店服务台，游客还可以访问实用的Canby Publication网站了解最新信息。暹粒旅行社众多，可以为游客安排去往吴哥窟的线路，但即便在这里，最好的信息来源仍是游客所住的酒店或旅馆。

老挝会晒一家旅行社外的游客

吴哥窟、国家博物馆和银阁寺的门票

游客可以在**老挝国家旅游局**（Lao National Tourism Administration）轻易获得老挝的旅游信息，各大城市都有它的办事处。那里的员工都很热心且乐于助人，他们还有旅游指南和其他介绍徒步旅行和各种活动的手册，但他们的外语也不是很流利。

景点门票

柬埔寨和老挝的大多数博物馆、动物园和植物园的门票价格都在1~5美元之间，寺庙一般是免费的。但按照习俗，人们会为寺庙捐赠维护费。

时间和日历

柬埔寨和老挝早于格林尼治时间（GMT）7个小时，比北京时间慢1个小时。尽管公历在这两个国家一般被用于政府和商业活动，但阴历仍被用于进行宗教活动和计算节日。

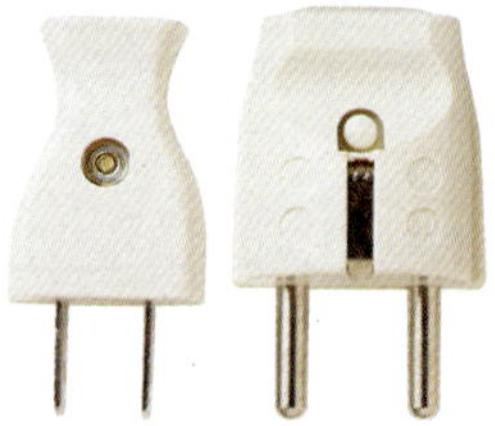
柬埔寨和老挝使用的双脚电插头

电力

柬埔寨和老挝都使用 220 伏的交流电。平脚插头、美式插头和法式圆形插头均广为使用，多脚插头也很常见。保险起见，建议游客提前购买一个多功能转换器。在这两个国家，停电是很常见的，游客应该确保在床边或在口袋里放一个手电筒。

残疾人设施

不幸的是，柬埔寨和老挝为残疾游客提供的设施至今仍然不甚完善：许多道路未经铺设、路面坑坑洼洼、街道或人行道的路缘大都很高、公共汽车也非常拥挤。尽管柬埔寨大部分地区的道路都很平坦，主要景点如吴哥窟（见 68~69 页）可以以轮椅代步，但去相对偏远的省份旅游对残疾游客而言仍是个挑战，因为酒店一般不会配有电梯，也没有残疾人专用卫生间。老挝由于山路众多，而且缺少残障设施，情况更加困难。

儿童设施

高棉人和老挝人非常喜爱孩子，而且无论对自己的孩子还是别人的孩子都一样疼爱。儿童无论走到哪里都会受到热情的款待。不过，除了首都的大型酒店外，这两个国家的餐馆和酒店中的儿童设施仍不健全。分开的床位和儿童椅只在高档酒店才有，但即使高档酒店也不提供特制的儿童餐。租来的车子极少设有婴儿座椅。而且家长还要特别注意在首都城市不要让孩子单独走在街上——嘟嘟车司机开车比较鲁莽，事故频发。

不过，这里能让孩子开心的事物也非常多，例如位于金边的达茅山野生动物救助中心（见 59 页）和众多游泳池，都可以让孩子们玩得兴高采烈。另外，湄公河乘船旅行是孩子们的最爱，同样吸引他们的还有塔布隆寺（见 80~81 页）等古老的吴哥建筑遗迹。乘坐热气球俯瞰吴哥窟的景色也能让孩子们兴奋不已。柬埔寨金色年代艺术家协会（Sovanna Phum Arts Association，见 254 页）还会上演皮影戏。

基里省等地区有许多瀑布，还有骑象活动，这些都能为孩子们留下美好的回忆。南边有众多舒适的海滩，包括适合儿童嬉戏的欧斯特海滩（见 107 页），但家长也要留意强大水流，有时会很危险。

老挝的香昆寺（见 146 页）是一个神秘的地方，孩子们喜爱这里千奇百怪的雕像。万象有许多干净的游泳池可供游客放松嬉戏。喜欢户外活动的孩子则可以选择在万象北部进行徒步旅行。

一家人在金边的餐馆享用美餐

位于琅勃拉邦的达关西瀑布（见 167 页）景色美不胜收，那里还生活着从偷猎者手中救出的太阳熊。琅勃拉邦也有为游客安排的骑象活动；孩子们都喜欢在奇妙的夜市（见 156~157 页）体验独特的当地生活风情，品尝各式各样的美食小吃。

语言

高棉语是柬埔寨的官方语言，柬埔寨 90% 的人口都说高棉语；老挝的官方语言则是老挝语。高棉文字起源于印度文字，且自 7 世纪起便开始使用，它与泰国文字非常相似，但实际上远比泰国文字古老得多。高棉语不太好学，不过由于发音没有声调变化，相对泰语和越南语还是容易些。在这两个国家的大型酒店、餐馆和旅行社，主要使用英语交流。老一代人由于受到法国殖民主义的影响，大多会说法语。

老挝一座寺庙外的标志

摄影

柬埔寨和老挝都可被称为东南亚最适合摄影的国家，这里不但拥有生机勃勃、淳朴迷人的自然风光，还有气势恢宏的历史遗迹及风格独特的宗教建筑，为游客提供大量拍摄优秀作品的机会。但在拍摄僧侣时需要遵守许多礼节——拍摄者必须在用镜头捕捉他们的身影前征得他们的同意，而且绝对不能挡住他们的路。泛灵论的信奉者可能会拒绝拍照，因为他们相信拍照会偷走他们的一部分灵魂。最近，人们渐渐有了保护儿童免受西方恋童癖者伤害的意识和警惕心，所以游客在为当地儿童拍照时要格外留心，最好事

游客在普西山拍摄照片

先提出请求。

标配的拍摄硬件——从三脚架到数码相机，在金边、暹粒、万象和琅勃拉邦这样的大城市应有尽有，记忆卡和电池也一应俱全。尽管数码相机发展迅速，但胶卷仍大量存在；洗照片非常容易，也很便宜——特别是在柬埔寨，而且商店和网吧也可以随时有偿帮游客刻录 CD 或 DVD。

礼仪

柬埔寨和老挝人都待人温和，讲究礼仪。柬埔寨人很容易被冒犯，但大多数情况下，他们都会避免正面冲突。与当地人交流时应注意礼貌，尊重当地的宗教文化和传统风俗。

这两个国家传统的打招呼方式都是双手合十，就像祈祷一样，再轻轻鞠躬，以同样的方式回礼是非常礼貌的。对于老挝人而言，发脾气是很丢脸的事情，实际上，老挝人用 jai yen（心清凉）来形容他们推崇的平衡。游客大发脾气是最容易激化矛盾的，应避免这类情况发生。

进入寺庙时游客必须脱掉鞋帽，并且在落座时远离任何神圣雕像。游客还必须穿着得体的长袖衬衫或 T 恤；女性游客则应避免裸露过多皮肤。头顶被认为是灵魂的储藏地，一定要避免触摸任何人的头顶，无论小孩还是大人。

游客在老挝观看晨间布施仪式（tak bat）时，要特别注意保持平和的气氛。闪光灯是禁止使用的，最好与仪式保持适当的距离。身着比基尼晒太阳浴是很不得体的，只有柬埔寨南部能够接受这种行为。最后，当主人提供饮料或食物时，客人多少都该品尝一点，以示对主人的尊重。

游客双脚脚心背对佛像，坐在一座寺庙中

保护环境

由于发展速度较慢，老挝和柬埔寨还没有达到“以环境优先，考虑碳排放”的阶段。乙醇汽油和液化石油气（LPG）这类低污染燃料还没在这两个国家得到广泛应用，当地习惯使用柴油发动汽车。值得期待的是水电站的纷纷建立，特别是在老挝，将会提供更加清洁的燃料源。

然而，现在可供游客选择的生态友好型旅游还是非常有限的。一般情况下，搭乘公共交通工具，如公共汽车和渡船的人均碳排放量会比搭乘私家车要低。租用摩托车时，游客应避免选择高排放量的二冲程发动机摩托车。往返于湄公河两岸的快艇等水路交通方式应该避免，它不仅危险，还会污染环境。游客可以考虑租一辆自行车代步，既可以用于长途旅行，还可以用于短途代步。

附录

驻华使领馆

柬埔寨驻中国大使馆
北京市东直门外大街9号。
电话：(010)6532-1889
传真：(010)6532-3507

柬埔寨驻上海领事馆
上海市天目中路267号蓝宝石大厦12楼A座。
电话：(021)5101-5866

柬埔寨驻广州领事馆
广州市环市东路368号花园大厦8楼。
电话：(020)8333-8999
转809

柬埔寨驻南宁领事馆
南宁市民族大道85号南丰大厦2楼。
电话：(0771)5889-892/5889-893
传真：(0771)5888-522

柬埔寨驻重庆领事馆
重庆市江北区洋河路9号A栋1902。
电话：(023)8911-6415

柬埔寨驻昆明领事馆
昆明市新迎路172号官房大酒店4楼。
电话：(0871)3317-320

老挝驻中国大使馆
北京市三里屯东街11号。
电话：(010)6532-1224
传真：(010)6532-6748

老挝驻南宁总领事馆
南宁市中国—东盟商务区桂花路16-1号。
电话：(0771)5672-502
传真：(0771)5672-503

老挝驻昆明总领事馆
昆明市彩云北路6800号。
电话：(0871)7334-511/7334-522
传真：(0871)7334-533

旅游咨询中心

Canby Publications网站
www.canbypublications.com

老挝国家旅游局
Lan xang Ave, Chanthabuli, 万象。
地图：D3
电话：(021)212-248
www.tourismlaos.com

在柬埔寨的个人健康与安全

在柬埔寨旅游相对安全，游客最可能遇到的危险就是扒手和骑摩托车的小偷，再有就是嘟嘟车司机可能会向游客多收取费用。游客还应避免佩戴珠宝和其他闪亮的饰品，或在公共场合使用贵重物品。除大城市外，柬埔寨的医疗设施还很不完善，游客应确保自己的医疗保险中有医疗救助这一项。

暹粒一家商品充足的药店

主要预防措施

柬埔寨（特别是金边）那些穷困、饱受战火摧残的日子已经过去了。尽管金边保存了大量军火，但很少影响到外国游客。游客应特别小心小偷、骑摩托车的抢包者和骗子，晚上最好搭乘正规出租车，以免遭到抢劫。游客还应注意不断增多的卖淫活动——柬埔寨是东南亚艾滋病毒感染概率最高的国家之一。

柬埔寨也是世界上埋设地雷最多的国家，现在仍有部分未爆炸物分散在偏远的东北部地区，红色高棉时期埋的地雷还遍布在马德望和拜林市西部。游客来到这些地区要格外留意，需要聘请一位导游，并且永远不要偏离没有路标的道路。

包含偷盗、意外事故和疾病的普通旅游保险是非常必要的。

旅游警察

金边、暹粒和西哈努克等城市的旅游警察数量很少。他们会说英语，且很多人非常乐意为游客提供帮助，但他们很厌烦当游客遭遇小偷或刑事犯罪时填写的保险表格。游客在西哈努克这样的城市要格外留意，天黑以后那里的带枪劫匪和扒手很多。偏远地区没有旅游警察，如有需要，游客可以到一般警局寻求帮助。

医疗设施

柬埔寨的卫生标准一直不高，游客最常感染的疾病是痢疾，有30%~50%的游客在到达柬埔寨的前几周都会相继受到它的侵害。对抗这种疾病的最佳方法就是多休息并大量饮水。贾第虫病和变形虫痢疾多由不洁食物引发，注意在饭前洗手并且不选择路边摊的食品即可避免染病。经水传染的伤寒和霍乱也是常见病，建议游客不要直接饮用当地的自来水，也不要食用冰块。

为避免被阳光晒伤，游客可以戴上帽子，游览过程中适当休息并保证大量饮水。

蚊虫叮咬是另一件烦心事，大多数蚊子不携带疟疾或登革热病毒，但游客最好使用蚊帐、防蚊水或其他防蚊用品。

位于金边的**Calmette医院**和**国际SOS医疗中心**（International SOS Medical Center）和暹粒的**王家吴哥国际医院**（Royal Angkor International Hospital），以及**吴哥儿童医院**（Angkor Hospital for Children）可以治疗例如胃部不适和发烧等一般疾病。但是如果出现严重疾病和受伤，游客应直接前往泰国曼谷。建议游客选择私人诊所而非设备简陋的省级医院。抗生素和抗疟药在柬埔寨城区的药店都可以买到。

附录

急救电话

消防局
电话：(063)760-133

警察局
电话：(011)997-296

旅游警察
电话：(012)942-484（金边）
电话：(012)402-424（暹粒）

医疗设施

吴哥儿童医院
Achar Maen St，暹粒。
电话：(063)963-409
www.angkorhospital.com

Calmette医院
3 Monivong blvd，金边。
电话：(023)723-840

国际SOS医疗中心
161, St 51，金边。
城市地图：D2
电话：(023)216-911

王家吴哥国际医院
Airport Rd，暹粒。
电话：(063)761-888
www.royalangkorhospital.com

为躲避炎热而戴着帽子的游客

在老挝的个人健康与安全

到老挝旅游的游客大可不必担心安全问题，只要在大城市游玩时小心窃贼即可。公共交通很安全，曾轰动一时的公交车内武装袭击的事件已经结束。食物也很安全，但出于卫生考虑，游客还是要自备瓶装水。未爆炸军火（UXO）仍是一个隐患，但只存在于老挝的偏远地区。老挝的医疗设施非常简陋，游客应提前购买包含了医疗后送等紧急事件的费用的游客保险。

肠胃不好的游客最好不要尝试路边摊

注意事项

老挝从未出现过伤害游客的恶性事件，但小偷很多。游玩时要多留意自己随身携带包，特别是在搭乘公共交通工具的时候；还要小心骑着摩托车、双人作案的抢匪。如果可能，大笔现金最好存放在酒店保险箱内。游客在兑换货币或使用无人看守的ATM机的时候要留意路人。

尽管未爆炸军火一直以来都是一个隐患，但根据统计数字显示，游客因未爆炸军火受伤的情况非常少见。但在乡村地区，游客最好还是坚持按路标行走或紧跟导游。游客绝不要捡任何有一点像手榴弹的物品。

游客还应小心当地的毒品走私活动，外国人常被视作购买非法毒品的潜在客户；游客要谨记，老挝政府一直不遗余力地确保该国并非以毒品为旅游目的而闻名。毒品交易一旦被发现，游客往往会受到重罚，而且老挝政府对起诉外国人毫不迟疑。

游客还要注意道路交通安全，万象的人行道上有很大的坑洞。游客最好不要搭乘湄公河上的快艇，非常危险。

旅游警察

长期以来老挝对外国间谍的怀疑仍然存在，因此游客最好避免给士兵和军事基地拍照。尽管针对外国游客的诈骗不算常见，游客还是要注意自身安全，因为老挝的警察不会讲英语，在发生状况时起不到太大作用。

老挝没有任何指派的旅游警察，当外籍人士出状况时，一般会请来当地的英语教师做翻译。

医疗设施

在老挝，游客最常感染的疾病就是经食物或水引发的腹泻、痢疾或肠道寄生虫。这些疾病一般不会很严重，在当地即可治愈。但如果感染严重，游客应立即前往大城市的医院和医疗中心进行治疗。万象的药店都备有充足的进口药品。

位于万象的**药王菩萨国际诊所**（Mahosot International Clinic）在治疗一般疾病上受到了外国游客的一致好评，但如遇严重疾病，游客还是应前往泰国就医。位于泰国乌隆（Udon Thani）的**Aek udon医院**距万象约80千米，可以向老挝请求派遣救护车。想要了解最近爆发的疾病或建议注射的疫苗等相关信息，可以访问**中国疾病预防控制中心**的网站。

在万象街头随处可见的标准警车

附录

急救电话

救护车
电话：195

火警
电话：190

警局
电话：191

医疗设施

Aek Udon医院
乌隆，泰国。
电话：(042)342-555
www.aekudon.com

药王菩萨国际诊所
Fa Ngum Rd, 万象。
地图：C4
电话：(021)214-022

中国疾病预防控制中心
www.chinacdc.cn

柬埔寨的银行和货币

金边的澳新皇家银行提款机

游客最好随身携带相当数量的里尔或美元。虽然美元被广泛接受，仍有必要备些里尔。自动柜员机（ATM）在金边和暹粒很普及，但农村地区均没有配备。柬埔寨的陆上边境地区是没有银行的。旅行支票在金边、暹粒、西哈努克的所有大型银行和马德望的部分银行都可兑现。Visa 卡和万事达卡在高档酒店、精品商店、旅馆和旅行社都可以使用。美元与里尔的兑换汇率一般为 1∶4200。

银行及其营业时间

柬埔寨的主要银行有**新加坡银行**（SBC Bank）、**爱喜利达银行**（Acleda Bank）、**柬埔寨商业银行**（Cambodia Commercial Bank）、**柬埔寨亚洲银行**（Cambodia Asia Bank）和**加华银行**（Canadia Bank）等，**澳新皇家银行**（ANZ Royal Bank）是最有名的国际银行。上述银行都在柬埔寨的主要城市设有 ATM 机，通过 ATM 机取款既安全又迅速，但除加华银行外，游客均需支付手续费。

银行的营业时间，大多为周一至周六 7:30~11:30，14:00~17:00 或 18:00。国际酒店内的外汇兑换点周末也开放。

兑换外币

在波贝和马德望有时可以使用泰铢。但泰国不接受也不兑换里尔。美元可以在各地使用，但兑换高面额美元还是很困难的，除非是在最高档的酒店或餐馆。有一点儿损毁的美元纸币银行都会拒绝兑换，但同样破损的里尔银行照收不误。兑换非美元货币的汇率都很低；市场上的货币兑换商会给出稍高的汇率。市场一般从 6:00 就开始营业，直到日落时分。与边境地带的黑市经营者兑换货币的汇率极低。

信用卡和借记卡

Visa 卡、万事达卡和**日本国际信用卡**在酒店、航空公司和高档餐馆都可使用；**美国运通信用卡**也可使用，但范围相对较小。使用信用卡要收取 3% 手续费，小城镇的商店、餐馆和酒店不接受信用卡，游客最好使用当地货币或美元付款。

在马德望、金边、西哈努克、暹粒、贡布和磅湛都可以使用信用卡支付。加华银行免费，所有银行都需收取 5 美元的手续费。

我国的银联卡可以在金边和暹粒使用，合作商户涵盖机场、百货商场、旅游景区及酒店，凡贴有“银联”标识的商户均可受理银联卡，付款时可询问一下，因为使用银联卡无须支付手续费，还是很划算的。加华银行的 ATM 机可使用银联卡提取美元现金，且有中文界面。

金边的柬埔寨亚洲银行

旅行支票

旅行支票在大多数银行、大型酒店和高档餐馆都可以兑现。美国运通卡尽管不是用途最广的信用卡，但绝对是被最广泛接受的旅行支票。爱喜利达银行在柬埔寨各地都设有分

附录

银行

爱喜利达银行
61 preah monivong blvd, 金边。
城市地图：D2
电话：(023)430-999
www.acledabank.com.kh

澳新皇家银行
265 sisowath quay, 金边。
城市地图：F2
电话：(023)726-900
www.anzroyal.com

柬埔寨亚洲银行
St 271（萨瓦纳购物中心旁边），金边。**城市地图：**D3
电话：(023)216-426
www.cab.com.kh

柬埔寨商业银行
26 preah monivong, 金边。
城市地图：D1
电话：(023)426-245

加华银行
265, St 110, 金边。**城市地图：**D1
电话：(023)215-286
www.canadiabank.com

新加坡银行
68, St 214, 金边。**城市地图：**D3
电话：(023)990-688

信用卡

美国运通 American Express
电话：001-800-528-4800

日本国际 JCB
电话：001-800-366-4522

万事达Mnster Card
电话：001-636-722-7111

VISA
电话：001-410-581-9994

行，甚至在偏远的东北各省，如蒙多基里和基里省都可以使用旅行支票。标准的兑换支票手续费是支票金额的2%，且支票内容必须是美元，而非其他国际货币。

货币

柬埔寨的官方货币是里尔（riel），但实际使用货币是美元，游客会发现携带美元是最实用的。里尔不可以带出柬埔寨，所以游客在离开前必须将它们全部消费掉或兑换成其他货币。在支付嘟嘟车费用的时候，使用500和1000面值的里尔是最方便的。柬埔寨没有硬币，只有纸币。

纸币

里尔的纸币面值包括100、200、500、1000、2000、5000、10000、20000、50000和100000十种。

5,000里尔

100里尔

10,000里尔

500里尔

20,000里尔

1,000里尔

50,000里尔

2,000里尔

100,000里尔

老挝的银行和货币

暹罗商业银行商标

老挝的货币单位是基普，但美元和泰铢在当地也广泛使用，并且在购买价钱较高的商品的时候，商家会要求顾客用美元支付。老挝的金融服务高效且方便，至少在主要城镇是这样的。游客很少会在兑换货币、使用旅行支票、用信用卡付款或使用自动提款机时遇到麻烦。8500 基普兑换 1 美元的汇率往往会让游客感觉自己像是百万富翁，再低的消费都感觉比实际要高。在老挝游玩时最好随身携带基普和美元两种货币。

老挝外贸银行货币兑换点

银行及其营业时间

老挝大多数银行的营业时间为周一至周五 8:30~15:30。外国人多在**老挝外贸银行**（BCEL）办理业务。街边还设有若干以红黄两色为标志的兑换点，全天营业，可以办理所有标准兑换业务。除了老挝外贸银行外，当地最好的银行就是由澳新银行、国际金融公司和万象商业银行联合经营的**澳新银行老挝分行**（ANZ Laos）。另外还有泰国的**曼谷银行**（Bangkok Bank）和**暹罗商业银行**（Siam Commercial Bank），以及一些私人的小型老挝银行，如**风沙湾银行**（Phongsavanh Bank）也可以为游客提供实用的服务。办理除兑换货币以外的服务，游客最好选择泰国的银行，因为老挝的银行一般更适合为当地居民服务。

兑换货币

美元和泰铢是最为常见的通用货币，其他所有主要的国际货币都可以在老挝兑换。除银行以外还有私人货币兑换点。小城镇的金店或村庄里的大型商铺也可以提供兑换货币服务，但仅可兑换现金；汇率每天都会变更并会及时发布。不过游客最好在前往小城镇和省份游玩之前兑换足够的现金。还要谨记一点，基普在老挝以外的地区是无法兑换的。

万象风沙湾银行入口

附录

银行

澳新银行老挝分行
33 Lan Xang Avenue（早市对面），万象。**地图：**D3
电话：(021)222-700
www.anz.com

曼谷银行
Khun Bulom Rd, 万象。
地图：C3
电话：(021)213-560
www.bangkokbank.com

老挝外贸银行
1 Pangkham Rd, 万象。
地图：B4
电话：(021)223-190
www.bcellaos.com

风沙湾银行
147 10 Samsenthai Rd, 万象。
地图：B3
电话：(021)212-666
www.phongsavanhbank.com

暹罗商业银行
117 Lan Xang Avenue, 万象。
地图：C3
电话：(021)213-501
www.scb.co.th

信用卡

万事达 Master Card
电话：001-636-722-7111

VISA
电话：001-410-581-9994

游客在琅勃拉邦通过自动提款机提取现金

自动提款机和信用卡

老挝外贸银行和澳新银行老挝分行在大城镇都设有自动提款机（ATM），但汇率约为 7%，不如其他兑换点划算；此外还需支付 50000 基普的固定手续费，这些并不包括大多数美国和欧洲银行收取的海外业务手续费。也可以到兑换柜台和银行提取现金。万事达卡和 VISA 卡可以在大型酒店、高档精品商店和餐馆使用。其他地方一般不接受信用卡，即使接受，也要求顾客支付 3% 的手续费。如遇到与信用卡相关的问题，游客可以给信用卡公司打电话寻求帮助。

银联卡可以在万象和琅勃拉邦使用，合作商户涵盖机场、百货商场、租车公司、旅游景区及酒店，凡贴有“银联”标识的商户均可受理银联卡，付款时可询问一下，使用银联卡无须支付手续费。老挝外贸银行的 ATM 机可使用银联卡提取老挝基普现金，且有中文界面。

旅行支票

随着自动柜员机接受的信用卡越来越多，旅行支票的使用逐渐减少，但游客仍可以在老挝的银行进行兑换，而且汇率会比自动提款机交易更划算。如果旅行支票在老挝遗失，游客可以给海外办事处拨打对方付费的电话寻求帮助，他们会为你快递新的支票。

货币

老挝的货币是基普（kip），缩写为 LAK。面额用阿拉伯数字在正面标出。所有纸币都印有凯山·丰威汉的画像，面额为 20000 和 50000 基普的纸币是红色的。在小商贩处购买商品时最好用小面额货币支付，因为他们一般没有那么多现金找零。

纸币

基普的纸币面值有 500、1000、2000、5000、10000、20000 和最近才有的 50000 七种。没有硬币。

5000基普

500基普

10000基普

1000基普

20000基普

2000基普

50000基普

柬埔寨的通信和媒体

柬埔寨的通信设施在过去几年经历了突飞猛进的发展。手机和笔记本电脑随处可见，在金边和暹粒，打电话很方便，3G网络速度很快且收费便宜。大多数酒店和咖啡馆都配有有线或无线网络。在暹粒和金边可以买到各大报刊。邮递系统也非常可靠，但贵重物品最好还是选择快递服务。

附录

快递服务

敦豪速递公司（DHL）
353, St 110, 金边。**城市地图：** C1
电话： (023)427-726
Sivatha St, 暹粒。
电话： (063)964-949
www.dhl.com

TSP柬埔寨特快
701, monivong blvd, 金边。
城市地图： D4
电话： (023)211-278

UPS
30E, St 274, 金边。
电话： (023)219-213
www.ups.com

金边一家时髦的网吧提供各类设施

国际和国内电话

柬埔寨使用的是移动手机系统，国内大部分地区信号接收良好。使用电话卡拨打国内或国际电话是不错的选择。游客可以在街边的电话亭和酒店休息室使用电话卡拨打电话。中国移动的手机号码开通了全球漫游服务后即可在当地使用，但费用较高，记得要关闭GPRS。在酒店房间里拨打电话也很贵，因为额外收取的费用远高于话费本身。使用当地号码通过SIM卡预付费是个不错的选择，但最便宜的莫过于在网吧通过网络电话与他人联系。

当地以01或09开头的号码为手机号码。

网络设施

在大多数酒店、中档旅馆、酒吧、餐馆和咖啡馆都可以上网。暹粒和金边的众多咖啡馆都提供网络服务，菜单水准不错，还有空调。宽带网络较普及，但可能会因为多人使用速度较慢。Wi-Fi是许多旅游场所的标配，且基本都是免费的。

邮政服务

柬埔寨的邮政系统非常可靠。邮局的营业时间为7:00~19:00，周日休息。金边的邮局总部还提供留局待取服务。寄往亚洲以外地区的信件和明信片需1~2周送达，而且费用不高。贵重物品最好还是通过快递公司送达，如**敦豪速递公司**（DHL）、**TSP柬埔寨特快**（TSP Express Cambodia）和**联合包裹运送服务公司**（UPS），在暹粒和金边都可以找到它们。

报纸和期刊

柬埔寨有两大英文报纸——《柬埔寨日报》（*The Cambodia Daily*）全面报道了当地和国际重大事件；在工作日发行的《金边邮报》（*The Phnom Penh Post*）则汇编了国内外的文章。《时代周刊》（*Time*）、《新闻周刊》（*Newsweek*）、《曼谷邮报》（*The Bangkok Post*）和《先驱论坛报》（*Herald Tribune*）都可以在金边、西哈努克和暹粒买到。种类繁多的杂志定期发行，为读者提供近期活动的日程安排。《金边亚洲生活指南》（*Phnom Penh Asia Life Guide*）有色彩绚丽的美食、美酒、购物和时尚专题。刊有餐馆评论的《试金石杂志》（*Touchstone Magazine*）也很受欢迎。由Canby出版社出版的免费杂志包含了地图、当地特色、寺庙指南、餐馆和酒店列表，对游客而言非常实用。

金边路边的报刊亭

电视和收音机

根据无国界记者在2008年发布的各国媒体自由度排名，柬埔寨在169个国家中名列第85名，而在2011年，它的位置下滑到第117名。新闻记者及其家人因报道贪污腐败和非法采伐等突出问题而被骚扰甚至谋杀的情况已多次发生。

大多酒店都配有有线电视，可以收看BBC或CNN新闻，体育频道也涵盖了大多数赛事。广播频道中，多数人更倾向于收听英国广播公司的节目，而非柬埔寨国营频道。

老挝的通信和媒体

一直以来，老挝在通信方面都与最新发展保持同步，特别是互联网和手机。除了偏远地区外，手机被广泛使用。公用电话并不多见，很少有人愿意去老挝电信局打电话。邮政体系已经过时了，游客最好选择国际快递公司。大多数酒店都配有有线电视，国际报刊也能定期购买，但可能要晚上几天。

附录

快递服务

敦豪速递公司（DHL）
031, St Nongno, Ban Wattay noy, 万象。
地图： D4
电话： (021)214-868

联邦快递
Lan Xang Ave, 万象。
地图： D4
电话： (021)223-278

在老挝随处可见的黄褐色邮筒

一个老挝颇受欢迎的品牌电话卡和手机 SIM 卡

国际长途和市内电话

尽管老挝电信局可以为游客提供国际长途服务，但建议游客最好选择在网吧即可拨打的网络语音电话系统，或随身带一部手机。老挝使用的是全球移动通信系统（GSM），所以只要使用的是三频手机，游客就可以在手机商店或报刊亭购买一个本地的 SIM 卡。既可以接通本地电话，也可以拨打国际长途，话费相对便宜一些。中国移动的手机号开通全球漫游服务后即可在老挝使用，但费用较高，且要记得关闭 GPRS。

网络设施

老挝的网吧随处可见，价格合理，网速虽然不算太快；但也足够满足查看邮件或浏览网页的需求。万象、琅勃拉邦这类大型城市的许多酒店、咖啡馆和餐馆都可以提供无线上网服务，但一般都要额外收费。使用笔记本电脑或智能手机无线上网比在网吧要方便许多。

邮政服务

老挝的政府邮政体系不是太可靠，建议游客最好不要使用，尤其是想邮寄一些比较贵重的物品的时候。更保险的选择是通过快递公司，如**国际连锁的敦豪速递公司**（DHL）或**联邦快递**（FedEx），这些公司还提供老挝本国的国内运送服务，但是价格不菲。如果游客同期还要去泰国或越南游玩，也可以考虑在那里邮递物品。

报纸和杂志

官方出版的全英文报纸《万象时报》（*Vientiane Times*）是老挝发行量最大的报纸，虽然评论员有他们的倾向性，但也展示了局内人对国家的看法。法文报纸《革新者报》（*Le Renovateur*）也很受欢迎。一些国际出版物在万象的大型书店和琅勃拉邦的酒店商店也可以找到。还有一些文化类杂志，如《万纳辛杂志》（*Vannasin Magazine*）和《Sinxay 周刊》，以及分别以英语和老挝语发布的《Wattanatbam（文化）杂志》。

电视和收音机

老挝的电视和广播频道都由政府控制，而且没有英语节目。酒店的卫星系统接收面很广，主要接收的是泰国节目。但通常也会有一些英语新闻和金融、体育资讯。

万象纪念碑书店里种类繁多的文具、书籍和出版物

柬埔寨旅游信息

前往柬埔寨最省力的方法就是乘飞机，目前国内的许多城市都开通了直飞柬埔寨的航线，十分方便。柬埔寨国内的航空运输体系发展也很良好，有固定往来于各大城市的航班，但柬埔寨的偏远省份如基里省目前还没有开通航空服务。游客还可以选择从老挝、泰国或越南搭乘火车、公交车或渡船抵达柬埔寨。在柬埔寨的旅行可能轻松也可能辛苦，这要取决于道路状况。有些高速公路修建完善且维护良好，乘坐公交车游玩非常舒适，但去往偏远地区的路途往往很辛苦。游客可以选择嘟嘟车、摩的和出租车往返于城市之间。

越南航空标志

金边国际机场里的商店和咖啡厅

乘飞机抵达

柬埔寨目前有2座大型机场，分别是金边国际机场（Phnom Penh International Airport）和暹粒—吴哥国际机场（Siem Reap-Angkor International Airport），航班可以抵达亚洲的胡志明市、万象、吉隆坡、首尔、北京、上海等城市，以及美国、英国等国家的主要城市。国外航空公司，如**泰国航空**（Thai Airways）、**曼谷航空**（Bangkok Airways）、**越南航空**（Vietnam Airways）、**老挝航空**（Laos Airways）、**马来西亚航空**（Malaysia Airways）、**亚洲航空**（Air Asia）等，以及中国的大型航空公司，如**中国国际航空**（Air China）、**南方航空**（China Southern）、**东方航空**（China Eastern）等，都有直飞金边或者暹粒的航班。从北京出发到达金边需要5个小时，从广州出发直飞暹粒则只需要1个半小时。

机票价格

飞往柬埔寨的航班票价取决于航线、季度和旅行社。假期和凉季（11月～次年2月）的票价一般偏高，这时是柬埔寨接纳游客最多的时段。而雨季（6月～10月）的票价则会低廉很多。建议游客提前预订机票。

陆路或水路交通抵达

在泰国、越南和老挝至少有12个边境通道可以抵达柬

一架曼谷航空公司的飞机停靠在暹粒—吴哥机场

等在金边国际机场外的嘟嘟车

柬埔寨。其中人们选择最多的是从泰国的亚兰（Arayprathet）到波贝这条线。但由于最近柬埔寨与泰国在柏威夏寺（见94~95页）的拥有权上的争端，东北边的边境时常关闭。从老挝的温卡姆（Veun Kham）到上丁（Dom Kralor），从越南的木牌（Moc Bai）到巴维特（Bavet）也是人们常常选择的线路。这些地区只可以驱车前往，因为这些边境都没有铁路交通。另外，完善的高速公路也令交通时间大幅缩短。选择从水路前往柬埔寨的人越来越少，因为边境间的水路很少。

抵达柬埔寨

中国游客自第三国赴柬，可办理落地签证。游客会在飞机降落前收到入境申请表，并必须在抵达时连同一张护照标准照片一并上交。护照有效期不少于6个月时办理过程非常迅速。签证费用为20美元。

到达和离开机场

离开和到达国际机场都会受到礼貌且高效的接待，但无论到达还是离开，游客都需接受安全检查。在机场航站楼外随处可见嘟嘟车和带有空调的出租车。高档酒店还可以帮客人预订出租车和小巴。从暹粒机场到市中心仅需要10~15分钟，若金边道路拥堵则需要1个小时。

离境税

所有游客在离开柬埔寨时都需缴纳离境税，国际机场为25美元，国内机场为18美元。可付现金，也可刷卡。离境税同机场建设费一并包括在机票价格内。

绿色旅游

随着道路交通和基础运输设施的完善，到柬埔寨旅游越来越方便，但离环境友好型旅游还相差很远。许多汽车和助力车还在使用用二手塑料瓶和玻璃瓶盛放的含铅燃油，因为无铅燃料价格较贵。除此之外，金边等城市的街道还布满了理应淘汰、污染环境的交通工具。

游客可以通过避免过度使用车内空调来保护环境，特别是在凉季；并坚持不乱丢垃圾。在参加如生态徒步旅行这类的活动时，游客应查证该公司使用的凭证，包括他们运营的时间、他们是怎样为当地社区做贡献的，以及他们是如何减少自己的碳足迹的等细节。

附录

国际航空公司

亚洲航空
电话：(023)890-035
www.airasia.com

曼谷航空
电话：(023)426-624
www.bangkokair.com

老挝航空
电话：(023)222-0956
www.laoairlines.com

马来西亚航空公司
电话：(023)426-688
www.malaysiaairlines.com

泰国航空
电话：(023)890-292
www.thaiairways.com

越南航空
电话：(023)215-998
www.vietnamairlines.com

国内航空公司

中国国际航空
电话：95583
www.airchina.com

南方航空
电话：400-669-5539
www.csair.com

东方航空
电话：95530
www.ceair.com

游客从吴哥城东门走出

环游柬埔寨

湄公快线的车票

在经历了几年的停滞以后，柬埔寨的交通运输系统终于成熟起来了。政府投入了大笔资金用于建设道路和高速公路交通网，每条道路都铺设了防水路面，四通八达地连接起各大城市，如金边、暹粒、西哈努克和马德望。乘船旅行速度很慢，但游客可以尽享旅途风光，建议短期旅行的游客不要选择乘船游玩。柬埔寨国内航线也非常高效，但去往偏远地区的游客还需搭乘公交车等当地运输工具或租赁汽车和司机——独自驾驶极富挑战性，特别是在当地人不会英语，而且路标也都是用高棉语标注的地区。

停靠在金边某公交车站的新的内城空调公交车

国内航线

柬埔寨的航空公司主要为一家——与越南航空合资的**柬埔寨吴哥航空**（Cambodia Angkor Air）。柬埔寨吴哥航空可为游客们提供去往西哈努克市、暹粒、金边和胡志明市的航班。

机票、票价和预订

游客可以直接登录航空公司网站购买机票，或通过声誉良好的旅行社从机场的预售处及其金边办事处购买。代理机构也是不错的选择，因为他们常常能拿到打折的机票。优秀的代理机构包括位于金边的 **Exotissimo** 和 **Hanuman 旅行社**，以及位于暹粒的**全程礼宾服务**（All Concierge Service）。一些大型酒店很愿意为住客提供免费预订机票的服务。一张从金边到暹粒的单程机票价格一般为 100 美元。圣诞节、重大节日或 11 月 ~ 次年 2 月的旅游高峰期的机票都是很难买到的，因此最好提前订票。机票价格在旅游淡季，特别是 2 月、6 月和 10 月往往会降得很低。

公交车

柬埔寨的公交系统非常完善，现在还有了空调公交车，主要路段状况也大为改进。因此，往来于暹粒和马德望的时间比以往缩短了一大半。能为游客在金边以外地区提供优质服务的公交公司有**金边 Sorya 运输公司**（Phnom Penh Sorya Transport Company），它提供去往西哈努克、暹粒、曼谷、马德望和其他城镇的车次；**湄公快线**（Mekong Express）提供的车次同金边 Sorya 运输公司一样，但奢华许多。若前往更偏远的地区，游客有必要租一辆汽车并雇一名司机，或搭乘当地小巴，但是小巴不太舒适、经常超载驾驶而且座位狭小。如果游客数量较多，最好租用一辆小巴，并雇用司机。公交车和小巴会在中途停留，让乘客休息。

公交车票和票价

车票可以通过旅行社、酒店或公交车总站（大多数公交车运营的地方）购买。如果游客选择搭乘公交车，比如从金边到暹粒，最好提前订票，因为公交车很快会坐满人。车票价格通常很合理。

租赁汽车或摩托车

如果你是一位驾驶经验丰富的游客，租一辆摩托车旅行可以很好地欣赏这个国家的风情，在人烟稀少的道路上飞驰也是非常奇妙的体验，例如蒙多基里和基里省。骑摩托车旅行还有一个优点就是让游客随心而动，不受束缚，还可以跟当地人直接接触。但选择骑摩托车的游客一定要谨记，这种旅行方式并不一定都是美好的经历，特别是除了高速公路以外，

一家出售公交车票的金边旅行社的柜台

白马一家经销商办事处外供人租用的摩托车

许多偏远地区的道路状况非常不好。另外，当地人常常高速逆行，特别是在拐急弯时，而且游客还要注意四处游荡的牲畜和横过马路的孩子。

租一辆汽车既简单又不贵，只是建议同时选择一名当地的司机，他们了解当地的道路、寺庙和其他景点的位置。不建议游客自驾车游玩，因为游客不懂当地语言。如果你想自己开车的话，记住无照驾驶会受到柬埔寨警察的罚款。

乘船游览

柬埔寨众多河流是往来于各地间的重要通道，沿途还可以欣赏秀丽的风景，体验当地文化。旅行社如**吴哥快线**（Angkor Express）提供往来于暹粒和马德望的乘船旅行，一般要花费5~8小时。金边到暹粒的乘船旅行一般需要5个小时。尽管两条线路都从洞里萨湖出发的，但前者更受欢迎，因为除了河水以外没有其他更值得欣赏的风景。

从老挝来的游客现在还可以选择快艇，但由于水下有石头，乘坐快艇还是比较危险的，尤其是潮湿的季节。这些长尾船往来于老挝边境和柬埔寨的上丁，但在旱季水位降低的时候，这条线路非常危险。在老挝，同样的船只曾发生过意外，而且每年都会有人伤亡。搭乘这类船，游客一定要戴好耳塞，因为发动机的噪声能把耳朵震聋。游客绝不要在光线不好、能见度低的情况下乘船。防晒霜和遮阳帽是必备的，尤其是坐在船的露天顶层观光的时候。

附录

国内航班

柬埔寨吴哥航空
206A, Preah Norodom Blvd, 金边。
城市地图：E5
电话：(023)666-6786
www.cambodiaangkorair.com

公交车

湄公快线
87 Sisowath Quay, 金边。
城市地图：E1
电话：(023)427-518

金边Sorya 运输公司
Corner of Sts 217 and 67.
城市地图：D2
电话：(023)210-359
www.ppsoryatransport.com

乘船游览

吴哥快线
Titanic Restaurant旁, Sisowath Quay, 金边。**城市地图：**E1
电话：(012)789-531

旅行社

全程礼宾服务
051, Stung Thmei Village, 暹粒。
电话：855-89-855-855

Exotissimo
66 Norodom Blvd, 金边。
城市地图：E2
电话：(023)218-948
www.exotissimo.com

Hanuman旅行社
310, St 12, 金边。
城市地图：E4
电话：(023)218-396
www.hanumantourism.com

空尼的游客乘坐一艘摆渡船横跨洞里萨湖

当地交通

暹粒当地人骑的人力三轮车

在过去的几年里，柬埔寨经历了突飞猛进的发展，公路网和交通运输设施都进一步完善。但随之而来的交通拥堵现象在金边、暹粒这些大城市也越来越普遍，特别是早晚高峰时段。大城市里最快速的交通工具是摩的（出租摩托车），它可以在拥堵的车流中毫不费力地穿梭。游客还可以选择能悠闲游览整座城市的人力三轮车、嘟嘟车和出租车。

游客坐在嘟嘟车上欣赏金边的风光

环游金边

金边是一座很小的城市，即使没有交通系统的支持，游客也可以毫不费力地尽情游玩。一般而言，乘坐 remorque-moto（更为人们熟知的名称是嘟嘟车）游览整座城市是最受欢迎的方式。另一种游览方式是乘坐人力三轮车，但耗时较久，大多来金边游玩的游客都曾尝试过。一辆人力三轮车可以搭乘 2 ~ 3 个人，司机坐在车后方踩踏板驾驶车辆。乘坐人力三轮车的花费很少，嘟嘟车司机往往会向外国游客要高价，特别是当他们发现这些游客是从高档酒店出来的。建议游客在乘车前先跟司机讲好价钱。

游客若想自己探索整座城市，也可以租一辆自行车。大部分酒店都会向住客提供自行车租赁服务，一天只需几美元。但游客要小心驾驶，一来是因为炎热的天气，二来是因为大城市的污染。摩托车也是一个选择，但驾驶者必须戴上头盔并持有当地驾照，否则就要冒着被警察拦下罚几美元的危险。

公交车和小巴

尽管柬埔寨还没有集中的公交服务，但去往各省份的公交车应有尽有。这些公交车一般都由私人经营，大多配有空调，可以到达多数主要城镇。各省份也有小巴，而且非常便宜，但大多时候都是超载驾驶的。建议游客提前订票，以确保有座。

出租车

随着交通运输设施逐渐完善，金边的出租车数量也在不断增加。**全球出租车**（Global Taxis）是金边唯一一家官方出租车服务公司，所有车辆都配有空调、配置现代且价格合理。除了有少数司机会向游客收取额外费用外，他们的服务费一般非常便宜。高档的酒店、旅馆和大多数旅行社都可以为顾客安排出租车，包车一天或远距离行程都可以安排。当地也有一些非官方的出租车（即黑车），但不太常见。游客在乘车前先同司机讲好价钱是非常必要的，以避免事后发生争执。

交通规则

柬埔寨的交通发展快速，但对安全问题却不够重视，因

由不同公司运营的金边出租车

去往塔布隆寺的一个暹粒旅游团

此在金边和暹粒等大城市开车是非常危险的。即使制定了交规也很少有人遵守，所以行人要注意自身安全。

柬埔寨的汽车靠右行驶，十字路口很少设有红绿灯，也很少有司机遵守交通规则。游客自驾车一定要小心不要在标有“禁止左转”的路口左转，且记住在夜晚打开车灯。行人在横过马路时一定要打起精神，最保险的方式是匀速前进，以确保司机能够看到并绕过你。

贡布的路标

建议游客最好不要租车自驾，特别是在金边，以防意外发生。外国人会发现当地警察非常难缠，更不要提他们的官僚做派和语言障碍了。此外，金边的交通警察对当地人很宽容，但对外国人却非常严厉。

如果骑摩托车游玩，一定要戴头盔。虽然当地人大多不遵守这项规定，外国人却可能因此被罚款。

旅行社

由于柬埔寨值得一游的景点众多，远不止金边和暹粒及其周边地区；参加一个旅行团往往是绝佳选择，有为期一天或几天的游玩计划可供选择。除了非常方便以外，参团游览既省时又省钱。一般而言，参加旅游团的人数越多，每位成员花的钱越少。同一个旅游计划，花费则大不相同，所以游客在启程前应咨询不同的旅行社，寻找最合适的价格。金边的旅行社大多分布在西索瓦码头地区；暹粒也有几家不错的旅行社。如暹粒的**风情吴哥旅行社**（Exotic Angkor Travel）和金边的**迪特黑尔姆旅行社**（Diethelm Travel），都很受背包客欢迎，服务内容涵盖了所有主要景点。他们还可以为游客预订机票、住宿及其他交通工具。旅游业界的翘楚猴神旅行社（Hanuman Tourism）和总部位于金边的**奥拉旅行社**（Hola Travel）也可为游客组织综合旅游。**太阳旅行社**（Sun Tours）则可为游客安排独一无二的乘船旅游，前往西哈努克的翠色欲滴的岛屿，为期1~2天。

附录

出租车

全球出租车
金边国际机场，金边。
电话：(023)222-788

旅行社

迪特黑尔姆旅行社
65, St 240, 金边。
城市地图：D3
电话：(023)219-151
www.diethelmtravel.com

风情吴哥旅行社
Psar Damkralahn Rd, Route 6以北, 暹粒。
电话：(063)965-326
www.exoticangkor.com

奥拉旅行社
415 Sisowath Quay, 金边。
城市地图：F3
电话：(023)211-091
www.holatravelcambodia.com

太阳旅行社
西哈努克市。
电话：(016)396-201
www.suntour-cambodia.com

游船将游客们载往西哈努克的岛屿

老挝旅游信息

大多数游客都选择搭乘飞机前往老挝；因为这是最快捷的交通方式。目前从中国的昆明、景洪以及广州均有飞往老挝的万象或琅勃拉邦的航线。老挝航空是老挝的国家航空公司，提供飞往老挝国内 8 个城市的航班；还有往来于中国、越南、马来西亚和柬埔寨等国的国际航班。除了缅甸外，老挝与所有同它接壤的国家共开设了 15 个边境通道。连接老挝与其邻国的道路网正处于飞速发展中，现代小轿车和迷你卡车往来于其间。乘船旅游是个有趣的选择，特别是在水域宽广、便于航行的湄公河上。嘟嘟车是连接各个城镇的最常见交通工具，非常方便。

老挝航班标志

乘坐飞机抵达

大多数游客都是从万象的瓦岱国际机场（Wattay International Airport）抵达老挝的，这里提供往来于泰国的曼谷、越南的胡志明市、柬埔寨的暹粒和金边、马来西亚的吉隆坡，以及中国的昆明和广州的航班；其中，飞往广州的航线是 2012 年年底新开通的。琅勃拉邦国际机场（Luang Prabang International Airport）提供往来于泰国的曼谷、越南的河内、柬埔寨的暹粒以及中国的景洪的航班。巴色国际机场（Paksa International Airport）有飞往曼谷、暹粒和金边的航班。**老挝航空**是老挝的国家航空公司，在很多人的印象中，老挝航空多使用小型飞机，飞行安全不太好，实际上，近年来老挝航空正在逐步引进替换更舒适的机型——目前执飞中国航线的为空中客车的中型机。目前除了老挝航空，**泰国航空**、**越南航空**、**中国东方航空**和**亚洲航空**也提供直飞老挝的航班。

老挝航空的飞机停靠在沙湾拿吉机场的停机坪上

巴色国际机场的入口

机票价格

去往老挝的机票价格根据季度的不同而上下浮动，高峰时段的票价能够达到普通时期的两倍以上。最好提前预订。在线旅游公司和旅行社可以为游客选择最佳方案。

抵达老挝

游客抵达老挝时需要填写入境申请表。在航班上即可领取。入境申请表是非常重要的文件，应放在护照内仔细保管，因为一旦遗失就要罚款。老挝海关的乘客检查不是很严格，但还应注意对带入酒类和烟草的限制。

到达和离开机场

老挝的三大国际机场都离市区不远，所以机场和市区之间没有班车接送。万象的航站楼内还出售去往琅勃拉邦和巴色的出租车票，机场周围有嘟嘟车。酒店通常会安排机场接送专车，费用合理。高档酒店则为所有住客提供免费专车。

陆路交通抵达

老挝有15个陆路国际边境通道，从泰国进入老挝的通道是使用频率最高的，需要从泰国的廊开（Nong Khai）出发，经过友谊之桥到达老挝南部的Tha Dues，再从这里前往万象——这里既有公交车也有火车。从泰国清莱府（Chiang Rai）的清孔（Chiang Khong）出发，经水上边境可到达博胶省的会晒，游客可以经湄公河去往琅勃拉邦。位于穆达汉府（Mukdahan）的通道则可通过友谊之桥抵达沙湾拿吉（Savannakhet）。靠近泰国黎府（Loei）的边境通道可以抵达老挝的Nam Heuang村，但这里没有落地签证。泰国的空尖（Chong Mek）连接头顿（Vang Tau）的通道距巴色只需43千米，可办理落地签证。

老挝广场饭店的接送车

老挝和柬埔寨的边境线也是开放的，船只和迷你巴士往来于上丁和老挝边境之间。

连接越南和老挝的所有边境通道都可以办理落地签证。位于偏远的阿速坡（Attapeu）以东约100千米的Bo Y也有一个入境口，乘公交车和出租车即可到达。连接越南辽宝（Lao Bao）和老挝Dan Savan的通道使用率也是极高的，从那里去往西侧沙湾拿吉的道路路况很好，路程约为230公里，从岘港（Da Nang）出发的公交车定时往来于其间。顺着骄若（Gau Treo）到纳包（Nam Phao）的通道游客可以欣赏Phu Hin Pun国家保护区令人惊叹的景色。连接南根（Nam Can）和南卡恩（Nam Kahn）的通道向西行驶约5小时即可到达石缸平原。从Tay Trang到Sop Hun的通道距西南方的Muang Khua约为60千米。从越南奠边府出发的公交车即可到达。

中国的磨憨和琅南省的磨丁（Boten）也有一处边境通道，但那里目前不办理落地签证。

绿色旅游

与外国政府和非政府机构合作的老挝国家旅游局将老挝打造成了一个生态旅游目的地，为老挝的发展做出了极大的贡献。老挝人接受了维护良好环境的教育，以保护吸引游客的自然资源。作为回报，保护生态环境和避免砍伐、摧毁农田树林、伤害野生动物也在经济上有利于当地人民。以社区为依托的徒步旅游帮助当地人改善了村庄的居住环境，游客雇用当地人做导游也为他们增加了收入。

但原始的旅游方式仍在继续。游客应拒绝食用在餐馆菜单中常见的鹿肉，也不要购买野生动物制品，如动物牙齿制作的项链、动物皮毛制作的皮包和用蛇泡制的酒类。

附录

航空公司

亚洲航空
www.airasia.com

老挝航空
电话：(021)212-051-54
www.laoairlines.com

泰国航空
电话：(021)222-527
www.thaiair.com

越南航空
电话：(021)217-562
www.vietnamairlines.com

中国东方航空
电话：95530
www.ceair.com

在万象瓦岱国际机场的候机大厅中等待的游客

环游老挝

一家颇受欢迎的河运公司

老挝的道路状况已有较大改善，但在偏远地区土路仍很常见，道路修复也很不及时。双层空调大巴替代了配有木椅、镀锌棚顶的俄罗斯平板车。迷你小巴很受欢迎，而且比大巴更加舒适省时。双条车在郊区很常见。随着道路网的发展，水路运输日渐稀少，但在一些地区仍在使用且必不可少。老挝唯一一条铁路只可到达与泰国接壤的泰国友谊之桥边境。老挝有两家国内航空公司，可以乘飞机抵达老挝的主要城市。

国内航班

老挝的国家航空公司——**老挝航空**按时提供往来于国内各大城市的航班，包括万象、琅勃拉邦、巴色和琅南塔，飞行航线涵盖了老挝的绝大部分地区。**老挝摩羯航空**（Lao Capricorn Air）是一家私人运营的航空公司，提供从万象飞往川圹省的丰沙湾和华潘省的桑怒的航班。老挝摩羯航空也有飞往丰沙里和沙耶武里的航班，但不是固定航线，只周期性提供。两家航空公司的航班更换都非常频繁，所以游客最好查看当地的最新信息，以免耽误旅游计划。两家公司使用的都是涡轮喷气式飞机，保持着良好的安全记录，请放心乘坐。

乘客在沙湾拿吉一处公交车票售卖窗口购买车票

机票、票价和预订

老挝航空的办事处直接对外出售机票，此外，还提供高效的在线购买服务，使游客不必通过旅行社即可买到同样价格的机票。国内机票价格一般不会超过100美元，但不一定是直达航班。例如，从琅勃拉邦飞往巴色就需要在万象转机。老挝摩羯航空提供飞往老挝冷门旅游地区的航班，不提供网上购票服务，且机票价格偏高；但通过旅行社往往可以买到低价的机票。在旅游旺季的11月～次年2月，航班往往供不应求，建议游客尽早订票。

公交车

老挝的公交车线路四通八达，从往来于13号公路和国际公路的时髦VIP空调大巴，到去往万象大部分地区和城市的由政府经营的老式蓝白大巴，应有尽有。一般而言，路途越长、交通越繁忙的线路，车辆的状况就越好。游客应明确适合自己搭乘的交通工具种类，不要逞强，以避免长途旅行的艰辛。当地的公交车在每一个村庄都会停车，特快公交车站点则相对较少。区分这两种车不太容易，但从价格上便可以看出旅途的质量。

公交车票和票价

老挝的大多数长途大巴都从城区以外而非市中心出发。此外，根据方向和距离的不同，大部分主要城市都设有两个或两个以上的汽车站。例如，万象有三个大巴车站：位于城镇南部13号公路上的**南方站**（Southern Bus Station）、机场路沿途的**北方站**（Northern Bus Station）；还有位于城中心的早市站（Talat Sao Bus Station），提供短途旅游巴士和开往泰国的班车。琅勃拉邦有两个汽车站，分别是南部总站和北部总站。

游客不妨在开始长途旅行的前一天到汽车站买好车票，并了解巴士类型，以便在出发时掌握准确信息。如果时间不允许，游客也可以通过旅行社购买VIP公交车票，但一定要明确自己的需要，以避免对车辆类型和发车时间产生错误理解。

双层VIP豪华空调巴士

迷你巴士和公共卡车

如果游客数量不多，配有空调的迷你小巴是绝佳的交通选择。小巴一般可容纳10位乘客，按座位收费。但游客也可以包租一辆小巴，费用、中途休息次数及时间旅游点等问题都可以同司机商议，非常方便。迷你小巴往来于大城市间，也会在市中心停靠，并由此避免了在交通不便的郊区停车的问题。

还有一类中型交通工具——双条车（songthaew），它基本上就是一个有着两排长椅的接送乘客的卡车。乘客一般相对而坐或干脆坐在车顶上面。这种车在老挝郊区很常见，它们不仅往来于城市和郊区之间，还可以用于郊区的中短途旅行。车上时常会挤满了乘客和行李。双条车有固定行驶线路，并会在路边有行人想上车或车上有乘客想下车的时候随时停车。这种交通工具速度很慢，而且和公交车相比要脏乱许多，但游客可以和当地人挤坐在一起，在乘车过程中体验老挝郊区的原味生活。

租赁汽车或摩托车

在老挝租用汽车往往还会为你配备一名司机，游客也可以选择自驾，但两者费用都不便宜。游客可以通过**欧洲车**（Europcar）出租公司租赁车辆。在城市里开车非常危险，因为到处都是飞驰的摩托车、四处游荡的家畜、水牛，以及不太在意交通规则的行人。但离开城区路况会好许多。很多人会选择租用摩托车，特别是在万象，那里有许多租赁公司，如**朱尔斯经典摩托车**（Jules Classic Bikes）。但除非驾驶经验丰富，否则最好不要租用摩托车；建议游客在驾车过程中穿着长裤、高帮鞋而非凉鞋。

游客驾驶的摩托车是一种方便的交通工具

乘船或摆渡

老挝发展完善的道路交通网使得一度盛行在湄公河和其他河流中的摆渡船只大量减少，但摆渡船仍往来于湄公河上游的四千岛地区（见202~203页）和老挝北部的南乌河上。往来于琅勃拉邦和会晒（见184~185页）的琅晒湄公巡航船长期以来都是游客的不二选择，悠闲地坐在船上欣赏两岸秀丽的自然风光，是一种享受。湄公河上行驶的都是配有发动机的大型木质游船，可以容纳大量游客；为让乘客避免暴晒，船只还带有船顶。所谓的快艇是一种很轻、很窄、吃水很浅且配有大型水平发动机的船只，船身相对较小，速度极快。快艇在湄公河上游随处可见，但非常危险，除紧急情况外最好不要搭乘。南乌河上的游船相比湄公河上的游船要小巧一些，速度也更快，租下整条船是个不错的选择，尤其对一个旅行团而言。带有发动机的独木舟一般在四千岛区域的岛屿之间使用。

往来于湄公河上的大型木质游船

附录

国内航线

老挝航空
Pangkham Rd，万象。
地图： B4
www.laoairlines.com

老挝摩羯航空
Wattay机场国内航站楼，万象。
地图： A4
www.laoscapricornair.net

汽车站

南方站
Evening Market Rd 12，万象。
地图： A4
电话： (021)260-094

北方站
Dongdok Rd，万象。
地图： D4
电话： (021)740-521

汽车和摩托车租赁

欧洲车
354 Samsenthai Rd，万象。
地图： C3
电话： (021)223-867

朱尔斯经典摩托车
Setthathirat Rd，万象。
地图： C3
www.bike-rental-lao.com

当地交通

正在骑自行车的游客

老挝缺少能让游客放心搭乘的、过硬的市内公共交通体系。游客可以搭乘拥有固定往返路程的公用嘟嘟车，但车站名称没有英语标注，这对不熟悉当地语言的游客来说是个不小的挑战。不仅如此，由于缺乏管理，嘟嘟车司机往往会超额收费，而且非常难缠，特别是在万象。游客最好选择出租车，在首都很容易搭乘，而且也比嘟嘟车便宜。摩托车和自行车是不错的选择，而对于某些特定地区，最方便的还要数徒步旅行。

环游万象和琅勃拉邦

公共交通的不完善和嘟嘟车司机的乱收费使许多游客更愿意选择步行或租用自行车游览万象和琅勃拉邦。由于万象的市区和郊区面积较广，大多数游客在各个区域游玩的时间非常有限。位于湄公河和 Samsenthai 路之间，还有 Lan Xang 大道和 Chao Anou 路之间的地区只有约2千米宽，完全可以步行穿越。琅勃拉邦的老城半岛同万象市中心的大小相当，游客也可以步行游览。与万象相比，琅勃拉邦更适合骑自行车，因为交通不那么拥挤。在万象和琅勃拉邦租用摩托车都非常方便，对有驾驶经验的游客而言是极好的选择。

万象路边供人租用的自行车

游客需谨记，不要在老挝学习驾驶摩托车，一是因为极富挑战的路况，二是因为这里只有基础的医疗设施。摩托车租赁店往往会要求游客用护照作为抵押；按说需持有国际驾照，但一般商家并不会要求游客出示。切记使用备用锁，并将车停放在摩托车停车区，那里会有专门的负责人值班看守。在万象，偷摩托车的小偷数量众多，如果车辆丢失，租车者要负全责。游客还要留意车辆的状况（尤其是刹车），查清是否有损坏，即便是小的刮蹭也要在租车合同中写清，以避免事后还车时被要求支付损坏车辆费。

步行是最好的选择，在欣赏沿途风光的同时，还为游客提供了与当地人交流的机会。但应当注意的是，大多数时间日照都非常强烈，所以遮阳帽和防晒霜是非常必要的。补充大量水分十分重要，游客要尽量在阴凉下行走。早上和傍晚时分是最佳旅行时间。

嘟嘟车和出租车

嘟嘟车司机服务的主要对象是外国游客，那些在大型旅游中心的司机还会向游客自荐，带领游客到景点游玩，特别是城外的景点，如各个瀑布。如果能有幸遇到一个可靠的嘟嘟车司机，建议游客留下他的联系方式，并定期预约他的服务。各类嘟嘟车（见142页）都穿梭在万象和其他城镇的大街小巷中。三轮车的颜色非常显眼，搭乘它从城镇到汽车站是个不错的选择——因为车站往往远离市中心。搭乘嘟

万象的公共嘟嘟车排着队等乘客上门

典型的万象交通高峰时段

嘟车单程去往一个目的地的情况最为常见。游客也可以预订回程服务，将司机等待时间也算在内即可。游客应在搭乘前同司机讲好价钱。在万象，出租车服务公司如TVLG，会为游客提供配有空调且一尘不染的车辆，价格合理。游客也可以选择老旧的不计时出租车，但切记提前议价。

旅游出租车标志

交通规则

遵守当地的交通法规非常重要，对行人也是如此。特别是在万象，曾经安静的街道现在跑满了新车，高峰时段路况更乱。在城镇的主要商业街上，摩托车穿梭其间，毫不顾忌道路安全，大部分驾驶者经验不足，很多甚至没有驾照。很少有人会遵守交通规则，大车往往会抢占优先行驶权。司机大多都无视路上的行人。最近新设置了交通信号灯，使得情况有些好转，尤其是在有警察监督，并对违规行为进行罚款的时候。尽管按照规定车辆应靠右行驶，但过马路前最好查看道路两边，因为只要能超车，摩托车会在相反道路上逆行。晚上，只有半数摩托车司机会佩戴头盔。不过，游客只要熟悉了当地道路，环游城镇是非常容易的。

旅行社

老挝的主要乡镇和城市都有旅行社，为期一天或几天的旅游非常容易预订。在万象和琅勃拉邦，游客可以联系下列任何一个旅游机构，如**绿色发现**、**Exotissimo**和**老挝迪特黑尔姆旅行**（Diethelm Travel Lao）。在其他城市，当地旅行社可以为游客提供各种信息。由政府经营的服务公司值得信赖，主要为游客组织以徒步旅行和社区参观为基础的生态旅行。万象的经典旅游线路就是参观玉佛寺（见140页）、沙格庙（见141页）、凯旋门和早市（见142页）。琅勃拉邦则是国家综合博物馆（见156页）、香通寺（见160~161页）和和平塔（见166页），有时一日游的行程中还会包括在湄公河上乘船游览。

湄公河上的渡船将乘客从泰国边境载往琅勃拉邦

附录

出租车服务公司

TVLG
电话：(021)454-168

旅行社

老挝迪特黑尔姆旅行
Nam Phu Square, Setthathirat Rd, 万象。
地图：C4
电话：(021)213-833

Exotissimo
Pangkharm Rd, 万象。
地图：B4
电话：(021)241-861
Khemkhong Rd, 琅勃拉邦。
地图：D2
电话：(071)252-879
www.exotissimo.com

绿色发现
Setthathirat Rd, 万象。
地图：B3
电话：(021)251-524
Sisavang Vong Rd, 琅勃拉邦。
地图：C3
电话：(071)212-093
www.greendiscoverylaos.com

致谢

DK出版社向下列人士致以诚挚的谢意。正是他们的热心支持与帮助，才促成了此书的出版。

Main Contributors

Peter Holmshaw has lived in Asia for 25 years and now makes his home in Chiang Mai, Thailand where he raises his family, rides a mountain bike, and works in publishing.

Iain Stewart first visited Cambodia and Laos in 1991 as a backpacker. Now an author and journalist, he has written over 30 guidebooks to destinations as diverse as Ibiza and Indonesia. He lives in Brighton, UK.

Richard Waters has had a long association with Southeast Asia and writes for a number of British newspapers, magazines, and other guidebooks. He lives in the Cotswolds with his family.

Fact Checker Adam Bray

Proofreader Janice Pariat

Indexer Hilary Bird

Khmer and Lao Translations Andiamo! Language Services Ltd

Editorial Consultants Ros Belford, Claire Boobyer

Design and Editorial

Publisher Douglas Amrine
List Manager Vivien Antwi
Project Editor Michelle Crane
Junior Editor Vicki Allen
Editorial Assistance Adam Bray, Scarlett O'Hara
Project Art Editor Shahid Mahmood
Senior Cartographic Editor Casper Morris
Senior DTP Designer Jason Little
Senior Picture Researcher Ellen Root
Production Controllers Vicky Baldwin, Linda Dare

Revisions Team

Neha Dhingra, Caroline Elliker, Catherine Palmi, Erin Richards

Cartography Credits

Base mapping supplied by Kartographie Huber, www.kartographie.de and Lovell Johns Ltd, www.lovelljohns.com
The maps on pages 46/47, 60/61 and 138/139 are derived from © www.openstreetmap.org and contributors, licensed under CC-BY-SA, see www.creativecommons.org for further details.

Additional Photography

Max Alexander; Edward Allwright; Jane Burton; Ian O'Leary; Bethany Dawn; Tim Draper; Christopher and Sally Gable; Steve Gorton; Frank Greenaway; Amisha Gupta; David Henley; Barnabas Kindersley; Dave King; Stephen Oliver; Rough Guides: Simon Bracken, Tim Draper; Rob Shone; Michael Spencer.

Photography Permissions

Dorling Kindersley would like to thank the following for their assistance and kind permission to photograph at their establishments:
The Apsara Hotel; Artisans d'Angkor; The Battambang Provincial Museum; The Foreign Correspondents' Club; Khmer Ceramics Centre; Saun Kham at The Laos National Museum; Hab Touch at The National Museum of Cambodia; Raffles Hotels & Resorts; Santuk Silk Farm; The Traditional Arts and Ethnology Centre; Wat Ong Teu Mahawihan; Wat Pa Huak; Wat Si Muang; Wat Si Saket; Wat Xieng Thong; Xieng Khuan.

Picture Credits

Key: a-above; b-below/bottom; c-centre; f-far; l-left; r-right; t-top.

The publisher would like to thank the following individuals, companies, and picture libraries for their kind permission to reproduce their photographs: 4CORNERS IMAGES: SIME/Kaos03 162-163. ALAMY IMAGES: Alan Copson City Pictures 277br; Alan Howden - Cambodia Stock Photography 281tl; Alan King engraving 9c, 29c; Victor Paul Borg 181cra; G P Bowater 16cr; Jon Bower Cambodia 24clb; Thomas Cockrem 21ca; Ian Cruickshank 18cr; Danita Delimont 19tr, 135crb; David Myers Photography 26cl; David Noton Photography 230cla; DBImages 19cl; Adam Deschamps 79br, 86; Dreamtours 167tc; Shaun Edwards 154br; F1online digitale Bildagentur GmbH 276b; Philip Game 193tc; David Gee 25cr, 183tr; Mike Goldwater 175br; Micah Hanson 13b, 23tl, 23bl, 124cr, 179cl, 191br; Henry Westheim Photography 16fclb, 49br, 127bc, 250bl, 262-263; Roger Hutchings 18clb; Imagebroker 125c; ITPhoto 187b; Alistair Laming 31tr; Lonely Planet Images 153cra ,153bc; Neil McAllister 168; neilsetchfield.com 90crb; Douglas O'Connor 231cl; Paul Gisby Photography 153crb; The Photolibrary Wales 102; Photos-12 21cr; Prisma Bildagentur AG 52bl; Robert Harding Picture Library Ltd 121c, 263c; Bert de Ruiter 174bc; Yaacov Shein 123bl; Michael Sparrow 229c; Dave Stamboulis 181bl; Stephen Frink Collection 117br; Bjorn Svensson 183bl; Travel Ink 124bl; travelib prime 120-121; Peter Treanor 59tr, 276cl; Ian Trower 198c; Tom Vater 279tl; Volvox Inc 203tl; Whitehead Images 181bc; Terry Whittaker 84tl, 183br, 199cla, 199br; Andrew Woodley 283b. JERRY ALEXANDER: 127c, 167b. ANGKOR GOLF RESORT: 257bc. ANGKOR NATIONAL MUSEUM: 66tl, 66b. ARDEA.COM: D. Parer & E. Parer-Cook 16cb;

Masahiro Iijima 199c; Thomas Marent 16bl; M. Watson 16clb; Wardene Weisser 17bl. ASIAN EXPLORERS: Timothy Tye 71cla. ANNA BOYSON: 193bl. THE BRIDGEMAN ART LIBRARY: Standing statue of Harihara, Phnom Da Style, from Angkor Borei (sandstone), Cambodian, (7th century)/Musee Guimet, Paris, France/Giraudon 37c, View of the Ho Chi Minh Trail in Laos (b/w photo),/Private Collection/Peter Newark Military Pictures/191tr. CAMBODIAN LIVING ARTS, A PROGRAM OF THE MARION INSTITUTE: Daniel Rothenberg 114bl. CENTRE CULTUREL FRANÇAIS DU CAMBODGE: 26bl, 26br. CORBIS: Bettmann 133t; Michael Freeman 94clb; National Geographic Society/ Gervais Courtellemont 55cra; Kevin R. Morris 108bl; Keren Su 52tl; Sygma/Robert Patrick 146bl. CPA MEDIA: 36, 37bc, 38crb, 39crb, 39bl, 40ca, 130tr, 130c, 131tc, 131crb, 131bc, 132tc, 132clb, 132bc, 133br; Joe Cummings 126br; Oliver Hargreave 19bl, 126cl, 181cla; David Henley 37br, 38br, 43br, 125b, 130bc, 133crb. DANITA DELIMONT STOCK PHOTOGRAPHY: Inger Hogstrom 44. DK IMAGES: Bethany Dawn 42cl, 72br; Courtesy of Ashley Leiman/Dave King 48clb; Courtesy of The National Birds of Prey Centre, Gloucestershire/Frank Greenaway 117tc; Courtesy of the Natural History Museum, London/Frank Greenaway 117cb. DUTCH CO & CO: Rik Hendriks 43cr, 257tr, 271br. ELEFANTASIA: Yves Bernard © 2008 185br. FLPA: Minden Pictures/Hiroya Minakuchi 17cb; Terry Whittaker 17fbr. GETTY IMAGES: AFP/Eric Feferberg 40bc,/Jimin Lai 41tr, 41cb,/Claude Juvenal/Staff 40clb,/Stringer 155c,/Tang Chhin Sothy 33cr, 33bl, 34bl, 41bc; DigitalGlobe 14bl; Hulton Archive/Alex Bowie 40cb; Roger Viollet/Francoise De Mulder 41c; Stringer/Tang Chhin Sothy 94br, 95cla; Time Life Pictures/Larry Burrows 39tl. GREEN DISCOVERY LAOS: 260t, Inthy Deuansavanh 147tr. PETER HOLMSHAW: 192tr. HÔTEL DE LA PAIX: 226cl. KEITH KELLY: 111br. THE KOBAL COLLECTION: Enigma/Goldcrest 119br; Lawrence Gordon/Mutual Film/Paramount/Bailey, Alex 81bc. LE TIGRE DE PAPIER: 258tc. LONELY PLANET IMAGES: Rachel Lewis 228cla, 229tl; Aldo Pavan 231tr; Carol Wiley 20bl. MARINE CONSERVATION CAMBODIA: 117crb. MASTERFILE: 41crb, 133bc, 174tl; Horst Herget 20cr; J. A. Kraulis 65tl; Robert Harding Images 21cla; Jeremy Woodhouse 199bl.

MONUMENT BOOKS & TOYS CO., LTD: 275bl. NATUREPL.COM: Roberto Rinaldi 17br; Rod Williams 17ca, 17bc. PHOTOLIBRARY: Age fotostock/Eric Baccega 199cr,/R Matina 24tr,/Morales Morales 17cla, /Juan Carlos Munoz 30c,/Jose Fuste Raga 76-77; Asia Images RM/Gareth Jones 4br, 10br; Stefan Auth 2-3, 70crb, 112-113; F1 Online/Rozbroj Rozbroj 227tl; Hemis/Body Philippe 13tr, 28-29, 96-97,/Gotin Michel 22-23c; Per-Andre Hoffmann 53b; Imagebroker.net/ Stefan Auth 179br; Imagestate/Pisit Jiropas 176-177; jspix jspix 199cra; JTB Photo 27tr, 95tc, 144-145; Juniors Bildarchiv 17clb, 199cb; Jean Kugler 21tr; Lonely Planet Images/Juliet Coombe 45b,/Mark Kirby 103b,/Peter William Thornton 23cr; Mary Evans Picture Library 21clb; R Matina 85cl; Louis Meulstee 71cr; Oxford Scientific (OSF)/David Courtenay 17tc; Robert Harding Travel 35c,/Tim Hall 56-57; Still Pictures/Stuart Chape 16cl; Claire Takacs 62; The Travel Library/Paul Strawson 52tr, 83tr, 142cr; Ticket/Thien Do 54tr; Tips Italia/Luca Invernizzi Tettoni 136, 148; WaterFrame-Underwater Images/Franco Banfi 117bl,/Borut Furlan 16bc. SUNTOURS CAMBODIA: 11br, 17cr, 42br, 108cla, 109c, 256bl, 281br. SUPERSTOCK: Robert Harding Picture Library 205c. TRAVEL-IMAGES.COM: M. Torres 54bc. XE PIAN NATIONAL PROTECTED AREA: Phillipe Coste 198b.

Front Endpaper: ALAMY: Adam Deschamps tr, Neil McAllister tl, The Photolibrary Wales br; DANITA DELIMONT STOCK PHOTOGRAPHY: Inger Hogstrom tc; PHOTOLIBRARY Claire Takacs cr, Tips Italia/Luca Invernizzi Tettoni cl, cb.

JACKET IMAGES Front Cover: Getty Images: Photographer's Choice/John W Banagan main. Back Cover: DK Images: Linda Whitwham tl, cla, bl, Photolibrary: Pisit Jiropas clb. Spine: Getty Images: Photographer's Choice/John W Banagan t

For further information see: www.dkimages.com

柬埔寨语实用对话

高棉语或柬埔寨语是高棉人及柬埔寨的官方语言。南亚语系的使用范围很广。印度教和佛教的传播使高棉语深受梵文和巴利语的影响，王室和宗教的记录文字更是如此。高棉语是孟—高棉家族最早的记录和书写语言，比孟人和越南人使用的时间都要早得多。高棉语影响着泰语、老挝语、越南语和占语，同时也受它们影响；这些语种组成了东南亚半岛上的假语言联合体，其中大多数受到了梵文和巴利语的高度影响。在法国占领期间及之后的时间中，高棉语又受到了法语的影响，很多医药、法律和技术术语都借鉴了法语词汇。高棉语字母表包含28个辅音和38个元音。与英语不同，高棉语中有一个几乎出现在所有发音中的元音，它在口语和文字中都是表音的作用。高棉语中的长元音和短元音发音不同。与东南亚其他的语言不同，高棉语没有声调。

发音指南

辅音发音方法如下：

k 发音与法语中的k相同

kh 发音与英语中的k相同

c 发音介于英语中的c和j之间

ch 发音与英语中的ch相同

ng 发音与英语中的ng尾音相同

ny 发音与西班牙语中的ñ相同

t 发音与法语或西班牙语中的t相同

th 发音与英语中的t相同

p 发音与法语或西班牙语中的t相同（双唇，非摩擦音）

ph 发音与英语中的p相同

អ 代表与元音发音类似的辅音。与英语不同，高棉单词不能以元音开头。因此，使用**អ**代替原音

元音发音方法如下：

/**a**/ 或 /**aa**/ 发音与法语或西班牙语中的a相同，a发音比aa短

/**i**/ 或 /**ii**/ 发音与法语或西班牙语中的i相同，i发音比ii短

/**o**/ 或 /**oo**/ 发音与“zone”、“bone”或“cone”中的发音相同，o发音比oo短

/**u**/ 或 /**uu**/ 发音与“tune”、“soon”或“cube”中的发音相同，u发音比uu短

/**aw**/ 发音与“saw”或“thaw”中的发音相同

/**y**/ 或 /**yy**/ 发音与英语中的任何发音都不同。发音为喉音，声音较高，发音部位为口腔后部。

/**ɛ**/ 或 /**ɛɛ**/ 发音与英语中的短a和ă相同，ɛ发音比ɛɛ短

/**uh**/ 发音与“doctor”、“master”或“pasture”

/**u**/ 发音与英语中的“schwa”发音相同

单元音是短元音，以声门塞音区别于长元音。双元音是长元音。Akhosa是指后面跟（aw）的辅音，khoosa是指后面跟（oo）的辅音。前者发音较低，后者发音较高。因此，发音的变化是由使用哪种辅音决定的。

紧急情况

救命！	ជួយផង!	*Cuay phawng!*
着火了！	ភ្លើងឆេះ!	*Phlubng cheh!*
最近的医院在哪儿？	តើមន្ទីរពេទ្យក្បែរនេះនៅឯណា?	*Tau montii peet kbae nih nuv tii naa?*
叫救护车！	សុំហៅឡានពេទ្យ	*Som hau laan peet*
报警！	សុំហៅប៉ូលីស!	*Som hau poolis!*
叫医生！	សុំហៅវេជ្ជបណ្ឌិត	*Som hau wiceabawndit*

交流必备

你好！	សួស្តី	*Sua sdey*
再见！	លាសិនហើយ	*Lia senhauy*
是	បាទ / ចាស	*Baat / caas*
不是	ទេ	*Tee*
请	សូម	*Soom*
谢谢	សូមអរគុណ	*Soom awkun*
不，谢谢	មិនអីទេ	*Min ey tee*
我不懂	ខ្ញុំមិនយល់ទេ	*Kbnyom min yul tee*
我不知道	ខ្ញុំមិនដឹងទេ	*Kbnyom min dung tee*
对不起	សូមអភ័យទោស!	*Soom abpheytoos*
什么？	អ្វី?	*Aawey aawey?*
为什么？	ហេតុអ្វី?	*Haet aawey?*
哪里？	នៅឯណា?	*Nuv tii naa?*
怎么？	ដោយរបៀបណា?	*Doay roobiab naa?*

有用短语

你好吗？	តើអ្នកសុខសប្បាយជាទេ?	*Tau neak sok sabaay cia tee?*
很好，谢谢你。你呢？	សប្បាយជាទេ អរគុណ ចុះអ្នកវិញ?	*Sabaay cia tee awkun coh neak vinya?*
这是什么？	តើនេះជាអ្វី?	*Tau nih cia aawey?*
我该如何……？	តើខ្ញុំអាចទៅឯ...?	*Tau kbnyom aac tuv ae…?*
洗手间在哪里？	តើ...នៅឯកន្លែងណា?	*Tau…nuv tii kawnlaeng naa?*
	បន្ទប់ទឹក?	*bawntub tyk?*
你能说英语吗？	តើអ្នកនិយាយភាសាអង់គ្លេសទេ?	*Tau neak niyiay phiasaa awngkles ryy tee?*
我不会说高棉语/老挝语。	ខ្ញុំមិននិយាយភាសាខ្មែរ / លាវទេ	*Kbnyom min niyiay phiasaakbmae/ liaw tee*

有用词汇

女人	ស្ត្រី	*satrey*
男人	បុរស	*boraws*
孩子	កុមារ	*komaa*
热	ក្តៅ	*kdaw*
冷	ត្រជាក់	*trawceak*
好	ល្អ	*l-aw*
坏	អាក្រក់	*aakrawk*
开	បើក	*bauk*
关	បិទ	*bet*
左	ខាងឆ្វេង	*kbaang chweeng*
右	ខាងស្តាំ	*kbaang sdam*
向前直走	ខាងមុខ	*kbaang muk*
近	ក្បែរនេះ	*kbae nih*

远	ឆ្ងាយ	*chngaay*
入口	ផ្លូវចូល	*phlow cool*
出口	ផ្លូវចេញ	*phlow cenya*

钱

我想用100美元兑换100柬埔寨/老挝现金。	ខ្ញុំចង់ប្តូរលុយ ១០០ដុល្លា ទៅក្នុង ១០០ លុយខ្មែរ/លាវ	*Khnyom cawng bdoo luy muayrooy dollaa tuv knong luy khmae/ liaw.*
汇率	តម្លៃនៃការប្តូរ	*dawmlay ney kaabdoo*
我想兑现旅行支票。	ខ្ញុំចង់ប្តូរសែកទេសចរទៅជាលុយ	*Khnyom cawng bdoo saek tesacaw tuv cia luy.*
银行	ធនាគារ	*thooniakia*
钱/现金	លុយ / លុយសុទ្ធ	*luy/ lut sot*
信用卡	កាតក្រេឌិត	*kaatkreedit*

通信

我想打个电话。	ខ្ញុំចង់ប្រើទូរសព្ទ	*Khnyom cawng prau tuurosap.*
我想打个国际长途。	ខ្ញុំចង់ទូរសព្ទចេញក្រៅប្រទេស	*Khnyom cawng tuurosap cenya tuv prawteh.*
手机	ទូរសព្ទដៃ	*tuurosap day*
公用电话亭	ទីកន្លែងទូរសព្ទសាធារណៈ	*tii kawnlaeng tuurosap saathiaronaroad*
地址	អាសយដ្ឋាន	*aasaythaan*
街道	វិថី	*withey*
城镇	ស្រុក	*srok*
乡村	ភូមិ	*phuum*

购物

我在哪里能买到……?	តើខ្ញុំអាចទិញ...ទីកន្លែង?	*Tau khnyom aac tii kawnlaeng?*
这个多少钱?	តើនេះមានតម្លៃប៉ុន្មាន?	*Tau nih mian dawmlay ponmaan?*
我想要……?	ខ្ញុំចង់...	*Khnyom cawng…*
你有……?	តើអ្នកមាន...?	*Tau neak mian…?*
能刷卡吗?	តើអ្នកយកក្រេឌិតកាតឬទេ?	*Tau neak yook kreedit kaat ryy tee?*
几点营业/打烊?	តើពេលណាអ្នកបើកទ្វារ ឬបិទទ្វារ?	*Tau peel naa neak bauk twia ryy but twia?*
多少钱?	តម្លៃប៉ុន្មាន?	*Dawmlay ponmaan?*
贵	ថ្លៃណាស់	*thlay nah*
便宜	ថោកណាស់	*thoak nah*
砍价	តថ្លៃ	*dawmlay*
型号	ទំហំ	*tumhum*
颜色	ពណ៌	*poa*
黑	ពណ៌ខ្មៅ	*poakhmau*
白	ពណ៌ស	*poasaw*
红	ពណ៌ក្រហម	*poakrawhawm*
市场	ផ្សារ	*phsaa*
药店	ឱសថស្ថាន	*oasawtthaan*
纪念品店	ហាងលក់អនុស្សាវរីយ៍	*haang luk ahnuhsaawoorii*
纪念品	អនុស្សាវរីយ៍	*ahnuhsaawoorii*
漆画	គំនូរក្រសណ្ឋិមក	*kumnuu msahsankhuk*
丝绸绘画	គំនូរនៅលើសូត្រ	*kumnuu nuv luh soot*
木雕	រូបចម្លាក់	*ruub cawmlak*
丝巾	កន្សែងបង់កសូត្រ	*kawnsaeng bawng kaw soot*

观光

海滩	មាត់សមុទ្រ	*moat sawmut*
洞穴，岩洞	រូងភ្នំ	*roongphnom*
节日	ពិធីបុណ្យ	*pithii bon*
森林	ព្រៃ	*prey*
岛屿	កោះ	*koh*
湖	បឹង	*bung*
山脉	ភ្នំ	*phnom*
博物馆	សារមន្ទីរ	*saamontii*
佛塔	វត្ត	*wat*
河流	ស្ទឹង	*nam, stung*
旅游办事处	ការិយាល័យទេសចរណ៍	*kaariyaalay tehsacaw*
旅行社	ភ្នាក់ងារទេសចរណ៍	*phneak ngia tehsacaw*

交通

去……的火车在哪里?	តើរទេះភ្លើងចាកចេញ...ពេលណា?	*Tau rootehphluhng caakcenya…peel naa?*
买一张去……的票。	សូមទិញសំបុត្រទៅ...	*Soom tinya sawmbot tuv.*
到……需要多长时间?	តើត្រូវចំណាយពេលប៉ុន្មានដើម្បីទៅ...?	*Tau trow cawmnaay peel ponmaan daumbey tuv?*
我想预订一个座位。	ខ្ញុំចង់រក្សាកៅអីទុក	*Khnyom cawng reaksaa kaw-ey tuk.*
去……的火车站台是哪个?	តើណាមួយគឺវេទិកាសម្រាប់រទេះភ្លើង	*Tau naamuay kyycia weetikaa sawmrab rooteh phluhng?*
公交车站在哪里?	តើវេទិកាសម្រាប់បស់នៅទីណា?	*Tau weetikaa sawmrab bus nuv tii naa?*
公交总站在哪里?	តើស្ថានីយបស់នៅទីណា?	*Tau sthaanii bus nuv tii naa?*
抵达	ការមកដល់	*kaamook dawl*
火车站	ស្ថានីយរទេះភ្លើង	*sthaanii rootehphluhng*
飞机场	វាលយន្តហោះ	*wial yunhawh*
公交总站	ស្ថានីយបស់	*sthaanii bus*
票	សំបុត្រ	*sawmbot*
单程票	សំបុត្រឯកទិស	*sawmbot aektys*
往返票	សំបុត្រត្រឡប់មកវិញ	*sawmbot trawlawb niik winya*
出租车	តាក់ស៊ី	*taksii*
租车	ការជួលឡាន	*kaacual laan*
小汽车	ឡាន	*laan*
火车	រទេះភ្លើង	*rootehphluhng*
飞机	យន្តហោះ	*yunhawh*
飞机票	លិខិតយន្តហោះ	*likhet yunhawh*
摩托车	ម៉ូតូ	*mootoo*
自行车	កង់	*kawng*

住宿

还有空房吗?	តើមានបន្ទប់ទំនេរទេ?	*tau mian bawntub tumnee ryytee?*
我有预订。	ខ្ញុំចង់ធ្វើការបម្រុងទុកជាមុន	*Khnyom cawng thwuhkaa bawmrong tuk cia mun*
双人间	បន្ទប់សម្រាប់មនុស្សពីរនាក់	*bawntub sawrab moonuh pii neak*
单人间	បន្ទប់សម្រាប់មនុស្សម្នាក់	*bawntub sawrab moonuh mneak*
酒店	សណ្ឋាគារ	*sawnthaakia*
宾馆	បន្ទប់ទទួលភ្ញៀវ	*bawntub tootual phnyiaw*
空调	ម៉ាស៊ីនត្រជាក់	*maasin trawceak*
卫生间	បន្ទប់ទឹក	*bawntub tyk*
护照号码	លេខប៉ាស្ព័រ	*leek pahboa*

外出就餐

一张双人桌，谢谢。	តុសម្រាប់ពីរនាក់	*Toh sawmrab pii neak.*
我能看看菜单吗?	ខ្ញុំសុំមើលបញ្ជីអាហារបានទេ?	*Khnyom som muhl aahaa baan tee?*
埋单，谢谢。	តើខ្ញុំអាចបានលិខិតលុយឬទេ?	*Tau khnyom bann likhut luy ryy tee?*

今天有特色菜吗?	តើមានមុខអាហារពិសេសសំរាប់ថ្ងៃនេះទេ?	*Tau mian muk aahaa pises sawmrab thngay? nih ryy tee?*
法棍面包	នំប៉័ង	*num pang*
牛排	សាច់គោ	*sac koo*
牛排	បៀរ	*bia*
瓶子	ដប	*dawb*
早餐	បាយព្រឹក	*baay pryk*
黄油	ប៊ឺ	*bub*
鸡肉	សាច់មាន់	*sac moan*
辣椒	ម្ទេស	*mteeh*
筷子	ចង្កឹះ	*cawngkus*
椰子	ដូង	*doong*
咖啡	កាហ្វេ	*kaafee*
螃蟹	ក្តាម	*kdaam*
甜点	បង្អែម	*bawng aem*
鸡蛋	ពងមាន់	*poongmoan*
鱼	សាច់ត្រី	*sactrey*
叉子	សម	*sawm*
水果	ផ្លែឈើ	*plaechuh*
玻璃杯	កែវ	*kaew*
冰	ទឹកកក	*tykkawk*
冰激凌	ការ៉េម	*kaarm key*
刀子	កាំបិត	*kambut*
酸橙	ក្រូចឆ្មា	*krooc chmaa*
橘子	ក្រូចតូចៗ	*krooc tooc tooc*
芒果	ស្វាយ	*swaay*
肉	សាច់	*sac*
牛奶	ទឹកដោះគោ	*tyk dawhkoo*
矿泉水	ទឹកសាប	*tyk saab*
蘑菇	ផ្សិត	*phset*
面条	គុយទាវ	*kuytiaw*
洋葱	ខ្ទឹមបារាំង	*khtum barang*
木瓜	ល្ហុង	*lhong*
面条	សាច់ប៉ាតេ	*sac paatee*
胡椒	ម្ទេស	*mtees*
猪肉	សាច់ជ្រូក	*sac crook*
对虾	បង្គា	*bawngkia*
餐馆	ភោជនីយដ្ឋាន	*phooconiithaan*
米饭	អង្ករ / បាយ	*awngkaw/ baay*
沙拉	សាឡាដ	*saalad*
盐	អំបិល	*awmbel*
非酒精饮料	ទឹកក្រូច	*tyk krooc*
汤	ស៊ុប	*sub*
辣	ហិរណាស់	*hel nas*
酸	ជូរ	*cuu*
酱油	ស៊ីអ៊ីវ	*tyk sii-iw*
汤匙	ស្លាបព្រា	*slaappria*
炒	ឆា	*chaa*
糖	ស្ករ	*skaw*
茶	ទឹកតែ	*tyk tae*
蔬菜	បន្លែ	*bawnlae*
水	ទឹកសាប	*tyk saab*
西餐	អាហារអាមេរិកាំង	*aahaa aameerikang*
酒	ស្រា	*sraa*

健康

我觉得不舒服	ខ្ញុំមិនស្រួលខ្លួន	*khnyom min srual khluan*
我这里受伤了	ឈឺកន្លែងនេះ	*chyy kawnlaeng*
我发烧了	ខ្ញុំគ្រុន	*khnyom krun*
我对抗生素过敏	ខ្ញុំមិនទាស់ថ្នាំរំងាប់មេរោគ	*khnyom min toas thnam rumngoab meerook*
血	ឈាម	*chiam*
血压（高/低）	ឈាម (ឡើង / ចុះ)	*chiam (laum/cos)*
咳嗽	ក្អក	*k-awk*
糖尿病	ជំងឺទឹកនោមផ្អែម	*cumngyy tyknoomph-aem*
痢疾	រាគ	*riak*
头晕	វិលមុខ	*wilmyk*
医生	គ្រូពេទ្យ	*kruupeet*
耳朵	ត្រចៀក	*trawceak*
流感	ជំងឺគ្រុនញាក់	*cumngyy krun nyeak*
食物中毒	ការពុលអាហារ	*kaapul aahaa*
头疼	ការឈឺក្បាល	*kaachyy kbaal*
心脏	បេះដូង	*behdoong*
医院	មន្ទីរពេទ្យ	*muntii peet*
生病	ជំងឺ	*cumngyy*
注射	ការចាក់ថ្នាំ	*kaa cakthnam*
疟疾	ជំងឺគ្រុនចាញ់	*cumngyy krun canya*
开刀	ជួសជុល	*cuascul*
开药	សំបុត្រថ្នាំពេទ្យ	*sawmbot thnam peet*
温度	ធាតុអាកាស	*thiat aakas*
牙疼	ឈឺធ្មេញ	*chyy thmenya*

时间和日期

分	នាទី	*niatii*
小时	ម៉ោង	*moang*
天	ថ្ងៃ	*thngay*
星期	អាទិត្យ	*aatit*
月	ខែ	*khae*
年	ឆ្នាំ	*chnam*
周一	ថ្ងៃចន្ទ	*Thngay can*
周二	ថ្ងៃអង្គារ	*Thngay awngkia*
周三	ថ្ងៃពុធ	*Thngay put*
周四	ថ្ងៃព្រហស្បតិ៍	*Thngay proohoas*
周五	ថ្ងៃសុក្រ	*Thngay sok*
周六	ថ្ងៃសៅរ៍	*Thngay sau*
周日	ថ្ងៃអាទិត្យ	*Thngay aatit*
几点了?	តើម៉ោងប៉ុន្មានហើយ?	*Tau moong ponmaan hauy?*
8:30	ម៉ោងប្រាំបីកន្លះ	*moong prambay kawnlah*
10:15	ម៉ោងដប់ពីរប្រាំនាទី	*moong dawbpiipram niatii*
12:00	ម៉ោងដប់ពីរ	*moong dawbpii*
早上	ព្រឹក	*pryk*
中午	ថ្ងៃត្រង់	*thngay trawng*
下午	ថ្ងៃរសៀល	*thngay roosial*
傍晚	ល្ងាច	*lngiac*
晚上	យប់	*yub*

数字

1	មួយ	*muay*
2	ពីរ	*pii*
3	បី	*bey*
4	បួន	*buan*
5	ប្រាំ	*pram*
6	ប្រាំមួយ	*prammuay*
7	ប្រាំពីរ	*prampii*
8	ប្រាំបី	*prambey*
9	ប្រាំបួន	*prambuan*
10	ដប់	*dawb*
11	ដប់មួយ	*dawbmuay*
12	ដប់ពីរ	*dawbpii*
13	ដប់បី	*dawbbey*
15	ដប់ប្រាំ	*dawbpram*
20	ម្ភៃ	*muayphey*
30	សាមសិប	*saamseb*
40	សែសិប	*saeseb*
50	ហាសិប	*haaseb*
60	ហុកសិប	*hokseb*
70	ចិតសិប	*cetseb*
80	ប៉ែតសិប	*paetseb*
90	កៅសិប	*kawseb*
100	មួយរយ	*muayrooy*
200	ពីររយ	*piirooy*
1,000	មួយពាន់	*muaypoan*
10,000	មួយម៉ឺន	*muaymuhn*
1,000,000	មួយលាន	*muaylian*

老挝语实用对话

老挝语是老挝的官方语言，这是一种有声调、单音节的语言。所以在交流中要掌握正确的发音和声调才能被人听懂。老挝语属于汉藏语系的泰语亚群，它的书写方式是从被称作巴利语的古印度文字体系演变而来的。与中文相同，老挝语也是从左往右读，单词顺序也是主谓宾。此外，多数老挝字母的发音都能从英语中找到。但老挝语与英语不同的是，它没有语法和复数、冠词很少，而且内容能被理解时会省略主语（我、他、她）。

发音指南

一些列出的老挝语中的辅音，根据其发音分为三组。辅音发音方法如下：

Aksone sung（高音辅音）

- ຂ **kh** 发音与“cat”中的“c”发音相同（送气）
- ສ **s** 发音与“hiss”中的“ss”发音相同
- ຖ **th/t** 发音与“top”中的“t”发音相同
- ຜ **ph** 发音与“pig”中的“p”发音相同（送气）
- ໝ **m** 发音与“mother”中的“m”发音相似
- ຫຼ **l** 发音与“long”中的“l”发音相似
- ຫວ **w** 发音与“weight”中的“w”发音相同

Aksone kang（中音辅音）

- ກ **k/g** 发音与“skate”中的“k”发音相同（非送气）
- ຈ **ch/j** 发音与“chop”中的“ch”发音相同
- ດ **d/t** 发音与“dog”中的“d”发音相同
- ຕ **t** 发音与“stab”中的“t”发音相同
- ບ **b** 发音与“bed”中的“b”发音相同
- ປ **p** 发音与“spit”中的“p”发音相同（非送气）
- ຢ **y** 发音与“yes”中的“y”发音相同
- ອ **o** 发音与“top”中的“o”发音相同

Aksone tum（低音辅音）

- ງ **ng** 发音与“sing”中的“ng”发音相同
- ຊ **s/x** 发音与“zoo”中的“z”发音相同
- ຍ **nh/y** 发音与“yes”中的“y”发音相同
- ຟ **f** 发音与“fan”中的“f”发音相同
- ມ **m** 发音与“mother”中的“m”发音相同
- ຣ **r** 发音与“room”中的“r”发音相同
- ລ **l** 发音与“love”中的“l”发音相同
- ວ **v** 发音与“vacant”中的“v”发音相同
- ຫ **h** 发音与“help”中的“h”发音相同
- ນ **n** 发音与“nice”中的“n”发音相同

老挝语元音发音方法如下：

- ິ **i** 发音与“nit”中的“i”发音相同
- ີ **ii** 发音与“beer”或“feet”中的“ee”发音相同
- xະ **a** 发音与“gum”中的“u”发音相同
- xາ **aa** 发音与“father”中的“a”发音相同
- ແxະ **ae** 发音与“fat”中的“a”发音相同
- ແx **e** 发音与“fence”中的“e”发音相同
- ເx **eh** 发音与“bait”中的“ai”发音相同
- xຸ **u** 发音与“fruit”中的“u”发音相同
- xູ **ou** 发音与“mood”中的“oo”发音相同
- xາວ **aw** 发音与“saw”中的“aw”发音相同
- xຳ **am** 发音与“drum”中的“um”发音相同
- xົ **oe** 发音与“huh”中的“uh”发音相似
- ເ ື **eu** 发音与法语中的“deux”中的“eu”发音相同

紧急情况

救命！	ຊ່ວຍແດ່!	*Suoy dae*
着火了！	ໄຟໄໝ້!	*Fai mai*
最近的医院在哪儿？	ໂຮງໝໍໃກ້ສຸດຢູ່ໃສ?	*Hong Mor Kai Sud Yu sai?*
叫救护车！	ໂທຫາລົດຂົນສົ່ງຄົນເຈັບແດ່!	*Towba lod khonsong khonchep dae!*
报警！	ໂທຫາຕຳຫຼວດແດ່!	*Towba tum luot dae!*
叫医生！	ໂທຫາທ່ານໝໍແດ່!	*Towba thanmor dae!*

交流必备

你好！	ສະບາຍດີ!	*Sabaidee*
再见！	ລາກ່ອນ!	*Lakhon*
是	ແມ່ນ	*Maen*
不是	ບໍ່	*Bauw*
请	ກະລຸນາ	*Kaluna*
谢谢	ຂອບໃຈ	*Khobjai*
不，谢谢	ບໍ່, ຂອບໃຈ	*Bauw, Khobjai*
我不懂	ຂ້ອຍບໍ່ເຂົ້າໃຈ	*Khoy Bauw Khaojai*
对不起/劳驾	ຂໍໂທດ!	*Khauwthod*
什么？	ແມ່ນຫຍັງ?	*Maen yang?*
为什么？	ຍ້ອນຫຍັງ?	*Yonyang?*
哪里？	ຢູ່ໃສ?	*U sai?*

有用短语

你好吗？	ເຈົ້າສະບາຍດີບໍ່?	*Jaw Sabaidee Bor?*
很好，谢谢你。你呢？	ຂ້ອຍສະບາຍດີ, ຂອບໃຈ - ເຈົ້າເດ?	*Khoy sabaidee, Khobjai – Jawdei?*
我该如何到……？	ຂ້ອຍຈະໄປ... ໄດ້ແນວໃດ?	*Khoychapai ....ai neo day?*
洗手间在哪里？	ຫ້ອງນ້ຳຢູ່ໃສ?	*Hongnam u sai?*
你能说英语吗？	ເຈົ້າເວົ້າພາສາອັງກິດບໍ່?	*Jaw Vaw Pasa Anggit Bor?*
我不会说高棉语/老挝语。	ຂ້ອຍບໍ່ສາມາດເວົ້າພາສາກຳປູເຈຍ/ພາສາລາວໄດ້	*Khoy bor sa mart vaw pasa gampuchia/ pasa Lao dai.*

有用词汇

女人	ແມ່ຍິງ	*mae ying*
男人	ຜູ້ຊາຍ	*phu xai*
孩子	ເດັກນ້ອຍ	*dek noy*
开	ເປີດ	*peurt*
关	ປິດ	*pit*
左	ຊ້າຍ	*sai*
右	ຂວາ	*khoua*
近	ໃກ້	*kai (high falling short)*
远	ໄກ	*kai (mid – long)*
入口	ເຂົ້າ	*khao*
出口	ອອກ	*ork*

钱

我想用100美元兑换100柬埔寨/老挝现金。	ຂ້ອຍຕ້ອງການປ່ຽນ 100 ໂດລາເປັນເງິນກຳປູເຈຍ/ເງິນກີບລາວ	*Khoy tong kan pien neung hoy do la pen ngeun kampuchia/ngeun kip lao*
汇率	ອັດຕາແລກປ່ຽນ	*aat ta laek pien*
我想兑现旅行支票。	ຂ້ອຍຕ້ອງການແລກໃບເຊັກທ່ອງທ່ຽວເຫຼົ່ານີ້ເປັນເງິນສົດ	*Khoy tong kan laek bai sek thong thieu nee pen ngeun sot*
银行	ທະນາຄານ	*thanakhan*
钱/现金	ເງິນ/ເງິນສົດ	*ngeun/ngeun sot*
信用卡	ບັດເຄດິດ	*bat khe dit*

通信

我想打个电话。	ຂ້ອຍຢາກໂທລະສັບ	*Khoy yark tow la sap*
手机	ໂທລະສັບມືຖື	*tow la sap meu theu*
公用电话亭	ຕູ້ໂທລະສັບສາທາລະນະ	*tu tow la sap sa tha la na*

购物

这个多少钱?	ອັນນີ້ລາຄາເທົ່າໃດ?	*An nee la kha thao dai?*
几点营业/打烊?	ເຈົ້າເປີດ/ປິດເວລາຈັກໂມງ?	*Jaw peurt/pit vei la chak moung?*
型号	ຂະໜາດ	*kha nat*
市场	ຕະຫຼາດ	*ta lat*
药店	ຮ້ານຂາຍຢາ	*han khai ya*
纪念品店	ຮ້ານຂາຍຂອງທີ່ລະນຶກ	*han khai khong tee la neuk*

观光

洞穴，岩洞	ຖ້ຳ	*tham*
湖	ໜອງ	*nong*
山脉	ພູເຂົາ	*phu khao*
河流	ແມ່ນ້ຳ	*nam*
旅游办事处	ຫ້ອງການທ່ອງທ່ຽວ	*hong kan thong thieu*
旅行社	ຕົວແທນທ່ອງທ່ຽວ	*tou thaen thong thieu*

交通

买一张去……的票。	ເອົາປີ້ໄປ.... ໃຫ້ແດ່.	*Aw pii pai ... hai dae*
公交车站在哪里?	ບ່ອນຈອດລົດເມຢູ່ໃສ?	*Bon chot lot mei u sai?*
抵达	ຂາເຂົ້າ	*kha khao*
飞机场	ສະໜາມບິນ	*sa nam bin*
单程票	ປີ້ຂາໄປ	*pii kha pai*
往返票	ປີ້ໄປກັບ	*pii pai kub*
出租车	ລົດແທັກຊີ	*lot taek xee*
租车	ການເຊົ່າລົດ	*kan sao lot*
飞机票	ປີ້ຍົນ	*pii nhon*
摩托车	ລົດຈັກ	*lot chak*
自行车	ລົດຖີບ	*lot theep*

住宿

还有空房吗?	ເຈົ້າມີຫ້ອງຫວ່າງບໍ່?	*Jaw mee hong vang bor?*
我有预订。	ຂ້ອຍໄດ້ຈອງໄວ້ແລ້ວ	*Khoy dai chong vai laeo*
双人间	ຫ້ອງຕຽງຄູ່/ສອງຕຽງ	*hong tieng khou/ song tieng*
单人间	ຫ້ອງຕຽງດ່ຽວ	*hong tieng dieu*
酒店	ໂຮງແຮມ	*hoong haem*
宾馆	ເຮືອນພັກ	*heuan pak*
空调	ເຄື່ອງປັບອາກາດ	*kheuang pap aakard*
卫生间	ຫ້ອງອາບນ້ຳ	*hong arb nam*
护照号码	ເລກທີໜັງສືຜ່ານແດນ	*Leik tee nang su phan daen*

外出就餐

我能看看菜单吗?	ຂ້ອຍຂໍເບິ່ງເມນູໄດ້ບໍ່?	*khoy khor beung mei nu dai bor?*
埋单，谢谢。	ກະລຸນາ ເອົາບິນໃຫ້ແດ່?	*Ka lu na ao bin hai dae?*
法棍面包	ເຂົ້າຈີ່ກ້ອນຍາວ	*khao chii kon yao*
牛排	ຊີ້ນງົວ	*xeen ngua*
筷子	ໄມ້ຖູ່	*mai thu*
鸡肉	ໄກ່	*gai*
咖啡	ກາເຟ	*ka fei*
鸡蛋	ປູ	*pu*
螃蟹	ໄຂ່	*khai*
鱼	ປາ	*pa*
叉子	ສ້ອມ	*som*
水果	ໝາກໄມ້	*mark mai*
肉	ຊີ້ນ	*xeen*
矿泉水	ນ້ຳແຮ່	*nam hae*
牛奶	ນົມ	*noom*
面条	ໝີ່	*mee*
胡椒	ພິກໄທ	*pik thai*
猪肉	ຊີ້ນໝູ	*xeen mou*
对虾	ກຸ້ງ	*kung*
餐馆	ຮ້ານອາຫານ	*han aa han*
米饭	ເຂົ້າ	*khao*
盐	ເກືອ	*keua*
辣	ເຜັດ	*fet*
汤匙	ບ່ວງ	*boang*
糖	ນ້ຳຕານ	*nam tan*
茶	ຊາ	*xaa*
蔬菜	ຜັກ	*fak*
水	ນ້ຳ	*nam*
西餐	ອາຫານຕາເວັນຕົກ	*aa han ta ven tok*

健康

我觉得不舒服	ຂ້ອຍຮູ້ສຶກບໍ່ສະບາຍ	*Khoy hu seuk bor sa bai*
我这里受伤了	ມັນເຈັບຢູ່ບ່ອນນີ້	*Man cheb bon nee*
我发烧了	ຂ້ອຍເປັນໄຂ້	*Khoy pen khai*
我对抗生素过敏	ຂ້ອຍແພ້ຢາຕ້ານເຊື້ອ	*Khoy pae ya tan xeua*
血压（高/低）	ຄວາມດັນເລືອດ (ສູງ/ຕ່ຳ)	*khoam dun luot (sung/tum)*
咳嗽	ໄອ	*i*
糖尿病	ເບົາຫວານ	*bao wan*
痢疾	ຖອກທ້ອງ	*thok thong*
食物中毒	ອາຫານເປັນພິດ	*aa han pen pit*
头疼	ເຈັບຫົວ	*cheb hua*
生病	ການເຈັບປ່ວຍ	*kan cheb puoy*
疟疾	ໄຂ້ມາລາເຣຍ	*khai ma la ria*
开药	ໃບສັ່ງຢາ	*bai sang ya*
牙疼	ເຈັບແຂ້ວ	*cheb khaeo*

时间和日期

分	ນາທີ	*na tii*
小时	ຊົ່ວໂມງ	*xou mohng*
天	ມື້	*meuh*
星期	ອາທິດ	*aa thit*
月	ເດືອນ	*deuan*
周一	ວັນຈັນ	*Van chan*
周二	ວັນອັງຄານ	*Van ang khan*
周三	ວັນພຸດ	*Van phut*
周四	ວັນພະຫັດ	*Van pa hat*
周五	ວັນສຸກ	*Van suk*
周六	ວັນເສົາ	*Van sao*
周日	ວັນອາທິດ	*Van aa thit*
几点了?	ເວລາຈັກໂມງແລ້ວ?	*Vei la chak mohng laeo*
早上	ຕອນເຊົ້າ	*ton xao*
下午	ຕອນບ່າຍ	*ton baii*
傍晚	ຕອນແລງ	*ton laeng*
晚上	ກາງຄືນ	*kang keun*

数字

1	ໜຶ່ງ	*neung*
2	ສອງ	*song*
3	ສາມ	*saam*
4	ສີ່	*sii*
5	ຫ້າ	*ha*
6	ຫົກ	*hok*
7	ເຈັດ	*jet*
8	ແປດ	*paet*
9	ເກົ້າ	*kao*
10	ສິບ	*sip*
20	ຊາວ	*xao*
30	ສາມສິບ	*saam sip*
40	ສີ່ສິບ	*sii sip*
50	ຫ້າສິບ	*ha sip*
60	ຫົກສິບ	*hok sip*
70	ເຈັດສິບ	*jet sip*
80	ແປດສິບ	*paet sip*
90	ເກົ້າສິບ	*kao sip*
100	ໜຶ່ງຮ້ອຍ	*neung hoy*
1,000	ໜຶ່ງພັນ	*neung pan*
10,000	ສິບພັນ	*sip pan*
1,000,000	ໜຶ່ງລ້ານ	*neung laan*

柬埔寨和老挝地图

里程图

10 = 英里距离
10 = 千米距离

	金边	暹粒	马德望	西哈努克市	白马	桔井	芒新	沙湾拿吉	巴色	琅勃拉邦
柬埔寨 暹粒	**144** 232									
马德望	**158** 254	**47** 76								
西哈努克市	**115** 185	**190** 306	**172** 276							
白马	**84** 135	**201** 324	**196** 315	**56** 91						
桔井	**98** 158	**158** 254	**194** 313	**213** 342	**180** 289					
老挝 芒新	**711** 1144	**569** 915	**575** 925	**746** 1200	**769** 1237	**682** 1097				
沙湾拿吉	**345** 556	**228** 367	**260** 418	**417** 671	**420** 676	**293** 472	**398** 640			
巴色	**253** 407	**177** 285	**222** 357	**346** 556	**335** 539	**182** 294	**518** 834	**120** 194		
琅勃拉邦	**604** 973	**464** 747	**478** 762	**645** 1038	**665** 1071	**572** 921	**111** 178	**287** 462	**408** 656	
万象	**469** 755	**328** 528	**338** 544	**510** 821	**529** 852	**442** 711	**242** 389	**172** 277	**288** 464	**136** 219

缩写

- **NP** 国家公园
- **NPA** 国家保护区
- **BS** 鸟类保护区